パフォーマンス・アクティヴィズム

先駆者たちと今日のパイオニアたち

ダン・フリードマン 著
茂呂雄二 訳

新曜社

PERFORMANCE ACTIVISM

Precursors and Contemporary Pioneers

by Dan Friedman

First published in English under the title
Performance Activism: Precursors and Contemporary Pioneers
by Dan Friedman, edition: 1

Japanese translation published by arrangement with Springer Nature Customer Service Center GmbH through The English Agency (Japan) Ltd.

舞台上のパフォーマンスを教えてくれた
ゼノビア・アレバレズとマルケタ・キンブレル、
舞台の外のパフォーマンスを教えてくれた
フレド・ニューマンとロイス・ホルツマンに捧げる。

日本語版への序文

私の本が『パフォーマンス・アクティヴィズム：先駆者たちと今日のパイオニアたち』として日本語で出版されることに感動を覚えるとともに大変光栄に思う。

尊敬する研究同僚であり長年の友人でもある茂呂雄二教授が、本書を評価してくれたこと、そして本書が記録した、出現途上のパフォーマンス・ムーブメントに深く共鳴してくれたことに感謝したい。彼の熱意と決断力、そして努力のおかげで、この本は日本の演劇人、活動家、教育者、心理学者、そしてもちろん出版社に注目されるようになり、その結果、この日本語版『パフォーマンス・アクティヴィズム』が誕生したのである。

私の本がどのようにして日本語になったのか、それ自体も重要な物語となる。本書は、茂呂教授と劇団黒テントのプロデューサー兼ディレクターである宗重博之氏が組織し指導した原著講読の研究会から生まれたのである。このグループはほぼ1年をかけて、読み、議論し、翻訳し、理解を進めた。彼らはレフ・ヴィゴツキーが「発達の最近接領域」と呼んだものを共同で創造して、今あなたが読んでいるこの本を誕生させたのである。それは、私が大事にしている注意深く内省的で創造的なプロセスであり、パフォーマンス・アクティヴィスト運動そのものに備わる協働的で遊び心にあふれた精神を体現するものだったのである。

パフォーマンス・アクティヴィズムを日本の読者と分かち合うことを可能にするために、大変な作業をこなしてくださった皆さんに加え、研究会に参加くださったみなさんに畏敬の念を抱くものである。茂呂氏と宗重氏に加え、研究会に参加くださったみなさんに感謝申し上げたい。敬称は略すが、藤井伸子、長谷川侑紀、比叡ひかる、広瀬拓海、入江慎一郎、石田喜美、岩田祐子、川島裕子、川床靖子、菊池宙、岸磨貴子、松井かおり、松嶋秀明、長岡和歌子、内藤孝一、仲嶺真、新田一洋、佐藤伊織、高本祐子、渡辺謙仁、米谷尚子の皆さん、ありがとうございました！

また、『パフォーマンス・アクティヴィズム』の出版にチャレンジしてくれた新曜社にも深く感謝を申し上げたい。この本が記録した世界中で出現しつつあるムーブメントは、パフォーマンスの理解とパフォーマンス実践を変革する潜在力を持つと確信している。新曜社の決断と書籍制作・流通のリソースがなければ、この世界的動きを日本の読者と共有することは不可能だったのである。

日本の読者の皆さんにとって、今やこの本は「私の」本ではなく、まさに「私たちの」本となった。私は、成長しつつあるパフォーマンス・アクティヴィスト・ムーブメントの一端を皆さんと共有できることに大きな感動を覚えている。

＊

日本には古くからの非常に豊かな演劇の伝統があることを皆さんもよくご存知のことだろう。しかし20世紀初頭に誕生し、軍事政権による第二次世界大戦中の弾圧を乗り越え、１９６０年代に再び花開いた近代政治劇の遺産があることは、あまり知られていないのではないだろうか。

その歴史は、1921年の神戸の港湾労働者ストライキや、1925年の東京の印刷工によるストライキの中で上演された演劇にまで遡る。これらの初期の草の根のパフォーマンスは、トランク劇場の結成に影響を与えた。トランク劇場は、労働者と知識人を集め、移動式で短編のアジプロ劇を上演した。トランク劇場と呼ばれたのは、メンバーが衣装や小道具をすべて小さなトランクに詰め、徒歩や路面電車でストライキや大衆集会に駆けつけたからである。当初は5人のメンバーでスタートし、1932年までに、トランクから生まれた左翼劇場のメンバーは80人に達し、それぞれ7つのセクションに分かれて、演出家、俳優、デザイナー、衣装係、舞台係がいたという。

左翼演劇の影響を受けて、1929年に東京築地小劇場の中の急進メンバーが劇団を離れて新築地劇団を結成した。特筆すべきことは、この新しい劇団がソ連の革命演劇を通し上演したことである。マキシム・ゴーリキーの『母』、セルゲイ・トレチャコフ『吠えろ、中国』、フセヴォロド・プドフキン『アジアの嵐』などを上演した。それらの大規模作品に加えて、新築地劇団は、労働者の住み暮らす地域で、短編パフォーマンスを上演し、メーデーを祝い、共産主義者への弾圧に対する抗議の声を上げ、ロシア革命記念日を讃える芝居も上演した。著名な劇作家で芸術家の村山知義は、マルクス主義に基づいたロビンフッドやドン・キホーテの翻案や、中国での共産主義者による鉄道ストライキを描いた『暴力団記』を書いているが、これによって1930年に逮捕されることとなった（Lewis, 2016）。

より重要と思うのは、アマチュアの労働者俳優による演劇だった。1931年には、アマチュア労働者劇場運動が、鉄鋼工場、化学工場、運輸会社、郵便局そして印刷工場で活発となった。日本プロレタリア演劇同盟へと組織された時、東京には3ヶ所の劇場があり、静岡、名古屋、大阪、京都、神戸、高知、松江、金沢、松本に1ヶ所ずつ劇場があったという。

1933年には、遠く離れたロサンゼルスで日本人移民労働者たちが日本プロレタリア芸術クラブを結成した。またその前々年1931年には、一部の若い歌舞伎役者が歴史を突破し既存の劇場を離れて前進座を結成し、300年の歴史を持つ歌舞伎の伝統に過激な内容を吹き込んだ（この初期の動きの多くはComrade Ishigaki（1932a, b）から学んだ）。

ドイツと同様、アマチュア労働者劇場や進歩的な芸術劇場は、日本におけるファシズムの強化や帝国主義戦争の拡大とともに激しく弾圧された。

戦後日本で、進歩的な演劇活動が再開されるには時間を要しなかった。十数年間、アジプロとともに弾圧されていた新劇（リアリズム）運動が、社会的不平等や不公正をテーマにした演劇を日本の舞台に復活させたのである。このような演劇活動の多くは、日本共産党の影響のもと組織された「勤労者演劇協議会（労演）」による、チケットの大量購入によって可能になったという。1960年代初めまでには、この運動には何百もの独立劇団が参加し、その中にはリアリズムを越えてアヴァンギャルドの演劇実験に着手する劇団もあったという（Terasaki, 1984）。

日本の政治演劇と実験的パフォーマンスの次の章は、1959年から60年にかけての日米安全保障条約の改定・延長に対する大規模な抗議運動から生まれた。事実上、新劇コミュニティ全体が安保に抗議するために動員された。右翼の暴漢が国会前の平和的な大規模デモを襲撃し、80人が負傷、女子学生が死亡した後、旧左翼の制約された抗議戦術と制約されたパフォーマンスに不満を抱いた多くの若いアーティストと活動家が、独自のパフォーマンス運動を展開するために離脱した。それはアングラと呼ばれるようになり、遠征先のテントや街角、さまざまな借り物のスペースで、あらゆる種類のラディカルな実験的作品を生み出した（Kapur, 2018）。

この歴史的で文化的な結節点から生まれた劇団のひとつが劇団黒テントであり、前述のように本書の翻訳勉強会のリーダーのひとりである宗重氏はこの劇団の出身である。歴史は覆い隠され、抑圧され、多くの人々から忘れ去られるかもしれないが、消えることはないのである。

その歴史とは、今、私が書いている文章の中にも、この文章を読んでいるあなたの中でも残り続け、進行し続けるのである。

パフォーマンス・アクティヴィズムを翻訳し、人々との議論の場を作ってくれた茂呂雄二氏、宗重博之氏、そしてすべての方々にあらためて感謝したい。そしてパフォーマンス・アクティヴィズムのすべての先駆者たちと、今生まれつつあるすべてのパイオニアたち、そしてすべての本書読者のみなさんに感謝を申し上げたい。

ダン・フリードマン
ニューヨーク州モンタークク
２０２４年11月

謝辞

経験、アイディア、情動を私と（そして今やあなた方と）共有するために惜しみなく時間をくれた先駆的パフォーマンス・アクティヴィストたちにお礼を申し上げる。彼らの与えてくれたものは、本書のコンテンツの多くを作り上げてくれた。また私は、本書のために道を用意してくれた、演劇史、パフォーマンス・スタディーズ研究者、心理学者、研究者、理論家にもお礼を申し上げる。彼らの提供してくれた、概念枠組みや用語のおかげで、パフォーマンス・アクティヴィズムの誕生を観察し、明確化することも可能になった。

本書を含む『パルグレーヴ叢書 ― 遊び・パフォーマンス・学習・発達』のエディターである、ロイス・ホルツマンには、本書執筆を励まし、一インチの歩みのたびに支援してくれたことに感謝したい。また社会的にも財政的にも本書執筆に集中し完成させるのを許してくれたオールスターズ・プロジェクトとイーストサイド研究所の支援に対しても深く感謝したい。

また本書の第一校の重要な校正と引用文献の確認をしてくれた、エルサ・ダイアルにも感謝を申し上げる。また私の長年の友人で同志でもある、サンディー・フリードマン、ケイト・ヘンセルマンス、エミリー・クナッザー、スーザン・マサド、ジャン・ウォットンにも感謝する。本書の大半が書かれたのは悲しくも恐ろしいコロナ禍のロックダウンの時期だったのだが、彼らは、私が精力的に情熱的に仕事できるよう環境づくりをしてくれた。

パフォーマンス・アクティヴィズム　目次

装幀＝新曜社デザイン室

第1章　パフォーマンス・アクティヴィズムの紹介

本書は、社会的、政治的、文化的な変革の手段であり、成長しつつある国際運動でもある、パフォーマンス・アプローチに関する書籍である。このアプローチは、学習と知識に関して重大な意味を持つにもかかわらず、アカデミーの外部で発展してきた。つまりコミュニティレベルの教育と発達、心理学批判、市民運動、そして政治的アクティヴィズムが作るアリーナに出現してきた。この運動は、主に現場の草の根運動から生み出された次のような命題／洞察／発見を大事にしてきた。それは、プレイ（遊びと演技）とパフォーマンスが、個人とコミュニティに重要であるだけでなく、個人とコミュニティを転換《トランスフォーム》し、さらには集合的にコミュニティを創造する、という命題／洞察／発見である。

パフォーマンス・スタディーズがアカデミックな学術分野として出現して以来、この分野で（それを超えたところでも）強調されてきたのは、人間活動の多くがパフォーマンスとしてアプローチでき／研究でき／理解できる、ということである。このアプローチ／理解は、次のような議論を前提としている。それは、多くのパフォーマンス・スタディーズとその著作が、パフォーマンスを日々の行動を維持し、かつ／または復元する手段であり、我々が社会的リアリティーを構成し保持する手段だとする前提である。しかし不足しているものがある。それは意識的に、社会的問題や葛藤に関与する手段としてのパフォーマンス運動、つまり社会的リアリティーを再構成し／転換する、人々のアンサンブル活動としてのパフォーマンス運動に関する研究がとくに不足しているのである。

本書は、この運動について、運動それ自身が何を発見したのかを探求するものである。

運動とは、通常の政治文化的用語では、大衆規模で協働しながら、共有された政治的、社会的、あるいはアーティスティックな考えや関心を前進させようとする人々の集団活動を意味する。本書でドキュメントされ、探求される運動は、最初から人々の共同実践グループが形成されていたわけではない。それは孤立し人知れず行われる実践として、諸個人や人々の小グループから始まった／始まりつつあるものだ。たとえば、インドの鉄道プラットフォームで、南アフリカの刑務所で、コロンビアの戦争で荒廃した村で、ブラジルのスラム街で、ニューヨーク市の貧困コミュニティで始まりつつあるものだ。価値や関心がかなりの程度重なりあうものの、これらの運動は、統一されたイデオロギーやプログラムや特定の目標を持たない。この発展中の運動に参加する個人と小グループに共通するのは、プレイ（演劇／遊び）とパフォーマンスを通じて、貧困の人々や抑圧された人々を支援し、コミュニティを作り、地域の、そして世界に関わる社会政治問題を探求し、対立する勢力やコミュニティ同士を団結させ、癒やしを与え、教育し、想像力を破壊され奪われた人々の想像力を解き放つことである。

これらの多様な個人と小グループは、演劇人、舞踊家、パフォーマンス・アーティスト、社会的政治的アクティヴィスト、コミュニティや若者を対象とするオーガナイザー、進歩的で批判的な教育者やセラピスト、ソーシャルワーカー、医師と看護師、組織コンサルタント、その他の人々から構成される。これらの個人と小グループは、最初、この惑星の遠く離れた街角で演劇制度の外で、日々の生きられた生にインパクトをもたらすべく、プレイ（演劇／遊び）とパフォーマンスを使って自分たちと同じようなアプローチを実験し発展させている他のグループの存在を、ほとんど知らなかった（そして今も、多くの人たちが知らないままにいる）。本書でドキュメントされ探求される動きと流れと発達は、現代のパフォーマンス界における、主に訓練された専門家によって実践される美的活動から、普通の人々による社会／政治的活動の実践への転換によってもたらされる動きや流れである。別の言い方をすれば、本書は、（今も）舞台から飛び出して、生の現場へと旅を続けているパフォーマンスの物語なのである。

この運動そのものに必然的に関わる自己発見過程では、パフォーマンスの本性も発見される。その本性とは、この運動を過去の運動から差別化すると同時に、今日の世界にある他の運動形態からも区別する、活動／戦術／方法として特定されるパフォーマンスの本性である。こうして歴史の現時点でパフォーマンスの本性に関する問いは、本書の重要な枠組みとなる。この運動の自己発見を追求して、我々は、運動がどこからやってきて、歴史のこの時点でどうやって出現したのかを問わなければならない。東西両文化における千年の間、それぞれの時空間や文化でシアター（演劇／劇場）がどのような社会的物理的な空間であったとしても、パフォーマンスはその内部で行われるものであった。訓練された俳優がパフォーマンスする（「演技する」）一方で、観客は立って、あるいは座って俳優の演技を見物する。パフォーマンスは、ほとんどの場合、明確に区分された文化的で制度的な枠組み内で機能する、訓練された専門家の領土の内部にあったのである。パフォーマンスが、前世紀を通して変化し始めた、文化的、知的、政治的コンテクストを、我々はパフォーマンス・アクティヴィズムの前史と呼ぶのだが、この前史を検討することが、第1部のテーマである。

過去40年以上、パフォーマンスの実践と理解は、地方の伝統的社会でも都市部の近代的社会でも大きく変化してきた。これはもちろん、二つの社会の境界線がますます薄れてきていることにも関係している。相互依存する経済のグローバル化あるいは国際化した資本主義と、それと同時生起した文化的倫理的な視点は、過去半世紀で急速に発展してパフォーマンス・アクティヴィズムが出現する歴史的なコンテクストとなった。生まれつつあるパフォーマンス運動《ムーブメント》を音楽領域で使用される「楽章《ムーブメント》」概念に関係づけるのは有用かもしれない。音楽における楽章は、キー、テンポ、構造によって構成された、長大な音楽作品の主要な区分ユニットである。本書は、とくに、多様なパフォーマンス・アクティヴィストとアクティヴィズムが、特定の文化や国民国家において、文化、社会、政治的な発展に呼応する形で、どのように出現したかを探求する。それらのキー、テンポ、構造がどのような音を奏で、どのように現れ、どのような感情を与えるのか、そしてそれらがどのように共鳴しあうのか、これが第2部の主題である。

本書でドキュメントされ探求される、生まれつつある運動は、政治的であると同時に文化的であるが、慣習的な、あるいは通俗的な意味で政治的・文化的なのではない。本書でいう文化的とは、美的なという意味ではなく、つまり芸術的な運動に限られるものではない。また、本書が取り上げる、生まれつつある運動には、パフォーマンスに対する極めて多様な美的でアーティスティックな運動が含まれる。実践家を結びつけるのは、演劇の外にあり、社会変革実践の連続体の内部にあるパフォーマンスの枠組みなのである。もし文化が、人類学や社会学のように、歴史を通して人間社会が進化させてきた価値集合・習慣・伝統・社会行動規範として理解されるなら、ある社会において受容されたパフォーマンスの使用法と意味に挑戦する運動は、自ずと本来的に文化的となる。おそらく、いまだはっきりしないのは、本書でドキュメントされ探求される、生まれつつある運動がどのような意味で政治的なのかという点だろう。さらに言えば、いかなる、あるいはどのような意味で政治的なのかが、この運動に携わる人々にとって論争の的となる。この探求に関する私の作業仮説は、文化的なものと政治的なものの間の境界面は穴だらけだというものだ。もし、本当に文化が歴史を通して人間社会が進化させてきた価値集合・習慣・伝統・社会行動規範としてアプローチされるなら、すべての文化は政治でありすべての政治は文化となる。権力関係は――そしてそれに関連する経済と社会構造も――社会の価値集合・習慣・伝統・社会行動規範の大枠の一部であり、さらにはこの大枠を現実化するものである。このことをより明確に言うならば次のようになる。政治は文化の下位部門である。

とはいえ、本書でドキュメントされ探求される、生まれつつある運動の政治的本性については、答えの出ていないものも多く、問いに答えるための視点も多数存在する。たとえば、どのような道筋で、演劇/遊び/プレイはコミュニティとその社会的な権力のダイナミズムにインパクトを与えるのか？別個に実践している小グループは、伝統や慣習といった大きな枠組みにインパクトを与えられるのか？文化的活動は、政治的活動に転移/転換できるのか？もしそうなら、どのようにして可能なのか？ローカルなプロジェクト（すべてのライブ・パフォーマンスはその本性からローカルだ）と、政治的文化的バリアを超えてそれらローカルなプロジェクトを結ぶ新しい提案とは、どのようなダイナミクスに基づいて可能となるのか？ 集合的創造的活動に関与している人々のグループによって生成されたパワーと政治的パワーには関係があるのか（あるとしたら、その本性はどのようなものか）？パフォーマンスをさまざまな目的に利用する人々、たとえば、癒やしのために、教育のために、敵対する人々同士の橋渡しのために、コミュニティの建設のために、新しい可能性を想像するためにパフォーマンスを利用する人々の間には、関連があるのか（あるならその特性は何か）？ 長期に持続する制度からは区別される、短期的なプロジェクトのインパクトとはどういうものか？ 要するに、アクティヴィズムの形態のうちのそれらすべての側面はどのように、パワーと権威という問題に応えるのか？ 私にとって、運動自身の自己発見についてドキュメントし探求することは、一つには、パワーと政治に関する種々のアプローチとそれら種々のアプローチが互いにもたらす作用と影響を跡付け／詳細に分析し／発見するという価値を持つ。

政治的インパクトに関するそれらすべての問いが、パフォーマンスそのものの本性に関する問いにもなる。この運動の視野は、結果のための道具としてのパフォーマンスから、同時に結果でもあり道具でもあるパフォーマンスにまで幅広く広がっている。結果のための道具としてのパフォーマンスというのは、教えるための道具、敵対するコミュニティ間の橋渡しのための道具、トラウマを癒やすための道具、社会的アクションを扇動するための道具などである。一方道具**でもあり**同時に結果でもあるパフォーマンスにアプローチすることは、単に変化**のための**道具としてだけではなく、パフォーマンスを変化そのものでもあると理解することだ。この見方は、質的な人間発達活動としてのパフォーマンスと、この活動を通して我々人間が自分自身も形成し同時により広い世界も形成する活動としてパフォーマンスを理解するのである。言い換えれば、この視点はパフォーマンスそれ自体をパワーと見ているのだ。それらの問いは多数の道筋で私の参照枠となっており、本書を通してその道筋を編んでいくのだが、第3部でより深く吟味することになる。

あなたが深くこの本に分け入っていく前に（分け入ってくれるのを願うばかりだが）、現時点で知る限りの本書の限界を確認しておきたい。

第一に、私が本書で使う運動ということばは、多数の（さらに多数に拡大しつつある）人々が同じ活動に携わって、その運動を進めていることを意味する。この場合、日常生活にインパクトを与えるパフォーマンス活動を意味する。物とは違って、活動は絶え間ない動き、流動性、移行、そして発達の中にある。それゆえ本書にできることは、活動の進化（発達）の特定の一瞬を捉えることのみである。つまり、せいぜいスナップショットである。この運動は相当に広がりも見せている。それゆえ、多様性のすべてをドキュメントすることと、パフォーマンス・アクティヴィズムの現代のパイオニア全員に相応の注意を払うことは不可能である。本書のために行った事前リサーチで、本書に含めることのできた多くのパフォーマンス・アクティヴィストには少なくとも2回インタビューを行った。このことは、彼らの仕事の重要性、影響の大きさを反映するものではない。誰を、何を含めるかの私の決定は、常に困難であったし、時には痛みを伴うものだった。決定を後押ししたのは、本書を地理的にも文化的にもできる限り多様にしようとする方針だった。同時に、国際的にはほとんど知られていないプロジェクトや人々に注目させたいものを収めるという方針も採用した。

この点では「被抑圧者の演劇」は、現在のところパフォーマンス・アクティヴィスト運動では、最大の動向であるにもかかわらず、本書がその影響の大きさに見合うような扱いをしていないことに注意されたい。確かにその起源に触れ、ある程度はその後のパフォーマンス・アクティヴィズムの動向と形態への影響を追跡しているものの、「被抑圧者の演劇」については徹底して吟味はしていない。これは意図的なものだが、悩みの多い決断であった。ただし「被抑圧者の演劇」に関する文献、ドキュメンテーション、対話が大量にあることに基づいた決断でもある。私は「被抑圧者の演劇」の名誉を傷つけるつもりはなく、むしろ世界中で展開しているさまざまなパフォーマンス・アクティヴィズムを可能な限り多数示したいだけなのだ。

他方で、ソーシャルセラピューティクスに根を持つパフォーマンス・アクティヴィズムに大きな紙幅を当てた。事実、第3部のすべてはこれを扱っている。この注目には3つの理由がある。第一に、このアクティヴィズムの地に足のついた影響力は学問サークルの評価に優るものだからだ。心理学や教育学において一定程度知られ尊敬を集めているものの、ソーシャルセラピューティク・パフォーマンス・アクティヴィズムの、演劇研究、パフォーマンス・スタディーズ、社会／政治科学的研究における評価には埋めるべきギャップがある。その歴史、実践、潜在力を詳しく明らかにすることで、従来の等閑視が逆転することを願っている。第二にソーシャルセラピューティク・パフォーマンス・アクティヴィズムは、極めて広範囲であり、特定の一つか二つのプロジェクト（あるいは人々あるいは地域）に限定されるものというよりも、人々の生活（つまり仕事、家族、健康、精神的健康などのあらゆる側面に関連するものだからだ。このルーツは広範な政治的動機に基づく社会的現実への関与と転換に向かう大衆組織実践にあるのだが、このことはパフォーマンス・アクティヴィズムが、生み出すパワーを利用した新しい活動と組織に関する持続的な実験だったことを意味する。第三に、ソーシャルセラピューティク・パフォーマンス・アクティヴィズムは私にとって最も馴染みのある動向であり、数千の人たちとともに40年にわたって、その誕生から今日まで関わってきたものである。このような理由で、私はソーシャルセラピューティク・パフォーマンス・アクティヴィズム自身が発見してきたことを、より広く世界中の運動団体の人々と、そして読者と共有したいと切望する。

ソーシャルセラピューティク・パフォーマンス・アクティヴィズムに深く関わる実践者として、私は客観主義の学問に対して主張することはとくにはない（そもそも客観主義の学問などというものがあるとは思わないのだ）。この出現途上の運動の一部としての本書は、この運動の進行中の自己発見プロセスに貢献するものだと見ている。ドノヴァンのことばを引きながら、本書を「花から花園への贈り物」*（Epic Records, LSN, 6071, 1967）として、読者への控えめな贈り物としたい。

私のいう花園とは、現在パフォーマンスに基づいた社会変革実践に従事している人々だけでなく、参加したての第二世代や第三世代のアクティヴィストも意味する。また、この花園は、本書を手に取るまで、パフォーマンス・アクティヴィズムと出会ったことも聞いたこともないあなた方すべてを意

＊訳注：ドノヴァンの5作目のアルバムのタイトル“A Gift From A Flower To A Garden”。邦題は『ドノヴァンの贈り物 —— 夢の花園よ』。

味している。世界には、新しく、そして私が建設的で重要と信じるものがあり、それについて知っていただくのも良いと思う。私がパフォーマンス・アクティヴィズムを確かな存在にしようと積極的役割を果たすことは、もちろん私の経験、私の歴史、私の影響、私の政治、そして（意図的ではないが）私のバイアスを本書の制作に持ち込むことも意味する。そのことについて謝罪はしないが、善かれ悪しかれ、それらがあなたの読もうとするテクストの縦糸と織り模様の一部だということは知っておいてほしい。

第1部　劇場を出て革命に加わるパフォーマンス

さまざまに理解され説明されてきたパフォーマンスであるが、今日のパフォーマンス・アクティヴィストはパフォーマンスが何らかのやり方で成長と発達に関わるとするという仮説の下で実践している。この仮説は、演劇アーティストと演劇教育者、あるいは心理学者、社会学者、政治的アクティヴィストには十分共有されていない。近年になって初めて、発達的活動としてのパフォーマンスへのアプローチが出現したのだが、それは広く認知されているとは言い難い。

歴史的コンテクストから言えば、演劇や舞台のショーや決められた儀礼の場以外で行われる、日常生活の発達活動としてのパフォーマンスにアプローチし／理解することは、新しいことなのだ。つい最近まで、東西両文化の大半においてパフォーマンスは訓練を積んだ俳優が行うもので、観客は受動的にそれを観るものだった。第1部では、制度化されたアートとしてのパフォーマンスから20世紀の発達活動としてのパフォーマンスへの転換がどのようにして起こったのかについて探求する。何が2000年に及ぶ文化規範の変化を可能としたのか？　どのような美的、文化的、知的、社会的条件とその発達が、パフォーマンスを制度化された演劇の枠組みから解放し、教室、仕事場、コミュニティ・センター、病院、刑務所、村の広場、鉄道のプラットフォーム、選挙キャンペーン会場に持ち込むことを可能にしたのか？　大半を舞台上（スクリーン上）での社会的矛盾の美的解決に限定されていたパフォーマンスが、どのような旅路を辿って、日常生活の解決困難な矛盾に取り組むことになったのか？　その旅路自体もどのようにして可能となったのか？　どのようにして、パフォーマンスは舞台を離れ、ついには革命に加わることになったのか？

第2章　儀礼、演劇、アクティヴィズム

最初に確認したいのは、実際にも、パフォーマンスが演劇に限定されたことはないということだ。私が本書で意味する演劇とは、特定の社会と歴史の時期に限定された、パフォーマンスの組織化を意味している。パフォーマンス・アクティヴィズムを理解する上で、パフォーマンスが演劇と何を共有し、何を共有しないのかを考慮することは有用である。

過去40年間で、人類学者、パフォーマンス・スタディーズの研究者と理論家そして演劇史家に、プレイ（芝居／遊び）とその発展型であるパフォーマンスが人間文化に普遍的だというコンセンサスが生まれてきた。パフォーマンスは多くの場合に、宗教的儀礼、式典、野外劇の形で行われてきた（そして現在も行われている）。（歴史的なそして現在の）部族社会では、多くの場合に自然／祖先／精霊／神々を動かそうと、儀礼化したパフォーマンスが共同体単位で、時にはコミュニティ全体（バンド、氏族、クラン、村落など）で上演されてきたし、今も上演されている。そのような儀礼は、狩猟や収穫の成果を確かなものにし、雨をもたらし、戦いに備え、危害を防ぎ、たとえ危害を被っても癒やし

がもたらされるのを求めるものである。時には、儀礼パフォーマンスは、部族内の特定の宗教社会層に限定されて行われるものである。時には、これはライフサイクルの中で、たとえば子どもから大人へというような、ある役割から他の役割に移行する、特定の年齢コホートに限定される。さらにパフォーマンス・スタディーズが過去40年にわたって教えてくれたように、パフォーマンスは今日の／近代の宗教的な儀礼にも、結婚式と日曜礼拝から議会選挙からアメフトのテールゲートパーティーまで世俗的儀礼にも見られるものである。それらの場合、儀礼は俳優と観客を区別できない集団パフォーマンスとなる。人々は観るのではなく、参加するのである。そのマジックはパフォーマンスの集合性にある。

対照的に、本書における演劇の定義的特徴は俳優と観客の分離にある。これはわずかな差異ではないかと、真っ先に思われるかもしれない。しかしながら、のちに明らかにされるように、この分離は重大な社会的意味を持つのである。なぜ、どのように、この区別が生まれたのだろうか？　最も単純で最も正直な答えは、確かなことは誰にもわからないというものである。

歴史的な（書かれた）記録から、私が本書で探求する意味での演劇が、**いつ、どこで**出現したのかについて有益なアイディアをもらうことができる。中国では北斉において、語り劇（俳優が他の人のために物語をパフォーマンスするもの）が6世紀に出現したという。もっとも、800年以上後の13世紀の元の時代になるまで、長編語り劇の人気は目立つものではなかった。中国の影響が日本に及ぶ中で、14世紀に日本で能が出現した。アテネや他のギリシャの国家では、紀元前5世紀に演劇が出現している。インドでは、紀元前200年から紀元後200年の間に最初の演劇の記録が現れている。

この記録『ナチャシャストラ』は、賢人バラタ・ムニの手によるものとされ、演劇と関連パフォーマンスについての広範囲にわたる専門書であった。実践／制度としての演劇は、書籍に書かれるようになる以前から存在したのは明らかである（Zarrilli et al., 2006, pp.59-66, 112-113, 115-117）。

地理的に大きく隔たり多様ながら共通して共同体儀礼を演劇へと分岐させた諸文化には、どのような共通要素が備わっていたのだろうか？ 一つ共通するのは、それぞれが書きことばを有したことであり、それによって台本を書き記し保存することができたことである。もちろん非識字社会も演劇を生み出したが、記録は残せなかった。しかし、リテラシーそのものは、他の要因の産物であり、たとえば記録の保管を必要とした交易水準の産物だった。交易水準は、定住社会と余剰生産物を意味し、このことは農業と園芸とそれに基づく集落や都市を前提とする。古代中国、インド、ギリシャに別個に出現したこれらの要因は、共有財産と共通関心の共同体に基づく部族社会から、階級社会への緩やかだが確実な移行をもたらした。階級とは、主人／奴隷、地主／百姓であり、インドのケースでは、複雑なカーストシステムが作られ（さまざまな下位分類があるが）大まかに線を引くなら（聖職者であり学者である）ブラフマンを頂点とし、ついでクシャトリア（戦士）、ヴァイシャ（農民と商人）、シュドラ（労働者）、塵芥を扱う不可触民ダリットからなると要約できる。これらすべてのケースで、部族は、社会全体を統合する構造であり法執行者である国家によって取って代わられた。このコンテクストでは、関連するコミュニティにおいて自然／精霊／神々を動かし、あるいは安定した社会構造内部での社会的な移行を促すための儀礼パフォーマンスは、演劇パフォーマンスに道を譲ったのであった。そのパフォーマンスは観客から分離された俳優グループが、俳優とは分離された観客のために、階級に分断された社会の現状や解決不能の葛藤を描くものであった。通常、少なくとも最初のうちは、それらの葛藤は宗教的物語の神話的枠組みに投影されていた。最も初期の形では、演劇は直接国家に結びつき、ギリシャでは毎年国家が後援した演劇コンテストと祭りが開催され、中国と日本では支配階級のために作られた芸術形式が出現した。

この歴史の骨組みのスケッチは、主にマルクス主義英国人古典学者ジョージ・トムソンの著作に依拠している。長らく無視されてきた、1941年の彼の著作『アイスキュロスとアテネ――ドラマの社会的起源』は、古代ギリシャにおける、部族社会から階級社会への転換と演劇出現の関係を念入りに解明している。この発展を追跡する中で、トムソンは集団儀礼の優勢から演劇の優勢への転換が、階級社会の内部葛藤への応答であると同時に、それへの対処であったと主張した。彼は「アリストテレスが論じるように、古代ギリシャにおけるドラマの源である（ディオニソスの）秘儀においては、新規儀礼参加者はいまだに儀礼の多くに能動的に参加しなければならなかった。… 悲劇の催事においてはごく一部を除いたすべての列席者は、完全に受動的となり、プロットのクライマックスで喚起される哀れみや恐れの感情を表現するだけだった」と主張した（Thomson, 1941, pp.382-383）。西洋文化の流れにおいて最初に演劇について書いたアリストテレスは、演劇の目的とくに悲劇の目的はカタルシスにあり、反社会的な感情、衝動、思考とされるものを、演劇で喚起された哀れみと恐れの情動によって清めることだとしている。トムソンは演劇制度の本質的に保守的な本性を要約して「このようにして自分自身を追放した市民は、それによってさらに充足した市民となった。階級闘争が引き起こした感情的ストレスは、それが人間と神あるいは運命あるいは必然性との葛藤として昇華されるスペクタクルを通して、解放されるのである。プラトンは悲劇を禁止した。というのも、悲劇は既成秩序を転覆するものだからだ。アリストテレスの綿密な分析によれば、悲劇は既成秩序を保守するものだ。近代的心理学同様に、個人と社会の間に不適応が見られる場合に、社会に適応すべきは個人であり、社会が個人に適応するのではないとアリストテレスは考えたからだ」と述べている（Thomson, 1941, p.383）。

このような保守化の機能は西洋の伝統に限られるのではない。インド最古の戯曲『ナチャシャストラ』で、バラタ・ムニは「このマヤ（幻想つまり演劇のこと）は、務めから逃れようとする人々に務めを教え、愛の満足を熱望するものに愛を教え、無礼で粗暴なものを懲罰し、身勝手な者たちに自制心を涵養し、臆病者に勇気を与え、勇敢な者に力を与え、知性に乏しい者を教化し、学問をおさめた者にさらに知恵を授ける。それは［また］悲しみと［過度な］仕事に苦悩する不運な者たちを安堵させ、務めを守らせることにつながるだろう」と述べる（Bharata-Muni, 1967, pp.14-15）。

これが演劇に関する一つの起源譚であることは強調しておきたい。誰も確かなことはわからないのである。儀礼から演劇への分岐を反駁不可能に説明できるような歴史資料は十分とは言えない。たとえばギリシャの場合、演劇がディオニソスの秘儀から出現したというアリストテレスの主張の信頼性を疑った彼の同時代人もいたし、確かに確固とした証拠資料はない（たとえばSchechner, 1988, pp.1-8を参照）。演劇なしに部族社会から階級／国家社会へと移行した社会はあるのか？ 確かにあるのだ。アブラハムの宗教（ユダヤ教、キリスト教、イスラム教）から生まれ、それを信じる社会を吟味してみることが必要である。これらすべての社会は、当初、演劇を偶像崇拝の一つとして捉えていた。さらには3つのどの宗教にも、今でもそのように考える原理主義の流れがある。部族社会から階級社会へと転換し国家も発展させたが、その歴史において演劇を長い間発展させなかった例があるのか？確かにあるのだ。北ヨーロッパのほとんどの例が当てはまる。演劇と儀礼の移行形態で、専門家によって語られ／歌われ／パフォーマンスされる語りを受動的な観客が見たり聞いたりする事例はあるのか？ヨーロッパの古代ドイツ諸部族の吟遊詩人、西アフリカの語り部、今日のロヒンギャの歌う語り部は、すべてそれに当てはまる。階級社会（時には「文明化」とされるが）と演劇の出現がつながっているというこのストーリーは、普遍的でも必然的でもない。このナラティブ／分析は20世紀初頭の幾人かの研究者の進化論的／ヒエラルキー的見方と一致するものでもない。その研究者とは現在通常「ケンブリッジ派人類学者」と呼ばれる人々で、ギリシャの演劇（ならびに後続のパフォーマンス・アート）は、宗教儀礼から生まれ、そして、これが問題なのだが、儀礼は原始的で演劇はより発展したパフォーマンスだと考えた。[1] この学派とは違ってトムソンの核となる論点は、私の読む限り、儀礼と演劇は異なる社会機能を果たすものであり、そして演劇は階級と国家の出現にリンクしたパフォーマンスの特別な組織化である。前述の制限にもかかわらず、大きく異なる文化において、しかも発展の類似した時点で同じように、なぜ、どのようにして出現したのかを説明する上で、そして演劇——そしてその近年の子孫である映画とテレビ——が、私の目からすると、出現以来果たしてきた保守化という主要役割に説明を与える上でも、私はこのストーリーが有用だと思っている。

本章の最初の設問「パフォーマンス・アクティヴィズムと演劇に共通するものは何か？」に立ち返ろう。明らかな答えはパフォーマンスであり、現在もおそらく明らかなのは、それら2つが儀礼とも共通しているのはパフォーマンスであるということだ。パフォーマンス・アクティヴィズムが演劇と儀礼から一番に違う点は、パフォーマンス・アクティヴィズムのパフォーマンスが世界において何を**するか**である。

儀礼が機能する文化において、儀礼パフォーマンスはその文化に固有の無数の方法によって、生得的行動と社会的行動を、規定のやり方でコントロールしようとしてきた。パフォーマンス・スタディーズの創設者の一人リチャード・シェクナーは、本書執筆過程で多くのことを拝聴し教えを乞うた人物であるが、演劇と儀礼の違いを次のように明確化している。「儀礼は演劇に大変近いものだが、しかし同時に鋭い違いを見せるものでもある。儀礼行為は振りをするのではなく、儀礼は『確信させる』ことなのだ。『パフォーマーの自由にはならない、行為と発話の不変のシークエンス』は、『複雑な課題を適切に遂行することに完全没入したパフォーマーたちによって』実行される。その最終的成果は必ず守られねばならないものだ」(Rappaport, 1979; Schechner, 2009から引用)。儀礼の社会的機能はシェクナーが述べるように、「確信させる」ことにあり、実際に「真実味を与える」ことにある。つまり日常生活に形式を与え意味を作ることであり、しかも人間個々人の寿命を超えるばかりか、社会と文化の寿命を超えるような形式と意味を与えるのである。

一方演劇は、明らかに振りをするものである。幼児や幻覚を病む人以外には、誰も舞台上で行われることが「現実」だとは、つまり日常生活そのものだとは信じない。演劇は社会的に合意された振

［1］ケンブリッジ派人類学とその代表作は、Cornford（1914）、Harrison（1912）、Murray（1912）である。

り・所作事である。この振り・所作事は、多様な異型を伴って複雑で時に美しい芸術形式に発展する。その（ように芸術形式に発展した）振り・所作事が重要なのであり、パワーなのである。その振り・所作事のインパクトは、ステージやスクリーン以外には現状解決法がないような社会的葛藤を解消する働きを見せるという意味で、本質的に政治的である。演劇は、パフォーマンスの制度的枠組みへの（再）組織化であり、この枠組みで訓練された専門家（俳優）が多人数の観客（地方の小劇場／演劇の場合数十人、商業映画やテレビの場合には数千万人）に向けて、儀礼パフォーマンスでは解決もしくは隠すことができない、少なくとも必ず解決はできない、社会的葛藤や矛盾を「演じる」のである。

もし儀礼パフォーマンスが「信じさせ」、演劇パフォーマンスが「振り・所作をする」ものなら、パフォーマンス・アクティヴィズムのパフォーマンスは「一新する」ものである。パフォーマンス・アクティヴィズムは、パフォーマンスを決められた儀礼行動から解放し、演劇の美的な振り・所作事からも解放する。そうしながらパフォーマンス・アクティヴィズムは、パフォーマンスが新しい関係、情動、活動、そして可能性を生み出す力を解き放つのである。シェクナーは、パフォーマンス・アクティヴィズムの出現のコンテクストにおけるパフォーマンスを語る際、以下のように指摘している。「パフォーマンスが担うのは、新しい関係性を探究することであり、遊ぶことであり、実験することであり、パフォーマンスをすることは境界線を超えることである。それらの境界線は、地理的であるだけでなく、情動的で、イデオロギー的で、政治的で、個人的でもある」(Schechner, 2014, p.51)。

パフォーマンス・アクティヴィズムが超えようとするのは、ストリートから演劇を隔て、観客から俳優を隔てる境界線であり、この境界超えは儀礼に用いられる伝統的で固定化された行動によらずに行われる。これがパフォーマンスの創造的可能性を「普通の人々」に提供しているのだが、その際彼らに「新しい関係性を探究し、遊び、実験する」パワーを提供するのである。どのようにして可能なのか、なぜそれが可能なのかについては、後ほど吟味する。今のところは、その可能性に気づき、少なくともそれを楽しむ上で重要なことは、パフォーマンス・アクティヴィズムの登場を通して、パフォーマンスの社会的インパクトとその意味が変化の途上にあるということなのだ。

こう述べることで、儀礼と演劇とパフォーマンス・アクティヴィズムが分厚い壁で隔てられていると言いたいわけではない。誰がパフォーマンスするのか、それはどのようにして創造されたのか、どのような社会的インパクトを持つのかについては、多くの場合に演劇とは相当異なっているのだが、パフォーマンス・アクティヴィズムの実践過程には、観客の目の前のパフォーマンスが含まれることも多い。パフォーマンス・アクティヴィズムは、時には儀礼の形をとる場合もある。しかしながら、伝統的行動を再生産して現状を強化するのではなく、パフォーマンス・アクティヴィズムの儀礼は、コミュニティがトラウマを超えて新しい可能性を生み出すための条件づくりを支援するのである。

事実上歴史的文書が何も残されていない、2500年前の演劇の出現とは違って、私たちは、この新たな文化現象の近くにあり、そればかりかその中に生きているのだ。それゆえに、主に書かれフィルムに撮られ映像に記録された、相当に多数のドキュメントが存在している。しかし、それらのドキュメントを詳細に系統的に吟味することで、生まれつつあるパフォーマンス・アクティヴィズムに貢献する、さまざまな文化的政治的コンセプトの流れを追跡することは、今までのところ行われていない。

第3章　アジテーション・プロパガンダ（アジプロ）

パフォーマンスは訓練された俳優によって演劇の物理的制度的壁の内側で行われるべきものという前提に対して、初めて挑戦したのが１９１７年のロシア革命前夜に噴き出した労働者演劇運動であった。

革命後の15年間に、文化的、社会的、政治的な激動が、新生ソヴィエト連邦に急拡大した。革命は、生産手段の社会化（共有化）に加えて、何世紀も維持されてきた社会文化的規範にも挑戦した。法的にも文化的にも長らく築き上げられてきた障壁は打ち破られた。たとえばユダヤ人は数世紀のうちで初めて居住地が自由となり、望む職業につくことも自由とされた。女性には平等の権利が与えられた。必要に応じて中絶も許された。結婚は宗教の領域ではなくなり、離婚は単純に両者からの宣言によっていつでも可能となった。無料のデイケアセンターが開設されて、女性も労働力の一員となった。識字キャンペーンが開始され、リテラシーが広大なソヴィエトに普及した。文字を持たない言語には、文字が用意された。それぞれのコミュニティは、お役所からの通達を自分たちの言語で読み書きする選択も許された。頭脳労働と肉体労働と自然環境の調和が強調され、無料の学校が創設された（Rosa & Montero, 1990）。

これらすべてが、戦争の進行と極端な物質的困窮の中で起こったのだ。1917年11月の共産主義者による権力掌握は、直後に14ケ国の軍隊（米軍は8000人を派遣した）の侵攻を招き、ほとんどが交戦状態に入り、その後の5年間（1918－1922）を内戦状態として、労働者階級の多くが殺され、ロシアの産業インフラは壊滅状態となった。それでも、農村部にまで及んだ物不足と飢饉の中にあって、歴史上最も強力で生産的であり、知的にも芸術的にも爛熟した時期が出現した。ドイツの文化研究と演劇史を専門とするエリカ・フィッシャー＝リヒテは、ロシア史のこの時期を記述しながら「革命期は限界域の時代であり、社会が大きな変化と決定的転換を迫られた時代であった。旧秩序は撤廃された。しかし新秩序はいまだ打ち立てられていない。可能性のマルチチュードが出現しつつある。さまざまな矛盾が調和しながら共存している。何が起きても不思議でない」と述べる（Fischer-Lichte, 2005, p.97）。この可能性の限界域と爛熟は、グラフィックアート、詩歌、映画にも現れたのだが、最も劇的だったのは演劇だった。内戦中およびそれ以降、数十万人の工場労働者が、自分たちも革命に参加し革命を推進し成就するために、パフォーマンスでなすことがあり、なすべきだという考えを採用した。

ロシア文芸と演劇の評論家であるロシア生まれの米国人マーク・スローニンは、この時代について次のように書いている。「演劇への関心はまるで伝染病のようだった。近代の歴史において、このような現象はかつてどのような場所でも目撃されることはなかった。…創造の衝動と自己表現と芸術的活動に向かう思いが爆発したのだった。ツァーリの帝国のあらゆる街角に実験的ワークショップと演劇学校が出現した。地方のどの共和国にも演劇局が置かれ、あらゆる集団農場と軍の部隊でもアマチュア・パフォーマンスを組織していた」(Slonim, 1961, pp.240-241)。ソヴィエトの文芸理論家で評論家であるヴィクトル・シクロフスキーは、1923年に次のように書いている。「ドラマサークルをどのように運営するか誰も知らないのに、ドラマサークルはインフルエンザのように拡大している。燃料の不足も、食糧不足も、三国協商［反ソヴィエトの軍事同盟］の干渉でさえも、そして何ものも、この拡大を抑えることはできなかった」(Shklofskii, 1923; Gorchakov, 1957, p.418より引用)。

極めて興味深い統計がある。血みどろの内戦の時代に、3000のアマチュア演劇組織が生まれたというのだ (Carter, 1925b, p.13)。1926年には、ロシアソヴィエト連邦社会主義共和国 (大ロシア) だけでも2万のアマチュアの演劇サークルがあり、一年に20万8000の労働者俳優が2500万人の観客のために上演したという (Diament, 1933, p.4)。1930年には、ドラマサークルは5万に増加し、80万の労働者俳優がいたという (Diament, 1993, p.4)。革命前のロシア帝国全体では、10誌ほどの演劇雑誌が出版されるにとどまっていた。1918年から1923年の間には、全国的な紙不足にもかかわらず、サンクト・ペテルブルクとモスクワで40誌以上が出版されている (Gorchakov, 1957, p.114)。ロシア北部のオロネッツ州カルゴポル町は、多くの点で当時のパフォーマンス熱の典型だった。街の住人は4000人以下だったが、1918年には住民劇団を作ったばかりか、その劇団会報も出版し始めた (Gorchakov, 1957, pp.120-121)。

このような規模でのアマチュア演劇あるいはパフォーマンス運動は、それまでなかったたし、それ以降も見られていない。本書の目的からは、この草の根の演劇活動の爆発はさまざまな理由で注目に値する。第一の注目点は、参加した人々の数であり、それはソ連に限られる話ではない。後ほど詳しく論じるように、アマチュアの労働者演劇運動は、1920年代にソ連からドイツへと広がり、その後産業化された国々の多くへと拡大し、最終的にはまさしく数百万の人々が参加することになった。もちろん、それ以前にも芸術的志向を持つ中産階級や裕福な人々の間にもアマチュア演劇は存在した。パフォーマンスを劇場支配から解放するという視点からすれば、20世紀初頭の労働者演劇運動の重要性は、参加者の数だけでなく、どういう人々が参加したかにある。それは圧倒的に貧しい労働者たちであり、ほとんどが工場労働者たちだった。演劇の訓練など受けたこともなく、そればかりか劇場での観劇経験すらも全くなかった。ソヴィエト労働者演劇運動のリーダーの一人であるプラトン・ケルゼンツェフは、1923年に次のように書いている。「社会主義的な芝居をうまく演じることのできる、プロの上手な俳優のための訓練はプロレタリアの演劇の課題ではない。むしろより広範囲の大衆の創造的な芸術衝動を引き出すことだった」(Kerzhentsev, 1923; Gorchakov, 1957, p.158より引用)。

今日のパフォーマンス・アクティヴィズムの出現にも影響を及ぼしている、この運動の他の側面は、労働者＝俳優たちが社会変革と政治につながっていたということである。それ以上に、労働者たちは自分たちのパフォーマンスが政治的アクティヴィズムとして機能すると考えていた。彼らは古典演劇や革命前の主流演劇のアマチュア版などは演じなかった。彼らの目的に適う新しい芝居／風刺劇／パフォーマンスを創造し、その過程で革命目標への前進が期待できるような、新しいスタイルの革新的ショーを作り出した。ニューヨーク市でドイツ系労働者の劇場 (Prolet-Bühne 労働者の舞台) に関わり、

1930年代には米国共産党員でもあったフリッツ・ホフマンは、このことを次のように述べている。「我々は常に挑戦していました。目標は教育でした。その目標とは、観衆は［政治的に］教育される［べきである］でした。彼らは自らをより良きものにすることに関心を持っているのですが、どうすればいいのかわかっていなかったのです」（F・ホフマンの1977年1月付私信）。今日のパフォーマンス・アクティヴィズムの道具箱には政治教育よりも多数の／他の機能も含まれるものの、それでも注目しておきたいポイントは、パフォーマンスと大衆レベルでの政治的／社会的参加とのつながり、あるいは一体性が初めて明確にされたのが、ソヴィエト連邦初期の労働者演劇運動だったということだ。

労働者演劇運動の美学、そして／あるいはスタイルに関する分析が本書の守備範囲ではないものの、この最初期のパフォーマンス・アクティヴィズムの先駆者について見ておくことは有用である。革命が与えた歴史的社会的環境において、どのようにこの大衆パフォーマンス運動が発展したのかを見ること、そしてこのことがどのようにパフォーマンスの内容とスタイル、そして美学を形づくったのかを見ておくことは有用である。

政治的デモの演劇的側面

路上デモは言うまでもなく、その本性からしてパフォーマンスである（そして儀礼でもある）。それは何かに賛成するか反対して、公然と示威行動をすることである。ソヴィエト初期のデモは数が多く、工場、企業、教育機関、組合などに分かれていた。いずれのデモの分隊にも、複数のデモ行進隊があり、皆化粧し衣装を身につけていた。それらの衣装を纏った人々は、ダンスし円舞しコーラスし、民衆音楽の政治的替え歌をパフォーマンスした。デモはまた政治スローガンをイラストにして、平台トラックに貼ったタブロー（絵画）を用いることも多い。このタブローはすぐに移動式の寓話劇や道化芝居に発展した（Gorchakov, 1957, p.147）。

集合宣誓劇

我々に確認できる限り、最も基本的でおそらく最初に労働者劇団が採用し／発展させたパフォーマンス形式は、集合宣誓劇[*]だった。これは劇団員が全員で、独唱、和声、対位法によって、一緒に朗読するものである。労働者俳優は、はじめは著名な詩人の詩を朗読したようだが、すぐに自分たちの作品を書くようになった。この集合宣誓劇は明らかに路上デモのシュプレヒコールにつながるものだが、デモのコンテクストから独立して演じられ、労働者演劇運動を特徴づけるスタイルの基礎となった。このスタイルは、より洗練されたのちも、合唱による宣誓（と、すぐに発展した集団振り付け）を保持した。ゴルチャコフは「詩歌は、演劇サークルが革命の事件を映し出すのに利用した最初の手段だった。…舞台装置も演劇テクニックも必要とせず、背景合唱に対して『独演者たち』のダイアローグをするのも稀であった」としている（Gorchakov, 1957, pp.143-144）。

ディベート劇

内戦とその後の時期頻繁に出現した暴力的対立の中で、模擬ディベートが共通のパフォーマンス形式として出現したことは驚くに当たらない。政治的スピーチや報告は、しばしば読み聞かせによって文盲の労働者や小作農たちに伝えられ、パントマイム、タブロー、コーラス、舞台上のダイアローグによって解説された。最終的に、これら政治的対話は、劇化されたディベートへと形式化された。革命の支持者たちは「聖職者役」「白軍（反革命兵士）役」「クラック（富農）役」などと論争しあった。ディベート劇（Staged Debates）の参加者は、メイクアップし衣装を身につけ、リハーサルして役を演じた（Gorchakov, 1957）。

＊訳注：Collective Declamation. 対応する日本語訳を萩原（2009）に求めた。萩原によれば、1920年代のアジプロ演劇の番組として「シュプレヒコール劇」「宣誓劇」が含まれていたという。本書のCollective Declamationはこれに当たると考え「集合宣誓劇」とした。
萩原健（2009）「アジプロ隊〈メザマシ隊〉の演劇について――〈脱・制度〉の演劇、その十五年戦争の間の変容」『演劇学論集（日本演劇学会紀要）』49, 53-73.

裁判劇

演劇の歴史で認められてきた裁判の演劇ポテンシャルは、初期のソヴィエト労働者たちによって、すぐに自分たちの目的のために利用され始めた。裁判劇（Staged Trial）には次のようなものがある。白軍の指導者たち、1919年に失敗に終わったスパルタカス団蜂起のリーダーだったカール・リープクネヒトとローザ・ルクセンブルグの殺害、地主、酔っ払い、チフスシラミ、メンシェヴィキ（革命に反対したロシアマルキスト穏健派）などである。判事、陪審員、弁護士、証人などの裁判の登場人物は、メイクアップし、衣装を身につけ、小道具も使用した。その会話と台詞は一部リハーサルするが、残りは「法的手続き」のコンテクストに沿った即興であった。この模擬裁判には観客も多く参加し、「証人」や「被害者」として舞台に登場するものもいた（Gorchakov, 1957, pp.142-143）。

生きた新聞

どのように効果的に革命のニュース（と考え方）を地方にまで届けるかという課題に直面していた共産党のオーガナイザーによって、別種の労働者劇場形式が生み出された。文盲の小作農の大半は概して都市部労働者よりも保守的であり、小作農たちの革命への支持拡大は一般には遅れていて弱いものだった。この環境で生きた新聞（Living Newspaper）がどのように生まれたのかに関する優れた概要は、演劇史を専門とするC・D・イニスが書いている。

革命後のソヴィエト連邦で大半の文盲層にニュースを伝えるために開始された頃は、これ（生きた新聞）には何もドラマティックなことは起きなかった。それはヨーロッパの伝統的な町の触れ役だった。ニュース速報が電報で町や村々に知らされ、町の広場に集まった住民に対してメガフォンを持った党職員がそれを読み上げたが…大半の労働者はマルキストでも革命論者でもないから、この事実報道は党職員が行う熱のこもった説教や議論とないまぜになった。さらに、目的が通達だけでなく熱狂を引き起こすことにもあったので、この種の市民集会の締めくくりは共産主義讃歌「インターナショナル」の合唱となった。劇場の基本要素としての、話し手と観客、理性的コミュニケーションとともに情動的な関わり、それらが皆備わっていた。重要ポイントの強調のために音楽が追加され、ニュースの読み手が体の動きで事件を「見世物化し」始めたとき、より正式なパフォーマンスに一歩近づくことになった。（**Innis, 1972, p.23**）

さらに発展すると、生きた新聞は、現在の事件だけでなく「特集記事」「漫画」「社説」などへと拡大した（**Markov, 1934, p.139**）。生きた新聞の目的は明らかに、好意的な見解とともに革命のニュースを拡散すること、つまりは扇動にあったので、生きた新聞はアジプロ（アジテーション・プロパガンダの略語）という用語が最初に採用された演劇形式となった。

動くポスター

生きた新聞に非常に近いものが、動くポスター（The Animated Poster）だった。これは革命初期に最も人気のあったグラフィックアートの一つ、ロシア通信社（ROSTA）が印刷した窓口ポスターに触発されたものだった。そのポスターは詩人・戯曲家・芸術家のマヤコフスキーによって制作された。ロスタポスターのほとんどは一つの図像ではなく、四画面で構成されていた。動くポスターでは、ポスターは舞台美術になった。巨大なポスターが舞台中央に置かれた。ポスターには人の頭、腕、足のための穴が開けられた。パフォーマーは頭や手足を、対応する穴に入れて、その姿勢のままふさわしいジェスチャーをしながら、台詞、会話、詩歌を声にした（Deák, 1973a, p.50）。

モンタージュ

この時点で明らかなように、ソヴィエトの労働者演劇は語りを用いたものばかりではない。労働者と資本家、革命と反革命などの基本的矛盾は、すべてのパフォーマンスに事実上潜在していて、多くの場合資本家と／あるいは反革命主義者たちを舞台外へと追い出す労働者のコーラスで終わるにもかかわらず、出現した全体の構造はモンタージュだった。演劇グループは、テクスト情報を手紙、警察捜査資料、記録、政治演説、共産党大会決議、詩歌、政治スローガンなどで構成した。異なる長さとトーンの抜粋が劇的効果のために組み合わされたのだが、プロットや登場人物によってではなく、配置、繰り返し、連想による仄めかし、主題によって組み合わされた。典型的構成は、メインの「読み手」（実際には暗記しているがそう呼ばれている）とソリストに応じてシュプレヒコールするコーラスで作られる。この応答のシュプレヒコールは、パントマイムによって中断されるが、それぞれのキャラクターのソリストもコーラスも参加する。他の時点に移ると、読み手もコーラスも中断されて、喜劇もあればシリアスな劇もあるマスク劇とダンスとなる（Gorchakov, 1957, p.144）。

ソヴィエト映画を革新したセルゲイ・エイゼンシュテインは、映画制作の前には労働者劇場運動に積極的に参加していた。１９２2年、映画処女作発表の3年前に、モンタージュの発展とインパクトについて記述するのだが、アジプロ劇場から映画へと追跡しながら次のように書いている。「［劇場への］真に新しいアプローチは、テーマにとって必要なイベントを固定した「反映」ではなく、そしてそのイベントに論理的に結合した効果による解決ではなく…パフォーマンス全体の構築原理の可能性を根本的に変えるのだ。新しいメソッドが出現する。それは恣意的に選択された独立の（さらに既成の構成法や登場人物のプロットのつながりとは無縁の）自由モンタージュが（誘因の）効果を発揮するが、何らかの最終的テーマの効果を確立する見方を与える」。エイゼンシュテインは、同じエッセーでモンタージュを次のように賞賛する。「『幻想の模倣性』『再現性』の重力から演劇を完全に解放する道だ」（Eisenstein, 1974, p.79）。エイゼンシュテインは美学的言語で語るものの、これらの変化が美学的関心そのものから生じたものではなく、確立された演劇芸術で訓練されたことのない、参加し創造しようとした革命にパフォーマンスの表現を与えようと奮闘していた労働者から生まれたことを覚えておくと良いだろう。

五年のうちに、アジプロの基本的特徴は整った。アジプロのどのようなヴァリエーションも基本的に移動するものであり、劇場ビル内では行われなかった。その代わりに、工場の床や中庭、会館、カフェテリア、政治集会そして路上で演じられた。パフォーマンスの特徴は、以下の通りである。急進的（共産主義）政治内容を有すること、セット・衣装・メイクアップを固定しないこと、ダイアローグとシュプレヒコールの融合、極度に身体的で現前主義的な演技スタイルを一貫採用すること、典型的登場人物（ラジオ野郎、ボス、教会など）と象徴的で芝居がかったイメージがモンタージュ形式において政治的連想によって結びつき、基礎的なドラマ構成となること（登場人物、時間、行為の固定性に基礎を持つ直線的プロットから離れること）である。これらの基本的特徴によって、アジプロは瞬く間に国際的に広がっていった。

他の国々におけるアマチュア労働劇場

労働者劇場運動は、かなり早く、1920年ならびに30年代初期に、西ヨーロッパ、米国、日本、中国に広がった（ソヴィエト、ドイツ、米国以外の国々の労働者劇場に関する資料については、Friedman, 1979 の Appendix1, pp.736-737 を参照のこと）。共産主義の勝利で終わったロシア内戦後に、共産主義と非共産主義の両方からなる労働者派遣団のソ連訪問は、資本主義諸国から社会主義新政府への支援を得ようとするソヴィエト政府の総合戦略の一環として推進されたものだった。それらの派遣団は、しばしば労働者劇場のパフォーマンスを観覧したので、この新しいタイプの政治演劇の興奮は口コミでそれぞれの国々に広がっていった。つまり、ソヴィエト連邦を超えてアマチュア労働者劇場の拡大をもたらしたのだが、その最大のインパクトはプロのアジプロ劇団である青シャツ隊の誕生によってもたらされた。

その名前は質素な青いワークシャツを基本衣装としたことに由来するという、青シャツ隊の起源は曖昧で議論も多い（さまざまな説明については以下を参照。Carter, 1925b, p.260; Deák, 1973b, pp.43-44; Scherson, 1931, p.6）。直接の起源が何であれ、青シャツ隊と呼ばれる12人のプロの俳優からなるアジプロ劇団が、モスクワ市労働組合協議会の支援で、1924年の早い時期に活動していたことは確かである（Deák, 1973b, p.44）。青シャツ隊は、草の根のアジプロ演劇運動による革新を吸収し洗練した劇団であり、激しいアクロバットと複雑な一連の動作のミックスを特徴とする（Friedman, 1979, pp.33-41）。労働組合員の前で行われるこの劇団のパフォーマンスは広く支持されて、劇団は12人ずつの2つのグループに増加した。この増加は続き、1930年には青シャツ隊中央組織に所属する12の公式青シャツ隊となった。それらは頻繁にソヴィエト連邦各地を旅公演した（Scherson, 1931, p.6）。

1927年には、革命10周年記念として、オリジナルの青シャツ隊がラトヴィアとドイツで公演した。これはソヴィエト連邦を超えてアジプロを普及させる上での唯一無二の引き金となった。最も重要だったのは、国際労働者救済会議の前にベルリンに現れたことだった。この会議は、世界中の労働者のために衣服、食料、医薬品を購入するための資金調達を行う国際的な救援組織だった。ドイツ以外に、英国、ベルギー、フランス、スウェーデン、チェコスロバキア、イタリア、そして米国からの代表団があった（Deák, 1973b, p.46）。
　ドイツには、19世紀後半に遡る初期の労働者演劇運動があって１９２０年代にはシュプレヒコール劇に発展していて（Hoffman & Hoffman-Oswald, 1973, p.31）、ヒトラーの政権奪取まで、規模においてソヴィエトに次ぐアジプロ運動があった。[1]社民党と共産党は、アマチュア劇団の組織化を奨励した。１９２８年両党に属する劇団が所属する、ドイツ労働者演劇連盟（Arbeiter Theatre Bund Deutschland: A.T.B.D）が発足した。直接ドイツ共産党（最大ではあるが、ドイツのアジプロ運動がすべてこの党に所属したわけではない）に連なる３００のアジプロ劇団の観客数が、およそ３６０万人に達したという（ドイツ共産党中央委員会の第12回党大会（１９２９年６月９日から12日）への報告、Hoffman & Hoffman-Oswald, 1973, p.38より引用）。
　アジプロ運動が花開いた第三の国は米国である。米国で最初にアジプロを採用して演じたグループは、驚くことではないが、ニューヨーク市ヨークヴィル近隣のドイツ移民のグループであり、ついで主にマンハッタンのアッパーイーストサイドのドイツ系移民労働者たちだった。彼らの劇団は「プロレタリアの舞台」（Prolet-Bühne）と呼ばれた。[2]
　１９３０年４月、プロレタリアの舞台は、ドイツ系移民コミュニティの外部でもパフォーマンスを始めたが、それは直ちに影響を発揮し始めた。初めてプロレタリアの舞台のパフォーマンスを見たという数々の報告があり、すべてが興奮と熱狂を報告していた。観客を最も魅了したのは、身体的で正確なパフォーマンス・テクニック、どこでも演じる能力、台本にある率直な政治的内容だった（Blake, 1935, pp.15-17; Williams, 1974, pp.36-37）。プロレタリアの舞台の登場とほぼ同時に、英語による労働者演劇、労働者実験演劇（Workers' Laboratory Theatre: W.L.T.）がニューヨークに登場した。最初、彼らは労働者の視点からではあるが従来型の政治劇を制作していた。しかしプロレタリアの舞台に出会い、すぐに彼らの台本を翻訳しパフォーマンス・スタイルを取り入れた（W・L・Tメンバーがプロレタリアの舞台にもたらした影響についてはEllin, 1933, p.6を参照）。

プロレタリアの舞台とW・L・Tは、急増する米国アジプロ劇団間の協働と相互の学びの調整を主導していった。1931年の夏、彼らはニューヨーク文化連盟内に演劇事務局を設立した。1931年7月の第1回総会には9グループが参加した。9月には14グループが代表を送った。11月には参加劇団が2倍の28グループとなった。1932年4月には、演劇事務局には150の劇団が属した[3]。これらのグループは1932年、全米組織の労働者演劇連盟（League of Workers' Theatres: LOWT）を結成し、脚本を配布し、競技大会を開催し、アジプロのテクニックを教える学校を創設し、大きな情報伝達網を運営し、月刊誌『労働者の劇場（*Workers Theatre*）』を発刊し、1935年のピークには1万8000部を数えた（Blake, 1935, p.57）。1934年4月に開催された、LOWTの第2回全米大会には、全米の28都市の400劇団から、1500人の代表が参加した（Marvin, 1934, p.29）。それ以降は、後ほど述べる理由で衰退が始まった。

アジプロは、ドイツやアメリカ、そのほかの資本主義国では、ソヴィエト連邦とは異なる役割を果

［1］1920年から30年代初期のドイツの労働者演劇運動の概要はKnellessen（1970）参照。
［2］プロレタリアの舞台とその米国演劇への影響についての詳細な研究はFriedman（1979）を参照。
［3］Friedman（1985）の脚注18を参照のこと。

たした。ソヴィエトでは1930年代半ばまで国家によって奨励されていた。ソヴィエト以外では、アジプロは、現状に対する反対勢力の役割を果たした。しかしソヴィエト同様に、人々に革命的政治を勝ち取らせようと奮闘したし、政治的組織化としてパフォーマンスにアプローチした。解雇や立ち退き命令など、労働者がとくに直面する経済的困難に立ち向かうべく奮闘した。また、貨物列車で白人女性をレイプしたとの冤罪で起訴された黒人少年グループ、スコッツボロ・ボーイズを死刑から救出する闘いといった米国の政治問題にも連帯しようとした。このようなパフォーマンスと政治を結合する試みがとくに明確なのは、シカゴユダヤ人労働者クラブの例である。これはシカゴ労働者実験演劇という劇団を組織していたが、1934年5月号の『新劇場（*New Theatre*）』（これは先述の『労働者の劇場』の後継である）で、次のようにレポートしている。「このグループは、メンバーの一人が書いた、立ち退きをテーマとした芝居を解雇審議会の支局前で上演する予定だった。会場に到着すると、近くで立ち退きがあると聞いた。そこで、解雇審議会の職員を連れてその場に行き、家具を家に入れ直し、警官と闘いながら芝居を始めた。このようにして、現実の中のパフォーマンスは、俳優にも観客にとっても決定的な教育経験となった」（Evans, 1934, p.22）。この「決定的教育経験」は、労働者劇場が政治的なものとパフォーマンスの接合の中で達成を望んだものに違いない。

集団スペクタクル

アジプロに加えて、ロシア革命は別種のパフォーマンス活動も提供した。それはかなり違った方法で劇場の制度的制約に挑戦した、集団スペクタクル*（Mass Spectacle）だった。初期アジプロと一緒で、集団スペクタクルのルーツは、少なくとも部分的には街頭デモの儀礼的パフォーマンスにある。草の根レベルのアマチュア労働者によって発展してきた、ほとんどのパフォーマンス形式とは違い、集団スペクタクルは、新生革命政府がアヴァンギャルド演劇関係者をリストアップして演出を依頼したことで開始された。ソヴィエト連邦初期の集団スペクタクルは、数千人のパフォーマーと数万の観客が参加した。スペクタクルには、１９１９年5月1日にユーリ・アンネホフとアレクサンダー・クーゲルの演出による『解放された労働者の神秘劇（*The Mystery-Play of Liberated Labor*）』であるとか、コンスタンティン・マルジャノフのチームが演出した『世界共同体のために（*In Favor of a World Commune*）』などもあるほか（Fischer-Lichte, 2005, pp.97-98）、当時の歴史的な出来事を出来事が起きた場所で再現する『冬宮殿の急襲（*The Storming of the Winter Palace*）』もある。これは１９２０年に演じられたのだが、ボルシェヴィキ（すぐに共産党員と名前を変えたが）に率いられた労働者たちが実際にサンクト・ペテルブルクの冬宮殿を襲撃し奪取してから3年後の上演だった。これらのスペクタクルの巨大さは次の事実に明らかである。ニコラス・エヴレイノフ演出の『冬宮殿の急襲』には、８０００人の出演者、4万人のコーラス、そして最後に、約10万人の観客があり、これは元々の事件よりもはるかに多かった（Carter, 1925a, pp.30-31; Gorchakov, 1957, pp.149-150）。

＊訳注：以下の論文に見られる「集団スペクタクル」を参考に訳した。亀田真澄（2011）「共産主義プロパガンダにおけるメディア・イメージ―ソヴィエトと旧ユーゴの「労働英雄」報道の例から」『Slavistika：東京大学大学院人文社会系研究科スラヴ語スラヴ文学研究室年報』26, 69-87.

集団スペクタクルの上演は、内戦以降消えていった。この理由の一部には、それまで必要とされた儀礼がもはやソヴィエト政府には無用となったからであり、また重体者を含む負傷者が多数出たとの理由もあった。観客があまりに興奮しすぎて、「確信させる」儀礼の中で、「振りをする」のだということを明らかに忘れてしまったために負傷者が出たのである（Orlovsky, 1954, p.25）。集団スペクタクルは、アジプロと違い初期ソヴィエト政府において重要なパフォーマンス活動だったのだが、その後の国際労働者演劇運動の展開では、それほど大きな影響を持たなかった。ほとんどの点で、このような大きすぎるスペクタクルは資本主義諸国の労働者演劇運動の持つリソースを超えていたのである。

一つの例外はドイツであり、第一次大戦以降、社民党と共産党が数百万人の党員を擁していた。ライプチヒでは、1920年から1924年まで、ドイツ語でMassenspiel（集団演技）と呼ばれる集団スペクタクルがあり、労働組合祭の一部として行われていた（Hoffman & Hoffman-Oswald, 1973, pp.85-87; Pfützner, 1960）。第1回のライプチヒ集団スペクタクルでは、『スパルタカス』が1920年8月1日に野外の自転車競技場で上演された。それは有名なローマの奴隷の蜂起の話だった。この演目名と主題は、社民党左派の名前がスパルタカス団だったことでも意味ある演目だった。スパルタカス団は、現在はドイツ共産党として知られているが、かつては短命で失敗に終わったスパルタカス団蜂起を率いたグループだった。この集団スペクタクルの出演者は900人の組合員で、5万人の観客に向けて上演された。このパフォーマンスは、熱狂的に受け入れられ、翌日、さらに多くの観客を前に再演された。翌年ライプチヒの組合員は、ドイツ農民戦争の歴史に基づいた別の集団スペクタクル『貧しいコンラート（*Poor Conrad*）』を上演した。この戦争は17世紀の原始共産主義者の農民たちの反乱だった（農民戦争の背景については次のものを参照されたい。Engels, 1926; Kautsky, 1897）。この上演の出演者はさらに大規模となり、1800人の労働者俳優が参加した。1923年第3回ライプチヒ集団スペクタクルでは『フランス革命シーン（*Scenes from French Revolution*）』が上演された。台本はプロの戯曲家で詩人のエルンスト・トーラーによるもので、この人はスパルタカス団蜂起の折、バイエルン・レーテ共和国（バイエルン・ソヴィエト共和国）において6日間だけ主席だった人物だったが、その後5年間投獄された。残りの2つの集団スペクタクルは、さほど歴史的ではなく架空の主題となった。1923年、やはりトーラーの手による『戦争と平和（*War and Peace*）』は、ヨーロッパで起きた革命が人類の普遍的同胞愛で終わるというものだった。最後のライプチヒ集団スペクタクルは、架空の海軍の戦闘を描いたもので、この戦闘中に両軍の水兵が反乱を起こして、近くの島に「平和の宮殿」を建てて終わるというものだった。ドイツ演劇で、唯一の集団スペクタクルの記録が戦後まで残っているものだ。アイスレーベン市では、この地を中心として起こった農民戦争の400年記念として、1925年に共産党が農民戦争の主導者にちなんで『トマス・ミュンツァー（*Thomas Müntzer*）』を上演したという。

ソヴィエトのそしてドイツの集団スペクタクルは1920年代半ばには姿を消したのだが、パフォーマンスを劇場制度に縛り付けていた束縛を緩める上で果たした影響は一考に値する。集団による野外劇はソヴィエトやワイマール期のドイツが初めてというわけではない。中世ヨーロッパの野外劇に先例があり、聖体の祝日や他の聖人を祝うために演じられた。またさらに身近な例として、宗教とは関係のない野外劇が、第一次大戦前のさまざまなヨーロッパ諸国と米国で演じられてきたし、今日でも続いている。その例としては、米国では南北戦争の野外劇が再演されている。より多くの現代の集団スペクタクルについては、Carlson, 2004, pp.108-109; Fischer-Lichte, 2005, pp.90-93を参照されたい。

英国の演劇芸術評論家ハントレイ・カーターは、初期の野外劇とソヴィエトの共産主義者によって組織されたものとに次のような違いを認めている。「ボルシェヴィキの熱狂が構想した集団演劇は、西欧の意味での野外劇ではない。それは歴史的エポックの図像的再現ではない。むしろ劇場に足を踏み入れたこともない人々を、革命の闘いに打ち勝つように繰り返し励まし、闘いの意味を理解し、**人間の生を劇化する**ことを激励することにあった（強調は著者追加）」（Carter, 1925a, pp.30-31）。

アマチュア労働者演劇の終焉

アジプロは、ほとんどの部分受け身で見物する観客のために、俳優という別のグループが演じるという意味で**演劇**である。しかし、その演劇のコンテクストは、集会場、会合、そしてシカゴ労働者実験演劇で引用されたケースのように、パフォーマーと観客の間の経験的政治的な絆が強く、そして流動的な場合もある。このようにして、アジプロは儀礼的要素を有することもある。アジプロによるパフォーマンス・アクティヴィズムの予兆とは、すでに論じてきたことだが、パフォーマンスを劇場から路上に開放したこと、政治的アクティヴィズムとのつながりを持つこと、そしてたぶん最も重要なのは、**誰がパフォーマンスして良いか**を民主化したことにある。

アマチュアの労働者運動は、１９３０年代を超えて永らえることはなかった。自然な理由で息絶えたのでもない。最も強固な足場を持っていたソヴィエト連邦とドイツでも、国家によって潰されたのだった。社会主義と共産主義と結びつくものはすべてそうだが、ドイツにおいてアジプロ劇団はナチによって禁止され圧殺された（実際、1920年代後半にはファシストの暴漢たちがアジプロパフォーマンスを暴力によって破壊した）。ドイツにおけるナチの勝利は、産業化した諸国の政治的文化的状況を一変させた。ソヴィエト連邦では、ドイツと他のヨーロッパ諸国の社会主義革命が目前のものでないとわかると、スターリンは封鎖を行い、革命初期の10年で生まれた文化的イノベーションを逆行させ始めた。ファシズムと予期されるドイツの侵攻に直面して、スターリンは、人間の可能性の見方を転換することよりも、国民国家ロシアの存続のほうが重要だという決定を行った。勤労と自己犠牲を人々に動機づける最も効果的な手段は、人間の関係性に関する新しく見知らぬ概念ではなくて、大多数の人々が何千年もの階級社会で条件付けされた伝統的な価値、家族、愛国主義、権威主義だった。婚姻法は伝統的な路線に沿って改正され、女性の権利は縮小し、教育に関する革新的アイディアはお払い箱となった。アジプロは、スターリンによる逆回転／抑圧の最初の犠牲者となった。青シャツ隊は解散されてアマチュア劇団への助成も中止された。残った劇団にも、モスクワ芸術座や他のプロ劇団から俳優が派遣され、「リアリズム」で演じる方法が教えられた。米国でも同様の事態が進行し、ホフマンの回想では、共産党がグループ・シアターのメンバーに、プロレタリアの舞台のパフォーマーに演技のレッスンを施すようにと依頼してきた。このパフォーマーたちは、彼らの演技が「原始的」であり、リアリズムこそが舞台芸術の最高峰だと教えられたという（F・ホフマンの1979年1月の私信）。

この直後に、米国連邦劇場計画（Federal Theatre Project）は、最もスキルのあるアマチュアパフォーマーの演劇活動に給料を払うことを始めた。たとえば、プロレタリアの舞台の演出家だったジョン・ボンは、ハリー・フラナガンとエルマー・ライスによってこのプロジェクトのドイツ語部門の指導者に任命され（Friedman, 1985, p.117）、労働者実験演劇（W・L・T）のメンバーが「連邦劇場生きた新聞部門」の中心人物たちとなった（生きた新聞の形式は、ソヴィエト連邦のアマチュア労働者劇場から生まれたことを思い出してほしい）（McDermott, 1963, pp.39-40; Williams, 1974, pp.234-235）。数年後議会が連邦劇場計画への資金を打ち切った時、アジプロ劇団も消滅するとともに、このプロジェクトが元労働者パフォーマーだった人々に提供していた劇場の仕事も消滅した。

20世紀初頭のアマチュア労働者劇場運動のリーダーたちも、集団スペクタクルの制作者たちも、日常生活パフォーマンスやパフォーマンスの転換の力については、明確には語っていない。これらの概念と現在のパフォーマンス・アクティヴィスト運動で共有される言語は、ほぼ一世紀後まで出現しない。彼らの概念と言語は階級闘争のものであり、他とは区別される労働階級文化の創造のためのものだった。しかし、すでに引用したケルゼンツェフで見たように、彼らはまさに解放を語り、「大集団の持つ創造的芸術衝動」を実践したのだ。

しかし、この点においては、注目すべき例外がある。その人のパフォーマンスと日常生活に関する概念と言語は、とてもロマンティックな使い方であるが、今日のパフォーマンス・スタディーズやパフォーマンス・アクティヴィストの活動からして、先見性のあるものである。その人物とは、『冬宮殿の急襲』の演出家、ニコラス・エヴレイノフである。彼は１９２７年に著書『人生の劇場』を出版した時点でロシアを後にしてフランスに亡命したのだが、エヴレイノフは、彼自身演劇性（theatricality）と呼ぶパフォーマンスを、転換を可能にするもので、さらには転換を生み出すパワーを持つ人間の衝動に位置づけながら、次のように述べている。

人間は、尽きることのない生命力を持ってはいるが、歴史研究も心理学も美学も、これまで人間の一つの衝動を簡単なことばで言い表すこともできていない。私が考えているのは、転換の衝動である。内部から恣意的に作り上げたイメージなしに、知覚したイメージに対抗する衝動である。自然に観察される見かけを何か他のものに変質させる衝動である。私が演劇性と呼ぶ概念化の中で本質特性を明確に表すという衝動である。…演劇性の衝動は光栄にも私が発見したものだと主張したいのだが、これは最良の表現をするなら「異なって」いるという欲望のことであり、「異なる」ことをする欲望、日常生活のいつもの環境とは「異なっている」環境にいる自分を想像する欲望である。これは私たちの実存の原動力であり、私たちが進歩と呼ぶものの原動力であり、変化の原動力であり、生活のあらゆる局面の進化と発達の原動力である。私たちは皆この感情を魂に宿して生まれたのであり、私たちは皆本質的には演劇的存在なのである。（Evreinoff, 1927, pp.22-23）

第4章　インプロヴィゼーション

「私たちは皆本質的には演劇的存在なのである」というエヴレイノフの確信は、現代のインプロヴィゼーションの母、ヴァイオラ・スポーリンによって少々異なって表現されている。彼女は１９６３年に「誰もが演じることができる。誰もがインプロできる」(Spolin, 1963, p.3)と書いている。その当時すでに30年にわたって「誰も」がインプロヴィゼーションするのを支援してきた。インプロ運動は、彼女が移民の子どもと大人の支援実践を行っていた１９３０年代に、シカゴの施設ハル・ハウス(Hull House)で生み出したもので、米国内外にも広がり、少なくとも英国贔屓の世界では、演劇制度内のサブジャンルとなっている。それ以上に本書にとって重要なのは、インプロ運動がパフォーマンスの権利(誰がパフォーマンスして良いのか)を民主化し、舞台上の演技と生活におけるパフォーマンスの境界線を曖昧にするという、非常に重要な役割を果たしたことである。

スポーリンとその後継者たちは、本書が追跡するパフォーマンスの民主化において重要な推進力となったのだが、インプロヴィゼーションそのものは20世紀にとって新しいものではない。もしインプロヴィゼーションが、書かれたテクストのないパフォーマンスというふうに広く理解されたら――あるいは書かれたテクストの枠内で許される自発的演技と理解されるなら――これは最初から演劇と儀礼の一部であったといえる。ヨーロッパの文化の歴史でいえば、インプロヴィゼーションに基礎を置く、最もよく知られた演劇は、16世紀のイタリア諸都市で発展した猥雑な路上喜劇であるコメディア・デラルテである。旅する一座コメディア・デラルテがヨーロッパ中に広まった結果、2世紀にわたって西ヨーロッパにおいて、おそらく最も人気のある演劇形式となった。コメディア・デラルテは、古代ローマのパントマイム劇にまで遡ることのできる、中世の路上パフォーマンスの伝統とスキルを利用していた。書かれた台本はないが、同意済みのシナリオ、特定の仮面で示されるキャラクター類型、そしてラッツィ(lazzi)として知られる喜劇的「場面」を利用していた。[1]

観客のためにパフォーマンスを生み出す手段としてのインプロヴィゼーション利用と、台本のある芝居の要素としてのインプロヴィゼーション利用は、西洋、東洋、アフリカのほとんどすべての演劇に見出すことができる。[2] しかし、西洋においては、芝居を創造するメソッドとしては、18世紀にはほとんど廃れてしまった。アンソニー・フロストとラルフ・ヤローは、現在までのところ最も広範囲にそして最も深くインプロの歴史と本性を明らかにした『ドラマのインプロヴィゼーション』『劇場とパフォーマンス――歴史・実践・理論』において、西洋におけるインプロヴィゼーションの衰退について次のように記している。「インプロヴィゼーションは消えたわけではない。インプロヴィゼーションはすべての演劇の中心にある。むしろ、18世紀に屋内型で、ビロードで作られた格式高い劇場空間の発展とともに、即興による演劇制作の伝統が消失したのである。演出家の役割が高まったこともまた、この伝統の消失を後押しした」（Frost & Yarrow, 2016, p.xxii）。

ヨーロッパの職業演劇は、20世紀初頭には、台本のある演劇でも、キャラクターを掘り下げ、俳優同士のやりとりを改良するために、インプロヴィゼーションの探求が始まった。大きな影響を持ったのは、コンスタンティン・スタニスラフスキー（ロシア）、ジャクー・クープとスザンヌ・ビング（フランス）、ジャック・ルコク（フランス）と20世紀後半のイェジー・グロトウスキー（ポーランド）であった。[3] しかし、誰もインプロヴィゼーションそれ自体を目標とは見ていないし、独自の演劇形式としてアプローチすることもなかった。そのような方向は、シカゴのスラムにおけるセツルメント活動に従事したリクリエーションの実践家の仕事から生まれた。

現代のインプロヴィゼーション（今日広く「インプロ」として知られている）は、米国とヨーロッパのほとんどの演劇学校や大学演劇学部に見られる演技訓練の方法というだけではない。それは同時に、（現在数百の）プロ劇団もアマチュア劇団も用いる演劇ジャンルでもあり、多数の形式と構造を生み出し、米国や英国や他の国々でも毎夜たくさんの観客を惹きつけているジャンルでもある。[4] インプロの布教精神と財源上の理由から、ほとんどのプロのインプロ劇団は初めから訓練プログラムを提供し

---

［1］コメディア・デラルテの概要と歴史については、Smith（1912）ならびにKatritzky（2006）を参照のこと。

［2］中近東の例についてはAyton（2015）を参照。西アフリカについてはBarber et al.（1997）を見よ。

［3］20世紀のヨーロッパのインプロヴィゼーションの概要については、Frost & Yarrow（2016, pp.3-37）を参照のこと。

［4］独自の演劇芸術形式としてのインプロの概要についてはLeep（2008）を参照。初期のインプロ劇団の登場については、Coleman（1990）、Sweet（2004）とWasson（2017）を見よ。

ていた。それらの継続中のインプロ・クラスは、さらに多くのインプロ劇団を（アマもプロも）生み出していて、文字通りの劇場で伝統的あるいは実験的演技を観たこともなければ関心もなかったような人々にとっての、プロのパフォーマンスへの入り口になっている。それらの劇団と訓練プログラムは、20世紀後期と21世紀初期における、最高の名声を得た米国のお笑いテレビ番組や映画俳優を生み出した。[5]

今日のインプロ運動は、パフォーマンス訓練としても演劇ジャンルとしても、直接的にも間接的にもハル・ハウスにおいてスポーリンが行った「俳優でない普通の人々」との実践に遡る。このことからいっても、この人物の旅路を知ることは欠かせない。

スポーリンは、今日合衆国で私たちが「ソーシャルワーカー」と呼ぶ仕事を始めた。その当時、彼女自身は「リクリエーション・ワーカー」と自称していた。スポーリンは、1923年から1926年まで、発達活動としての演劇に関する、初期の理論家であり実践家であるネヴァ・ボイドのもとで、ハル・ハウス余暇訓練学校で学んだ。スポーリンの孫でシルズ・スポーリン・シアターワークスの副監督であるアレサ・シルズによれば、「ボイドのカリキュラムはフォークダンス、物語、美術工芸、テーブルゲーム、彼女が米国とヨーロッパを巡って収集した伝統的な子どもの遊びが含まれていた」(Sills & Sills, n.d.)。劇場で演ずることは、すべてのパフォーマンス芸術も含めて、プレイ（遊び、芝居）の下位カテゴリー、あるいは派生型だと考えられており、つまり「プレイ行動は、ダンス、ゲーム、スポーツ、ドラマ、物語と呼ばれる行動の単位あるいはパタンを生み出した」のである。さらに彼女のプレイに関する作業上の定義は、ほとんどのパフォーマーの舞台経験と一致するもので「… プレイすることとは、心理学的に自分を想像上の状況に連れ出し、その状況内で一貫して演じることである。それは単純にプレイすることで、本来的な満足を得るためである」(Boyd, n.d.)。スポーリンがパフォーマーを「俳優(actor)」ではなく「プレーヤー(player)」と呼ぶのも納得がいく(Frost & Yarrow, 2016, p.44)。

プレイの観点からパフォーマンスに対してアプローチしたのは、ボイド一人ではなかった。1939年にオランダの歴史家で文化史という研究分野の創始者の一人である、ヨハン・ホイジンガは『ホモ・ルーデンス――文化の中のプレイの要素』を出版した。これは人間活動のほぼすべての領域をプレイの形式として探求するものだった(Huizinga, 1949)。その後、プレイとパフォーマンスに関連する研究が、教育研究、心理学、人類学、社会学に出現した(たとえば以下を参照。Lobman & O'Niel, 2011; Lytle, 2003; Sutton-Smith, 1977)。ソーシャルセラピューティクスの創始者フレド・ニューマンは、発展しつつあるパフォーマンス・アクティヴィズムの現代の代表者の一人である。このことは本書第3部で深く検討する予定だが、たびたびパフォーマンスを「大人のプレイ」と呼んでいる。ボイドは後続の研究者とアクティヴィストに対しては直接影響しなかったが、被後見人であるスポーリンには大きな影響をもたらした。スポーリンはアメリカの演劇に強烈な刺激を与え、演劇制作に俳優以外の人を含めるという方法を提供した。20世紀中葉のアメリカの演劇批評の第一人者であり理論家

[5] 執筆時点で評価の高い訓練プログラムを持つ米国のインプロ劇団としては、セカンド・シティー(Second City シカゴ)、アップライト・シティズン・ブリゲード(Upright Citizens Brigade ニューヨーク市)、バッツ・インプロ(BATS Improv サンフランシスコ)、グラウンドリングス(The Gloundlings ロサンゼルス)がある。

でもあるエリック・ベントレーは、スポーリンの貢献について次のように述べている。「シラーは昔、我々は演じる時、完全な人間となると教えてくれた。シェークスピアは『男と女は皆演じ手である』と言った。ヴァイオラ・スポーリンの理論と実践は、そのような真実の美しい事例となると考えてみたい」(Sills & Sills, n.d.)。

ハル・ハウスは、1880年代から1920年代までに、米国と英国の都市近郊の貧困地域に創設された、数多くの「セツルメント住宅（ハウス）」の一つだった。セツルメント住宅とは貧困地区の文字通りの建物（「住宅＝ハウス」）であり、デイケア、学校外教育、ヘルスケアなどのサービスを提供するもので、とくにハル・ハウスの場合には子どもたち同士のプレイ（遊びと演劇）を教え奨励した。子どもよりは少ないものの大人にも教えた（セツルメント住宅運動の概要についてはBarbuto, 1999を参照のこと）。スポーリンは移民第一世代なのだが、彼女自身ハル・ハウスの出身だった。子どもの頃、彼女は兄弟と一緒にこのプログラムに参加していた。1943年のセツルメント住宅運動を振り返って、ボイドは次のように書いている。「学校ではなく、初期セツルメント住宅において、アート、ドラマ、音楽などの文化活動が、才能のある男性や女性によって、普通、金銭の報酬なしで実験的に提供された」(Boyd, n.d.)。

1931年から1935年の大恐慌時代、ハル・ハウスで実践を深化させながら、スポーリンは並行して孤児院、聖書学校、労働者階級の独身女性のためのワークショップなどで、リクリエーション・プログラムを実践していた。同時に、ドゥ・ポール大学夜間部で演劇を専攻した。この時、多くの子ども劇の作家であり、シカゴのグッドマン劇場子ども演劇部の芸術監督でもあったシャーロット・チョーペニングと一緒に学んでいる。この時期、シカゴ地域のさまざまな作品に出演したり舞台監督を務めたりしている。１９３５年に短期ではあるが、ニューヨークに行きグループ・シアターで演技を学んでいる。１９３７年までには、公共事業促進局（Works Project Administration: WPA）のために、ハル・ハウスの余暇指導者訓練キャンプでフォークダンスと創造的な演技術を教え始めた。ＷＰＡは、大恐慌対策として連邦政府資金で設立された公共団体で、失職者の再就職を目指すものだった。１９３９年にはボイドの推薦で、スポーリンはＷＰＡのシカゴ・リクリエーション・プロジェクトの演劇指導者となり１９４１年まで続けている。[6]

スポーリンはハル・ハウスで演劇と劇作りを教え始めた頃、パフォーマンスへの通路としてゲームを利用した。どのように始めたかを次のように報告している。「… ゲームの構成を演劇の訓練の基礎として利用した。子どもやいわゆるアマチュアを機械的で大袈裟な行動から解放する手段として利用した」(Spolin, 1999, p.xlix)。スポーリンはボイドを超えたのである。というのも伝統的なゲームに頼るのではなく、教育を進めていく過程で新しいゲームを創造したからだ。「ゲームは必要から生まれた。家の中でじっとして、夢想したのではないのだ。［演出で］困難を感じたら、ゲームを作った。他の困難が出てきたら、さらに新しいゲームを作るのだ」と説明している。シカゴ劇場の劇作家で歴史ジェフリー・スウィートはハル・ハウスでのスポーリンのゲームについて「それは競争する、勝ったり負けたりするという意味のゲームではない。むしろ遊びの精神で演劇上の問題を扱う手段だった」

［6］ここでのスポーリンに関する伝記的詳細に関してはSills & Sills（n.d.）に依拠している。

(Sweet, 2004)と書いている。彼はスポーリンのやり方をさらに分析して「時には生徒たちに無意味語でシーンを演じさせて、生徒たちにことばに頼らずドラマの重要ポイントを明確にするように迫った。これは俳優たちのジェスチャーをより表現豊かにし、より鮮明に肉体の活力をキャラクターに与えた。俳優たちがそのシーンの状況に無頓着なときには、場所のワークと呼ぶ、その場の事態と活動を創造させる活動を通して、俳優に「どこなのか」を明確化させた。俳優たちがためらっている場合には、「コンタクト」で遊んだ。これは、どの台詞を話すときにも、俳優同士が他の俳優に身体的に接触をする合理的理由を発見するように指示するものだった。… 観客を前にした上演は、これらの発見つまりパフォーマーたち自身が創造した素晴らしい瞬間で満ちあふれていた」(Sweet, 2010)。

それらのゲームは、舞台上で解決されるべき実践的問題に取り組む場合もあるが、美的というよりもかなり政治的(小文字の政治だが)である。まず精神の内部ではなく、関係性にフォーカスするという意味で全く心理学的ではない。ニューヨークの俳優で教師でもあるクレイトン・D・ドリンコは『演劇インプロ、意識、認知』において、「スポーリンの仕事とボイドの共通性は、二人のゲームがともに参加者に外部にフォーカスさせる点にある」(Drinko, 2013, p.15)と書いている。スポーリンのフォーカスは、協力とグループ作りにあった。スポーリンは「グループへの参加と合意は、競争心による緊張関係と消耗すべてを除去し、調和への扉を開ける」(Spolin, 1999, p.11)と書き、さらに「何をするか、いつやるか、どうやるかを押し付ける外部の権威がないとき、プレーヤーは皆この**ゲームのルール**(これはあれよりもっと楽しい)を受け入れて、熱狂と信頼とともにグループの決定に加わるのである。喜ばせる相手も譲歩する相手もないとき、プレーヤーは、すべてのエネルギーを問題に集中させ、何を学ぶべきかを学ぶのである」(Spolin, 1999, p.6)。グループづくりの協力活動の重要ポイントは、美的に美しい技を発揮することではなく、参加するプレーヤーの成長と発達にある。「もし環境が許すなら、誰もが学びたいことは何でも学べるし、もしその人が可能にするなら、環境は教えられることのすべてをその人に教えるのだ。『才能』あるいは『才能の欠如』は関係ない。才能ある行動と呼ばれているものは、単に経験の容量が大きいのだと確かに言えよう」(Spolin, 1999, p.3)。

1930年代ならびに40年代初頭に、スポーリンが若者や大人と共同実践で作ったパフォーマンスのタイプについてハワード・ヴィンセント・オブライエンは、シカゴ・デイリーニュースの記事で、1939年ハル・ハウスで上演されたスポーリン演出の作品『ハルステッド・ストリート(*Halsted Street*)』を取り上げて、次のように書いている。「この芝居を観る人はほとんどいないだろう。職業批評家でさえもこの芝居について耳にしたかどうかもわからない。それでも重要なことに、私にはこの作品がブロードウェイで成功した十数の作品を合わせたくらい価値があると思う。… 出演者は約150人おり、イタリア系、ギリシャ系、メキシコ系、黒人もいる。… すべての年齢にわたり男女もいる。やっていることは確かに演劇とは言えないもので、むしろレヴューと言われるものだろう。しかし形式は問題ではない。重要なことは、これらの人々自身が考え、脚本を書き、演じたという事実だ」(Sills & Sills, n.d.)。

『ハルステッド・ストリート』のようなパフォーマンスを「人々自身」が作ることを可能にしたのは、それを創造する過程でプレーヤーたちが発揮した信頼と協力だった。すべてのプレーヤーの参加と、創造プロセスへの完璧な貢献を可能にする信頼を発生させるためには、プレーヤー仲間の自発的選択に対する評価を諦めなければならない、とスポーリンは主張している。その代わりに、彼らは互いの動きを受け入れ、それをもとに自発的に築き上げることが必要になる。「賛成／反対は権威主義から発する」とスポーリンは書くのだが、権威主義は私たちの文化に充満しているとも指摘する。インプロを成功させるためには、「賛成／反対」を全集中した傾聴と協力に置き換え、そこでは人々は「…実践の単位として機能する。つまりゲームの全体構造となる、より大きな合意された環境の有機的全体に含まれる、単一の小さな有機的全体性として機能するのである。このような統合の経験から…支援が出現し、そして個人に必要とされるいかなるスキルも解放し発達するのである」（Spolin, 1999, p.6）。

スポーリンは、「イエス・アンド（Yes/And）」というフレーズは、書物でも対面の教育でも使ったことはない（A・シルズの2020年1月13日付私信）。それ以上に、どのようにして、いつイエス・アンドが使われるようになったか誰も知らない。インプロ運動自体から作者不詳のままに出現したようだ。それでもイエス・アンドによって明確化されたアプローチは明らかにスポーリンの仕事に基づいているし、好結果をもたらすインプロパフォーマンスと熟達に必要な「信頼と協力」を生み出すメソッドを表すキャッチフレーズとなった。イエス・アンドは、相手が差し出すどのようなオファーも受け止め（yes）、それに何かを追加する（and）という活動である。イエス・アンドは、はるか昔から、インプロヴィゼーション（とあらゆる舞台）においては暗黙の前提だったが、スポーリンが主張する協力を発生させるためには、このシンプルで率直な語句／方法論がインプロヴィゼーションの必要条件となる。後述するように舞台を超えた影響力を発揮するための方法論であるということを示したのは、スポーリンから始まった現代インプロ運動だった。イエス・アンドは本質的に**ギブする**活動であり、それゆえ、現在の**ゲットする**文化エートスとは真逆のものである。

ゲットに支配された文化の真ん中でギブを可能にすることは、一つの挑戦である。ゆえに、スポーリンは多くの思考とエネルギーをグループづくりのプロセスに注ぎ込んだのだった。このグループづくりのプロセスには信頼と協力が行き渡っており、それどころか彼女の作ったほとんど全部のゲームが、このプロセスに貢献するものだと理解できる。彼女は「健全なグループ関係とは、プロジェクトの完成のために独立に働くことのできる複数の個人が必要となり、その人々はそれぞれ全力で参加し、全力で個人的に貢献する必要がある。多くの人々の才能とエネルギーを必要とする芸術的なグループ関係というものもある。……このインターアクションがなければ、一人の俳優の居場所もなくなるのである。というのも、グループの機能がないならば、いったい誰のためにプレイし、どの素材を利用し、どのような効果を作り出すというのか？ 生徒は、ゲームと同じく、『演じ方』が複雑な芸術形式を構成する他の人々によって必然的に密に制約されているということを学ばなければならない。インプロヴィゼーション演劇は極めて密なグループ関係を必要とする。なぜなら、グループの合意とグループの演技によって、素材はシーンや芝居へと発展するからである」と記している（Spolin, 1999, p.10）。

スポーリンと門弟たちは、信頼（とグループ）の構築に、評価をやめるだけでなく、創造プロセスの一環として失敗の賞賛も含めている。（自己の評価も他者の評価も含めて）スポーリンは競争と評価はインプロの敵だとして「競争は賛成／反対症候群に基づくもので、賛成／反対症候群は私たちを殺すのだ」と、あるインタビューで語っている（Schwartz, 2008）。さらに他所では「権威主義の言語と態度は繰り返し戒める必要がある。…評価期待は演技ワークショップ内の自由な関係性を阻害する」（Spolin, 1999, p.8）と書いている。間違いや失敗に関連しては「問題を解決する上では正解も不正解もない。ただ一つのやり方つまり探求があり、そこでは人は実践を通してプロセスの中で学習する」（Spolin, 1999, liii）としている。フロストとヤローはスポーリンと門弟たちが開拓したインプロ環境での失敗の重要性を詳しく述べて、「失敗は問題にならないということは「インプロについて」学ぶ上で一番難しい。常に見事である必要などないし、そんなことができるわけがない。そこで起こることは、起こることだ。起こることはあなたが創造したことだ。起こることはあなたが取り組まないといけないことだ。大事なことは聞き取ること、見ること、起こったことから引き算するのではなく足し算すること、**望ましい**何かにしようと反省するのを避けて、むしろどうなるかの**可能性**に任せることだ」としている（Frost & Yarrow, 2016, p.xvi）。

スポーリンにとっては、観客もグループに含まれていた。「観客は車輪を完成させる最後のスポークであり、観客と芝居の関係だけでなく、観客と演じること自体との関係が重要である。パフォーマンスがこの流れの最終目的ではないことは確かだ。パフォーマンスは劇を演じるという創造的プロセスを結実させるのだ。観客はこのプロセスに含まれなければならない」（Spolin, 1999, p.338）。観客をこのプロセスに含めるという精神に則って、スポーリンは「初めてインプロヴィゼーション実践を解放し、観客が提案する素材を意図的に取り入れるようにした」のである（Frost & Yarrow, 2016, p.44）。そうして現代インプロの特徴となったテクニックを導入し、観客に舞台上で俳優とプレイする方法を提供したのである。このことからパフォーマンスが舞台から溢れ出て日常生活が舞台に流れ込むための、重要な導水管だったということがはっきりした。

これは、直接的ではないにしても、観客参加を鍵とする2つの演劇形式につながっている。一つはプレイバック・シアターであり、パフォーマーは観客から引き出したストーリーや関わりを即興でシーンやスキットとして演じて「プレイバック（再生）」するものだ。もう一つは、被抑圧者の演劇であり、いろいろなバージョンがあるが、観客参加をさらに一歩進めて、観客の一部を舞台に招いて、特定の役を演じる俳優に代わって、他の俳優と一緒に社会政治的問題のシーンの結末を即興で演じるというものだ。プレイバック・シアターも被抑圧者の演劇も、観客の創造的役割を大きく重要視して、観客に提案させるというスポーリンのシンプルだが深い取り組みの可能性を具体化したものとなっている。

これらの実践は、観客の創造性を活性化し、演劇の創造に誰が参加して良いかを拡張することで重要な発展をもたらした。同時に、プレイバック・シアターも被抑圧者の演劇も、現代のインプロと同じく、主流の演劇の規則を拡大解釈ないしは破壊するのだが、その一方で、**演劇**の制限範囲に留まってもいる。彼らが創造するものは**観客によって観劇**されるパフォーマンスだという制限範囲に収まっている。これらは多くの観客を舞台に上げるのだが、あからさまにパフォーマンスを**舞台の外**へと連れ出すという実践はしない。したがって、演劇と日常生活の区別は手付かずのままにしている。この区別に、最近いくつかのパフォーマンス・アクティヴィズムが挑戦を始めている。

もう一つ、演劇からすれば例外といえるインプロ運動の遺産がある。それは現代インプロのゲーム、テクニック、スキルを舞台の外（劇場の外）へと連れ出し、学校、病院、非営利団体、行政機関、企業へと持ち込むことだ。多くの場合「応用インプロ」と呼ばれるこの動向は、「誰もが演じることができる。誰もがインプロヴィゼーションできる」というスポーリンの命題を、自分たちの原理としている。応用インプロの実践家でリヒテンシュタイン大学とガンツ大学で教えるスザンヌ・シンコ＝フィシュリは「応用インプロでは、この［インプロの］命題は、もはや舞台俳優の独壇場ではない。むしろ、他の潜在的生活領域やすべての職業に当てはまるのである」(Schinko-Fischli, 2019, p.11) と書いている。このような実践をしている個人や団体は、多くの場合にアプライド・インプロ・ネットワーク (Applied Improv Network: AIN) に所属しているのだが、無数のゲーム、ワークショップ、進行中のプログラムを考案している。それらは、あらゆる種類の組織を支援し、そのメンバーを教育し、多様性・平等性・マネージメント上の挑戦に取り組み、医者と看護師が患者と人間らしくコミュニケーションするやり方を見つけ出し、明らかに葛藤を抱えているグループ間の対話を促進するなどしている。応用インプロ運動は、20世紀初頭に出現した、より大きなカテゴリーである「応用演劇」の一部と見ることができる。応用演劇は、生まれつつあるパフォーマンス・アクティヴィスト運動の多くの活動をカバーする幅広いラベルである。応用演劇も応用インプロも、演劇テクニックを採用し、さまざまな度合いや方法で舞台の内外で俳優でない人々に関わり、日常生活での挑戦に「応用」している。応用演劇の出現とインパクトは後ほど紐解くことにして、現在のところでは、非常に大雑把な描き方だが、応用演劇は多くの場合、俳優と観客の分断を保持していると言わせていただきたい。一方応用インプロは、主に俳優でない人々によるワークショップに焦点化していて、興行には関心がない。応用演劇は教訓主義の傾向があり、応用インプロは、インプロヴィゼーションの本性から予想されるように、より創出型であり、結論に達したり劇を上演したりすることよりもグループづくりを志向している。

第5章　サイコドラマとソシオドラマ

最初に、パフォーマンスとインプロヴィゼーションを劇場を超えた発達活動と捉えたのは、20世紀初頭に生まれつつあった心理療法界だった。サイコドラマの父として知られるヤコブ・モレノは、1889年ルーマニアのブカレストのセファルディ系ユダヤ人家族に生まれた。幼少期に家族はウィーンに移り、彼はウィーン大学で医師免許を取得している。1918年から1925年まで、ウィーンでパフォーマンスに基礎を置くセラピーアプローチを実践し、発展させた。その後米国に移住し、最終的にはニューヨーク市の北、約100キロにあるビーコンに居を構えた。1936年、後にモレノ研究所と呼ばれるビーコンヒル・サナトリウムを設立し、1936年から1968年まで医長だった。チェコスロバキア、ハンガリー、ソヴィエト連邦でも教えたが、ニュースクール・フォー・ソーシャルリサーチやコロンビア大学ティーチャーズカレッジで教鞭をとった。モレノは30冊余りの書籍を執筆し、学術誌を創刊し、学会を創立し、自身の理論と実践を前進させるための組織を創設したが、そのうちの米国グループ心理療法・サイコドラマ学会は今も健在である。

モレノは演劇と心理療法に強い関心を持っていた。ウィーン大学で精神医学の学位を取得してすぐに、今日ならインプロ演劇と呼ばれるだろう、自発性シアター（Theatre of Spontaneity）を創設している。同時に発達させたのが「サイコドラマ」と呼ぶことになる心理療法実践であった。これは、舞台の利用、パフォーマーとしてのクライエント／患者へのアプローチ、セラピストに「演出家」の役割を与えるなど、演劇から多くを借用している。サイコドラマの基本アイディアはとてもシンプルだが、当時のコンテクストからすると極めて急進的だった。標準的フロイト流（と後続のほとんどすべてのバージョンのような）精神療法が実施するような、患者の情動の歴史をただ語るのではなく、患者は自身の情動の歴史ならびに／または現在の問題を追体験する**パフォーマンス**を行うことで、おそらく、それらに対する理解／情動的態度を構成し直すことになるのだ。

文化史を長い目で見れば、このようなパフォーマンス利用はことさら新しいものではない。とくに儀礼による組織化、情動の（ついでに言えば身体面の）痛みと病気の癒やしは、新しいものではない。それは何らかの形で、はるか昔から部族社会においてシャーマンがやっていたことである。モレノは、近代において初めてパフォーマンスを劇場から引き離し、はっきりと臨床、つまり治療へと回帰させることに成功した。[1] ポストヨーロッパ啓蒙主義の時代に、台本付きの文芸演劇の伝統に対して、モレノが始めた実験的活動は、過去数百年を遡りながら、新しい学問分野である精神分析の内部に至ったのだが、これは少なくとも形式においては、シャーマニズムというよりも、はるかに演劇に近いものだった。

長年をかけて、サイコドラマの基本的形式は一式のセットになった。典型的セッションは3つのセクションでできている。ウォーミングアップ、アクション、シェアリングである。ウォーミングアップでは、演技に関する基礎クラスでよく使われるような、さまざまなシアター・ゲームと会話が利用され、そのグループは誰に焦点を当てるかを決める。その人が「主役」になるのだ。第二のパート「アクション」はパフォーマンスを行う。歴史と／あるいは問題の探求を活性化するために、グループのメンバーが主役の必要とする他の役になる。最終パートのシェアリングでは、パフォーマー／患者は、演技についてコメントするが、批判のためではなく、主役に対する共感と期待を共有するのである（**Yablonsky, 1981, p.13**）。

モレノは、「アクション」パートをさらに探求するために、演劇から多数のパフォーマンス・テクニックを借用し／発展させた。サイコドラマにおける「ミラーリング」は、主役と、主役に協力してその経験を演じる他の俳優／患者から構成される。そしてこの後、主役はシーンから抜け出して、他の俳優／患者がその役に入り込んで彼女／彼氏を演じるのを観察する。この「ダブリング」では、グループのメンバーが、演出家／セラピストの指示によるかあるいは自身の自発性に基づいてパフォーマンスするのだが、通常、主役の背後に立ちながら、主役が表現できない、表現したくない思考や感情を明確化する。ダブリングされる人は、ダブル（ダブリングする人）のどの発言も拒否し、満足するように修正する権利を持つ。サイコドラマにおける「役割演技」とは、俳優／患者が自分自身では

［1］サイコドラマとシャーマニズムの類似性に関する興味深い議論は、Mackinnon（2012）とPendzik（1988）を参照のこと。

なく、患者にとって問題となる人物や対象を描写することである。「役割交代」は、他の人が入り込み、生み出した特定シーンにおいて、俳優／患者が自分以外の人物を描写するように要請されたときに成立する。たとえば親－子のシーンで、子どもである主役が、両親のうちのどちらかと役割を交代することである。演劇と同じく、俳優／患者に自身の思考を声に出して語らせる「独白」も用いられる(Blatner & Cuiker, 2007, pp.129-132)。

この単純化した説明からでも明らかなように、モレノのサイコドラマは、パフォーマンス、インプロヴィゼーション、さまざまなシアター・ゲームを採用し、セラピー活動に**応用**している。モレノは(20世紀初頭に他の誰も使っていない)サイコドラマの用語を使っているが、これは最初の「応用演劇」の形式だった。つまり、美的あるいは教訓的ではない目的のための、つまり演劇制度の外部での意図的パフォーマンス利用だったのである。

セラピーをストリートに ―― 最初のサポート・グループ

モレノによれば、1912年、まだウィーン大学の医学生で、サイコドラマを開発し始めた頃、「私は、フロイトの講義を一度受講したことがあった。…多くの受講申請者がいたが、彼は私を指名し何をしているか尋ねた。私は『そうですね、フロイト博士、あなたがやめた場所から始めています。あなたはオフィスの人工的な環境で人々と会って、人々の夢を分析していますね。私はもう一度夢を見る勇気を与えています。あなたは夢を分析してバラバラにします。私は夢の葛藤する役割をあからさまにして、部分同士が元に戻るのを助けます』」と答えたのだった（Moreno, 2011, p.68）。

実践の初期には、モレノは確かにオフィスの外へ出て、つまり舞台を降りて実践した。1913年医学校にいるときに、売春婦たちとのグループセラピーを始めた。「イデオロギーは脇に置いて、私の念頭にはラッサールとマルクスが労働者たちに行った実践があった。2人は労働者に尊厳の感覚を与えることで社会的地位を復活させた。…ここで最初に「セラピューティクス」の側面が経済よりもはるかに重要なのではないかと思った。なぜなら、売春婦たちは長い間烙印を押された状態にあり、…これを変更不可能な状態と受け入れてしまっているからだ」（Moreno, 2011, p.59）。翌年までに、彼は毎週8から10のセックスワーカーのグループに二度三度と面談した。その面談で彼女たちは自分たちの生活の現在の問題を語った。何度か重ねるうちに、ある女性が、その面談に見合うお金を出したいと申し出たことから、緊急時のための集団貯金の基金が設立された。ウィーンの売春婦のためにモレノが提供したのは、この時点ではサイコドラマではなかった。このグループでの会話は、抑圧され周縁化された人々のための初めての「サポート・グループ」と理解して良いだろう。約1年後、この女性たちは組合結成支援の大集会を組織したのだが、ポン引きと警官によって解散に追い込まれた。

1930年代に米国に移住したのち、モレノはサイコドラマといえるものを、診療室の「人工的環境」からハドソン女子学校（「感化院（reform school）」とも呼ばれる女子刑務所）に移して実践した。モレノの伝記作家ルネ・マリノーによれば、ハドソン校では「…彼は少女たちの態度と行動を変えるために、ロールプレイとサイコドラマを利用し始めた。少女たちに実際の、あるいは想像上の状況を演じさせて互いにフィードバックさせ、出来事をよく思い返すことができるように、モレノの理解と分析を利用した。たびたび、彼は少女たちに同じ状況を演じさせて、彼女たちが自分の成長を測ることができるようにした。…これはウィーンの売春婦たちとの「エンカウンター・グループ」にあった元々の意図を一歩進めたものだった」(Marineau, 1989, p.113)。後にサイコドラマとなる、セラピーを制度的枠組みの外へ持ち出して社会問題に取り組む試みも、現在パフォーマンス・アクティヴィズムとして知られる運動への衝動と活動をモレノが先取りしたものである。

ソシオドラマ

社会問題への取り組みを通して、さらにモレノはもう一つのパフォーマンス、セラピー、社会関与の合金である「ソシオドラマ」にたどり着いた。ソシオドラマとサイコドラマの重要な違いは、サイコドラマはグループで行うものの、個人の支援に焦点化していた。それは情動の問題を抱えた「主役」への支援だった。一方、ソシオドラマは、社会的／集合的問題と関心に取り組むグループの支援に焦点化した。モレノは「ソシオドラマの真の主題はグループである」と書いている。「このアプローチの基礎概念は、人間は役割演技者であり、行動を支配する一定範囲の役割によってすべての個人は特徴づけられ、程度の差はあれ文化がメンバーに押し付ける役割の範囲によって、どの文化も特徴づけられる」(Levy, 1946, p.354)。

誰もが学習された社会的役割をパフォーマンスするという概念化は、社会学者のアーヴィン・ゴフマンがスコットランドで1956年、米国で1959年に出版した『行為と演技』においてポピュラーになったのだが、モレノの概念化はそれよりも10年も前に現れたものだった。ゴフマンの著作はパフォーマンス・スタディーズの発展と、舞台優先のアート以上の／以外のものとして、パフォーマンスに広範囲にアプローチする展開過程を通して影響力を持つものとなった。心底アクティヴィストだったモレノにとっては、ソシオドラマの目的はそれらの社会的役割に対する実践にあり、おそらくそのプロセスを通して、社会の変容と転換の道筋を発見することにあっただろう。

第二次大戦中も直後も、モレノは黒人と白人の関係、米国における日系米人の強制収容問題、ドイツや日本で結婚した帰還米兵の難局などに取り組む、ソシオドラマ・ワークショップを開催している。次の数十年間で取り組んだソシオドラマ・ワークショップには次のようなものがあった。１９４８年のハーレム暴動、ニューヨークで１９４９年に起こった右翼暴徒によるアフリカ系米国人で共産主義者の歌手ポール・ロブスンを攻撃したピークスキル暴動、アイヒマン裁判、ケネディー暗殺などである（Moreno, 1999, p.xiv）。この実践が生み出した直接的インパクトは限定されたものだったが、我々が現在パフォーマンス・アクティヴィズムと見なすものを確かに予見する実践だった。

インパクトと後継者たち

サイコドラマは、正統派心理学の中でニッチとして受け入れられ、米国の東西両岸のモレノ研究所と、ヨーロッパと地中海沿岸の27ケ国に所属機関を持つヨーロッパサイコドラマ訓練機関連合を有し、サイコドラマならびに／あるいはセラピーの訓練を提供している。これはセラピューティクス運動の普及にはならなかったが、「ドラマセラピー」運動の主要な流れとなった。ドラマセラピーは、1970年代に登場したもので、サイコドラマよりも折衷的で公式主義ではないものだ。フィル・ジョーンズは自著『セラピーとしてのドラマ、生活としての演劇』で、両者を検討して「ドラマセラピーという領域はサイコドラマと関係なく出現した。… しかしながらドラマセラピーの構成の大部分が、ウォームアップ／アクション／シェアリングのパタンに影響されているのは疑う余地がない。役割交代といった特定のテクニックは、ドラマセラピーでも利用される。両者の関係は、今もなお流動的である」(Jones, 2002, p.63) と書いている。ドラマセラピーは世界中で実践されていて、英国、ドイツ、オランダ、カナダ、クロアチア、合衆国に学術的な訓練プログラムがある。[2]

サイコドラマの後継者の中で、最も普及し影響力のある直系の後継者は、プレイバック・シアターである。プレイバック・シアターの主要な創設者である、ジョナサン・フォックスはハーバード大を卒業したのち、ナポリの田舎で2年間平和部隊として過ごしたのだが、1970年代初期にコネチカット州ニューロンドンでインプロコミュニティ劇団を指導していたとき、初めてサイコドラマに集中的に取り組んだ。「誰かが週末サイコドラマに誘ってくれたんだ」。2010年を思い出してフォックスは語る。「そこで見たのは、私の中で演劇に関する一番深いビジョンと言えるものだった。とても親密な経験で個人的でもあり、共同的であり強烈なものだった。サイコドラマは、個人の尊重と同時にグループにも価値を置くという、逆説的な均衡の上に成り立つものだった。ヒエラルキーに基づく典型的社会構造とは違って、自発性の概念を強調するサイコドラマは、ある瞬間に誰でも創造的になることにフォーカスを当てる。サイコドラマは、同時に深い情動を呼び起こす。私は、演劇のその

ような バランス、柔軟性、それゆえもたらされるカタルシスを望んでいたのだ」(Fox, 2010)。フォックスの妻でプレイバック・シアターを共同創設したジョー・サラスは、同じ時期を回想して「ディナーのときの一杯のホットチョコレートから、このアイディアが彼に浮かんだのだ。観客の一人のリアルな人生物語に基づいた即興演劇が、俳優チームによって即座に演じられるのだ」と述べている(Salas, 2013, p.9)。

１９７５年8月、フォックスがモレノ研究所でサイコドラマ訓練を修了できるように、一家はニューヨークのビーコンに移った(さらに後年の２００８年にフォックスは『モレノ著作集』(Moreno, 2010) の編集をしている)。11月、ビーコンに引き続き居住しながら、彼らはニューロンドンで演劇実験を開始した。サラスは、この時点でサイコドラマネットワークにやってきた、ほとんどの俳優たちは「実際の生活のストーリーを演じる親密さと強さに惹きつけられた人々だった」と述べている(Salas, 2013, p.10)。そのときモレノの未亡人、ゼレク・モレノが、最初の一年の部屋代を払ってくれた。

これらの歴史的つながり以外にも、プレイバック・シアターの形式は、サイコドラマへの強い類似性を持っていて、サイコドラマと同様に誰かのストーリーを演じるものである。香港のプレイバック劇団である、トゥルーハート・シアターの共同創立者のベロニカ・ニーダは、プレイバックの基本前提を次のように語っている。「[観客の中の] 誰かが自分の人生のストーリーや瞬間を語り、俳優に異

[2] ジョーンズ以外に、Johnson & Emunah (2009)、Landy & Montgomery (2012)、Weiner (1994) を参照のこと。

なる役柄を与え、自分のストーリーが再演され芸術的な形式と一貫性が与えられるのを見るのだ」(Needa, 2015)。最初に観客も巻き込んだウォームアップがある。それぞれの劇団には、サイコドラマの「演出家」に当たる「コンダクター」がいて、ストーリーを語ってみたいボランティアのホストとなり、インタビューアーになる。ストーリーを語るボランティアは「テラー(Teller)」と呼ばれるが、これにはサイコドラマの「主役」の影響があるようだ。次に来るのは「イナクトメント(Enactment)」であり、サイコドラマの「アクション」と類似のもので、パフォーマーたちが互いの合意なしに完全に即興で演じる。典型的イナクトメントは、テラー役の参加者による「アクナレッジメント(Acknowledgement)」で終わり、テラーがイナクトメントについてコメントするのだが、これにはサイコドラマの「シェアリング」が影響している(Needa, 2015による概説)。この概要は基本的なもので、おそらく過度に単純化されている。50年近くの歴史の中で、たくさんの変形が生み出されてもいる。重要なのは、サイコドラマに由来するDNAがどのようにプレイバックを構成するかを示すことだ。

後年、フォックスはプレイバックとサイコドラマの距離について意見を述べている。「多くの人が、プレイバックはサイコドラマからの副産物、あるいは枝分かれと誤解している。サイコドラマへの発展以前、モレノはウィーンの自発性シアター(Stegreiftheater)で演出していた。私は後期の発展したものよりも、この前期の歴史に共感している」と2010年に書いている(Fox, 2010)。最も重要な差異はプレイバックがセラピーの形式ではないことだ。「サイコドラマと違って、プレイバック・シアターは、建設的な変化に基礎を置くにしろ、セラピー領域に自らを位置づけていないのだ」とフォックスは議論を進めた(Fox, 2010)。サイコドラマがパフォーマンスをセラピールームに持ち込むのに対して、プレイバックはパフォーマンスを市民集会に持ち出して、より正確に言えばプレイバックはパフォーマンス・イベントを通して市民集会のような実践を**作っていく**のだろう。この点では、プレイバックは、セラピーを一歩超え／一歩外へ出て、現在我々がパフォーマンス・アクティヴィズムと呼ぶものになったのである。

モレノは、演劇アーティストやパフォーマンス・アクティヴィストよりも、心理学者の間でよく知られている。しかしながら、そのことは先駆者としての彼の役割を低く評価することにはならない。彼は現代で初めてパフォーマンスを演劇ではなく、社会課題に持ち込んだのである。人間発達にインパクトをもたらす手段としてセラピーとパフォーマンスを結合しようとした生涯をかけた実践は、今日のパフォーマンス・アクティヴィストの間で十分に知られてはいない。そうだとしても、今日でも多くを語りかけ、私たちの意欲を掻き立ててくれる。同時に、モレノのパフォーマンスのセラピー室への導入とフロイト主義正統派心理学への過激な挑戦にもかかわらず、サイコドラマは精神医学と心理学の基本前提を破壊できなかったということは注目に値する。社会的起源を有するにしろ、個人の情動は人の内部に置かれたままである。患者は（会話とパフォーマンスを通して）過去のトラウマを解放し「分析（分解）する」ことによって助かるとするサイコドラマは、フロイトが描いた（無意識、エゴ、イドなどの）内部コスモロジーには少しも挑戦していないのである。

20世紀後半、明確にはモレノまで辿ることはできないものの、セラピーとパフォーマンスの間の、接触と接合のポイントが複数出現していた。少なくともパフォーマンス・アクティヴィストの間で最もよく知られているのは、アウグスト・ボアールの「希望の虹（Rainbow of Desire）」である。ボアールは、ブラジルの演出家であり進歩的政治アクティヴィストだが、被抑圧者のための演劇（Theatre for Oppressed: OT）を発達させた。これは、パフォーマンスを通して観客が俳優とともに社会政治問題を演じる演劇アプローチである。今日、被抑圧者のための演劇は、パフォーマンス・アクティヴィズムにおける最も有力な動向となっており、さらに詳しく何度も立ち返ることになる。ここでは、簡単にボアールの仕事の中のセラピューティクスへの応用について触れておく。

ボアールは、ブラジル、アルゼンチン、ペルー、エクアドルの貧困コミュニティで実践しながら、被抑圧者のための演劇を発展させた。ブラジルの軍事政権によって逮捕、収監、拷問され、南米各国から国外追放となったのち、ボアールは１９８０年代初期にフランスでの亡命生活に落ち着いた。ヨーロッパでは、経済的政治的抑圧がラテンアメリカほどには直接見えず過酷ではなかったこともあり、ボアールは次第にパフォーマンス実践と抑圧の内化の問題に取り組むようになった（これをボアールは「頭の中の警官（The Cop in the Head）」と呼ぶ）。この側面に関して、被抑圧者の演劇の実践家でありボアールの主要作品の英訳をしたエイドリアン・ジャクソンは、「希望の虹は、ボアールが一連の演劇的テクニックとエクササイズに与えた名前であり、これらのテクニックは、『美的空間（舞台）』の力を利用して、内化された個人的抑圧を吟味し、より広いコンテクストに位置づけるようデザインされたものである」と述べている（Jackson, 1994, p.89）。

１９６７年にサンパウロでサイコドラマに参加したときについて、ボアールはほとんど影響されなかったと主張している（Feldhender, 1994, p.89）。とくに当時の多くのマルキストと同様に、ボアールはモレノの仕事も心理学一般も人々を既存の条件に適応させるものであるが、一方自分の実践は、人々による既存の条件への挑戦をエンパワーするものだと主張した（Feldhender, 1994, p.89より引用）。とはいえ、サイコドラマと希望の虹は複数の特徴を共有していて、ワークショップの焦点が「主役」に当てられ、グループによる即興が主役の問題の探求を意図したもので、終わりに議論内容とワークショップで観察したことを主役にフィードバックする時間帯がある。ワークショップ構成の類似性に加えて、主流の心理学の仮説（と同時に我々のより広範囲に浸透した文化的バイアス）も残存している。とくに希望の虹は、情動性が主に個人内部に位置するという前提を疑うことはない。より広い社会から押し付けられた「頭の中の警官」について語るが、それぞれの個々の参加者が「警官」に関わるか／逃れるかの支援に焦点化しているのだ。さらに、希望の虹は、心理学が過去の再吟味（分析）のために過去の掘り下げを強調する点も採用している。彼は著書『希望の虹』で「…参加者は…セラピストとおそらくグループの他のメンバーと協力して、一緒に『現在の私（I-now）』にある程度残る『過去の私（I-past）』を観察することになる。これは一応『再びの私（I-again）』といえるものだ。しかし、『過去の私』を観察可能にするプロセスそのものが、それを遠ざけるのである。私は昨日の私自身を見る。私は今日こうあるが、昨日は他の誰かであり、他者である。これは私の一部そのものが、私が見る私を遠ざけるのである。この部分は、美的に物化された、分析の対象であり研究の対象である」（Boal, 1994, p.26）と書いている。

パフォーマンス・アクティヴィズムの中で、パフォーマンスとセラピーの関係は現在進行中であり、さらに継続して発展している。サイコドラマからドラマセラピーへ、そしてプレイバック・シアターに至る連続体に加えて、ボアールの希望の虹は、すべて精神分析と歴史的、哲学的ルーツを共有しているのだが、パフォーマンス・アクティヴィズムには、別の心理学アプローチにルーツを持つ流れがある。それは文化歴史的活動理論（Cultural Activity Historical Theory: CHAT）である。カースティン・フットが要約するように、CHATは「…次の3つを中心に置いている。（1）人間は集合的に行為し、実行によって学習し、行為の中で行為を通してコミュニケーションする。（2）人間は学習とコミュニケーションのためにあらゆる種類の道具を作成し、利用し、適用する。（3）コミュニティは意味を作り解釈する過程の中心であり、それゆえ学習すること、コミュニケーションすること、行為することのあらゆる形式の中心である」（Foot, 2013, p.329）。CHATは、支配的心理学の原子化され疎外された個人にではなく、人間の発達と情動性の**社会的**ダイナミクスに焦点を合わせた。

CHATは、初期ソヴィエトの心理学者、レフ・ヴィゴツキーの著作（Vygotsky, 1978）にルーツを持つ。マルキストだったヴィゴツキーは、子どもが言語や他の文化的スキルを大人や年長の子どもたちと遊びパフォーマンスしながら社会的に学習するのを観察した。ヴィゴツキーとヴィゴツキーを信奉する人々によれば、情動の発達を含む人間発達は、精神内現象ではない。つまり、それは主に個人の「頭」内部に存在し／内部で生起するものではない。発達と情動性は、**社会的活動**なのである。それらは、主に人々の**間に**存在し／**間で**生起するものである。こうして、他の人間の文化的局面同様、我々の情動性は、何世代何世紀にもわたって人間によって、社会的に創造されてきたのである。フロイトのような不変の内的写像ではなく、より今日的な医学的心理学でいうところの化学的バランスやアンバランスの問題ではない。情動性は、社会的に創造されてきたもので、それゆえ再創造可能である（Newman & Holzman, 2014; Vygotsky, 1978）。

これは従来とは相当に異なる心理学理解であり、さらにいうなら主流の心理学と心理療法と、それらの影響下にある希望の虹のアプローチとは真反対の理解である。ほとんどの部分で、ＣＨＡＴは発達（臨床ではなく）心理学のアプローチとして理解され／実践されてきたし、ほとんど教育のコンテクストで応用されてきた。しかしながら、１９７０年代、カスティリョ・シアターの芸術監督となりパフォーマンス・アクティヴィズムの主たるパイオニアとなっていくフレド・ニューマンと、その知的パートナーのロイス・ホルツマンは、ＣＨＡＴに基づくセラピーであるソーシャルセラピーの開拓を始めた。これは８０年代、９０年代にセラピーそのものをはるかに超えた応用／含意を持つ、パフォーマンスに基礎を持つソーシャルセラピューティクスへと進化した。ホルツマンはソーシャルセラピーとその発達を次のように解説している。「ユニークな、社会的でグループ指向の心理療法であり、人々の成長と発達を支援するものでして、症状をなんとかするとか、つまりその人に精神の病や問題を抱えた人として関わるというものではありません。30年から35年以上の発展の中で、今はソーシャルセラピューティクスと呼んでいる人間の発達と学習へのアプローチです。人間はプレーヤーでパフォーマーだという事実を利用して、人々が自分たちのコミュニティを発達させ、その中で成長するのを支援します。社会的問題に取り組むことも、学校に欠如する学びに取り組むことも助けます」（Ｌ・ホルツマンの私信２０１７年11月26日）。ソーシャルセラピューティクスは１９９０年代に出現したもので、パフォーマンスがセラピールームから出て、学校、仕事場、家庭つまり日常生活へと旅していく、もう一つの旅路である。これについては第3部で再吟味する。

第6章　ハプニング、ビーイン、フラッシュモブ

演技としてのパフォーマンスという確立された前提、つまり訓練を受けた俳優が自分以外のキャラクターをパフォーマンスし観客を魅了するという前提に対する、強いインパクトを持つ次の挑戦は視覚芸術から生まれた。1950年代後期から1960年代初期に、ニューヨーク市で活動する画家と彫刻家のグループが、自分たちのアートを額縁の外へと、そしてとっぴなことだが展示会場全体へと拡張する実験を始めた。これらの芸術家たちは、ジャクソン・ポロック、フランツ・クライン、ウィレム・デ・クーニングら40年代、50年代の抽象表現派に影響を受けた。抽象表現派は、美術批評家のハロルド・ローゼンバーグによってアクション・ペインターと名付けられた。その理由は、この批評家によれば、彼らは完成した絵画と同じくらい創造の**活動**の過程が重要だと感じていたからである。ローゼンバーグは、1952年出版以来影響の大きかったエッセー『アメリカのアクション・ペインター』で次のように書いている。「ある瞬間にキャンバスがアクションの闘技場に見える、そんなアメリカの絵描きが一人また二人と出てくる。…キャンバスの上で進行するのは、絵ではなく、

出来事なのである」(Rosenburg, 1952)。今日の言語でいえば、これは「パフォーマンスとしての絵画」の自覚といえるかもしれない。この洞察／アプローチは、視覚芸術への影響は長続きしなかったものの、本書の関心からいえば、別種のパフォーマンス・アートの出現でありパフォーマンス概念そのものの重要な拡張に貢献したのである。

視覚芸術の創造が壁を超えてホールに広がり、生産物よりも生産のプロセスに焦点を向けるという流れは、ある程度詳しくアラン・カプローによって説明されている。現在はニューヨーク市のイーストヴィレッジと呼ばれている地区の、ルーベン・ギャラリーで１９５９年に行われた『６つのパートからなる18のハプニング』と題するイベントは、最初のハプニングと広く考えられている。カプローは、６年後に次のように書いている。

> 私は、ポロックへの興味から、アクションコラージュを作った。…その後アクションコラージュはより大規模となって、私は点滅ライトやより分厚い素材の塊などをギャラリーに持ち込んだ。それらは、壁から部屋まで大きく張り出していて、鳴り響くブザー、ベル、おもちゃの音などの音源となるものも多数配置された。今や私はギャラリー全体を、一つの壁から始めて別の壁へと至るまで、ただただいっぱいにしていった。…私は、来場者が、すぐにこの場所の一部と化すのを目撃した。こんなことは以前思いもしなかったことだ。私は、来場者に何かを動かすとか、スウィッチを入れるとかの作業をほんの少しだけ与えた。…これは来場者にとっては「重要な」責任を意味する。何かハプニングが起こるまで、私は来場者に責任ある作業をさらに多数与えたのだ。(Kaprow, 1965, pp.44-46)

ニューヨークおよびその他の地域での短い隆興の間も[1]、ハプニングはギャラリーやロフトでの視覚的／環境的経験だったのだが、「何か動かす」課題を来場者に与えることで、人間の持つパフォーマンスの可能性を直ちに発揮させることに成功した。その後すぐに、パフォーマーは事前に選ばれるようになり、割り当てられた課題を決められたタイミングで行うために練習するようになった。その課題とは黙って体を使う課題、ある時は話すこと、時には他のパフォーマーと対話することなどであった。ハプニングの初期の提唱者マイケル・カービーは、学問としてのパフォーマンス・スタディーズの先駆者の一人となったのだが、ハプニングに関する最初の本で次のように書いている。「提唱者の中には否定的な意見もあるが、ハプニングはミュージカルや芝居と同じように演劇の一つの形式といえる。まさにコラージュが新しい形式の視覚芸術であるように、ハプニングは新しい形式の演劇なのであり、コラージュのようにさまざまなスタイルを創造するのである」(Kirby, 1965, p.11)。

カービーは、ハプニングを伝統的演劇から区別する、3点の違い（あるいは革新）を指摘している。第一は観衆が座って見物しないということだ。多くの場合に観衆は複数の部屋あるいは囲いに区切られた作られた空間（これは環境であり芸術作品でもあり伝統的演劇用語で言い換えれば「舞台装置」である）に沿って移動する。ハプニングの中には、その空間内の異なる場所で、同時進行する多種類

[1] ハプニングはミラノとパリ（Carlson, 2004, p.198）、ニューオリンズであった（Schechner, 1973, pp.67-68 ならびに R. Schechner の2019年12月4日付私信）。

の活動を提供するものもある。カービーによると、ハプニングは「額縁舞台劇場のような観客席から誰もが同じ『絵』を見るという自惚れを拒絶する。多くのハプニングでは、それぞれの観客が見るものは大きく異なっているのだ」(Kirby, 1965, p.12)。複数のハプニングが同時に行われるのは、伝統的な3リング同時進行サーカスでのパフォーマンス経験に類似している。さらには、この時期のハプニングを先導していた一人で、現在サイトスペシフィック・アート(site specific sculpture)のパイオニアとして知られているレッド・グルームズは、次のように回想する。「子どもの頃大きな影響を受けたのは、リングリング・ブラザーズのバーナムとベイリー、そして毎年のようにテネシー州フェアに巡演してきたアミューズメント・パレードだった」(Kirby, 1965, p.119)。ハプニングにおいて観客が環境に没入することは、環境演劇とサイトスペシフィック・シアターの先ぶれとなった。この両者は同時期に誕生し、10年後のリチャード・シェクナーのパフォーマンス・グループで花開いた。これについては後により詳しく論じる。

現在の演劇に至るまで力強い影響が続いているハプニングの第二の発明は、その構造である。どのような行為の連続であれ、ハプニングの構造はプロットや物語には関連を持たず、論理性は必要とされないし関心も払われない。「ハプニングは我々の伝統的演劇の基礎であるプロットや物語構造を放棄してしまった。提示部、展開、クライマックス、結末の陳腐な概念は放棄された。…人格の葛藤、登場人物の告白のモノローグも放棄された。原因から結果へのプロット提示に必要なすべての出来事も放棄され、物語を語る単純な出来事の連鎖でさえ放棄されたのである」とカービーは書いている(Kirby, 1965, p.13)。彼は伝統的演劇の枠組みを「情報的(informational)」と呼び、この枠組みがシーンからシーンへの、そして舞台から観客席への情報伝達に依存しているとした。対照的にハプニングの枠組みをカービーは「コンパートメント化」と呼ぶ。それぞれの「演劇ユニット」があり、あるユニットにはパフォーマーがいるが別のユニットにはいない、ことばを使用するものもあれば、使用しないものもあり「演劇ユニットは完全に自己充足したもので閉じられている。あるユニットつまりコンパートメントから、他のユニットへは何の情報も伝達されない。このコンパートメントは連続的または同時的に編成することができる」(Kirby, 1965, p.13)。このコンパートメント化された構造は、最もインパクトの大きかったリヴィング・シアターの60年代後半の作品――とくに『神秘劇短編集(*Mysterie and Smaller Pieces*)』『楽園の現在(*Paradise Now*)』――に影響を与え、今日の演劇においても拡大を続けている。それはとりわけ演出家ロバート・ウィルソン(建築家として視覚芸術も始めた人)の作品や、ハイナー・ミュラーやエルフリード・ジェリネク(ドイツ語圏)、サラ・ケイン、アデニン・ケネディーとスーザン・ロリ＝パークスの仕事の一部(英語圏)などの戯曲で経験することができる。

ハプニングの三番目の発明は、これは本書にとって最も重要なのだが、ハプニングのパフォーマンスについての見方／パフォーマンスへのアプローチだった。10年後にわかったこととしてカービーは「演じることとは、装うこと、模造すること、再現前化すること、振りをすることである。ハプニングが明らかにしたように、すべてのパフォーマンスが演技というわけではない。時には演技が用いられることがあっても、一般的にハプニングのパフォーマーは誰でもない者に『なる』、つまりパフォーマー自身以外の何ものでもないのだ。観客のいる時間と空間以外に在ることを現前化したり模倣をしたりはしない。パフォーマーは歩き、走り、歌い、皿を洗い掃除し、舞台装置を操作したりするが、装うことや振りをすることはない」と記している（Kirby, 1972, p.3）。アラン・カプローは「最初のハプニングでは、私は私を助けてくれるなら誰でもいいので、友人たちからパフォーマンスする人を探したのだが、彼らは私の知っているアーティストや詩人、ミュージシャンになりがちだった。私はほとんど俳優を知らなかったので、俳優に頼ることはなかったのだが、ただしジュリアン・ベック（リヴィング・シアターの共同創設者で画家）が何人か推薦してくれたので使ってみたが、すぐに使い物にならないとわかった。というのも彼らは演技をしたがるからだった」（Kaprow, 1965, p.48）と書いている。

この「演技」から「パフォーマンス」への転換は、実践的にもコンセプトの上でも重大な転換であり、実験的な演劇の可能性を開くものだった。カービーは1972年に「演じることと演じないこと」というエッセーを書いているのだが、パフォーマンスには、彼が「複雑な演技」と呼ぶものから「非マトリックス型パフォーマンス」までの連続体があると主張している。カービーによれば、複雑な演技は高度にマトリックス化された、つまり芝居、映画、テレビ番組などのフレームに収まるものであり、このフレームというのは登場人物の振り、語り、見かけ上の時間と空間の共有を想定するものである。「非マトリックス型パフォーマンス」はそのような事前に用意されたフレームの外部で行われるのである。かなり初期の1965年に出版されたハプニングのシナリオ集の『イントロダクション』で、カービーは次のように書いている。「多種多様な非マトリックス型パフォーマンスが、劇場の外部で生起する。教室で、スポーツイベントで、数多くの私的な集まりや公的な上演などで…行われる。公演者は観客の面前で、人工的に作った人格のコンテクストを投影したりせず公演する。…それはフットボール選手がタックルしたり、列車の車掌が停車を喚呼したり、建設作業員が新米の監督者に話すなどと同じである」(Kirby, 1965, p.15)。『演じることと演じないこと』で結論づけたように「さまざまな度合いの再現前化と個人化は人間のパフォーマンスのスペクトラムに含まれる色合いとなる」(Kirby, 1972, p.15)。ハプニングに見られるパフォーマンスの本性の変化から生まれたカービーの省察は、その後パフォーマンス・スタディーズ(人間のすべてではないにしろ多数の社会生活の局面で進行するという意味での普遍的活動としてのパフォーマンスの研究)となる研究領域への扉を開き、そして少なくともその含意はパフォーマンスが演劇を超えて社会的政治的問題に関与するドア、つまり我々のいうパフォーマンス・アクティヴィズムへのドアを概念上ではあるが開くための助けとなった。

ビーイン

ビーイン(Be-Ins)は、米国の1960年代後期の大衆現象だった。労働運動と公民権運動の座り込みや反戦運動の学生集会ティーチインから着想されたビーインでは、ほとんど若者からなる数千人が週末の午後に都市の公園に「ヒッピー」の格好で集まり、音楽を演奏しダンスしマリファナ(時にはLSD)を吸引しながら交流し交際した。それは特定の政治的課題への賛成あるいは反対のデモではなく、別種の世界内の在り方(「カウンターカルチャー」)に関する実験と証明だった。人々はそこに在ることで自分たちを呈示し、自身の異なる在り方をパフォーマンスしたのだった。人々の中には、この新しいパフォーマンスが人生を変える選択となった人もいたが、一時的なもので家や高校に帰れば忘れ去る人たちもいた。

最初のビーインは、サンフランシスコのゴールデンゲートパークで1967年1月24日に行われ、2万人から3万人が参加した（Cohen, n.d.）。ニューヨークのセントラルパークでは1967年から1970年の間、少なくとも毎年一回は開催されていた。ドン・マクニールが、優れた左翼リベラル文化誌『ヴィレッジ・ヴォイス』に寄せた記事によれば、セントラルパークの最初のビーインは、1967年のイースター祭の日に行われた（当時17歳の私も実際に参加していた）。

> スイセンの花を抱え色鮮やかなコスチュームに身を包み顔にはペイントした、恍惚としたヒッピーの一団が、ビーインのためにセントラパークのシープメドウを見下ろす丘の上に集まった。日暮れには、1万人の祝賀の群衆がシープメドウを横切り、さらに数千人が公園のあちこちに散らばった。丘の上では、大きな篝火が焚かれ、その煙は明るい色の風船と混じって落葉樹の間を漂ったのち、浮かんだ凧よりも高く高く登っていった。夜には、シープメドウのあちこちからリズムと音楽とマントラが繊細なハーモニーを奏で、それに合わせて数千人の恋人たちが体を揺らした。それは奇跡のようだった。…幾重にも積み重なった禁令は解かれ、多くの若者が、愛と笑いに突然新しい意味を見つけた。（D・マクネイルの記事。Ortega, 2010より引用）

ハプニングを創造したアーティストとビーインを組織し参加した文化的なアクティヴィストとの間には、直接のつながりは確認できないが、振り返ってみれば、我々が芸術的な主張としても政治的な主張としてもパフォーマンス可能であることを、隠れた形ではあれ、両者は理解していたといえる。

フラッシュモブ

ハプニングとビーインの反響は明瞭に「フラッシュモブ」に聞き取ることができる。これは2000年代に盛んになり、ペースは落ちたものの今も続いている。インターネットで可能となったフラッシュモブには、事前に決めた公共の場所に事前に決めた時間に、多くの場合に馬鹿げたパフォーマンスをするために一群の人々が集まるというものだ。最初のフラッシュモブは、ハーパーズ・マガジン誌の編集者のビル・ワシックが仕掛けたもので、マンハッタンのメイシーズ百貨店の絨毯売り場に200人が集まった。彼によれば、フロア後部左側のコーナーにある絨毯売り場に三々五々集まり、事前に指示されたように自分たちはロングアイランドのコミューンに一緒に住んでいて「愛の絨毯」を探していると店員に告げた（Wasik, 2006）。ワシックが仕掛けた他の初期のフラッシュモブでは、数百人が一人であるいは二人連れで、グランドセントラル駅隣のグランドハイアットホテルに忍び込み、豪華なロビーを取り囲むように設けられた中二階までエスカレーターかエレベーターで上がり、5分間上からロビーを凝視してその後「中二階を取り囲んだ一団は突然に拍手喝采の騒ぎを始め、正確に15秒間続けた。その後、散り散りに下の階へと移動しドアから出て行った。パトカーがやってきたのを見て、フラッシュモブの一団は笑い転げた」(Wasik, 2006)。

フラッシュモブは、急速に米国とヨーロッパに普及し、事前リハーサルが必要なダンスのような、より複雑な美的プロジェクトへと発展した。中には、公共の場でのプロポーズを企画するような、実用的な目的に枝分かれしたものもあった。さらに、今やフラッシュモブの制作会社もあり、有料で企画を提供する場合もある(Flash Mob America, n.d.)。

ワシックは自分の発明に先駆者がいることを知らないようだが、フラッシュモブを作った縦糸は、ハプニングとの明らかな類似性にある。「…ニューヨークのすべての文化には明らかに、流行り物主義が混在している。コンサートや演劇、文壇、ギャラリーの魅力は、作品そのものというよりも、その作品が引き起こす社会的(社交的)機会に由来するもので、理論的には**純粋なシーン**で構成されたアートプロジェクトも可能である。つまり完全に作品の視点から生まれ、さらには作品そのものを構成することを意味するシーンである」(Flash Mob America)。

フラッシュモブは、ほとんどの場合政治的アクティヴィズムの一形式という観点からアプローチされたことはなかった。まさかのことだが、この用語が2004年にコンサイス・オックスフォード英語辞典11版に初めて掲載されたとき、「風変わりな無意味な行為」と定義されたのである。その後特定の政治的/社会的問題に注目を集めるために組織されたフラッシュモブは、たちまち「スマートモブ」という新しいラベルを与えられた。

スマートモブの好例は、2013年チリのサンティアゴのマリア・ホセ・コントレラスによって組織されたものだ。1973年9月11日にチリの民主的選挙で選ばれたサバトーレ・アジェンデ大統領の政権を暴力で転覆させた軍事クーデターから40周年の前夜に、フェイスブックで1210人を集めて、市の目抜き通りでレイ・ダウンのパフォーマンスを組織した。1210人という数は、独裁政権下で殺されたか「消された」人々の数であった。募集された1210人が現れ、逮捕されないようにきっかり11分間レイ・ダウンして、その後解散した（Taylor, 2016, pp.20-22）。スマートモブには、パフォーマンス・アクティヴィズムの特徴が明らかに認められる。たとえフラッシュモブを始めた人たちが政治的意図のないことを強調したとしても、「風変わりな」行為は普通のことに混乱をもたらし、目的達成や実利とは無縁の「無意味な」行為は、潜在的にではあれ社会的主張につながる。このことは一考に値するだろう。ワシック自身は、フラッシュモブのもたらす喜びを「社会が混乱し秩序が妨害されるのを目撃する根本的な喜びである。公共的な空間、企業の空間、チェーン店やショッピングモールなどに侵入し、あっという間に蜂起が起こり、転覆するのを見る喜びだ」としている（Wasik, 2006, p.6）。

この点から重要なのは、フラッシュモブは、ビーインの「根本的な喜び」を再現するものであり、破壊的なシーンを公共空間で上演するインプロブ・エブリウェア（Improv Everywhere）のようなパフォーマンス・アクティヴィズム・グループの活動と類似していることである。その動機が政治的かどうかに関わりなく、これらの活動は、劇場ビルの外側でパフォーマンスが行われ、登場人物にはならず台本に縛られずに自分自身をパフォーマンスすることができるという前提に基づいている。そしてこの場所と前提のどちらも、アートという意味ではハプニングに由来する。とくに公共空間の適切な利用という観点からは、支配的文化のテクストを引き裂き、少なくとも汚すという共通点を持っている。この点から、フラッシュモブは、パフォーマンスに基礎を置くアクティヴィズムの一形式だといえる。

第7章　パフォーマンス・アート

パフォーマンス・アートは、ハプニングやビーインの後の第二期フェミニズムと1960年代のカウンターカルチャーのパフォーマンス的なコンテクストの中で、独自のアート形式として出現した。パフォーマンス・アートは、それ以来さまざまな形態をとってきた。それは、日常の出来事をパフォーマンスとして枠づけることから、公然とパフォーマンスされた自傷行為まであった。多種多様な内容に取り組んだのだが、それは極めて自伝的なものから強烈に政治的なものまであった。

ハプニングの創造者たちと同様に、最初期のパフォーマンス・アーティストには、画家からスタートしたものがいた。1963年キャロリー・シュニーマンはイリノイ大学から美術学修士を得てすぐにニューヨークに移り、『アイボディ ―― 36種の転換の行為（*Eye Body: 36 Transformative Actions*）』を制作した。背景絵画と彼女の身体の連続性を強調するためにボディーペインティングを施した彼女の裸体写真を用いたのだが、羽や鏡の破片、蛇など、無生物や生物のさまざまな素材の中でポーズをとった写真であった。「私の実際の体が不可欠の素材として作品と結合する」と彼女はのちに書いている（Breitwieser, 2016, p.116)。もう一人のパフォーマンス・アートのパイオニアが（後にジョン・レノンと結婚した）オノ・ヨーコである。パフォーマンス・アートを始めたのは「アートは名詞というよりも動詞だと考えていた」からだと語っている（The Art Story, n.d.)。オノ・ヨーコの初期のパフォーマンス・アートは、１９６４年京都の山一ホールでパフォーマンスされた『カット・ピース（*Cut Piece*)』だった。彼女は何もすることなく舞台に座り、その前にはハサミが置かれている。選ばれた観客が舞台に招かれ、裸になるまで着ている服に一人一回ずつハサミを入れて切り取っていく（Concannon, 2008)。明らかに二つの作品の核心は個人の身体であり、同じく明らかにアーティストがともに女性であることも核心である。これらの（相互連関した）事実は、パフォーマンス・アートの進化にとって重要である。

パフォーマンス・アートにおいて個人身体を中核化することに関して、シェクナーは「パフォーマンス・アートはある程度絵画から始まったので、それゆえに演劇やダンスや音楽と違って、多くは、素材としての自己——その身体、精神、経験、記録など——を利用する、かつても今もアーティスト個人の実践だった」と述べている（Schechner, 2002, p.139)。パフォーマンスの演劇からの解放という視点からすると、またパフォーマンス・アクティヴィズムの出現に着目するなら、登場人物とは異なる形で自己をパフォーマンスすることは、少なくとも次の2つの理由で重要である。第一に、アジプロ、インプロ、ハプニングが主張してきた、「誰もが演ずることができる。誰でもインプロヴィゼーションが可能である」（Spolin, 1999, p.3）という理由である。第二に、アートとしての自己自身と自己の生に対してアプローチするパフォーマンス・アーティストは、実践を通してパフォーマンスは日常生活とは異なるという仮説にチャレンジしたという理由である。さらには、初期のパフォーマンス・アーティストたちは、ありふれた日常の活動にあえて焦点を当てたのである。トム・マリオニは1969年カリフォルニアのオークランド博物館でビールパーティーを主催して、これを「友人とビールを飲むことは最高の芸術形式」と呼んだ。ボニー・シャークの1970年作品「じっと座っている（Sitting Still）」は、まさにそれで構成されたものだった。作家がフォーマルなイブニングドレスに身を包み、たとえばゴミ収集車や金門橋へ向かう道路上にただ座っているのだ（Loeffler & Tong, 1989, pp.380-381; React Feminism, n.d.)。「ホットプレートの掃除（Cleaning the Griddle）」では、シャークは人々を集めて、サンフランシスコのアンディのドーナツ店で即席料理担当として働く彼女が、ホットプレートを掃除するのを眺めさせた。

この背後にあるのは枠付けの概念である。舞台は、私たちがパフォーマンスを特定する上での支配的な枠付けであった。つまり舞台の上で起こることがパフォーマンスであり、舞台を降りて行うことはパフォーマンスではなかった。しかし、ホットプレートを掃除するシャークを見るためにアンディのドーナツ店に集まることもまた、人の行為をパフォーマンスとして見るための社会的に構成された枠付けとなる。初期のパフォーマンス・アクティヴィストの中には、枠付けの活動を明白にしようとしたものもいた。美術評論家であり演劇評論家のリンダ・フライ・バーンハムは、リンダ・モンターノについて「（モンターノは）… 非常線を張ってすべての生活領域をアートにし、単純にそう宣言することで、彼女のすべてのパフォーマンスはアートワークとして見なされねばならなくなった」と報告している。「『家での我慢（Home Endurance）』（1973）では、1週間家に籠り、友人たちに家を訪ねるように頼み、すべての思考、食事、電話、訪問者についてドキュメントした」(Burnham, 1986, p.40)。シャークは後に自身の初期の作品は「… 理論的で実践的だった。理論は誰であるのかに関連し、実生活の生活様式であるような状況で遊び心を発揮できるのかに関連していた」(Loeffler & Tong, 1989, p.380) と語っている。「実生活の生活様式」としてのパフォーマンスは、その当時支配的だったパフォーマンス理解とは大きく違っている。支配的理解は(ただ)パフォーマンスを才能や訓練を必要とし舞台上で演じられる高度な技巧的活動と理解していた。ハプニングの発明者アラン・カプローは、まさに「生をパフォーマンスする(Performing Life)」と題された1979年のエッセーで「もちろん、人生を意識的に生きるとき、生はとても風変わりなものになる。注意を払うことは注意される事物を変えるのである。この新しいアートのジャンル「パフォーマンス・アート」はもう少し正確に言えば、アートであり/生でもあるジャンルとなるのだ。これは日常生活の人工的側面と、創造されたアートが持つ生活の質の面を、等しく映し出している。たとえば、握手することがどのようにフォーマルにかつ文化的に学習されるのか私には明らかだった。2回手を上下させる代わりに5、6回やってみると即座に不安を引き起こすだろう」と述べている(Kaprow, 2003, p.195)。シャークの「実生活の生活様式」同様に、カプローはここで「生のジャンル」としてのパフォーマンスについて語っていて、2人はどちらもパフォーマンスとしての意識的生を表す語彙を手探りで探求したのだが、この概念/活動は私たちが吟味するように、1960年代のアート世界に現れただけでなく、当時のカウンターカルチャーの生きられた生の政治学にも出現したものであった。

後にパフォーマンス・アクティヴィズムと呼ばれる動きの出現に関してパフォーマンス・アートが

果たしたもう一つの重要な貢献とは、女性がこのアートを開拓し、実践家の圧倒的多数を女性が占めたという事実である。米国では、女性解放運動とパフォーマンス・アートは手を取り合って発展した。「私的なものは政治的だ」という概念／スローガンを提供してくれたのは、1960年代と1970年代の女性解放運動だったのだ。これは、どのように自分自身（そして他者）を見るのか、どのように自身の私的な生を生きるかは、第一義的に個人的選択の問題ではなく、個人意思を超えた歴史的作用と社会的慣習によって形成されることを意味する。それゆえ、異なる形で自分の「私的な」生を生きようとする選択は——とくに抑圧的な慣習や関係性への拒否ないしは抵抗が必要ならば——重要な「政治的」意味を持つことになる。多くの場合、個人の身体による／個人の身体に対するパフォーマンスは、とくに抑圧され虐げられた女性の身体から構成されるパフォーマンス芸術形式である場合は、現状に対して身体を通してより強力な社会的／政治的チャレンジを行うのに適している。

演劇史のモリア・ロスは1983年の著作において、パフォーマンスと女性の連帯を次のように描く。

> パフォーマンス・アートは、女性解放運動と同時期の1960年代後期に始まった。…公の場での闘争に突進するとともに、彼女たちは自身の内部における私的な闘争にも着手した。意識の高いグループや辛辣なフェミニスト・マニフェストや文芸作品と学術研究における詩的な喚起を通して、多くの初期のパフォーマーを含む、女性たちは、自分たちの生の下支えを個人的に探求し共同で確認した。自己イメージの基礎としてきたモデルを再吟味し再定義した。初期のフェミニストは、以前単に個人的経験と

されていたものが（それゆえに往々にして認められなかったものが）、実は多くの人々に共有された経験であることを認識するにつれて「私的なものは政治的だ」という概念を発展させていった。この自己への共鳴と他の女性への共鳴についての新鮮で情熱的な探求こそが、最初の女性パフォーマーと観客の間に熱狂的な相互支援の同盟を形成した。（Roth, 1983, pp.16-17）

多くのパフォーマンス・アートにおけるフェミニストのコンテクスト／コンテントでたぶん最も象徴的なのは、キャロリー・シュニーマンの1975年のパフォーマンス「体内の巻物（Interior Scroll）」だった。ニューヨーク州イーストハンプトンで、ほとんど他の女性アーティストで占められた観客の前で、シュニーマンは裸でテーブルの上に上がって、モデルが画家のためにとるような一連のポーズを決めた。次にヴァギナに指を入れて、紙の巻物を取り出して書かれたことを読み上げた。それは男性批評家が彼女の仕事を批評したテクストで、「私的なガラクタ」で溢れたもので、自己耽溺であり、過度に煽情的で、そして「原始的」などと書かれていた（Schechner, 2002, pp.137-138）。

それでも、すべてのパフォーマンス・アートが女性によって創造され／パフォーマンスされたとは言えないし（むしろその逆だ）、その政治性はとても同質とは言えない。個々の人間身体に焦点を当てれば、男性パフォーマンス・アーティストたちは、幾分か暴力的で、しばしばマゾヒスティックな衝動を表現することになった（たぶんもっと正確に言えばパフォーマンス化した）。クリス・バーデンの「ショット（Shot）」（1971）は、友人に22口径ライフルで左腕を撃たせた。「ファイヤ・ロール（Fire Roll）」（1973）では、ズボンに火をつけて炎を消すために床の上を転げ回った。「トランス・フィックスト（Trans-fixed）」（1974）では、手をフォルクスワーゲンの車体に釘で打ち付けて自分自身を磔にした（Carlson, 2004, p.113）。ボブ・フラナガンは「ネイルド（Nailed）」（1989）において、「天使のハンマー」を歌いながらペニスを板に釘で留めた（Sandahl, 2000）。フラナガンは他のパフォーマンスでは自分の両方の唇を縫い付けている。時々、自傷行為は、政治的重要ポイントを明確にするために行われた。1989年、チリのパフォーマンスデュオの「黙示録の雌馬（Las Yeguas del Apocalips）」のペドロ・スグンド・マルドネス・レメベルとフランシスコ・カサス・シルバは、「征服（The Conquest）」をパフォーマンスした。民族の日（Dia de la raza）のために制作されたこのパフォーマンスで、2人は割れたコカコーラのボトルの上で、裸足でチリの国民的舞踊であるクエカを踊った後、ラテンアメリカの地図の上を血の流れる足で歩き回りながら、自分たちの言語で次のような一節を引用した。「『征服』の植民プロセスと、北米の帝国主義によるラテンアメリカ軍事政権への支援提供の類似性」（Las Yeguas del Apocalips, n.d.）。この種のパフォーマンスはふんだんにあり、ほとんどが独占的に男性によるもので、パフォーマンス研究者のキャシー・オデルは、パフォーマンス・アートのサブジャンルとして「マゾヒスティック・パフォーマンス」と名付けているほどである（O'Dell, 1998, p.2）。

パフォーマンス・アートは、発足当時から国際的な現象であり、ほぼ同時に米国、ヨーロッパ、日本で出現した。それ以来世界中に広がり、とくにラテンアメリカでは、より外部社会を指向する政治スタンスをとっている。たとえば、ガブリエラ・サルガードは、メキシコシティーのパフォーマンス・アート・フェスティバルについて次のようにレポートしている。「エマ・ヴィラヌエヴァはインスルヘンテス通り46キロを裸で行進した。彼女は歩行者に学生革命についての意見を、フェルトペンで彼女の体の上に書くように依頼した。誰も不適切に体に触れることはなかった。行進の終わりの頃、彼女の体は市民の意見の掲示板と化した（Salgado & Gómez-peña, 2012）。

この記述は多くの点で、北米のパフォーマンス・アートと対照的である。そこでは個々人の身体が焦点となったまま、パフォーマンスとしての活動の組み直しが行われている。しかしながら、パフォーマンスはギャラリーではなく、公共空間でも行われる。身体は、批評家への攻撃手段ではなく、学生運動に関するオープンな議論の運び手となる。このパフォーマンスは道路でヴィラヌエヴァと行き交う人々すべてに向けられたもので、招待されたアーティスト仲間の小グループ向けではない。この意味で、ラテンアメリカの多くのパフォーマンス・アートは、本書で理解するようなパフォーマンス・アクティヴィズムの一形態へと変身したといえる。[1] どのように、どの程度この多様性が見られるようになったのかは、本書の範囲を超えている。過去50年のラテンアメリカの政治状況は、米国よりも明らかに抑圧的で暴力的であって、芸術関連予算は無きに等しかったということは言っておきたい。メキシコ生まれで1978年から米国を本拠地とするパフォーマンス・アーティストのギレルモ・ゴメス＝ペーニャは、米国にいる間は「私のアーティストの仲間は多くを助成金、報酬、パートタイム講師から得て生活しているが、ラテンアメリカの友人たちはアートに無関係の仕事で生活を立てながら、一方でパフォーマンス・アートを創造している」（Salgado & Gómez-peña, 2012）と回想している。

パフォーマンス・アートは、発展途上のアカデミックな学問領域であったパフォーマンス・スタディーズとも手を結んだ。演劇史とパフォーマンス史のマービン・カールソンは「… 学界におけるパフォーマンス・スタディーズの台頭は『パフォーマンス』『パフォーマンス・アート』と呼ばれるアートと演劇における新しいジャンルの台頭と並行していた。これは、パフォーマンスの歴史研究同様に、伝統的演劇の不在のテクストの代わりに現前する身体を強調した」と述べる（Carlson, 2004, p.83）。1976年のボニー・マランカとゴータム・ドゥスグプタによる『パフォーマンス芸術（*Performing Arts Journal*）』誌の創設と、リチャード・シェクナーのリーダーシップのもとで『ドラマ・レヴュー（*The Drama Review: TDR*）』誌がドラマ（すなわち台本のある演劇）から次第により幅広いパフォーマンスへと焦点を移したことで、出現しつつあったパフォーマンス・スタディーズの研究者と学者にプラットフォームを提供すると同時に、驚くには当たらないが「パフォーマンス・アート」に関する研究と著作のプラットフォームともなった。これは翻って、パフォーマンス・アーティストの認証にもつながり、彼らの仕事を少なくとも学術界では広く知られるようにした。

パフォーマンス・アートは、アート実践／表現手段としての、人間の身体それ自体に焦点化した。これはアジプロ、インプロ、ある程度ハプニングにも見られる特徴なのだが、パフォーマンスを俳優以外に解放し、演劇の発生なしに創造することである。シェクナーが言うように「… パフォーマンス・アーティストたちは彼ら自身をパフォーマンスする多数の方法を探求してきた」のである（Schechner, 2002, p.64）。「彼ら自身をパフォーマンスする」というフレーズは、ハプニングが出現するまでは、ポピュラーカルチャー（はっきり言えば「ハイカルチャー」）で受け入れられた概念ではなかった。カービーの「マトリックス型パフォーマンス」のスペクトラム概念でいえば、テクスト、

［1］ラテンアメリカのパフォーマンス・アートの概観は Taylor & Costantino（2003）を参照のこと。

登場人物、正式の舞台を欠くパフォーマンス・アーティストは、演劇俳優よりもはるかにマトリックス化されていない。おそらく、パフォーマンス・アートの最大限にオリジナルで過激な貢献とは、パフォーマンスを組み換える能力だったろう。つまり、パフォーマンスを日常生活の中に見出し、その概念が学術界と政治にまで広がるのを目の当たりにした組み換えの能力である。

第8章　アヴァンギャルド演劇

　これまで見てきたように、20世紀前半にパフォーマンスを演劇への制約から解放した活動の多くが、演劇の**外部から**やってきた。つまりロシアとドイツにおける革命と政治の熱狂、シカゴのセツルメント施設、ウィーンの心理学で始まった実践、もっとも最近では視覚芸術という外部からであった。これは驚くに当たらない。制度は、その本性からいって保守的である。それらは特定の目的達成のために存在し、その目的に向けて形成される構造、慣習、伝統、言語を確立するものである。数ある中でも、２０００年を遡る制度がある。他の制度同様、その中核的な機能の変化は遅く、その形式とスタイルの多種多様性にもかかわらず、演劇の中核には、何らかの舞台上で、生きた俳優たち（時には人形の場合もあるが）が演じる社会的葛藤を、受け身の観客が見るという構造が備わっていた。それでも過去の一世紀かそれ以上、その外部の力が働いていたとしても、演劇制度の内部そのものでも内戦が行われていたのである。さまざまな名前で知られる反乱分子が、多くの戦術を試みていた。どんなに多様な試みで演劇を揺さぶったり転換しようと試みても、それらすべては進行中の反乱の一部と見なすことが可能であり、劇場でも、演劇に関する研究や文献でも「アヴァンギャルド」と一般に呼ばれている。この制度内で行われた内戦であるアヴァンギャルドは、演劇制度の前提に対する、数多くの有意義な挑戦を生み出した。とくに、前提とされる俳優と観客の関係への挑戦は、パフォーマンス・アクティヴィズムの基礎を準備する上での助けとなった。

このアヴァンギャルドということばは ── フランス語の意味は「先遣隊」であるが ── アナキストの主導者ミハイル・バクーニンが1878年に創刊した雑誌『アヴァンギャルド（*L'Avant-Garde*）』に由来する。実際には、アートにおけるアヴァンギャルドは（この用語は演劇に限定されるものではないので）例外なくというわけではないが、左翼つまりアナキスト、社会主義、共産主義運動と結びついてきた。資本主義とその文化に対する左翼の挑戦は、さまざまなやり方で、過去150年の政治史を特徴づけてきた。このことは、ほとんどのアヴァンギャルド・アーティストが政治的アクティヴィストかオーガナイザーだというわけではなく、むしろほとんどはそうではなかった。たとえば、ドイツの劇作家で演出家のベルトルト・ブレヒトは公然と共産主義運動を支援し協働し、米国のリヴィング・シアターの創設者のジュディス・マリナとジュリアン・ベックはアナキストで反戦主義者であり、定期的に非暴力の市民抵抗運動にも参加していたが、ほとんどのアヴァンギャルド演劇人たちは、何よりも自分たちをアーティストだと自認していた。このアーティストたちは、疑いなく左翼のユートピア思想に共鳴していたものの、世界変革への貢献は演劇の仕事で実現されるものと想定していた。

20世紀の変わり目に出現して以来、アヴァンギャルドはさまざまな「運動」を通して持続してきた。

あるものは短命であり、あるものは長期にわたって影響を持ってきた。シンボリズム、表現主義、ダダイズム、未来主義、シュールレアリズム、叙事的演劇、不条理演劇は、この運動の一部である。共通していた／しているのは、公認された見方や方法への挑戦が社会的文化的な転換という歴史的な課題を前にしたアーティストの責務だとする前提である。演劇史家のアーノルド・アロンソンは、この共有された前提を次のように記している。

アヴァンギャルドは、演劇の見方と経験の仕方をラディカルに再構造化しようと戦ってきた。これが次に観客の自己と世界の見方を転換するのは必至である。伝統的な見方が混乱させられ、社会規範を必然的に強化する慣習パタンが破壊される。個人の態度、観念連関あるいは信念は、直接的にアイディアの呈示によってというよりも、知覚と理解の根本的再構造化を通して変化する。言い換えれば、演劇とは何であるかという概念そのものが質されるのである。（Aronson, 2005, p.7）

多くのアヴァンギャルド演劇は、制度化された演劇の一部の、気取ったスタイルのニッチへと急速に硬化してしまった。最良のアヴァンギャルドは、もちろん「演劇とは何かという概念そのもの」を質したのだった。この点で、アヴァンギャルドはパフォーマンス・アクティヴィズムのレガシーへとリンクするのである。

ダダイズム

パフォーマンス・アクティヴィズムの出現に関して、アヴァンギャルドには3種の最重要先駆者がある。ダダイズム、未来主義、叙事詩演劇（エピック・シアター）である。第一次大戦中にスイスのチューリッヒに出現したダダイズムは、急速に（かつ短期で）戦後数年のうちにパリ、ニューヨーク、そして東京にまでも広がった。これはアーティストたちが捉えた第一次大戦の全く無意味な殺戮への文化／政治的反応であった。この大戦では1000万人が殺され、2000万人が負傷した。ドイツの俳優で戦争に反対してスイスに亡命したフーゴ・ボールは、チューリッヒのダダイストの一人であった。彼自身の芸術作品に加えて、チューリッヒ時代に、彼はロシアのアナキスト、バクーニンの著作をドイツ語に翻訳している。彼の述べるところでは、意識的に不合理で挑発的なダダイズムは「…このすべてにおいて文明化された大量殺戮は、ヨーロッパ知性の勝利だ」と見なす人々にショックを与えることを目指していたのだ（Trachtman, 2006）。ボールはまた最も著名なダダイズム・パフォーマンスの一つを制作している。1916年チューリッヒのキャバレー・ヴォルテールで長編無意味な詩「カラワネ（Karawane）」を朗誦したとき、彼は自作の衣装を身につけていた。「足を青く輝くボール紙の筒に入れて、この筒は私の尻にまで達していて、私はまるでオベリスクのようだった。上は、ボール紙で作った大きな襟のついたコートを着ていて、中は緋色、外は金色だった。それは首のところで留まっていて、肘を上げ下げすることで翼のような動きを見せることができた。他に、私は白と青のストライプの背の高い呪術医の帽子を被っていた」(Hugo Ball; Melzer, 1994, pp.62-63より引用)。

我々の探求に関して、ボールと他のダダイズムによるパフォーマンスで注目すべき点について演劇史家のジュリー・ロングヴェッド・アムドセンは、「このパフォーマンスで、ボールはパフォーマンス場面とは異なる形式を使用しているにもかかわらず、自分の外部にある対象を何ら表象していない」と述べている(Amundsen, 2013)。明らかにハプニングやパフォーマンス・アートのパフォーマンスへのアプローチの先ぶれである。カービーは1965年に、ハプニングの先駆者を振り返って「ダダイズムこそが非マトリックス型のパフォーマンスの起源である」と述べている(Kirby, 1965, p.29)。

このダダイストは、劇場以外の空間を使ってパフォーマンスし、互いに関連のないあるいはナラティブに無関係な同時生起型のパフォーマンスを生み出した。1921年ケルンで、とあるカフェの奥の中庭で展覧会を開催した。初聖体拝領の白いドレスを纏った若い女性が、小便器の開口部で、卑猥な詩を朗読した。同年パリでは、ダダ・アーティストのマックス・エルンストのコラージュの展覧のために開館したギャラリーが、パフォーマンス・イベント会場に変わった。2人のダダイストは、ギャラリーの中央に立って握手を繰り返した。他のダダイストにはオープニングの間中、猫のようにニャーニャー鳴いているものもいる。クローゼットの中からする声は、侮辱のことばを即興で叫んだ。さらに他のダダイスト・パフォーマーは、繰り返し「頭蓋骨に雨が降る!」と大声を出した(Kirby, 1965, pp.29-30)。このようなイベントには、フラッシュモブの破壊的スピリットの要素を認めることができる。

ベルリンでは、ダダイストの中には、権威的制度の中に破壊的パフォーマンスを持ち込むものもいた。ヨハネス・バーダーはカトリックのミサに参加し、司祭に実際どのくらいキリストのことを思っているのかと叫んでミサの進行を妨害した。バーダーはすぐに逮捕された。彼は、またワイマール議会にも乱入し、議事進行を妨害しダダのパンフレットをばら撒いた（Amundsen, 2013, p.27）。ドイツの演劇史家で理論家のエリカ・フィッシャー＝リヒテは「教会や政府などのブルジョア儀礼の根本の場所で行われるダダイストのパフォーマンスは、宗教的奉仕と議会開会という儀礼そのものが、演劇的であることを暴露することになった。このようにして演劇は生活に導入されて、生活は演劇だと告発された、あるいは発見されたのか？」と述べている（Fischer-Licht, 1997, p.51）。バーダーと仲間のダダイストの実践は、アビー・ホフマンの１９６７年のパフォーマンスに似ている。それはホフマンたちがニューヨーク証券取引所の見学デッキからドル札を撒いて、取引所の職員たちがお札を拾おうと奪い合うのを見下ろしていたというものだ。６０年代には、これはゲリラ演劇と呼ばれた。この行為から、バーダーと仲間たちは、最初のパフォーマンス・アクティヴィストに数えることができる。

未来主義

未来主義は「大戦」への反応が左翼的でないという点でダダイズムと違っている。未来主義は、フィリポ・トンマーゾ・マリネッティが１９０９年に「未来主義マニフェスト（Futurist Manifesto）」を公開したように、大戦に先立つ運動であり、モダニズムへの熱狂的賞賛を表現するものだった。モダニズムは、未来主義にとって、スピード、テクノロジー、機械（とくに飛行機と自動車）、そして伝統への軽蔑的な拒絶を意味していた。この運動はイタリアとロシアにおいて最も強力なものとなったのだが、両国はともに主には農業国であり、半封建的な国であり、最初の大きな近代化と産業化を経験したばかりの国だった。このことは、伝統を拒否したがっていた、都市部の青年と中流階級上位の市民を惹きつけたことの説明の助けになるかもしれない。さらには、未来主義者のほとんどが例外なく男性だったことから、未来主義は、とくにイタリアのそれは、あえて寛容に言っても暴力と女性蔑視への賛美を含む超男性性と特徴づけることができよう。イタリア未来主義は、アヴァンギャルドは左翼に基づくという一般化を公然と拒絶した。「未来主義マニフェスト」を書いたマリネッティは、のちにムッソリーニのために「ファシスト・マニフェスト（Fascist Manifesto）」を書き、多くのイタリア未来主義者たちが熱狂的ファシストに変わった。

それにもかかわらず、ダダイストと同じで、アート全般、とくに1960年代演劇の方向性を先取りしていた。カールソンは「未来主義者の動きつつあり変化しつつある関心は静的なアート実践から離れて、モダンアートの関心を生産物から過程へと広く転換し、画家や彫刻家をパフォーマンス・アーティストに変えることになった」と観察している（Carlson, 2004, p.98）。ダダイストと同じで、未来主義者は、1960年代のハプニングを先取りしている。演劇史家のアナ・ロートンは「未来主義者のパフォーマンスの最大の特徴は、未来主義者の『夜会』に現れる。夜会は野蛮なハプニングで構成された。未来主義者たちが詩を朗読し、マニフェストを読み上げながら講義し、ことばによる罵りや身体的な虐待さえ用いて観客とやり合った。夜会のアイディアは、舞台の拡張を目指し、人工的に限定されたパフォーマンス空間の境界を超えて、都市全体を舞台に転換し、生をパフォーマンスにするものであった」と語っている（Lawton, 1988, p.10）。

イタリアの未来主義者はもっぱらパフォーマンスをキャバレーの舞台やコーヒーハウスに限定したが、ロシアの未来主義者はまさに文字通り「舞台を拡張した」。演劇史家のロセリー・ゴールドバーグによれば、ロシア未来主義者たちは、未来主義を公共空間の外部にまで移動させた。そうしながら、彼らはアーティスト仲間以外の人々に対するパフォーマンスを行った。「彼らは突拍子もない服を着て通りを闊歩した。顔にはペイントし、スポーツ用シルクハットを被り、ベルベットのジャケットで、イヤリングをして、ボタン穴にはラディッシュかスプーンを刺していた」（Goldberg, 2001, p.32）。これと、１９６０年代のビーインや世紀の変わり目のフラッシュモブとの、あるいはたとえばメキシコシティーのインスルヘンテス通りを裸で歩いたエマ・ヴィラヌエヴァとの類似性は明らかである。イタリア同様に、第一次大戦とロシア革命に先立つロシアの未来主義は、攻撃的にダイナミックで挑発的なモダニズムを擁護した。しかし、２０年代と３０年代に相当に異なる政治的道のりを歩んだイタリアとロシアは、ロシアの未来主義者が左翼へと転回し、多くがボルシェヴィキへと身を投じたのも驚くには当たらない。１９１７年12月の共産主義者主導の革命の勃発一ヶ月後に、新政府の教育大臣アナトーリ・ルナチャルスキーは、１２０人の、著名な作家、画家、俳優を新政府の芸術に関する会議に招待した。出席したのは、５人だけだった。そのうちの一人が未来主義の詩人ウラディミール・マヤコフスキーだった（Slonim, 1961, p.229）。彼はのちに「受けるかどうか？ それは私にとっては問題ではなかった。私のための革命だったのだ」（Deák, 1973, p.47）と語っている。マヤコフスキーと仲間の未来主義者たちは、革命を受け入れ、そして革命は未来主義者たちを受け入れた。彼らは1920年代ソヴィエト連邦で花開いた文化において影響力を発揮した。マヤコフスキーは、1920年代のソ連で最も人気のある詩人であり戯曲家だった。彼は大観衆を、工場、労働者クラブ、公園での詩の朗読会に集めた（Lawton, 1988, p.43）。これは、アヴァンギャルド・アーティストが「普通の」人々から支持者を集めた最初だった。この連帯は10年と続かなかった。スターリンが権力を掌握し革命のプロセスにブレーキをかけると（とくに革命の文化的要素にブレーキをかけると）、未来主義は、アジプロなど他の革新的文化的な試みも含めて、縮小され抑圧された。1930年にマヤコフスキーは銃弾を自らの頭に放った。ロートンが指摘するように「未来主義は、その最も華々しい代表とともに死んだ」（Lawton, 1988, p.48）。ダダイズムと同様に、芸術運動としての未来主義は、1920年代を生きながらえることはできなかった。しかしながら、アヴァンギャルドの演劇アーティストと演劇史家の間では、忘れられることはなかった。

叙事詩演劇

ダダイズムも未来主義も賞味期限は短かったし、演劇だけでなく幅広いアートを採用し、さらには間接的ではあれ後年、後続する演劇に衝撃を与えた。一方叙事詩演劇（Epic Theatre）はあからさまに**演劇**運動であり、主に著名な擁護者、劇作家、演出家であり理論家であるベルトルト・ブレヒトが1960年代の実験演劇に直接の影響を及ぼしたばかりでなく、被抑圧者の演劇にも直接的にリンクしている。

叙事詩演劇は、急進化した演劇のプロたちとアジプロの交流から生まれたのだが、この結びつきはエルヴィン・ピスカトールの初期の実践において誕生した。軍隊に招集された俳優である彼は、西部戦線に歩兵として2年間従軍したのち、流行の喜劇を将兵のために演じる従軍劇団に配属された。退役後ベルリンに移り、そこでマルクス主義とダダイズムに出会った。1919年、短命のスパルタカス動乱が敗北し、ローザ・ルクセンブルグとカール・リープクネヒトが暗殺されると、ピスカトールは新しく創設されたドイツ共産党に入党し、演劇訓練を受けた最初のアジプロ演劇人となった。彼の『プロレタリアのための演劇（*Proletarisches Theatre*）』は、機動的で、主に労働者階級の俳優から構成され、組合と政治集会のためにパフォーマンスしたのだが、その場所は都市工業地帯のビアホールだった。

『プロレタリアのための演劇』は2年も続かなかった。しかしピスカトールによる、ドイツのアジプロ運動に対する影響はもちろん彼自身に対する影響もその後持続したのである。政治集会と集まりに持ち込んだ演劇スキルとエネルギーは、他のアジプロ劇団の構成に影響を与えた。その上、演劇史家のクリストファー・イネスが主張するように「ピスカトールがプロパガンダの用具として実践的に演劇が使用できることを証明してのち、K・P・D・ドイツ共産党がアジプロ劇団を常置するようになった」(**Innes, 1972, p.24**)。ピスカトールがプロとして演出するようになると、1920年代、数百万人の社会主義者と共産主義者の支援者が、彼の観客となった。

ピスカトールの叙事詩演劇は、アジプロと同じように、日常生活の「リアリズム的」詳細には関心を払わなかった。社会構造、階級のダイナミクス、そして歴史というより大きな枠組みを舞台に持ち込むことを探求した。一度プロの演劇リソースが使えるとわかると、これらの目標のために舞台を拡張する手段は、大幅に増加した。ピスカトールは、初めてスライドプロジェクター、フィルムクリップ、統計チャートや録音済みの音声を演劇に持ち込んだのだ。この種のテクノロジーによって、個別の登場人物や架空のセットを超えた演技を可能にした。たとえば、レオ・ラニアの『コンジャンクチュア（*Konjunktur*：経済コンペ）』（1928年）では、油井やぐらが俳優たちによって舞台上に建てられるのだが、観客はアルバニアの油田をめぐる国際競争という、この劇のストーリー展開を見ることになる。ある時点で、2人の登場人物によって油田の所有をめぐる争いが舞台上で繰り広げられる一方、背景スクリーンでは、使用不能の油田の奪取を防衛する戦艦の進水式が投影された（Brecht & Willet, 1964, pp.77-78; Innes, 1972, pp.85-86）。ピスカトールはアジプロのモンタージュ技法も取り入れた。最も有名な例は、1925年のドイツ共産党創立10周年記念党大会のために制作された『赤いレヴュー（*The Red Revue*）』である。これにはプロットがなかったが、党の歴史と政治活動の投影によって統一感を与えていた。これはスタイルも内容も異なる、14のシーンで構成されていた。スライドの投影と映像、音楽と歌、ダンスとアクロバット、アクション・ペインティング、アジプロスタイルの演技で構成された（Innes, 1972, p.44）。

ピスカトールはヒトラーの台頭後、逃亡を余儀なくされ、結局ニューヨークに行き着いた。ナチから逃れたドイツの進歩的大学人と知識人たちが創設した、ニュースクール・フォー・ソーシャルリサーチ大学で1940年から演劇を教え始めた。彼の学生の中には、ハリー・ベラフォンテやマーロン・ブランドがいたのだが、我々の紡ぐ物語に最も重要なのは、リヴィング・シアターの共同創設者であるジュディス・マリナである。[1] 1940年代後半の米国での、左翼に対する攻撃に直面したピスカトールは1951年に（西）ドイツに帰国している。この時点で彼は共産主義者ではなく、社会民主主義者となっており、1964年『自由民衆劇場（*Frei Volks-bühne*）』の監督となり、1920年代最大の影響力を持った作品の多くを再演出した。ここでは彼はドキュメンタリードラマを開拓した。これは、実際の会話の文字化資料、手紙、演説などから構成されたものだ。国際的にも大きな影響を持ったのは、ハイナー・キップハート作『ロバート・オッペンハイマーの場合（*The case of Robert Oppenheimer*）』と、ロルフ・ホッチハス作『代理人（*The Deputy*）』の二つの作品だった。

1920年代のピスカトール作品は共産主義的なコンテンツにもかかわらず、その技術革新は非常にラディカルで、ピスカトールのテクノロジーを利用した革新的アイディアは主流の演劇へと導入されていった。たとえばブロードウェイでは、2000年代、2010年代にベルギーの演出家イヴォ・ファン・ホーヴが、『ネットワーク（*Network*）』という作品で、映像フィルムと同期ビデオを使用した。この作品は同名の映画を普通のリアリズムドラマにしたものだった。また米国の古典ミュージカル『ウエストサイドストーリー（*West Side Story*）』の再演でも同様の手法を利用した。

今も持続する叙事詩的演劇の影響は、ピスカトールの同僚であるベルトルト・ブレヒトによるところが大きい。ブレヒトは、ピスカトール同様に共産党員だったが、ピスカトールとは違って1956年東ベルリンで亡くなるまで終世党員であり続けた。ピスカトールから取り入れて、さらに発展させた叙事詩的演劇は、彼にとってまさに演劇そのものの本性を変化させるものであり、この変化は必然的に資本主義の転覆と社会主義の確立に結びつくものとブレヒトは考えていた。卓越した技量を持つ演出家である一方、ブレヒトは詩人であり、劇作家であり、演劇理論家であった。彼の演劇台本と理論的な著作は、ピスカトールを上回るプラットフォームとなった。彼の叙事詩演劇は、世界中に広がり今も影響力を持っている。

戦争中ミュンヘンで医学生だったブレヒトは、陸軍病院で兵役に就いた。スパルタカス団蜂起の当時、彼は、短命だったバイエルン・ミュンヘン・ソヴィエト共和国のメンバーに選出されている。彼の最初の作品は、当時ドイツで流行していた表現主義的スタイルをとったものだった。これは（通常は）中産階級の若い男性の主観的視点からの不安と怒りなどの極端な感情（と行為）を特徴とするものだった。1924年ブレヒトはベルリンに移り、ダダイズム、キャバレー、アジプロそしてピスカトールに出会っている。1928年マックス・ブロートとハンス・ライマン作の『良き兵士シュワイクの冒険（*The Adventure of the Good Soldier Schweik*）』でピスカトールの演出助手を務めた。これはチェコ人の「普通の人」が戦争に巻き込まれる、反戦の喜劇小品だった。

ブレヒトの作品は、1920年代の政治的機運の盛り上がりを見せていたベルリンで人気を博した。クルト・ヴェイルが音楽を担当したミュージカル『三文オペラ（*The Threepenny Opera*）』は、一躍彼に国際的な富と名声を与えた。1930年にはフランスとソ連で上演され、1933年にはブロードウェイでの連続上演も行われた。その後10年間に、マルクス主義の研究を始める中で表現主義を脱し

［1］マリナへのピスカトールの影響についてはMalina（2012）を参照せよ。

て、独自の叙事詩演劇を発展させた。

ブレヒトは、叙事詩演劇が西洋の演劇とくにブレヒトにとって根本的に保守的である、アリストテレスのカタルシス概念への挑戦だと主張している。これは、主要登場人物と同一視したり、それによって強調される受け身の観客と結びついている、と彼は論じる。このことは観客に何らの主体性も与えず、世界のあるがままの受容を強固にするのである。ブレヒトにとって、主流の演劇は「…ブルジョアのショー・ビジネスの行う麻薬密売」の一種を意味した（Brecht & Willie, 1964, p.89）。彼は当時の典型的な観客の様子を次のように描いている。「並んだ人間全員が麻薬を打たれて狂ったような状態にされている。全員がなすがままであり、なす術もなく崩れ落ち、中毒に支配されているかのようだ」（Brecht & Willie, 1964, p.89）。ブレヒトが望み主張したのは、演劇に能動的で進歩的な役割を与えることであり、観客を批判的に考えさせるように鼓舞することであった。この目標の達成に必要なのは、伝統的な演劇の発するセンチメンタリティーの沼地から脱出することだ。個々の登場人物の心理と出来事の表層を超えてみることだ。「『自然な』ものは、驚きの力を持たねばならない。これが因果法則（の内実）を晒す唯一の方法だ。人々の活動は同時にそのようでもあり、違うものでもあることが可能でなければならない」（Brecht & Willie, 1964, p.71）。このとき、彼はアリストテレス（ならびに多くの追随者）の劇詩と叙事詩の区別について語っているのだ。後者はナラティヴに強調を置いた広範囲の物語について説明している。ブレヒトはピスカトールの舞台テクノロジーの革新を採用するのだが、叙事詩演劇の叙事詩は舞台の機械装置から派生したものではなく、彼の考える叙事詩に類似するもの、つまりより大きな物語を語る能力であり、行為から距離化して、同一視や情動性やカタルシスとは異なる省察を促すことから派生したのである。

ブレヒトにとって、「自然な」驚きを引き起こす手段とは、彼が異化効果（Verfremdungseffekt）と呼ぶものだった。だが不幸なことに、彼の理論的著作の最初の英訳者ジョン・ウィレットによって、「疎外効果（alienation effect）」とされてしまった。不幸だったのは、私の考えでは、マルクス主義でも主流の心理学でも、「疎外」が否定的な意味合いを持つからである。異化効果は、英語では「距離化効果（distancing effect）」とも「離反効果（estrangement effect）」とも「異化効果（making-strange-effect）」とも訳されてきた。私の好みは最後の訳だ。というのも、動作動詞「making」と単純で直接的な形容詞「strange」で構成されるからだ。[2] ブレヒトは「異化効果」の衝撃を次のように記している。「普通の異化効果の使い方は、誰かが私に『あなたは自分の腕時計を本当に注意して見たことがありますか？』と尋ねるときに起こる。質問した人は私が十分腕時計を見ていることを知っている。そして今やこの質問によって、私が見慣れて育ってきた光景が奪われ、それによってその光景は私に何も語らなくなったのである。私は時間を知るために腕時計を見てきたが、今やこの厄介な質問によって私が時計を驚きの目で見ることを諦めてしまっていたことを思い知らされるのである。これは、さまざまな意味で驚くべき機械装置の一つなのである」(Brecht & Willie, 1964, p.144)。ブレヒトにとって観客に「驚きの目」で見る能力を与える条件創造を実践することは、演劇の組織だった改良を必要とし、異

[2] Verfremdungseffektの概念はブレヒトよりも先に生まれている。ソヴィエトの文芸評論家ヴィクトル・シクロフスキーは1925年の著作『散文の理論』において、我々に新しい見方を強いる（あるいは促す）という意味で、離反効果あるいは異化効果がすべての芸術の本質だと語っている（Shklovsky, 1990, p.6）。

化効果はその改良の手段だった。劇作の構造の概念からいえば、彼は依然として舞台で物語を語る。論理的に組まれたサスペンスがクライマックスに向かうという、良く作り込まれたリアリズム演劇を拒否する一方で、演技が時空を大きく跳躍するようなエピソード構造を好むのである。映画とテレビのおかげで、ブレヒトの時代よりも今日ではこのような構成ははるかに一般的になっているのだが、彼にとってこれは人間の葛藤を見るための、そして安易な解決でかわすための確立された演劇の雛形への挑戦だったのだ。とくに、ブレヒトは主流の演劇からサスペンスを取り除くことに関心を払った。ピスカトールから借り受けて、彼は各シーンのタイトルをプロジェクターで映したのだが、そのタイトルは多くの場合、そのシーンで起こることを示すものだった。彼は、観客に**何が**起こるのかではなく、**どのように**起こるかに焦点を合わせるように求めた。

ブレヒトは、情熱的にリアリズム演劇の幻想主義に反対を唱えた。リアリズムは俳優と観客に、舞台上で舞台が続く限り起こることが「現実だ」という振りをすることを要請する。その演技はただの演技だ、つまり「演技」でありパフォーマンスであり、振りをすることだということをわからせるために、彼は、舞台装置を極端に非現実的なもので機能的なものとした（Brecht & Willie, 1964, p.212）。同様の理由で、照明装置も全員に見えるようにすることを提唱した。「照明装置を剥き出しにして見せる理由は、望ましくない幻想の一要素を防ぐ手段だからだ。… たとえば、スポーツイベントやボクシングの試合で照明を隠してほしいとは誰も言わないだろう」（Brecht & Willie, 1964, p.141）と書いている。彼のほとんどの演劇には音楽がついているのだが、その音楽に至っては、音楽と歌詞が衝突するのを望んだ。たとえば、歌詞が悲しいものであれば、音楽は楽しいものとなり、また逆もあり得るというわけだ。これは観客がセンチメンタリズムに流されるのを防ぎ、歌曲に対して批判的にアプローチすることを可能にするという印象を彼は持っていた。その結果、ブレヒトは、伝統的オペラやアメリカのミュージックのようにその瞬間の情動性を最高潮にするために歌曲を使用することはなく、むしろ演技に論評を加えるために用いたのである。

これらすべてのテクニックは、いろいろな度合いの違いはあれ、過去百年の間に演劇に統合されてきたものの、ブレヒトの望んだ政治的衝撃を生むことはなかった。1930年に奇異だったものは2020年には見慣れたものとなる。このことはひょっとすると演劇の新しいアヴァンギャルドが今必要とされる根拠かもしれない。そしてより広いレベルで、パフォーマンス・アクティヴィズムの出現が示唆するように、演劇のための演劇は要請を超えることはできず、社会変革の力にもなれない。

しかしながら、少なくとも一つのキーとなる異化効果の側面がある。これは、テクニックやスタイルになるという商品化を逃れ、演劇を超えた反響をもたらした。それはブレヒトの演技へのアプローチである。反幻想主義の理由から、そして批判的思考を生み出すという理由からも、俳優は演じている登場人物に完全に同化すべきでない、そして観客（と俳優たち自身）に俳優が登場人物であると同時に自分自身でもあることを明確にすべきだと、ブレヒトは強く主張した。「俳優は描こうとする人物で**ある**必要はない」と、デンマークでの1934年のインタビューで語った。「俳優は登場人物を台本で記述されているように描写しなくてはならない」(Brecht & Willie, 1964, p.68)。ある芝居で演じるときに俳優は、同時に自分自身でもあり自分自身ではないとの理解は、言うまでもなくブレヒトが初めてではない。歴史的にいえば、1779年にデニ・ディドロが書いた『逆説 ── 俳優について』

にまで遡る。この本の中で「彼（俳優）は彼が表現している人物とは違っている。演じているのであって、うまく演じているのでその人物だと思うようになるのだ。この欺瞞はすべてあなたの側が引き起こしたものだ。俳優の側は自分がその人物でないとよく知っている」と記している（**Diderot, 1883, p.17**）。それでもやはりブレヒトは、このパラドクスに最初に挑んだ主要な演劇アーティストに違いない。彼はこの挑戦を、欺瞞を舞台上の登場人物との同化がもたらす共感への圧力とともに消去するという大義のもとで敢行した。これらすべてが観客の批判的思考を台無しにしていると彼は感じていた。

演技に対するブレヒトのアプローチを論じるとき、我々としてはアジプロの影響を見逃すことはできない（多くの論者は見逃すのだが）。すでに見てきたように、アジプロは１９２０年代ドイツの労働者階級コミュニティで広範囲に普及し、人気を博していた。ブレヒトはそれを十分自覚していた。さらに進歩的文化運動に対する当時の「社会主義リアリズム」の押し付けにまさに対抗する論文「大衆的なものとリアリズム」において、ブレヒトは、以下のようにアジプロを説明して自分の仕事に対する隠れた影響を述べている。

> ［労働者である］彼ら自身が書きそして演じることに長けたとき、彼らは正真正銘の本物となる。「アジプロ」芸術として知られていたものは、多数の二流の中の一番手によって出現したものだが、私のそれは新規な芸術的テクニックと表現方法だった。真の大衆アートが結実した時期から採用された、見事だが長期間忘れられた要素が、大胆にも新しい社会課題に適用されたのだ。斬新なカットと構成、美し

い単純化（誤った概念化も含めて）があり、そのすべての中に、驚くべき配分の妙とエレガンス、そして複雑性への恐れなき眼差しがあった。それらの多くはプリミティブだったが、ブルジョア芸術の一応多様な心理学的特性に影響を与えたプリミティブさではなかった。いくつかの誤って概念化されたスタイル化を、表象スタイルを否定するための言い訳にすることは相当にいただけない。この表象スタイルは、本質的なものを引き出して抽象を促進しようとする（かなり頻繁に成功した）試みだった。労働者の先鋭な眼差しは、リアリティーに関する自然主義の表面的表象を見抜いたのだった。（**Brecht & Willie, 1964, p.111**）

演技に関するブレヒトとアジプロアプローチのつながりは、アジプロのパフォーマーが彼ら自身ではない者を決して模倣しなかったことを考えることで明確になるだろう。アマチュアの労働者パフォーマーたちは、政治的な要点を教え主張するために考案したショーを上演していた。彼らは演じているショーのコメンテーターでもあり、同時にそしてあからさまに、パフォーマーでもあるのだ。この意味では、アジプロ・パフォーマーは、ブレヒトの求めた、パフォーマーと観客の関係を確立したのだ。「見物客は、無批判に（そして実践的な影響を受けることなく）芝居の中の登場人物に共感するといった経験に耽溺することなど、もはや許されないのである」（Brecht & Willie, 1964, p.71）と書いている。

1950年のエッセー「路上のシーン ―― 叙事詩演劇の基礎モデル」において、ブレヒトは日常生活におけるパフォーマンスの例を用いているのだが、一つは「どの街角でも見ることのできる」パフォーマンスが叙事詩的演技のモデルとなるとしている。

…一人の目撃者が人々の集団に対してどのように交通事故が起こったのか説明している。通りすがりの人々は何が起こったのか見ていなかったかもしれず、あるいは目撃者に賛同しないかもしれないし、「違う見方でこの事態を見た」かもしれない。重要なのは、証言者は運転手の行動、あるいは犠牲者の行動あるいは両方を演じて、通りすがりの人々がこの事故について意見を持てるようにするということだ。…この事件は、我々がアートで意味することとは明らかに違っている。証言者はアーティストである必要はない。証言者の目的達成に必要な能力は、一般的なものである。報告しようとしている犠牲者と同じすごい速さで動いて演じることなどできないのだから、必要なのは**犠牲者**が3倍もの速さで跳ね飛ばされたと説明することだ。そうすれば、説明は本質を失うこともなくポイントを見失うこともない。逆に、重要なのは、完璧にはやらないことだ。避けるべきなのは「本物そっくりなお抱え運転手！」と呼ばれる見せ方である。…誰かに「魔法をかける」べきではない。…この点について、もし演劇のシーンが路上のシーンに従うなら、演劇は振りをするのをやめ、演劇であることをやめる。ただ路上の説明で確認できたように、それは説明なのである（そして実際の出来事の振りをすることではない）。(**Brecht & Willie, 1964, p.122**)

ブレヒトの関心は、明らかに、「路上のシーン」の観察から得られたことが演劇にとってどのような意味を持つかにあったが、我々の探求の視点からは、ブレヒトはそのようなフレーズを使っていないしその意味するところにこだわってもいないものの、明確に、日常生活のパフォーマンスを正しく評価していたといえよう。アーヴィン・ゴフマンと他の社会学者たちは、1950年代後半になって日常生活のパフォーマンスを研究し、著述するようになった。しかしながら、それは1970年代後半になってパフォーマンス・スタディーズが出現するまでは、演劇アーティストや研究者の関心を呼ぶことはなかった。ブレヒトは、日常生活のパフォーマンスを、舞台上で政治と美学を伝え正当化するために利用した。20世紀後半になって、政治アクティヴィストたちはブレヒトの舞台テクニックに注目し始めた。彼らの政治的なコミュニティ・オーガナイザーとしての活動を舞台の外へと伝えるために、とくに演技のパラドクスの先端化に注目した。

演技へのアプローチにおけるブレヒトとアジプロの明らかな家族的類似に加えて、アジプロ、ピスカトール、そしてブレヒトには、教訓主義という別の共通項がある。ブレヒトは1920年代後半から1930年代初期に、7編の短い戯曲を書いている。これらはほとんどが商業劇場の外で、主に共産党が組織した労働者の観客と党が主導する大衆組織のために上演された。彼はこれらの戯曲を、教育劇（l'ehrstüke）と呼んだ。教育劇について「教育劇によって… 舞台は教訓的になる（演劇で長年の経験を積んだ者として、私はこのことばについて心配していない）。演劇は、哲学者たちのための場となる。その哲学者とは、世界を説明しようと望むだけでなく、変えようと希望する哲学者たちである」（Brecht & Willie, 1964, p.80）。

教育劇の出演者は、多くの場合にアマチュアとプロのミックスで構成され、その上演は観客とともに出演者のためにも学習経験の提供が意図されていた。ブレヒトが指示するように「教育劇を実践するときには、生徒のように振る舞わねばならない」(Brecht & Willie, 1964, p.33)。ブレヒトは、時には教育劇のパフォーマンスの後に議論、または分散型の調査を用意した。ヒトラーの権力掌握後に、言うまでもなく共産主義運動は無情にも崩壊し、ブレヒトも命を守るため逃げた。彼の仕事を支援する国も国際的な共産主義に主導された政治文化運動もなく、ブレヒトは、もはや教育劇を劇作する環境もなく、二度と他の教育劇を書くことはなかった。

観客の参加というブレヒトの試みにもかかわらず、彼の教授学／教育への基本的理解／アプローチは伝統的、つまりモノローグ的だった。教師は知る人であり、生徒はそこにいて教師が、この場合ブレヒトが、教えることを学ぶのである。被抑圧者の演劇(Theatre for Oppressed: TO)を作り上げたアウグスト・ボアールは、ブレヒトを大いに崇拝し、アリストテレス流の演劇論とその共感論とカタルシス依拠に対するブレヒトの嫌悪を共有していた(ボアールの先駆的著書『被抑圧者の演劇』の第1章は「アリストテレスの悲劇の抑圧システム」と題されている)。しかし、弟子のボアールこそが、師であるブレヒトの一方向的教授学に最初に挑戦した、進歩的演劇アーティストなのである。「私が知るように、話すことは権力を持つことである。話し手となることは常に権力を持つことなのだ」と、ボアールは2000年版『被抑圧者の演劇』の序文に書いている「ブレヒトの場合でさえ、ことばを選ぶのは劇作家であり市民ではない。…見物客はじっと動かずに座って、正しい思考法、つまり大文字の真理として提示されたやり方で思考することを促されるのである。大文字の真理を語り、やり方を指示するのは劇作家である。しかし彼は問うのではなく、確かめるのである。私たちは、ソクラテスの対話から遠く離れてしまい、特定の政治的党派による民主主義的中央集権制に近づくことになった」(Boal, 2000, p.xx)。

以前、サイコドラマの議論で触れたボアールは、1950年代初めにニューヨークのコロンビア大学の著名な演劇評論家のジョン・ガスナーのもとで学んだのだが、ガスナーによってブレヒトに出会うことになった。ボアールは1956年、サンパウロのアリーナ・シアターでプロの演出家としてキャリアを始めた。ここでは、西洋の古典劇を、時にはブラジルのコンテクストに合わせて演出した。1968年にはアリーナ・シアターを主導する立場となった。急速に政治的立場を左派に転じて、その頃始めた劇作ワークショップを大きな要因として、このシアターはブラジル人劇作家の作品に幅を広げた。60年代の進行とともに、1964年にクーデターによって権力を掌握した、右翼の軍事政権がさらに抑圧を強めていった。台本は検閲され、上演は禁止された。1968年、サンパウロのすべての劇場は兵士によって包囲され、閉鎖された。ボアールと俳優たちはサントアンドレに移り、禁止された芝居を上演した。その4日後、サントアンドレの劇場群は包囲され営業停止となった。俳優たちは軍によって誘拐されるようになった。そこで1970年までに、アジプロの生きた新聞へと転身した。彼と俳優たちは、学生、教区民、スラム街のコミュニティグループメンバーに、自分たちの生きた新聞スキットの作り方を教えた。彼らは、警察に見つからない場所ならどこでも、アジプロスタイルを実演する約40のグループを組織した(この伝記的スケッチはBoal, 2001から引用した)。

その後の15年にわたる亡命生活の間、ボアールはやがて被抑圧者の演劇に結実するものを精力的に実験した。演劇論についてはブレヒトからの影響が大きかったが、教育理論については、ブラジル人の仲間であり社会主義者の仲間で教育者のパウロ・フレイレからの影響が大きかった。フレイレは極度の貧困のもとで育ち、高校や貧困コミュニティの成人対象に数十年間教えたのち、1968年『被抑圧者の教育学』を出版した。この本で、彼は「銀行型教育」と呼ぶものを批判した。これは世界中で支配的な教育方法だが、この方法のもとで教育は「… 預託の行為となり、子どもたちは受託機関、教師は預託者となる。教師は、コミュニケーションではなく、コミュニケ（公式声明）を発するのであり、預金するのである。このお金とは、生徒が辛抱強く受領し、記憶し反復したものである。…生徒に許される行為は、預金を受領しファイルに入れ、蓄えるという範囲にとどまる」(Freire, 1970, p.58)。この批判は、ブレヒトの一方向的な劇場／演劇的教訓主義に対するボアールの懸念と共鳴するものだ。フレイレが提案する対案は、教育学の方法論を教師から生徒へのモノローグから、生徒と教師の間の能動的ダイアローグへと転換することだった。このダイアローグのプロセスを通して、生徒と教師は学習を共同創造するのである。「現実に対して熱中する教師たちと生徒たちは、ともに大文字の主体（Subject）である。その現実の覆いを剥がし批判的に現実を知るという課題に取り組むだけでなく、その知識を再創造するのである」(Freire, 1970, p.56) と書いている。

ボアールのブレークスルーはペルーで起こった。ここは、ブラジルを追放されたのち亡命生活を送った国の一つであった。70年代初期、ファン・ベラスコ・アルバラード（1968－1975）の左翼軍事政権時代に、ボアールは完全識字作戦（Integral Literacy Operation）への助力を依頼された。これは、国民の20パーセントの非識字者に識字能力をもたらすという目標を掲げた政府のプログラムだった。読み書きのできない国民は、極度の貧困生活を送る人々であり、多くが先住民だった。この時期、ボアールはのちの被抑圧者の演劇の基礎を構成する3種の主要な方法を用いて、学習のための演劇を発展させた[*]。

第一は、「同時進行劇」である。ボアールの俳優は、観客からトピックや争点を求め、それに基づいて10分から20分のシーンを即興で演じた。上演された問題が重大な岐路に差し掛かったとき、演技を止め、観客に解決策を求めた。その後直ちに提案のすべてを演じた。「こうして、観客が作品を『書く』一方で、俳優はそれを同時進行で演じるのである。… 運命のような、不可避の事態として、一つの答えを決定するような演技は終わる。人間こそが人間の運命なのである。… すべては変えることができるし、その上直ちにそうできるのである」(Boal, 2000, pp.109-111)と注釈している。

「演劇」では、観客の一部を舞台に上げて自分たちの見解を表明してもらうことで、観客の関与をさらに一歩進めた。それは水利権や家庭内暴力などのローカルな問題から帝国主義のようなより大きな概念までに広がる主題を取り上げるものだった。この表現は、ことばによるものではなく視覚的だった。観客は、他の参加者の身体をあるイメージに「彫刻する」ように求められた。最初に彼らは実際の状況のイメージを作るように求められた。次に、同じ状況の理想的なイメージあるいは概念を作り、さらに「どのようにしたら、ある現実から次の現実へと変わることが可能になるかを示す」(Boal, 2000, pp.112)ような推移イメージを作るように求められた。この活動では、すべての観客が舞台に上がるアクティブなクリエータとなるのだが、これは今日パフォーマンス・アクティヴィストの

＊訳注：三種の方法については、須崎朝子(1999)「アウグスト・ボアールの演劇方法論の変遷に関する一考察 ― 変革のリハーサルから治療まで」『演劇学論集 ― 日本演劇学会紀要』37, 429-455. の訳語に基づいた。

間でよく利用される参加型ワークショップの原型となっている。

ペルーの貧困層との密な交流の時期に、ボアールと協力者たちが開発した第三の演劇活動をボアールは「討論劇」と呼んでいる。同時進行劇と同じように、見物客が発したトピックに関するシーンから始まる。しかし、別の可能な解決法を俳優たちが演じるために演技を停止せずに、結論まで演じ切る。観客は提示された解決に賛成するかどうか聞かれる。当然何人か反対者が出る。「このとき、一回目と全く同じように、このシーンが再演されることが説明される。しかし、このときどの観客も、俳優に取って代わって、演技を自分が望ましいと思う方向にリードする権利を持つのである。…他の俳優たちは新しく作られた状況に向き合わねばならず、それまで作られたあらゆる可能性に即興で応えることになる」(Boal, 2000, p.117) とボアールは語っている。

こうして、フレイレの対話的教育学は、劇場/演劇の中にはっきりと姿を現したのである。俳優ではない人が舞台に呼ばれて俳優たちとパフォーマンスするのだが、これこそボアールが「観客=俳優 **spec-actor**」と呼ぶものの誕生だった。それは被抑圧者の演劇の基礎的形態の発明であり、演劇を超えてパフォーマンス・アクティヴィズムに至る重大なステップだった。

被抑圧者の家系図は、直接叙事詩演劇へと遡ることができるし、少なくともその下位分野である教育劇まで辿ることができる。教育劇はそれに先行するアジプロと、社会主義/共産主義運動の政治的教訓主義を共有しあっている。また被抑圧者の演劇はアジプロと同様に労働者や小作農の参加を可能にしたが、アジプロとは違って、訓練された俳優も必要とした。その上さらに、(「対話」の教師として動く) 訓練された俳優と (「目覚めた」生徒の役割をする) 俳優でない人々の協働が、この方法論の鍵となっている。この意味では、「教育劇」というルーツとその機能を超えてはいない。被抑圧者の演劇とおおよそ同時期に誕生したプレイバック・シアターと同じように、被抑圧者の演劇が即興を広範囲に利用していることは注目に値する。確かに、即興という活動は、被抑圧者の演劇の対話的教育学の成立を可能にしたのである。

第9章　パフォーマティビティーと60年代

叙事詩演劇／被抑圧者の演劇という目立った例外もあるが、パフォーマンスを演劇制度から解放する動きは、劇場の外から出現した。1960年代、この原動力が変化し始めた。現在は「実験演劇」と呼ぶことが好まれるが、アヴァンギャルドとその当時の大衆運動の間の相互影響／相互接触／相互作用は、互いにインパクトを与えあうものだった。演劇で実験をするアーティストは、自覚的に概念を拡張し、パフォーマンス、とくにハプニングとインプロを利用した。彼らはさらに、当時の文化政治的な激動にさまざまなやり方で積極的に参加した。最終的にはアヴァンギャルドの遺産と一体となり、それに依拠し、アヴァンギャルドとして認められることとなった。1960年代、その異種交配のおかげで、パフォーマンスが演劇から他の生活の局面へと移行するプロセスが大きく加速された。それは双方向的であり、政治的文化的ニーズ、欲望、価値もまた演劇に強烈なインパクトを与えたのだった。

簡単に、「60年代」という語に解説を加えておきたい。この語を使うとき、ただ1960年から

70年までの10年を意味するのではない。歴史は綺麗に10年ずつの切片に分割などされない。私が言及しているのは、米国、西ヨーロッパ、ならびにそれとは少し違ったやり方をとる他の国々における社会的、政治的、文化的熱狂である。これは、おおよそアラバマ州モントゴメリーでバスボイコット事件が成功した1955年に始まり、アメリカ兵がベトナムから引き上げる1974年まで続いた熱狂を意味している。言うまでもなく、「60年代」のルーツは米国史と世界史に深く根ざしているので、その意味は今日の我々の時代にも反響し、さらには今後の時代にも影響する。これまでの議論で明らかにしてきたように、始まりもなければ、あえて言えば終わりもない。言い換えれば、本書で60年代と言う場合には、この期間（1955－1974）を指しており、この間には、長らく保持されてきた政治的規範と社会的規範に対して、そして最も重要なことに文化的規範に対して問題提起し挑戦する大衆運動は、波紋のように世界中に広がった。

私が焦点を合わせるのは、米国における展開である。その当時、地球上で桁外れに裕福で最大の力を持っていたのが米国である。おそらくこの富と豊かさと特権ゆえに、合衆国は、すべての市民にとっての政治的経済的平等の要求の中心となり、そして企業資本主義が作る個人主義的で貪欲で競争的で、さらには抑圧的で画一的文化への反抗の中心となったのである。合衆国の富と力ゆえに、60年代に米国で生み出された出来事や文化的潮流は、20世紀を通して継続して不釣り合いなほどに、この惑星のほとんど隅々にまで衝撃をもたらし続けたのである。ここで60年代そのものの歴史的意味を分析しようというわけではない。それは本書の範囲を超えている。私たちは、パフォーマンスの概念が舞台を超えて拡大し、誰がパフォーマンスを許され／実行するのかの範囲を拡張した、60年代の熱狂の内部に生まれた発達を吟味してみたい。

環境演劇

1961年の夏、リチャード・シェクナーは、まだチュレーン大学の大学院生だったとき、古代ギリシャ劇、ソフォクレス作『ピロクテーテス』を、ロードアイランド、プロビンスタウンの劇団イーストエンド・プレーヤーズのために演出した。紀元前409年初演の、この劇はトロイ戦争を舞台としている。弓の名人であるピロクテーテスは、負傷し、足先も脚も腐ってひどい臭いを発していた。ギリシャ人たちはその悪臭に耐えられず、無人島に打ち捨てて去った。この芝居は、その数年後、ピロクテーテスなしではトロイ人たちを打ち負かすことができないとギリシャ人たちが思い知らされるところから始まる。オデュッセウスは、彼を連れて帰るために、兵士の一団を島に送った。シェクナーは「私のやり方では、本当にプロビンスタウンの南の砂浜にピロクテーテスを一人で置いたのです。彼の足は魚の血に浸した布で巻かれていたので、蝿やら何やらがたくさんたかっていました。その砂浜まで行って砂丘に座るために、観客は1マイルかそこら歩かなくてはなりませんでした。すると小舟が弧を描いて現れます。小舟が砂浜に乗り上げると、兵士たちは芝居をし、ピロクテーテスを小舟に乗せるとどこかへ消えてしまいました」と回想している（R・シェクナーの2014年12月4日付私信）。同じ年の夏、彼は19世紀のノルウェーの作家、ヘンリック・イプセンの『私たち死んだものが目覚めたら』のプロビンスタウンの市庁舎での上演を演出した。この芝居の最後、主要登場人物と愛する女性が、結婚の障害（他の人との結婚）と社会全体の制約から逃れるために山の頂上まで登るシーンを、シェクナーは、俳優が市庁舎のタワーに登る演出とした（R・シェクナーの同上私信）。この2つがのちに環境演劇と呼ばれるものの、米国での最初の事例となった。

もちろん、これ以前にも劇場ビルの外で演劇を行うことはあった。さらには、すでに見たように、ルネッサンス期のコメディア・デラルテは主に公共の広場で演じた。アジプロ演劇隊は政治集会、党大会、ビアホール、そして路上でパフォーマンスした。ダダと未来主義者は、カフェや画廊でパフォーマンスした。ハプニングは、画廊、建物の中二階で「ハプニング」を起こした。ダンサーで振付師のアンナ・ハルプリンは、近代舞踊の慣習の打破と日常生活の美しい瞬間への置き換えを追求したのだが、1950年代後半にカリフォルニア州レッドウッド国立公園や他の野外会場でダンスを上演した。[1] 1963年のウィーン国際現代音楽祭で上演された『露出（*Exposition*）』では、彼女のダンスが物議を醸した。シェクナーによれば、彼女のダンスは「舞台ばかりでなく、劇場全体、バルコニーや通路、その他のすべてを占領したからだ」という（R・シェクナーの2014年12月4日付私信）。

シェクナーがプロビンスタウンで始めたことや、数年後ニューオリンズで上演したイオネスコの『義務の犠牲者（*Victims of Duty*）』は、それまでとは違っていた。正式の劇場空間、とくに額縁型舞台での上演のために書かれた劇文学を取り上げて、より流動的な別の環境で上演するという点の違いである。そうすることで、シェクナーはリアリズム演劇の「第四の壁」の幻想に反旗を翻すだけでなく、環境の美的要素を上演のトータリティーに加えたのである。彼が言うようにこのように環境に関わることで「[パフォーマンス]イベントが自由に空間を流れ出し、空間全体をパフォーマンスのためにデザインする」ことが可能になる（Schechner, 2003, p.59）。

シェクナーがニューヨーク市にパフォーマンス・グループ（Performance Group）を創設した1967年に、彼は自分の演出するパフォーマンスを環境演劇と呼ぶようになった。この名前は、アラン・カプローの著書『アッセンブリッジ・環境・ハプニング』*からとったと述べている。この方向に向かうハプニングからは「…なんでも演劇になりえます。私はそのことに大きな衝撃を受けたし、それがとても馴染みました。私は、それを彼から学んだとは言いませんが、私がいろいろやってきたことを強固にしてくれましたし、その先をさらに語るための語彙も与えてくれました」（R・シェクナーの2014年12月4日付私信）とシェクナーは語っている。彼の初期の実験では、パフォーマンスは通常でない場所で行われたが、物理的な意味で（砂丘に座る）観客と（砂浜で演技する）俳優たちは物理空間的に分離されたままだった。しかしパフォーマンス・グループの実践が始まると、その分離はなくなっていった。

パフォーマンス・グループは、パフォーマンス・ガレージと名付けた本拠地施設を買い上げた。ニューヨーク・ソーホー地区ウースター通りの、元金属型押し食器工場を改装したものだった（今やシックなアート・ディストリクトであるが、当時は寂れた工場地区だった）。彼らは、上演ごとに空間を再配置し、空間を全部使ってパフォーマンスを行った。観客の隣でも、後ろでも、あなたの上の

［1］ハルプリンの仕事の概要とパフォーマンスへの貢献についてはHalprin（1995）を参照のこと。
＊訳注：Kaprow, A. (1966) *Assemblage, Environment and Happening*. H. N. Abrams.

台の上でも行われた。舞台と観客席の空間の区別は溶解した。パフォーマンス・グループの創設期、次に書かれた「環境演劇の6つの原理」で、シェクナーは「すべての空間がパフォーマンスのために使われる。すべての空間が観客のために使われる」（Schechner, 1968, p.41）と書いている。パフォーマンスをすることと見ることの境界は、もはや明白なものではない。見ること自体もより能動的で挑戦的なものとなる。もしあなたがここに座って見るならば、事物をこの特定の視点から見ていることになる。少し横にずれれば少しだけ違う見方になる。もし俳優たちがあなたの後ろでパフォーマンスしたら、あなたはそれを見るために体を捻ることになる。もし俳優たちがあなたから60センチの距離にいる場合、500メートルから700メートル離れたときやあなたの上方の台の上にいるときとは異なるインパクトをもたらす。ほとんどのパフォーマンス・グループのショーでは、空間内を移動して別のところに座ることが可能であるし、むしろそうするように促される。

主流の商業演劇が半世紀以上介入し続けながら行ったのは、ブレヒトの演出上の発明もそうしたように、アーロンソンの言う「アヴァンギャルドの流用」だったのだ。もう少し前向きに表現すればシェクナーの発明を応用したのである（Aronson, 2018, p.xx）。最初の商業的環境演劇が「ヒット」するには、10年少ししかかからなかった。ジョン・クリザンク作『タマラ（*Tamara*）』は、イタリアのファシストで詩人のガブリエル・ダマヌンジオの家を舞台としたミステリーメロドラマだが、1981年にトロントのビクトリア朝風の邸宅で上演された。これはオンタリオ州ハミルトンの他の邸宅でも上演された。さらには、カリフォルニア州ハリウッド、メキシコシティーでも、最終的には、マンハッタンの旧第7連隊武器庫で5年間上演された。ニューヨーク版の制作のスティーブ・ネルソンは「観客はそれぞれ異なる俳優を選んで、その後をついて3階建ての建物の10個の部屋を移動していく… これは1927年のイタリアのお屋敷風に装飾されていた」(Nelson, 1989, p.73)と記している。1988年の『トニーとティナの結婚(*Tony n' Tina's Wedding*)』は、典型的労働者階級のイタリア系アメリカ人の結婚を取り上げた(時に攻撃的な)喜劇で、ニューヨークで開幕した。観客はある場所に設けられた結婚式への招待客となり、俳優たちとともに数ブロック離れた宴会場まで移動し、パフォーマーたちと一緒に飲食しながらお祝いをする。これは歴史上オフブロードウェイ最長のロングラン公演となった。環境演劇的な商業演劇の上演の流れは続く数十年成功し、『マクベス』の翻案の『それ以上眠らないで(*Sleep No More*)』は2011年ニューヨークで初演ののち、上海で2016年に公演し、コロナ禍で2020年に終演となるまで好調だった。

1989年にネルソンが言うように「今日の環境演劇作品は、60年代の活動に代表されるような喫緊の政治的で芸術上のアジェンダを欠いている。… 観客/パフォーマーの対比をラディカルに変えることにはもはや関心はない。人々は歩き回ることもでき身体的に近い距離をとることができるものの、俳優と観客のバリアは手付かずのままである。今日の環境演劇は、第四の壁を少しいじったかもしれないが、それに挑んだり試したりするものではない」(Nelson, 1989, p.72)。これがニューヨークとロンドンの商業演劇のニッチとなり、実験演劇のスタイリッシュなアプローチの一つの手法としてツールボックスに収まるようになるにつれて、ほとんどの場合「環境」の名前は消えて「サイトスペシフィック・シアター(Site Specific Theatre)」と呼ばれるようになった。これは、美的関心/あるいは歴史的関心からパフォーマンスの現場を選択するときに使用される呼び名である。これは、あるいは「没入型（Immersive）」演劇とも呼ばれ、俳優と観客が同じ空間に混在することを示すために使用される。[2]

しかしながら、パフォーマンス・グループが引き金となった環境演劇の舞台美術を、主流の演劇にも吸収されるような単なる美的なテクニックとして否定するのは間違いである。パフォーマンスを発見するための空間を開くことで、演劇クリエータと観客の新しく創造的な相互交流を生み出すことが可能になったのは事実である。名前はともあれ、環境演劇に一番重要だったのは舞台美術そのものではなく、舞台を超えてパフォーマンスを拡張することで観客と演劇制作者たちが相互交流する、新たな可能性を開いたという事実である。シェクナーの関心の的は、新しい環境ではなく、新しい環境で何が**生起**可能なのかだった。彼は次のように問う。「パフォーマーと見物客の通常の約束事が壊れたとき、パフォーマンスに何が生じるのだろうか？」（Schechner, 1973, p.40）。

この問いを発したのはシェクナーに限らない。俳優と観客の関係に対する挑戦は、ほとんどのパフォーマンス・アクティヴィズムの特徴となっている。観客を活性化させることは、プレイバック・シアターと被抑圧者の演劇の双方の中核にある（そのときにはまだ両方ともに存在していなかったが）。プレイバックはセラピーに焦点を当てているし、被抑圧者の演劇は明らかに教訓主義的である。両方ともに特定の結果のためにデザインされた道具であることは明らかである。環境演劇も６０年代の他の演劇活動の多くも、特定の結果を目指すというよりも、むしろオープンエンドな誘惑だった。それは、反省的あるいは認知的ではなく、より根底的で／体験的なものであった。それは観客を舞台に上げるかどうかには関係はなかった。舞台を観客に提供したのである。単純に観客と舞台の関係を変える試みなのではなく、舞台の本性そのものを変える試みだった。パフォーマンスを劇場から切り離すという点で、これは質的に異なるものだった。それはプレイバックも被抑圧者の演劇もやらなかった、パフォーマンスはどこで成立可能なのかを想像し直すことなのだ。

「もしアートとプレイが相互関連するなら、正統とされる演劇はアートの最も大切な要素を排除することになる。それは、自分自身についての他者の理解を受け取るという要素である」(Schechner, 1973, p.72) とシェクナーは書いている。演劇に多くの参加者を増やす代わりに、とくに環境演劇も60年代の多くの他の実験演劇も、演劇を超えた演劇を活性化させようとした。それは「一回の芝居」などではなく、演劇の**社会的活動**だった。この意味で、主に美的経験としての演劇を超えた、主にコミュニティ経験としてのパフォーマンスを目指す手探りの探求だったのである。

これは真空の中で生じたものではなかった。たとえばビーインやワシントンDCの大規模反戦デモ行進の際に行われたペンタゴンを魔法で空中浮遊させるパフォーマンスを含む、膨大な数のパフォーマンスに基づく示威行動のように、当時のカウンターカルチャーがパフォーマンス(と演劇の社会活動)を公的な空間に持ち込んだのだった。1967年10月21日には、筆者もそこにいたのだが、3万の人々がデモ本体から離れて、ペンタゴンを取り囲み、アラム語で悪魔祓いの呪文を唱えることで米

[2] 執筆時には、環境/現場固有/イマージョン型専門の演劇制作会社が多数存在していた。イギリスのパンチドランク (punchdrunk) とドリームシンクスピーク (dreamthinkspeak)、米国のエンガードアート (En Gard Arts) とザ・インダストリー (The Industry)、ブラジルのテアトロ・ダ・ヴェルティジェン (Teatro da Vertigem) などである。環境演劇の概要は、Aronson (2018) と Pearson (2010) を参照のこと。

軍司令部を空中浮遊させようと試みた。デモ／パフォーマンスの許可証を申請する際、アビー・ホフマンは、ペンタゴンを300フィートの「上空へ浮かべ、オレンジ色に変え、すべての邪悪な放出物が消えるまで振動させる。そして戦争を直ちに終わりにする」許可を米国共通役務庁から得ようとした。役務庁はデモの許可は与えたものの、最大でも10フィートの空中浮遊しか認めなかった。これはとても大きな賭けではあったが、皆熱心に演じた（Back, 2017）。

大学生時代から公民権運動に打ち込んでいたシェクナー自身、この時代の運動のまさに一部であった。1957年アーカンソーのリトル・ロックにいるとき、リトルロック中央高校の強制統廃合を目撃した。ニューオリンズのチュレーン大学の教員時代（1962－1966）、彼は南部で最初の反戦ティーチインを組織し、自由南部シアター（Free Southern Theatre）の発足を手伝った。「自由南部シアターは、演劇を知らない人たちのためのものだった」と回想する。「必要に応じて私たちは芝居をしたので、会場は教会の前庭だったりしました。普通の意味での劇場ではないところで上演していました。その頃ディープサウス諸州のたくさんの黒人教会にも行ったのですが、そこでは説教することも歌うことも踊ることも宣言することも政治的オルグ活動も、すべて一つの実践なのでした。日曜の朝に教会へ行くことが、日常生活とは別のことではなく、それはまさにコミュニティ生活の中心にあったのです」（R・シェクナーの2019年12月4日私信）。

これらすべてが、1967年にニューヨークに移るまでシェクナーが行った実践だった。パフォーマンス・グループは、観客を閉鎖された演劇制度に囲い込むのではなく、この閉鎖システムを解体することに挑戦した。「参加とは『芝居をする』ことには関係なく、むしろ**しないこと**、つまり美的な出来事を政治的な出来事に転換することを意味する。あるいは、アートと幻想の視点から、パフォーマーと観客を含む劇場にいる人々全員を潜在的なあるいは実際の連帯へと移行させることを意味しているのだ」とシェクナーは書いている（Schechner, 1973, p.45）。

シェクナーの劇団パフォーマンス・グループの最初の、特色ある作品は『ディオニソス1969（*Dyonysus in 69*）』だった。これは、紀元前405年上演のエウリピデス作の古代ギリシャ劇『バッコス教の信女たち*（*The Bacchae*）』の脱構築／再構築作品だった。ワインと情欲、享楽そして（のちに演劇の喜びを体現する神ディオニソスは、テーベの王ペンテウスを頭領とする一族の血筋によって、神と認められないことに憤慨していた（ディオニソスは半人半神だった。ギリシャの神々はそのように奔放だった）。この芝居は、ディオニソスがテーベに到着し、親族のものたちに教訓を与えるところから始まる。他のギリシャ劇と異なるのは、コーラスが演技の脇に立つこともなく演技にコメントもせず、むしろプロットに統合されていたことだった。実際には、コーラスは原題にある信女たちで、ディオニソスの祭りの際に恍惚で淫らな儀式に携わり、時に狂乱状態にもなるバッコス教の信者たちであった。さらに『バッコス教の信女たち』は古代ギリシャ劇の中で特異なものだった。この神は、ただ他の人間の口にのぼるだけの、事態を収めるために終幕にだけ登場するような、人間からかけ離れた存在ではない。むしろプロットの中の能動的な登場人物なのである。これら両方の要素によって、

＊訳注：『エウリピデス 悲劇全集4』京都大学学術出版会〈西洋古典叢書〉、2015年「バッコス教の信女たち」丹下和彦訳を参考にした。

アクティヴィスト・アプローチに基づく制作が提案されることになる。配役全員がコーラス要員となり、特定の登場人物がこのコーラスから現れては、また戻るという構成を伴っていた。

この時点で、シェクナーは文化人類学的な研究も開始しており（このことがパフォーマンス・スタディーズへの道を敷くのに助けとなったのだろう）、数々の儀礼を借用し修正した上で制作に導入した。たとえば、観客が一人一人俳優によってパフォーマンス空間に連れて行かれ、シェクナーが先駆的人類学者で民俗学者のアーノルド・ファン・ゲネップから学んだ多数の部族社会の儀礼から拝借した、多様な加入儀礼を模倣した[3]（Schechner, 1973, p.253）。ニューギニアから借用された儀礼は、裸の男たちと女たちで構成された。男たちは床に横たわり、女たちは男たちの肩から尻にまでまたがって立ち「産道」を作り、ディオニソスを演じる俳優がここを通り、神として「生まれ変わる」。のちの上演では、パフォーマンス終了近くで、ペンテウスによって鎮圧され支配されようとしていたこの儀礼が再び導入されて、コミュニティが象徴的に復活され再統合された（原作ではペンテウスは、彼の母親を含む信女たちに八つ裂きにされるのだが）。これらの儀礼の借用と演出への導入は注目に値する。これらの儀礼は、パフォーマーと観客の経験共有を可能にしたが、シェクナーはこれを「社会的出来事」と呼んでいる。この演劇から儀礼への接近は、のちに見るように米国と英国の実験演劇で急速に拡大することにもつながった。

これまで『ディオニソス１９６９』の詳細にある程度立ち入って見てきたのだが、その理由はシェクナーの言う「美的な出来事」の「社会的出来事」への転換の瞬間を見るためには、これらの詳細が形づくるコンテクストを理解する必要があったからだ。たとえば、ある夜クイーンズカレッジの学生グループが、ディオニソスの犠牲になるのを防ぐために、ペンテウスを誘拐したことがあった。パフォーマンス・ガレージを出て行くのを阻止しようとした神役の俳優たちが、学生グループの犯行と計画性をなじった。学生たちは確かに事前の計画を認めたものの、元々パフォーマンス・グループが事前にパフォーマンスを計画したのと全く同じことだと応じた。誘拐犯たちは俳優を道路に連れ出し、傷つけられないようにとそこに留めた。この俳優ウィリアム・シェパードは芝居に戻るのを拒み、シェクナーによれば「私は芝居から連れ出されたのだ。それがすべてだ」と述べたという。最後には、この芝居を5回も観た16歳の少年がペンテウス役を買って出て、台詞も即興でこなして芝居は再開した（Schechner, 1973, p.41）。

他の事例も一つ。ペンテウス役の俳優が、パフォーマンスの間ずっと女性観客が彼と性交してくれればディオニソスの力から守られると観客に告げたことがあった。誰一人その提案には応じなかったが、ある夜の公演で、一人が応じたのだった。ペンテウス役の俳優は、その女性と劇場を出て行ってしまった。ディオニソス役の俳優は「この芝居が上演されて以来、初めてペンテウスつまり人間が、神であるディオニソスに勝利した。これにて芝居は終演だ」と宣言した。そして、報道によれば観客は熱狂的に拍手喝采を送ったという（Performance Group, 1970）。パフォーマンス・グループによる他の作品『コミューン（*Commune*）』（1970－1972）では、パフォーマンスごとに複数の見物客が選ばれて、ベトナム戦争時代に米軍兵によって村人全員が虐殺された、忌まわしいソンミ村事件の犠

［3］Van Gennep（1960）を参照のこと。

牲者を演じた。ある晩、選ばれたグループは犠牲者を演じることを拒否して、出演者や他の観客との熱い議論が3時間も続いた（Innes, 1993, p.176）。これらの事例が示すように、少なくともパフォーマンス・グループの実践の場合には、環境演劇とは、演劇とアクティヴィズム（社会的出来事）と、演劇へのあからさまな儀礼の再導入の境界線上で展開されていた。

このようなことが可能だったのは、60年代には数百万の人々が、疎外をブレークスルーし、もっと意味のあるやり方で世界に関わり、パワーを振るい、コミュニティを探し、そして／またはコミュニティを構築する道を求めていたからである。米国中で数百万人がそうしていたのである。急進的な政治組織を形成する。非正統派の宗教グループに参加する（結成する）。食糧生活協同組合を立ち上げ、人々が協力的な共同体の一員として生活できるコミューンを都会にも田舎にも設立した。シェクナーは以下のように書いている。「多くの観客がパフォーマンス・グループをコミュニティであると、宗教的なコミュニティだとさえ考え、… 今にして思えば、人々がそのように投影していることを私もわかっていた —— つまり彼らはコミュニティを発見したかったからこそ、そのコミュニティを我々の中に投影し発見したのだ。… ［さらに］観客だけが悪いわけではない。パフォーマンス・グループのメンバーも、観客のニーズをわかっていた。観客が芝居に投影するのは、俳優が観客に投影しているものと一致していたのだ」（Schechner, 1973, p.43）。

儀礼演劇

カウンターカルチャーのコミュニティ探しに応えた演劇アンサンブルは、何もパフォーマンス・グループだけではなかった。この時期、新しい演劇をスモールビジネスとして組織することから、芸術的／政治的共同体として組織することへの移行が生じていた。このことは多くの人にとって、集合的な実践／創造活動だけを意味するのではなく、従来の核家族を超えた社会的なユニットを作りユニットで協力しあいながら一緒に暮らすことも意味した。60年代後半の多くの実験演劇が、芸術的／政治的コミュニティとして機能した（あるいは、当時は「ヒッピー・コミュニティ」と呼ばれたが）。米国で割と知られたコミュニティとしては、パンと人形劇団（Bread and Puppet Theatre）、サンフランシスコ・マイム劇団（San Francisco Mime Troup）、オープン・シアター（Open Theatre）、リヴィング・シアター（Living Theatre）があり、これらについては詳しく検討する予定である。他には、ポーランドのイェジー・グロトウスキー演劇ラボ（Jerzy Grotowsky Theatre Lab）、デンマークのユージニオ・バルバとオーディン・シアター（Eugenio Barba and the Odin Theatre）、フランスの太陽劇団（Théâtre du Soleil）などがある。今日まで続いている太陽劇団の創設者アリアーヌ・ムヌーシュキンは、彼女の劇団について語る際、その演劇集団の哲学を次のように要約している。「太陽劇団は、生きる上での、働く上での、幸福でいる上での、美と善を求める上での夢なのだ。… それは、金持ちになるためではなく、より高い目標のために生きようとすることなのだ。それは、本当に、シンプルなことなのである」(Rockwell, 1992)。

1961年、ドイツのダンサーで彫刻家のピーター・シューマンがシレジアから、長い間スラムだったニューヨークのローワー・イーストサイドに移民した。2年後、深い伝統に根を下ろしたドイツの民俗アートと、彼自身の彫刻家そしてダンサー／人を動かすキーマンとしてのスキルを使って、人形を作り、操り人形ショーを始めた。最初は、彼を受け入れてくれたコミュニティの子どもたちのためにショーを制作したが、すぐに大人向けにも上演するようになった。シューマンは「初演の際の関心は、家賃、ネズミの害、警官など、ご近所の関心事だった」と回想する(Bread and Puppet Theatre, n.d.)。彼の操り人形劇への思い入れと操り人形のサイズは、急速に大きくなっていった。彼のパンと人形劇団には多人数の人形使いも参加し、16フィートの人形を使って当時の時事問題、とくにベトナム戦争をテーマに上演した。パンと人形劇団は、当時の反戦イベントの恒例の催しとなり、クリスマスやイースターや祝日に彼らが実演したページェントは、マンハッタン南端部の生活には欠かせない恒例イベントとなった。

シューマンは米国の演劇に、あからさまな形で儀礼を持ち込んだ最初の人となった。このグループの古参である人形使いたち(ほとんどの場合人形師でもあった)は、パフォーマンスの前に、ショーのために集まった人々に、前もって焼いておいたサワー種ライ麦パンを分け与えることから始めた。1971年にシューマンは次のように記している。「私たちのパンと演劇は切り離せない。長い間舞台芸術は胃袋とは別物だった。演劇はエンターテインメントだった。エンターテインメントはお金のためのものだ。パンは胃袋のためのものだ。… このパンはあなたに食べることの秘跡を思い起こさせる。あなたに理解してほしいのは、演劇がいまだ確立されたものではないということだ。あなたが思うような、金を払い何かを自分のものにするといった、商取引の場ではないのだ。演劇は違うのだ。それはむしろパンに似ていて、むしろ生きる糧なのだ。演劇は宗教の一つの形なのである」(Schumann, 1970, p.35)。これは、カトリックのミサに由来する、わかりやすい儀礼であり、パフォーマンスそのものに直接的に影響を与えなかったものの、この導入によって、パフォーマンス・アクティヴィズムが歩み続けている、演劇と(食べることのような)日常生活を結ぶ通路を開いたのである。

人形芝居の前に食事をともにすることは、その後に続く儀礼化による演劇制作実験にとって控えめであるが先駆的形態となった。その後の実験というのは、1960年代後半から1970年代初期にかけてのリヴィング・シアターの仕事によって最高潮を迎えたトレンドのことである。リヴィング・シアターは、1947年に、ジュディス・マリナとジュリアン・ベックによって創設された。ユダヤ教聖職者ラビの娘で2歳のときにニューヨークに来たマリナは、ローワーイーストサイドで育った。ベックは、ドイツ系ユダヤ人の裕福な家族に生まれ、家族は19世紀半ばにニューヨークに移民してきた。彼はアパーウエストサイドの中流階級地区にある大きなアパートで育った。2人が出会ったとき、ベックは抽象表現主義の画家で、イェール大学をドロップアウトして、裕福な芸術家パトロンだったペギー・グッゲンハイムのサークルの一員として旅していた。すでに述べたようにマリナはニュースクールでピスカトールのもとで演劇を学んでいたが、グリニッジヴィレッジにあったドイツ系キャバレーのパフォーマーで俳優のヴァレスカ・ゲルトの経営するベッガーズ・バーで働いて生計を立てていた（Aronson, 2000, p.49)。二人の演劇に対する情熱は、互いに対する愛情と同じほど熱いものだった。1985年のベックの死まで、二人はリヴィング・シアターの共同主催者であり続け、互いの人生のパートナーであり続けた。

リヴィング・シアターの最初の15年間は、最大限の文字通りの意味で、なんでも上演した。日本の能や中世の神秘劇から、最初に「アヴァンギャルド」と呼ばれた台本、アルフレッド・ジャリー作の『ユビュ王（*Ubu roi*)』（1896年初演パリ）まで上演した。アンドレ・ブルトンといったシュールレアリストからブレヒトまで上演し、ゲルトルード・シュタイン、イー・イー・カミングス、ピカソなどの詩的ドラマも上演した。この初期の仕事に共通する縦糸は、当時の米国演劇界を支配していた（そして今も大部分同じなのだが）リアリズムと自然主義への対抗であった。同時期に、とりわけ友人のポール・グッドマンに影響を受けたマリナとベックは、アナキズムと反戦主義を信奉するようになり、戦争抵抗者同盟と核廃絶運動の活動家となった。1957年ニューヨーク女性拘置所で1ヶ月留置されたマリナは、カトリック労働者運動の創始者であるドロシー・デイと同房であった。2人とも、防空訓練の際に避難を拒否したために逮捕された。1963年までに、マリナとベックは、市民的不服従の平和デモに参加したために6回逮捕されている（Aronson, 2000, p.53)。ベックによれば、二人は1940年代から「断固としたアナキストでアクティヴィスト」だったのだが、1950年代を通して「アートに対する批判的な態度」の影響のもとにいたという。これは「アートと政治はミックスしてはいけない…2つは一緒にはできない。そうすれば両方ともに品位が下がる。…我々が率直に政治的になれば、演劇のブレークスルーを得られるとは考えていない。政治的に発言したいことを政治的に発言すると主張するとき、十分に自由になってブレークスルーするやり方を見つけることができる」という考えに基づいていた（Malina et al., 1969, p.37）。

ブレークスルーは、1964年リヴィング・シアターがヨーロッパへ逃亡したときに起こった。アナキストの原則に基づいて彼らが税金の支払いを拒否したというストーリーか、財政不足というストーリーのどちらかはさておき、彼らは米内国歳入庁に数千ドルの税金滞納があった。これによってマンハッタン6番街12丁目にあったパフォーマンス公演用の建物が差し押さえられてしまった。リヴィング・シアターはこれに座り込みで対抗した。俳優たちは立ち退きを拒否し、ファンたちは屋根に登り開いた窓から侵入し、サポーターたちも歩道でデモを行った。最終的には、リヴィング・シアターは建物から強制退去させられ、ヨーロッパでのツアー契約を満たすために米国を出た。数ヶ月後ツアーが終了し、事前に合意していた裁判所の聴聞が開始されるとき、ベックとマリナは米国に帰国し出頭した。二人は「米内国歳入庁による妨害工作」を確信した。ベックは連邦本部拘置所に60日間留置され、マリナは2度目のニューヨーク女性拘置所での30日間監禁となった（「ベックの降伏（Becks Surrender）」1964, p.50）。保釈されると、二人はヨーロッパに戻り他のメンバーと合流し、4年にわたって自ら亡命生活を送り、定期的にツアーを行いながら芸術上の重要な転換を経験した。

この事件の前数年間に、リヴィング・シアターは2つの芝居を制作した。ケネス・ブラウン作『営巣（*The Brig*）』とジャック・ギルバート作『麻薬密売人（*The Connection*）』だった。適切なことばが見つからないが、これらは「超リアリズム」と呼べるかもしれない。『営巣』は米海軍刑務所で起こった事件だった。『麻薬密売人』は麻薬中毒者をテーマにして、中毒者の中にはジャズミュージシャンがいて密売人の到着を待っているという内容だった。幕間には、登場した俳優たちが、観客の中に入ってチラシを配った。第二幕では密売人が到着し、登場人物たちが麻薬を注射した。ベックによれば、公演期間中この麻薬の場面で、観客のうちの50人が卒倒したり劇場から出て行ったりしたという。興味深いことにいずれも男性ばかりだったのだが、そのようなリアリズムだった（Lahr, 1970, p.166）。この上演が、明らかにリヴィング・シアターの転機となった。イリュージョンが予想外に成功してしまい、イリュージョンを嫌っていた二人は、このような欺瞞が演劇の根底にあることを思い知らされたのだった。ベックは後に「これが当時の私たちだった。毎晩、毎晩、観客に嘘をついていたのだ」と述べている。「映画制作のためにたまたま集めたジャンキー集団が舞台に上がっていると観客に嘘をついていたのだ。…実際に多くの観客が騙された。そこが最悪だった」（Aronson 2000, p.61より引用）。マリナはそれをもっとポジティブに言い換えた。彼女が言うには、それは「私たちにとっての大きな一歩だった。…そのとき以来、俳優は自分自身を演じ始めた。…私はアンティゴネーにはなりたくなかった。私はジュディス・マリナであり、ジュディス・マリナになりたかった」（Kott & Czerwinski, 1969, p.23）。

アロンソンはこの重要な節目について次のように書いている。「こうして、麻薬密売人は皮肉なことに、アメリカ演劇の中で最も成功したイリュージョンの一つになる一方で、リヴィング・シアターが登場人物と舞台空間の虚構を排除するための旅路に出ることにもなったのである」（Innes, 1993, p.61）。もちろん、ここに新しいものは一つもない。近代以前の西洋の演劇に言及するまでもなく、アジプロ、ブレヒト、ハプニングを思い出すだけで十分である。当時北米と西ヨーロッパを席巻していた文化政治的運動の高まりを踏まえると、リヴィング・シアターの発進が、蜂起する観客との新しい種類の関係のための、新しい種類のパフォーマンス／新しいパフォーマンス組織が出現するための、いわば舞台を用意したのである。

リヴィング・シアター、パフォーマンス・グループ、オープン・シアターや他の劇団が創造しようとしていたタイプの演劇には合意されたラベルはない。シェクナーは、少なくとも初期においては、環境演劇の名のもとに糾合されると主張した（Schechner, 1973, p.vii）。たしかに、パフォーマンス環境の構築が第一の前提条件だといえた。しかしながら、本書で私は「儀礼演劇」と呼ぼうとしている。その理由は、パフォーマンスを劇場制度から解放するという視点からすると、最も重要なのはパフォーマンス**使用**の機能であり、空間の問題ではないからだ。このすべての実践において、このパフォーマンスはすべて、カウンターカルチャーの／ラディカルな政治コミュニティの出現によって刺激を受け、その出現のためにデザインされた、新しい儀礼に引き寄せられ／儀礼に向かい／儀礼に招き寄せられている。すでに検討したように、シェクナーはこの当時、自身のパフォーマンスの目標を（美的なものとは離れた）社会的出来事だと呼んだ。マリナは「その［パフォーマンス］全体を、ルールのある一つの大きなゲームと見たい」（Living Theatre, 1969, p.91）と語った。ベックは「… 私たちは、プレイを感情喚起ではなく、行為そのものとしたいと思った」と述べる（Malina et al., 1969, pp.24-25）。リヴィング・シアターの俳優スティーブン・ベン・イズラエルはリヴィング・シアターの仕事は「…地球を救済する儀礼を創造することだった」と語った（Living Theatre, 1969, p.94）。

1968年リヴィング・シアターが合衆国に凱旋帰国したとき、ヨーロッパで発展させた3本の、この種のパフォーマンスを持ち帰った。『神秘劇短編集』『フランケンシュタイン（*Frankenstein*）』そして『楽園の現在』の演目だった。リヴィング・シアターの儀礼的演劇の中で最大のインパクトを与えたのは『楽園の現在』だった。最初に指摘したいことは、劇場であれ他の場所であれその全部を使用してパフォーマンスする、半ば背景を同じくする多数のパフォーマーたちとともに『楽園の現在』が、1920年代のピスカトールの叙事詩演劇以来アヴァンギャルド演劇で上演が絶えていた、集団スペクタクルとして上演されたことである。『楽園の現在』では、パフォーマーたちが好戦的な様子で「パスポートなしでは旅も許されない」「マリファナを吸うことも許されていない」「服を脱ぐことも許されない」などと叫びながら観客の間を歩いて登場する。観客たちの反応にはお構いなしで、俳優たちの叫び声はせき立てるように怒りを増していく。これは1971年に書かれたテクストに沿ってデザインされたもので、「これは彼［パフォーマー］を取り囲む世界から彼に課せられたタブーや禁止に対するフラストレーション表現をますます増大するためだった」（Living Theatre, 1971, p.15）。このイベントは俳優側とともに観客パフォーマーからの多くの即興で構成されるものだったが、『楽園の現在』は8つの「段階（Rungs）」で構成されていた。それぞれの段階は「儀式（Rite）」に分割され、一つの「儀式」でパフォーマーと観客の接触が可能となる。「見通し（Vision）」は俳優だけがパフォーマンスする。そして「行為（Action）」は観客だけが実行できる。イネスが説明するように、全体のサイクルは「『スピリチュアルな旅かつ政治的な旅』であると想定され…これは最初の［怒りと疎外」を『普遍的交通（Universal Intercourse）の儀礼』によって、反対の身体的統一体に転換する。ここでは裸の見物客と俳優たちが、誰彼お構いなしに絡み合いながら、人間の本能的本性である関わりと解放を合体させたのである」。そして裸の俳優たちは、裸の場合もあれば着衣の場合もあるが観客を通りへと連れ出した（Innes, 1993, pp.185, 187）。

当初リヴィング・シアターは、社会的タブーに挑戦する新しいパフォーマンス形態に対して観客が抵抗すると予想していたが、しかしほぼ最初から明らかになったのは、彼らが創造したのは新しいパフォーマンス／イベント・儀礼であり、それは当時膨張するカウンターカルチャーとラディカルな政治的アクティヴィズムと同期し、熱狂的に受け入れられたという事実だった。『楽園の現在』の初演は、1968年7月の学生と労働者の蜂起の最中だった。この蜂起は、少なくとも参加者にとっては束の間であったが、革命の始まりと感じられるものだった。この初演はパリのアヴィニョン演劇祭で行われることになった。演劇祭側は、リヴィング・シアターにリハーサルと宿泊用に古い高校を割り当てた。リハーサルと創作の最中に「200人ほどの子どもたちが、私たちと生活するためにやって来た」とベックは回想する。「多くの子どもたちが、我々とマルクス主義、レーニン主義、毛沢東主義、アナキズムや他の革命的な視点を議論したが、暴力と非暴力に関する質問のほぼ全体は、とても洗練されたものとは言えなかった。しかし［初演の夜］人々はただ喜びで満たされ、どのシーンからも革命の楽園に突き進んでいることを理解した。なぜなら人々は、シーンを見て深く掘り下げ、シーンとともに前進して行ったからだ」（Malina et al., 1969, p.33）。

常にこのようなケースにならなかったことも確かである。アムステルダムでは、観客が俳優を運河に投げ落とそうと劇場から連れ出した（Malina et al., 1969, p.34）。しかしながら、結局のところ、観客は儀礼を熱狂的に受け入れた。イネスは「1968年から1969年のブルックリンからバークレーまでの米国ツアーでは、常に俳優がマリファナ禁止を警告しても、観客はマリファナに火をつけ、劇場をハシッシュの匂いでいっぱいにした。服を脱ぐのは禁止だと告げても服は観客席の至る所に脱ぎ捨てられた。そして、ある上演では、「演劇に自由を」と要求する裸の見物客たちが舞台に溢れて、リヴィング・シアターそのものの政治的妥当性をめぐる議論によって、この芝居は突然幕が下ろされてしまった」(Innes, 1993, p.189) と書いている。

当時ニューヨークタイムスの主筆演劇評論家だったウォルター・カーは、『楽園の現在』について「パフォーマンスしている者のほとんどは全く俳優には見えない。彼らは改宗者たちだ」(McDermott, 1969, p.80より引用) と記している。もちろんこれは意図的なものだった。ベックは1969年に次のように説明している。「劇団が俳優を決めるとき、基準は完全にパーソナリティー基準だった。リヴィング・シアターのオーディションというものはなかった。かつてはそうしていた。… 求めているのは、ある種の人間である。この種のパフォーマンスが可能な人間なのだ」(Malina et al., 1969, p.36)。当時パフォーマンス・グループの俳優だったパトリック・マクダーモットは、『楽園の現在』を観た後に次のように記している。「ほとんど例外なく、批評家たちはリヴィング・シアターと古代宗教の類似性を見落としている。あなたが『それを手に入れる』とき、立ち上がり、叫び、笑いで転げ回る。そのような興奮を見るとき、それは明確な理由はないが … とてもおかしなものと見える。しかしそれを試そうとすれば、改宗の危険を冒すことになる。なぜならそれはとても楽しいからだ」(McDermott, 1969, p.80)。

リヴィング・シアターと、彼らを見たい/経験したいと集まる観客のつながりを、マリナは次のように説明している。「私たちは国から国へと旅することができるのですが、それはいわばニュースを運び、私たちを取り囲む空気を運ぶのです。学んだものを私たちの演劇に持ち込み、ある種のリンクを作るのです。物事を学んだ若い人々と、我々が物事を教えた人々と私たちが影響を与え逆に与えられた人々とのリンクを私たちが作るのです」(Brooklyn Academy of Music, 2013)。

このリンクを強化するのは、リヴィング・シアターが専門的に訓練された俳優グループではないという事実である。この事実が、多くの世界を旅して回るヒッピー・アーティストたちの巡回コミューンの儀礼のようなパフォーマンスの上演を観客に熱望させたのである。1968年全米ツアーを開催したリヴィング・シアターは「60歳にして生まれた子どもが成長した」(McDermott, 1969, pp.74-75)ようなものだった。「リヴィング・シアターに参加したいという人が2000人ほどいた。そのうち、およそ200人か300人は素晴らしい人々だった」と当時マリナは報告している。「採用できなくて、いつもノーと言っていた」。これに対してベックは次のように付け加える。「2年前『我々と一緒に旅をしないでくれ。500人を超えたらリヴィング・シアターは動きがとれなくなる。自分のグループで活動するのが良いやり方だ』と言うことにしたんだ。驚くことに、今やヨーロッパにはおよそ11もの巡回グループができて、イタリア、ベルギー、フランス、スイスで暮らしながら、集団で芝居を創造している」(Malina et al., 1969, p.36)。

明らかに60年代の文化政治的騒乱が、リヴィング・シアターとその姉妹劇団を儀礼に向かわせる一方、彼らはアントナン・アルトーの著作にこの運動の理論的根拠を求めた。フランス人の俳優であり演出家のアルトーのエッセー集『演劇とその分身』は1958年に英訳され60年代のアヴァンギャルド演劇アーティストたちのバイブルとなっていた。生きた時代（1896－1948）と文化（今の私たちの文化）の基準によって、アルトーは狂人とされたが、別の時代と文化では予知者あるいは預言者だったろう。彼は19歳のときに最初の神経衰弱を患い、最後の10年のほとんどを精神病院で過ごした（多数回の電気ショック「療法」を長期間受けた）。彼の背景は別のアヴァンギャルド運動のシュールレアリズムにあるが、これについては劇場からのパフォーマンス解放に特別貢献したわけではないので本書では論じてはいない。シューールレアリズムは、すべての偉大な芸術は意識下の精神から生じるとしている。アーティストの仕事は、この創造性の源に分け入る道を発見することである。過度の単純化の危険を承知で言えば、アルトーは、著作において儀礼的経験としての演劇を要請するのである。それは言語と日常生活の些事を超えて、観客を情動的にスペクタクルそのものに強く巻き込み、パフォーマンスの力を通して、人間という種の集合的意識下を解放し、我々の文明の表層を廃することで宇宙の冷たい残酷に直面させるのである（Artaud, 1958）。そうして彼は自身が想像した演劇を残酷の劇場（Theatre of Cruelty）と呼んで、次のように記している。「残酷の劇場は困難で残酷な演劇を意味する。…人の解剖構造を切り刻んで互いの身体を乗っ取りあうことで行う残酷ではなく、…［宇宙が］我々に課す、もっと恐ろしく必然的な残酷である。我々は自由ではない。そして天空は我々の頭の上に落ちてくる。さらに演劇は何よりも最初にそのことを我々に教えるものである」（Artaud, 1958, p.79）。俳優と観客の交わりを作り上げようとする情熱において、彼は（書籍の上からいえば）環境演劇を先取りした。舞台と客席の取り替えを要請し「単一の場所によって、どのような類の仕切りも防壁も無くす」ことで「演技の中央に置かれた見物客は、その演技に包まれて身体的に影響を受けるのだ」という(Artaud, 1958, p.96)。

演劇を集合儀礼に過激に転換しようというアルトーの情熱は、企業資本主義による画一化という「正気」に直面する人々が尊敬し／賛美したアルトーの狂気と相まって、非常に多くの60年代演劇アーティストを彼の著作に惹きつけることになった。曲がりくねりしばしば矛盾する彼のエッセーに、人々は自分たちの探しているものを見つけたのだ。たとえばファシズムがヨーロッパを席巻する歴史的時点で構想されたアルトーの残酷の劇場は、60年代のジュリアン・ベックにとってはかなり異質なものとなった。ベックは「もし私たちがあらゆるものを感じるように本当に作られているならば、このすべては耐え難い苦しみとなり痛みは耐えられないほど強く、それを終わりにするかもしれないし、そしてさらには真の喜び、そのほかのすべての喜び、つまり愛すること、創造すること、平和でいること、そして自分自身でいることの喜びのすべてを感じることができるようにもなっている、とアルトーは信じていたのだ」と記している(Beck, 1970, p.81)。

他に60年代、演劇の儀礼化に影響したのは、イェジー・グロトウスキー一門たちの仕事である。グロトウスキーはポーランド生まれの演出家で、1950年代にプロとして仕事を始めたのだが、革新的な環境演劇作品で注目を集めた(これはパフォーマンス・グループに先んじていたのだ)。たとえば彼の作品『アクロポリス(*Akropolis*)』は、スタニスラフ・ウィスピアンスキーの脚本を元にしたもので、聖書やギリシャ神話の物語を演じながら、俳優たちが観客の周囲に火葬場を模した構築物を建てるというものだった。このパフォーマンスは、アウシュビッツから60マイルほどの場所で行われ、この作品は彼を世界的な名声に押し上げた。しかし、彼の本当の関心は演劇そのものではなく演劇の訓練にあり、これは美的探求でもスピリチュアルな探求でもなかった。「私たち［人間］は全体的なものの欠乏に苦しんでおり、自分自身を投棄し浪費している。俳優のテクニックを通した演劇つまり生命体がより高い動機づけを懸命に求める人間のアートは、統合と呼ぶことのできるもの、つまり仮面を廃棄し本当の実体を顕現する機会をもたらす。それは、肉体的反応と精神的反応の全体性である」（Grotowski, n.d.）。この引用が示すように、グロトウスキーは、演ずることの中に、芝居を上演する技やアート以上のもの／それ以外のものを見ていたのである。彼が俳優に思い描いていたのは、人間という種の「全体性」の再確立だった。

1970年代、グロトウスキーと同僚たちは世界巡演を行ったのだが、とくにインド、メキシコ、ハイチで、パフォーマンスの普遍的建設ブロックを発見／特定し、そのスピリチュアルな力を爆発させようと、伝統演劇と儀礼パフォーマンスを探し求めた。1983年、保護を求めた米国への亡命を認められ、数年後にイタリアのポンテデラに落ち着いた。彼はすでに長い間演劇をやめていた。1970年代から1999年の死までは、完全に俳優たちのスピリチュアルな発達に携わった。イネスは「彼ら［観客］は、今や［グロトウスキー］のシアター・ラボラトリー（Theatre Laboratory）によって開発された演技エクササイズに基づいて、拡張された精神療法セッションの対象となっている」と述べている（Innes, 1993, p.164）。グロトウスキーは、魔法を実践するが永続するコミュニティを持たないシャーマンを創造したのだ。彼の開発したエクササイズは、シェクナー、マリナ、ベックと世界中の多数の実験演劇アーティストたちから熱狂的に支持された。このエクササイズは、素晴らしく、俳優の訓練ならびに演劇と儀礼の境界線の探求に役立つことがわかったのだ。儀礼化された演劇の実験は１９７０年代まで上首尾のうちに継続され、後に見るように土俗文化に基づく新しい儀礼の創造は今日のパフォーマンス・アクティヴィストの一部によって上手に利用されているのだが、集合現象としての儀礼化した演劇のピークは『楽園の現在』だった。１９７０年、全米ツアーの結論として、リヴィング・シアターは3つのグループに分かれることに合意し、2劇団はヨーロッパに帰り、マリナとベックがひきいた中心劇団は当時右派軍事独裁政権に掌握されていたブラジルに渡った。数ヶ月のうちに、18人の劇団メンバーは逮捕され、マリファナ所持の罪に問われた。「リヴィング・シアターがブラジルに渡ったのは、『絶望』の国での自由への闘争を支援してくれと、ブラジルのアーティストたちから要請されたからだ。我々はそれに合意した。というのも今こそアーティストが彼らの技と知識とパワーを世界の悲惨な人々に提供するときだと信じていたからだ」とベックとマリナは逮捕され収監されたすぐ後に書いている。「友人たちや協力者たちにできる限りの支援をお願いして、貧困の捕虜となっている人々のために我々のアートの発展と実践を継続できるようにしていた」（Ryan et al.（1971, pp.28-29）所有の手紙文から）。

そうしながら、自分たち自身『楽園の現在』の終了を宣言する必要を深く悟っていた。「劇場は通りにある。通りは人々のものである。劇場を開放せよ。通りを開放せよ。さあ始めるのだ」（Martin, 2004, p.49より引用）。彼らはまた数百の小さな、ほとんどはアマチュアで多くは短命のストリート演劇にも加わっていた。これらは当時の社会運動から生まれたものだった。リヴィング・シアターのストリートへの移行は、同時に、進歩的な見方の普及と抑圧された人々を政治的行為へと向かわせるための手段としての演劇というアジプロの基礎に向かう動きでもあった。それでもリヴィング・シアターが逮捕前にブラジルで創造したパフォーマンスと、米国送還後に創造したパフォーマンスは、本質的には儀礼的なままだった。スティーブン・ベン・イズラエルとアンドリュー・ネイデルソンは、ミナス・ゲラス州のオウロ・プレト通りのパフォーマンスについて「広場に到着すると、およそ2000人が待っていたのだが、そこで6箇所に分散して、異なるテーマの芝居を始めた。国家、財産、戦争、愛、お金そして死のテーマだ。それは無言劇で、アルトーのスタイルで行われ、儀礼的で反復的だった。最後には、ロープや鎖につながれていた俳優全員に場面転換が起こった… 突然、芝居を観ていた人々が私たちを鎖から解き放ち、私たち全員も自由の歌に加わったのである」と述べている（Ryan et al., 1971, p.24）。

逮捕中に、ラテンアメリカの劇団メンバーたちは最も暴力的な扱いを受けた。たとえば、シルヴィアーノ・アラウジョは、指やペニスに電気ショックを加えられた。ベックは階段から突き落とされた挙句に警官グループによって殴打された。多くのアート界の著名人を含む国際的キャンペーンによって、リヴィング・シアターの米国人メンバーは数ヶ月のうちに解放された。帰還後、彼らは米国人以外を刑務所から救出するための活動を継続した（Tytell, 1995, pp.298-303）。

その後の数年間、合衆国では彼らの儀礼化した演劇は継続した。その中にはもっとアジプロ的作品である「貨幣の塔（Money Tower）」もあった。「貨幣の塔」は足場を使って建てられた、高さ40フィートの文字通りの五重の塔であった。てっぺんは大きな緑色のドル札のネオンサインで飾られた。資本主義者たちがてっぺんに立ち、労働者たちは最下部で世界の富を作り出していた。このパフォーマンスのクライマックスでは、労働者たちが蜂起して資本主義者を追い出そうとする。リヴィング・シアターは、自分たちの塔を建てて、野外の寸劇をピッツバーグのあらゆる製鉄工場で演じた（この当時ピッツバーグはいまだに全米の鉄鋼の5分の1を生産していた）。この時期、彼らはさらに儀礼化された「芝居」を多数演じていた。それらは、『カインの遺産（*The Legacy of Cain*）』を構成する、150の短編の芝居／儀礼パフォーマンスだった。指を針で刺し、「これは私たち全員の血だ」と歌いながら、通りすがりの人々にも旗竿に血を塗りたくるのを勧めた。そうして近隣住民に種を撒くための儀礼参加を創造した[4]（Ryan et al, 1971, p.22; Tytell, 1995, pp.317-323）。リヴィング・シアターにピッツバーグでの芸術家滞在型補助金を支給していたメロン財団（USスチール社を含む大規模な投資で財をなしたメロン家が資金提供）は、更新継続を認めなかった。社会運動が生み出した大観衆が社会運動とともに消えるにつれて、政府系ならびに財団系による補助金の継続もなくなり、リヴィング・シアターは米国内での自活の道を失い、ヨーロッパへと戻った。そこはより潤沢な政府系の芸術補助金が継続され、カウンターカルチャーもさらに7年ほど永らえていた。当時の彼らの作品と同僚劇団の儀礼的要素は、世界観や価値を共有するコミュニティに経済的に依存していた。『楽園の現在』は、その波の波頭に乗っていたのだが、その波も現在は消え去った。徴兵制とベトナム戦争の終わりとともに、60年代の政治的活動の多くが民主党に再統合され（米国の政治警察であるFBI（連邦捜査局）による左翼急進派への弾圧も成功した。それぞれの『楽園の現在』を創造できると信じて夢見ていた、マーティン・ルーサー・キング牧師、ブラックパンサー、そしてアメリカ先住民運動などは、もはや

[4] この当時のリヴィング・シアターの儀礼演劇についてはBeck et al.（1975）を参照のこと。

大々的規模ではなくなった。その後の数十年、リヴィング・シアターは、「観客参加」を一つの教理のようなものとした。しかし、世界観と仮定をコミュニティと共有することなしには、儀礼は機能しない。次第に、観客たちはリヴィング・シアターの儀礼化した観客参加を、単なるからくりとして経験するようになり、俳優による強制と感じるようになった。

１９７０年にすでにグロトウスキー自身、コミュニティなき儀礼の問題点を認めている。「非常にたくさんの探求、経験、振り返りののち、私はいまだに直接的な参加の可能性を疑っている。共同体による信仰も存在せず、儀礼の中心線としての集合精神に根を張る礼拝もない時代における、直接の参加を疑うのだ」と、この年のある学術集会で語っている（Innes, 1993, p.163）。シェクナーは、パフォーマンス・グループの儀礼主義／参加主義の方向性について振り返り、より簡潔に「１９６９年のアメリカ社会は実際には共同体的でなかったから、この方向は持続できなかったのだ」と述べている（Schechner, 1973, p.43）。

ジュディス・マリナは２０１５年に死去したが、リヴィング・シアターはニューヨーク市を再び拠点として、合衆国史上、最も長命のアヴァンギャルド、あるいは政治的演劇として生き続けている。

路上演劇とゲリラ演劇

アヴァンギャルドが儀礼演劇を生み出す一方で、合衆国を巻き込んだ社会運動は数百というアマチュアの短命な劇団を生み出し、この劇団はデモや選挙運動、政治集会でパフォーマンスを実演した。

可能な限り多くの劇団から文書を収集したジョン・ワイスマンは、3年前には50団体にも満たなかった劇団が「今や10倍にもなろうとしている」(Weisman, 1973, p.5)と1971年に述べている。彼らの機動力とパフォーマンスを通して」政治を教えようとするパッションゆえに、政治的な小劇団はアジプロの後裔となったといえる。もっとも、その歴史を自覚している劇団はほとんどなかったのだが。劇団には、社会/政治的運動には関係するものの演劇の専門的訓練を受けていない人々が参加したが、明確に政治的な教育目標を定めていた。政治的で階級的な原動力は30年間で相当に変化していた。攻撃的な労働者によって作られるものとは違って、新しい劇団は多くの場合は攻撃的な学生と若者たちによって、ほとんどの場合キャンパス内に組織された。米国の60年代に支配的だった急進派学生グループである、民主社会学生同盟(Students for Democratic Society: SDS)のほぼすべての支部も、急進派芸術劇団(Radical Arts Troupe: RAT)と呼ばれる組織を有していた。これはデモや集会に協力して上演する風刺劇を用意していた。最初のRAT劇団は、カリフォルニア大学バークレー校の組織で、次のような要請文で始まる小パンフレットを配布した。「ゲリラ演劇団を発進せよ! これは、SDSの政治を口先だけにしないし大衆にエンターテインメントとして届ける良い方法である(加えて楽しし!)」(Berkeley Radical Arts Troupe, 1972, p.313)。アジプロとの違いは、この新しい急進派演劇には訓練(さらにはリハーサルの繰り返し)、そして特徴的なシュプレヒコールがなかったことだ。このことは、ほとんど彼らの一過性という特徴に由来する。しばしば、キャンパスをベースとする演劇では、学生たちは一つのイベントへと共同で駆り出されるものの卒業や次の冒険へと旅立つために、学期を超えて同じ演目を上演することはほとんどなかった。

かなりの数のプロあるいはセミプロの路上演劇団が出現し、60年代後半までに相当のツアーを行い、アマチュアの姉妹劇団にインスピレーションを与え、現在のパフォーマンス・アクティヴィズムのいくつかにも影響を与え続けている。当時最も影響力のあった路上劇団は4つ存在した。（すでに紹介した）パンと人形劇団、サンフランシスコマイム劇団（The San Francisco Mime Troupe）、農場労働者シアター（El Teatro Compesino）、ニューヨーク路上演劇キャラバン（New York Street Theatre Caravan: NYSTC）であった。私は、意図的に公共空間でのパフォーマンスを選択した演劇を意味するために、「路上演劇（street theatre）」という用語を使っている。この種の演劇は、1930年代初期のアジプロの衰退以降、合衆国では上演されていなかった。アマチュアの劇団のように、その当時の社会運動への応答として形成されたもので、政治的な動機を背景にしている。彼らは路上や公園で上演しようとした。というのも、劇場には足を運んだこともないような人々のもとに演劇を届けようと望んだからである。サンフランシスコマイム劇団は、1959年にR・G・デイヴィスによって創設された。デイヴィスはニューヨーク出身でポール・カーティスに師事してアメリカン・マイム・スタジオでパントマイムを学んだ。1957年、フルブライト財団の助成を得て、パリのエコール・ド・マイム学校のエティエンヌ・ドゥクルーのもとで学ぶことになった。ドゥクルーは世界的に著名なマルセル・マルソーの指導者でもあった。2年後、デイヴィスは、サンフランシスコに移り、当時市で先頭を走る職業劇団であったサンフランシスコ・アクターズワークショップの演劇監督の職を得た。[5]その7年前にヘルベルト・ブローとジュール・アーヴィングによって創設されたサンフランシスコ・アクターズワークショップは、この当時、とくにヨーロッパの最新の戯曲を上演することで全米的な名声を博していた。その中には1957年のサミュエル・ベケット作『ゴドーを待ちながら』のサン・クエンティン州立刑務所での上演もあった。この催しで刺激された受刑者たちは、サン・クエンティン演劇ワークショップを設立した。この劇団は60年を経て今も活動しているが、これは世界中の刑務所でも行われているパフォーマンス・アクティヴィスト実践の開拓的な先駆けとなった（San Francisco Actors Workshop, n.d.; Tranter, 2015）。サンフランシスコ・アクターズワークショップの支援のもと、デイヴィスはデイヴィスマイム劇団を創設し、マイムの訓練と伝統的なマイムショーの制作を行った。パントマイムのヨーロッパにおける路上パフォーマンスという長い伝統に触発されて、サンフランシスコの公園でのショーの実演実験を始めた。

1960年代初期、サンフランシスコ市ベイエリアは、進歩的芸術と政治の火花が散る場所で、デイヴィスは素早く左翼へと転向して、さらにエネルギッシュに彼の想定する観客と関わる方法を模索した。彼は、ヨーロッパのルネッサンス期に人気のあったコメディア・デラルテの復活にその方法を見出した（コメディア・デラルテについては本書48ページを参照）。コメディア・デラルテは言語を使うものの、パントマイムのように身体パフォーマンスを中心にしている。何よりもまず視覚的だったのである。ストック・キャラクターは特別の歩き方をし、遠くからでも区別できるように半顔の仮面をかぶっていた。パフォーマンスは、（書かれたものではない）シナリオを中心に展開されるため、次々と即興を繰り出し、その地域限定の当て擦りや最新ニュースを含めることも可能だった。文化史研究

［5］これらの伝記的情報はOnline Archive California（n.d.）に基づいている。

のマイケル・ウィリアム・ドイルは「この喜劇形式を復活させたのはデイヴィスの天才の閃きだった。これは荒っぽくて反体制的な芸術形式をデイヴィスマイム劇団に与えた。この形式のおかげで巡回俳優たちは路上や市場でも観客を得ることができ…〔喜劇団は〕自分たちで募金集めもできて裕福な後援者に縛られなくてもすむようになり、役人の取り締まりや巡視があれば素早く散って密かに街から逃げ出すこともできた」(Doyle, 2002, p.73)。

サンフランシスコマイム劇団に劇団名を変えた1962年5月、デイヴィスは最初のコメディア・デラルテ風の喜劇、『持参金(*The Dowry*)』を上演した。ドイルが強調するように「この新基軸の著しい重要性は、この上演によって演劇は劇場の外へと連れ出され、多様な大衆ファン…ここ以外では演劇など観ないような人々を新たに魅了することのできる、野外に場所を得ることになったのである」(Doyle, 2002, p.73)。これは、上述したアマチュアストリート演劇が急増する何年も前のことであり、リヴィング・シアターが「演劇はストリートにある。ストリートは人々のものである。演劇を開放せよ。ストリートを開放せよ。さあ、始めよう」(Living Theatre, 1971) と宣言する何年も前のことだった。ほぼ同時期に人形劇をストリートで上演したニューヨークのパンと人形劇団とともに、パフォーマンスの場としての公共空間を手にすることで、サンフランシスコマイム劇団はその後すぐに、パフォーマンス・グループがパフォーマンス・ガレージで始めた実践と同じくらいの衝撃を与える「環境」の転換を開始したのである。仲間のアーティストや学生やヒップスターを主な観客とした、当時のアヴァンギャルド/実験演劇の大半とは異なり、サンフランシスコマイム劇団は直ちに、劇場には足を運ばないような人々に、堅苦しいパフォーマンスは期待されずテレビや商業映画では無視された、政治的で文化的な争点を届けることを始めた。さらに、この動きによってサンフランシスコマイム劇団はドイルが指摘するように「…その後すぐに野外のロックコンサートやビーインのような群集が作り出す、カウンターカルチャーのためのエンターテインメントによる祝祭空間を構築したのだ」(Doyle, 2002, p.73)。

2年後の1964年、デイヴィスは公園への移動について、次のように回想している。「私たちは公園へと移ったが、そこに何の問題もなく人々が集まった。観客を1時間半惹きつけるのはまた別の問題だった。私たちはそれを、生きた人々が動き、行為し、楽しむことができること、観客がテレビや映画スクリーンがなくても笑えることを証明したのだった。衣装と台詞のための少しの金と、広告は無料だし、週末の公演だけで[最初の]3週間で4000人を集めて上演した。…そうすることができたのは、公演後に寄付を集め、借りたトラックでパフォーマンスの会場から移動し、収入の一部をパフォーマーに渡したからだった」(Davis, 1964, p.30)。時に猥褻で過激な政治的意見を述べることで、公園に移動したサンフランシスコマイム劇団はサンフランシスコ公園局と余暇委員会の妨害に遭った。当初余暇委員会は公園でのパフォーマンスは全面的に禁止されていると主張したが、すぐに態度を軟化させて、上演ごとに制作許可を出すことで合意した。もし委員会が作品を「子どもたちにとって不適切あるいは暴力的で不適切」と判断した場合にはこの許可は取り消すことができた(Barshak, n.d.)。

デイヴィスと俳優たちは、大きな問題もなく最初の2年間は過ごすことができたが、1965年8月に公園局は作品『ろうそく職人(*Il Candelaio*)』で使われるろうそくが男根の象徴であり2人の主要登場人物がゲイだとして「大人に対する攻撃的で野鄙なパロディーであり、若者や子どもたちの心と相容れないもの」となると判断した（Barshak, n.d.）。

サンフランシスコマイム劇団は、もちろん上演計画を進めた。当時の劇団の営業マネージャーのビリー・グラハムは、ロックミュージックのプロモーターと同じくらい有名で金持ちになったのだが、劇団が公園で上演する権利を支援する1000人の人々を組織した。デイヴィスの逮捕のために警察が踏み込んだとき、コメディア・デラルテ風の仮面をつけた彼は「レディースアンドジェントルメン、サンフランシスコマイム劇団は、本日お楽しみの「逮捕」を上演いたします!!」と宣言し、舞台から、待ち構える警察官たちの親切にも差し延べられた腕に向かってダイブした（Doyle, 2002, p.72）。

サンフランシスコマイム劇団は、公聴会でアメリカ自由人権協会（ACLU）からの鋭い弁護で助けられて裁判に勝ち、以後の5年間には当時最も人気もあり影響力を持つ劇団となった。そして次の10年間は、米国左翼に浸透して、野外や国中の大学キャンパスと公園で大群衆のためパフォーマンスを行った。

1966年、デイヴィスは舞台で逮捕された年、「ゲリラ演劇」と題したエッセーを執筆し『ドラマレヴュー（*The Drama Review: TDR*）』誌で発表した。これは（著者の私ダン・フリードマンが確認した限り印刷物での最初のものだが）彼が支配体制に対抗するための進行中の文化的ゲリラ戦としての、サンフランシスコマイム劇団の活動を記述したものだった。彼は他の進歩的演劇アーティストに「『消防法違反』でもあるいは芝生の上の駐車違反でさえも上演許可取り消しになる。そのときどうするのか？ パンチされても堪え忍び、あらゆるフィールドで芝居し、法を学び、ACLUに加盟し、劣勢の場合には仕事をしまいすぐに逃げられるように準備しておく。決して向かってくる敵とは戦うな。戦う場所を選び、誤った問題についての戦いには巻き込まれるな。ゲリラ演劇は、身軽に旅し一般大衆を友にするのだ」と伝えている（Davis, 1966, p.132）。

デイヴィスが述べた「ゲリラ演劇」のラベルと機動性の戦術は、続く数年間で急に結成された何百もの過激な学生劇団によって採用された。それらの活動はサンフランシスコマイム劇団よりも短命ではるかに流動的だった。コメディア・デラルテから、19世紀のメロドラマである「アメリカン・ミンストレルショー（American Minstrel Shows）」や他の過去のエンターテインメントへと移り、サンフランシスコマイム劇団は、完全通し版の芝居を上演し続けた。60年代の終わりにゲリラ演劇と呼ばれることになった演劇形式は、とくに呼びかけも予告もなしの短いパフォーマンス介入で構成され、大学のカフェテリア、企業本社前の歩道、地下鉄の車内などの公共の場所で行われた。時には、偽装で「ゲリラ」パフォーマンスが行われた。たとえば、混んだ地下鉄車内で、2人の人間がベトナム戦争について論争する振りをして、居合わせた人々を論争に巻き込んだ（大学生だった私自身もこれをやったことがあった）。ボアールはペルーで同じ戦術を採用した。彼はこれを「見えない演劇」と呼んだのだが普及はしなかった。

ゲリラ演劇でよく見られたのは、直近の出来事に対する手短な注釈でパフォーマンスを構成するという手法だ。1970年5月、合衆国がカンボジアに空爆を開始し、その直後に空爆に反対するオハイオのケント州立大とミシシッピのジャクソン州立大の米国人学生が、州兵に撃たれて殺されたとき、ニューヨーク大の学生が急拵えした数十のゲリラシアターを組織し、ニューヨーク市の道路という道路で、血まみれの虐殺を上演した。自分の学生たちが当時のゲリラシアター劇団に参加するのを積極的に支援したシェクナーは、1970年に次のように書いている。「私たちが現在関わるゲリラシアターは、デイヴィスのアイディアに由来するといわれている。しかしアビー・ホフマンとジェリー・ルビンの活動に、より強く関わっているのだ。証券取引所に1ドル札を撒く。コン・エジソン社［ニューヨーク市の電力供給会社］のお偉いさんのところへ煤とゴミを台車で落とす。下院非米活動委員会HUACに革命的戦争愛国者の格好で現れる。…ゲリラシアターは象徴的行為である。『ゲリラ』と呼ばれるのは、いくつかの構造がゲリラ戦からとられたからだ。戦術の単純さ、機動性、小集団部隊、最も弱い部分への圧力、驚き。…争点や感情の中心に働きかけ人々がどこで生活しているか、どのような状況にいるのかのイメージを鮮明にすることである」（Schechner, 1970, p.163）。

このラベルが消える一方で、ゲリラ演劇そのものは消え去ることはなかった。フラッシュモブや米国のインプロブ・エブリウェアのようなグループもその後裔と見ることができるし、その戦術もその当時からグローバルサウス中のパフォーマンス・アクティヴィストによってよく利用されてきたものだった。そのパフォーマンス戦術は都市環境でうまく利用可能であり、アマチュアのパフォーマーにも比較的容易に利用可能なので、（デイヴィスのおかげで）現在私たちがゲリラ演劇と呼ぶものは、サンフランシスコマイム劇団があってもなくても60年代に出現したようにも思える。しかしながら、そのインパクトは、美的にも政治的にも、過小評価することはできないものである。

サンフランシスコマイム劇団は、60年代に有力だった他の劇団に直接的に影響をもたらした。それは農場労働者シアター（El Teatro Compesino）だった。移民農場労働者の息子で自身も子どもの頃農場で働いていたルイス・ヴァルデスは、サンフランシスコマイム劇団の初期メンバーで、サンホセ州立大学卒業直後に参加した。1965年サンフランシスコマイム劇団をやめて生まれ故郷のデラーノへ帰った。ここではセサール・チャヴェスの指導のもとで、新しい組合、全米農業労働者組合委員会がカリフォルニアの巨大葡萄農場企業へのストライキを行っていた。1930年代、40年代の産業別組合化の推進運動は、農業労働者の組織化には失敗した。そのため農業従事者は（家庭内労働者同様に）、1935年の全米労働関係法による基本的保護の対象外であった。この法律は、組合の組織化とストライキ権を含む労働者の権利を成文化したものだった。その結果、移民労働者は、第二次大戦後の数年間の経済活況期を除いて、保険給付もない不健康な条件で飢餓賃金のまま働かされた。ほとんどの労働者の子どもたちも、家族を食わせるためにと農場に出て親たちとともに働いた。全米農業労働者組合委員会はこれを変えようとしていた。

デラーノに戻ったヴァルデスは、ストライキ中の農場労働者たちと会合を持ち、農場、ストライキ、非組合員たちなどについて聞いた。彼は、すぐに話し合いから即興へと転じるべきであり、労働者に裁判の様子や農場労働者としての苦難、組合結成やストライキなどの組合の挑戦を演じるように提案した。この活動から、最初「寸劇（actos）」が生まれた。短編の多くは喜劇だったのだが、労働者俳優がピケラインやミーティングにいるストライキ参加者に向けて平台トレーラーの上で演じた。コメディア・デラルテから借用して、俳優たちは自作の半顔の仮面を被り、ストック・キャラクターを演じ、即興でシナリオから脱線した。[6] 20年後、ヴァルデスは、次のように回想した。「農民たちと活動したが、中には台本も読めないものもいて、それで即興を利用したのだが、これが芝居をとても生き生きとさせてくれた。…その当時、私たちは大急ぎで稽古して、ピケラインの前で披露したのだ。大規模ストライキの真っ只中で上演したのだ」(Heyward, 1985)。

サンフランシスコの公園から、カリフォルニアのセントラル・バレーの葡萄畑へと移動しながら、ヴァルデスはサンフランシスコマイム劇団が始めた環境演劇革命をさらに拡張することに成功した。アーティストのカール・ヘイワードが説明するように「農場労働者シアターは、インスタレーションという形態の真の意味で、その場に固有のインスタレーションを発展させ、葡萄畑を社会政治的アリーナへと変えたのである」(Heyward, 1985)。20世紀初頭のアジプロ運動の目標を踏襲して、そして同時代の多くのパフォーマンス・アクティヴィストによって切望されたパフォーマンスと政治行動の統一を先取りすることによって、初期の農場労働者シアターのパフォーマンスと政治行動を分ける線引きは困難となっていた。「最初の寸劇は寸劇でもなんでもなかった。政治行動だったのだ」とヴァルデスは20年後に回想している。「たとえば、デラーノに移った直後にはピケラインにいたし、葡萄生産者たちは休みなく『アカのアジテーター帰れ!』の看板を掲げていた。セサール(チャベス)がこの状況で農場労働者シアターに何かできることがあるかと私に聞いてきたのを覚えている。そこで、私たちがやったのは、我々の看板を下げて[ボスたちと暴力団と対決しに]行ってやりあった。彼らが『出て行け』と言えば我々も『出て行け』と返す。『黙れ』と言えば我々も『黙れ』と返す。もし連中が『警察を呼ぶぞ』と言えば我々も『警察を呼ぶぞ』と言う。最後には、ボスたちは腹を立てて、我々をおいたまま、葡萄畑の事務所に引っ込んでしまった。これが農場労働者シアターで我々のやってきたことの基本中の基本なんだ。話すのではなく、やるんだ」(El Teatro Campesino, 1985)。

すぐに、農場労働者シアターは、ストライキを支持する全米葡萄ボイコット運動がリベラル派や進歩主義者に認知されるにつれて、ピケラインでパフォーマンスを演じるだけでなく、全米中のストライキ支援金寄付募集集会でも上演した。農場労働者シアターは、1967年に全米農業労働者組合委員会から離れた（しかし、組合組織化への支援は継続した）。これによって農場労働者シアターは、より広範な政治文化的争点を扱うようになった。1969年にはフランスの演劇祭に招待され、国際的な名声も高まった。1970年代には、ヨーロッパ6ヶ国を含む、合衆国とメキシコでの数多くのツアーを行った。

農場労働者シアターは、ほぼ即座に、進歩的政治主張を持つチカノ系劇団の結成を促した。それはカリフォルニアと米国南西部の全域に及んだ。最も初期に結成したのは、カリフォルニア州サンホセのテアトロ・ウルバーノ（Teatro Urbano）、ロサンゼルスのテアトロ・チカーノ（Teatro Chicano）、テキサス州エルパソの貧者の劇場（Teatro de los Pobres）だった。1969年、農場労働者シアターは、アステカ国演劇連盟（El Teatro National de Aztlan Federation, Aztlanとはアステカ文化継承地域にかつて属した地域を指すことば）の組織づくりを主導して、ともにチカノ演劇運動を急成長させた。この連盟の第1回チカノ演劇祭は1970年に開催され15団体が集まり、1973年の第3回年次大会には64のチカノ演劇団が参加した。ほとんどの劇団は10年持たなかったが、チカノ演劇運動は、全米的なチカノ民族の誇り運動（Chicano Ethnic Pride）やチカノ政治運動の台頭に大きな役割を果たした。[7] これ

［6］初期の寸劇（actos）の例はValdez（1971）を参照。全体像はEl Teatro Compesino（1985）を参照せよ。

は60年代で最大の影響力を持った文化運動だった。全米の農業労働者の組合化は達成されなかったが、農場労働者シアターは、現在チカノの歴史と文化的ルーツにより焦点化して、演劇制作と俳優の訓練を行っている。

60年代に出現した第4の路上演劇は、ニューヨーク路上演劇キャラバン（New York Street Theatre Caravan: NYSTC）である。名前が語るように、ニューヨーク市を本拠とし、その実践方法は平台トラックと俳優を運ぶ一、二台のバンだけで編成されたキャラバンでツアーを行うというものだった。NYSTCは、職業演劇界出身のマルケタ・キンブレルとリチャード・レヴィによって1967年創設された。2人は、リンカーンセンターの短命だったアンサンブルのメンバーとして出会った。NYSTCの最初のパフォーマンスは「復活の都市（Resurrection City）」の上演だった。それは1968年春の貧者の行進によって、ワシントンDCのリンカーン記念堂リフレクティング・プールに沿って野営する3000のテントと掘立小屋で作られた架空の都市だった。マーティン・ルーサー・キング牧師が暗殺される前に立ち上げた貧者の行進は、貧しい人々が団結して人種と民族による分断を超えて、合衆国における貧困の撲滅を要求する試みだった。貧者の行進はキング牧師の死後も敗走せず戦おうとしたが、キング牧師のリーダーシップなしには運動を牽引できなくなり、たった数ヶ月しか維持できなかった。6月の終わりには、国立公園局も野営の許可更新を認めず、占拠を排除するために警察隊が催涙ガスと警棒で突入した。

貧者の行進のために上演された「復活の都市」での最初のパフォーマンスによって、NYSTCの続く30年間追求するミッションと政治的立場が具体化された。NYSTCは、進歩的コミュニティと政治組織と共闘しながら、とくに貧困の労働者階級の観客向けにパフォーマンスを行った。これは、パンと人形劇団ともサンフランシスコマイム劇団とも違っていた。この両者は路上や公園で出会った人なら誰に対してもパフォーマンスしたからだ。またパフォーマンス・グループやリヴィング・シアターなどの60年代アヴァンギャルド演劇とも相当異なっている。この場合、主に学生やカウンターカルチャー側の人々向けに上演していた。この点に関して、例外は、70年代初期にリヴィング・シアターが、ブラジルのスラム街やピッツバーグの製鉄工場の外で上演したことだ。この場合、リヴィング・シアターは作品を、何も介さずに路上の人々に直接届けようとしたのである。つまり何らかの組織につながることなく、パフォーマンスを、目指すコミュニティに直に届けるのである。これはほとんどのゲリラ演劇の実態でもあるし、それ以上にミッションとされていたものだった。農場労働者シアターは初期に全米農業労働者組合委員会の劇団だったが、この委員会がストライキ中の労働者たちへのアクセスも直接支援も担っていた。NYSTCはゲリラ演劇ではないが、特定の組織の細胞でもないし、関係もなかった。この機動性から、全公演とはいえないが、どこで役に立てるのかに応じて上演場所を決めることができたのである。

当時の「ヒッピー・コミュニティ」に加えて、60年代はブラックパンサー、ヤングロード、アメリカンインディアン運動、ラ・ラザ（**La Raza**）、進歩労働党、アメリカ社会民主主義者、革命共産党などさまざまな団体が生み出された。これらは当時大きな影響力を持った団体の一部を挙げたものに

［7］この年譜は**Huerta**（**2015**）に依るものである。

すぎない。その意味では、ＮＹＳＴＣはカウンターカルチャーの演劇というよりも左翼の演劇だったといえる。しかし広く認められるように、６０年代、７０年代には両者の境界線は曖昧だった。ＮＹＳＴＣのメンバーはツアー中には麻薬をやらなかった（ブラジルでのリヴィング・シアターの例のように、警察に容易に逮捕の口実を与えることになると考えられていた）。また俳優たちは「政治演劇」をやっていると見なされていた。ニューヨーク公共図書館のＮＹＳＴＣアーカイブの概要によると「社会主義演劇コレクティブのことであり、合衆国内であるいは国際的に貧困や地理的に孤立したコミュニティのため上演している」（New York Public Library, n.d.）と説明されている。実際には、ＮＹＳＴＣはコレクティブだったことなどないのである。キンブレルは伝統的な芸術監督として運営していたのである。ＮＹＳＴＣに参加する上で政治面での基準などもなかったのである。もっとも、少なくとも初期には、ほとんどのメンバーがキンブレルも含めて、何らかの類の社会主義者あるいは共産主義者を自認していたことを追加しておくほうが無難ではある。キンブレルのリーダーシップのもと、ＮＹＳＴＣは貧困コミュニティでの急進的な組織化に特化して演劇の仕事も組織化の仕事の延長と見なしていた。

ここで、創設者の一人であるマルケタ・キンブレルにどうしても触れておきたい。というのも、私自身１９６９年から１９７０年まで、ＮＹＳＴＣの俳優として活動しており、そこでの経験が私の政治演劇アーティストとしての歩みのきっかけとなったからだ。19歳の大学生のとき、ブロンクスにあったフォーダム大学の実験学校ベンサレム・カレッジで学んでいた。「Ｄ」列車に乗って、終点のコニーアイランド駅までブルックリンから行って、ＮＹＳＴＣのオーディションを受けた。その当時の米国左翼の誰もが読んでいた、週刊の『ナショナル・ガーディアン』の広告に応募したのだった。この多人種（黒人、ラテン系と白人）の劇団のメンバーは皆十代後半か二十代初めだった。ほとんどは労働者階級出身だった。キンブレルとレヴィから受けた、演技と芝居の作り方の訓練は、私たちが受けた初めてのプロの演劇訓練だった。私は2年足らずで離れたが、２０１１年に彼女が亡くなるまで途切れ途切れではあったが連絡を取っていた。何かを引用しない限り、以下のキンブレルとNYSTCに関する記述は、私の経験／記憶に基づくものである。

マルケタ・キンブレルは、NYSTCを動かす創造的で政治的な原動力だった。彼女はチェコスロバキアでマルケタ・ニチョーヴァとして生まれ、プラハのチャンバー・シアターで俳優のキャリアをスタートさせた（Hevesi, 2011）。若い頃に些細なことでチェコレジスタンス運動に関わり、そのため大戦終了直前に逮捕された。刑務所から出たとき、自分がドイツの難民キャンプに送られたことを知った。ここで、オクラホマ出身の米陸軍少佐ジョージ・キンブレルに出会った。彼女が18歳のときだった。ジョージ・キンブレルは職業軍人だったが、マルケタは一緒にオクラホマに行き、保守的な家族と暮らすことになった。すぐに、3人の男子をもうけた。夫のジョージは１９５２年軍事演習中に乗っていたジープが地雷に触れて死亡した。奇妙にも信じられないことに、ジャーナリストだった息子のアランも、第一次湾岸戦争の取材中にクウェートで車が地雷を踏んで亡くなっている。

夫が亡くなった後、キンブレルは3人の幼い息子を連れてハリウッドに移り、女優として成功した。「プレイハウス90（Playhouse 90）」や「アームストロング・サークル・シアター（Armstrong Circle Theatre）」などのテレビドラマシリーズで大きな成功を収めたのである。ドラマでの最も有名な役は

1964年放映の『質屋（*The Pawnbroker*）』で、ロッド・スタイガー演じるソル・ナザーマンの囲われ者テッシー役だった。その翌年ニューヨークに移り、リンカーンセンターでレヴィとともにNYSTCを立ち上げた。

私は創設2年目にNYSTCに参加したのだったが、コニーアイランド・サーフ通りの、元動物見世物小屋だった廃ビルでリハーサルしていた。これは市がNYSTCに2年1ドルで賃貸していた。かつては労働者階級のニューヨーク市民にとってアミューズメントパークとビーチとして非常に人気のあったコニーアイランドだったが、当時は廃れ空き商店と廃ビルばかりとなっていた。その当時パンと人形劇団も市と同じような契約をしていて、数ブロック離れたところのビルでリハーサルしていた。我々は時々行き来をしていた。

NYSTCは民話と民族音楽に回帰していた。これは少なくとも1930年代からアメリカの左翼が新たな進歩的「民衆文化」を打ち立てる基礎を探すアプローチ方法となっていた。[8] 私の在籍中に制作し上演した芝居は、中央ヨーロッパの民話「ブレーメンの音楽隊（The Bremen Town Musicians）」に基づくものだった。さまざまな理由で農場を追われた動物たちが、旅の途中再会する。とある館の前に来ると、そこは泥棒たちに乗っ取られた館で、泥棒たちはご馳走を食べてお祝いしていた。動物たちは夕食をもらおうと音楽隊を作り、館の窓の外で歌った。動物たちの「音楽」はとんでもない不協和音だったので泥棒たちは怖くなって逃げ出した。館は動物たちのものになり食事を楽しんだ。私たちの改作では、動物たちは合衆国のさまざまな被抑圧者グループになり、泥棒に乗っ取られた館はホワイト・ハウスになった。理由は少しもわからなかったが、この芝居のオリジナルタイトルは

1930年ミシシッピ・ブルースの歌手ロバート・ジョンソンの歌った「台所に入っておいでよ、外は雨だぜ（Come On in my Kitchen, It's Gonna be Raining Outdoors）」からとられた。これは数年間NYSTCのレパートリーだったが、あまり詩的ではないので、もっと直接的なタイトル『ハードタイムブルース（*Hard Time Blues*）』となった。のちのNYSTCは、すべてが出演俳優によって考案されたのちキンブレルによって台本へとまとめられたのだ。すべてアメリカの労働史と政治史に基づくものだった。二つの有名な作品があり、一つは『モーリー・マクガイヤ（*Molly McGuire*）』で1860年代、70年代にペンシルベニアで活動したアイルランド移民炭鉱夫と急進的組合の物語である。今一つは『サッコとバンゼッティ（*Sacco & Vanzetti*）』で、強盗の冤罪事件で逮捕され、1927年マサチューセッツ州で電気椅子で処刑されたボストン地区の2人のイタリア移民アナキストを取り上げた作品だった。

ニューヨーク市では、NYSTCはインターナショナル・ハーベスター社製の平台トラックをブルックリンの路上へ運び、その荷台の上で上演した（横面のフェンスを外して平らな舞台が作れるタイプのトラックである）。前もって劇団は、複数の町内会やコミュニティグループと相談して夜の上演のために道路を遮断した。我々は衣装、小道具、必要な証明を全部トラックの荷台に積んで俳優はバンに乗って、その町内へ向かうのだった。側面のフェンスを取り外して舞台を作り、照明をセットする。電気をもらうために、照明を親切な商店の店先に引っかけて街灯につないだ（私はそのやり方

［8］この当時の文化／政治的現象については Denisoff（1971）と Reuss（2000）を参照せよ。

をどうやって知ったかわからないのだが、確かにそうしたのだ)。そして多数の観客のために、時には数百人の近所の人々のために演じた。あらゆる年齢の人々が、路上や歩道の上で立ち見し、玄関前のポーチに座り、非常階段から見ていた。

NYSTCの最初の全米ツアーは1969年の夏に行われた。このツアーで、デトロイト、ジャクソン(ミシガン州)、シカゴ、ミルウォーキー、ポートランド、オークランド、ロサンゼルス、ワシントンDCの貧困地区で上演しただけでなく、シャイアン、ナバホ、ホピの居留地や、カリフォルニア州のデラーノとサリナス、オクラホマの油井労働者の住む小さな町、ウェストバージニアの炭鉱夫の町などでも上演した。NYSTCの上演はどこも、その地区で組織化を実践している急進的政治組織や運輸組合がスポンサーとなってくれた。このツアーのショーは、とくに、ブラックパンサー党、ヤングロード、アメリカンインディアン運動、全米農業労働者組合、国際石油原子力労働組合、そしてアメリカ鉱山合同組合内の急進派が用意してくれた。

全米で進行していた草の根の運動組織との関係が、NYSTCの特徴だった。1970年までには、運輸組合運動が右傾化し活気を失い、急進的政治グループが崩壊するか消滅するにつれて、NYSTCは被抑圧者に対する支援のアウトリーチとして刑務所でのパフォーマンスに転じた。海外にも出かけ、キューバとメキシコでも公演したほか、ニカラグアでは米国の支援を受けたコントラと内戦中のサンディニスタ民族解放戦線のために演じた。1980年代から劇団はヨーロッパの演劇祭に招待されるようになった。NYSTCの際立った特徴の一つは、アーティストたちの急進的考えと芝居の内容にもかかわらず、国立芸術基金やニューヨーク州芸術評議会とさまざまな企業財団からの資金を得たことだった。他の政治的に急進的なコミュニティベースの芸術組織は常にこの種の資金を断たれていたにもかかわらず、資金を得たのである。これは私の推測にすぎないが、キンブレルの主流派の演劇や映画とのつながりと、1979年から彼女がニューヨーク大学ティッシュ芸術学部で教えていたことで、このような資金を得ることができたのではないだろうか。

本書で論じたより大規模で長く継続しているプロの劇団と数百の短命ですぐに現れては消えたほとんどのアマチュア劇団の両方を含めて、1960年代の路上演劇は、当時の演劇と政治の重要な要素であった。それらはすべて、程度の差があるものの、劇場の物理的空間と演劇を経験する観客の範囲の両方が拡張によってもたらされた。路上演劇は、ラテンアメリカの被抑圧者の演劇が実践したように、米国ではパフォーマンスを政治教育と組織化の形態として利用する上で、アジプロの視点を復活させた。この視点は、今日のパフォーマンス・アクティヴィズム運動の主要な流れに影響を与え続けている。

このことは、政治的路上演劇それ自体がパフォーマンス・アクティヴィズムではないことを意味する。政治的メッセージを含むストーリーを語ったとしても、それはパフォーマンスに基づく発達の活動に参加することとは違うのである。ゲリラシアターの場合でも、あるいはどんなに過激なパフォーマンス内容の路上演劇でさえも、パフォーマーと観客の決定的な分離が残るのである。しかしそれでも、アヴァンギャルドの儀礼演劇も、路上演劇も、双方ともに「路上へ出よう」という活動を通して、60年代の文化と政治のパフォーマンス性（performatoriness）をもたらし、加速したのである。「パフォーマンス性」はまだ英語辞書では認められていないかもしれないが、当時ひろく共有されていたこの「生」と「演劇」の間の流動的で知覚しがたい境界を捉えようとして私が作った造語である。そして、それが最も鮮明に具体化したのは、サンフランシスコ・ディッガーズの活動においてだった。

プランクスターズとホグ・ファーム、そしてディッガーズ

60年代には、数百万の（大部分は）若者が（米国では）アメリカ原住民と19世紀の白人入植者のドレスをミックスしたような服を着て、髪を長く伸ばし、短い名前を名乗り、要するに、新しい自分にチャレンジしようとした。これは当時パフォーマンスとは呼ばれなかった。それぞれの政治的立場から、「反抗的」「画一化への抵抗」「奇妙な」「反感を抱かせる」などと呼ばれた。どのような呼ばれ方であっても、自分たちが育ってきた、企業に支配され疎外された生き方ではない、別のものを見つけようとする、政治的で文化的な意味を持つ試みであった。

初期の頃から、新しい文化実験（すなわちパフォーマンス）を他者のもとに届けようとする試みが行われた。1964年夏に作家のケン・キージー（『カッコーの巣の上で（*One Flew Over the Cuckoo's Nest*）』によって最も広く知られている）が、カラフルに塗られたバスで、オレゴンのキージーの農場に集団で住む20人ほどの友人たちと一緒に合衆国横断の旅を始めた。自ら陽気な養豚業者（Merry Pranksters）とあだ名をつけて、駐車したところではどこでもパーティーを開きLSDを配った（これはグレイトフル・デッドよりも早い、音楽提供実践といえるものだった）。歴史家のドミニク・カヴァージョによれば「旅の目的は、幻覚性薬物によって引き起こされた自発行動と、キージーが退屈

な画一性あるいは憂鬱な合理性と見なす米国社会とを対決させたとき、いったい何が起こるのかを確認することだった」[9]（Cavallo, 1999, p.111）。

この布教の旅はホグ・ファーム（Hog Farm）との出会いによって、よりパフォーマンス的でより包摂的なアプローチとなった。ホグ・ファームはロサンゼルス郊外のコミューンであり、文字通り養豚業者であり、元俳優で漫談家のヒュー・ロムニーがリーダーだった。彼はこの当時、ワヴィー・グレーヴィーと名乗り、道化師となっていた。ホグ・ファームのパフォーマンスは、彼がまだ農場にいて「ホグの日曜日（Hog Sunday）」と呼ぶ宴会を行っていた頃に始まった。友人たちがその宴会に訪ねてきて「子どものように着飾る」とか「泥にまみれる」といったテーマの活動に参加したり、ブタ・ロデオのようなイベントに参加したりした。「グループは最終的にはバスやトラックに乗り込み、長い旅に出た」（Callaghan, 2000, p.91）。

元ホグ・ファームだったデービッド・レブランが、この旅を回想している。

ワヴィー・グレーヴィーは自閉症の子どもたちとの実践で、話したり互いに触れようとしない子どもたちに、インプロを通して話をさせ接触させることができることを発見した。60年代後半、全世界が極度に自閉的で極度に二分化し、互いに触れ合うことがなくなったにもかかわらず接触を渇望していたまさにその頃、このテクニックを用いながら私たちはアメリカ中部に入った。ホグ・ファームのハプニ

[9] この旅についてのナラティブによる説明はWolf（1968）を参照せよ。

ングは、互いに話そうとしない、教会、警察、学生のコミュニティ全体の人々を狙っていた。…警察は私たちを停車させたが、私たちは役割を変えてしまうことを学んでいた。それで、ただ彼らが警察官で私たちはヒッピーというよりも、全部をガラリと変えてしまったのだ。警察官たちを撮影することから始め、警察官に「峠の我が家（Home on the Range）」を演奏する私たちの写真を撮るように頼み、カズーや他のいろんなおもちゃを担当させたりして、彼らの敵意を和らげた。…これはとても有効だった。

（Taylor, 1987, pp.107-108より引用）

ホグ・ファームのキャラバンは、明らかにＮＹＳＴＣと共通点を持っているが、芝居の上演はしなかったところは違っている。むしろ街全体やその近隣住民たちと一緒にパフォーマンスするという活動だった。この点では、ホグ・ファームは今日のパフォーマンス・アクティヴィズムを先取りしていた（政治演劇とは異なっているものの）。また彼らのパフォーマンスは、地域の政治組織との事前協議や調整は行わなかった。事前の通知などもなかったようだ。彼らのパフォーマンス・イベントは、地域運動組織の支援によるというよりも、地域に対する挑発として作用したのだ。ＮＹＳＴＣは政治的左翼の一部として機能したが、ホグ・ファームはカウンターカルチャーの役割を果たしたのである。

アートと生活の間を走る境界線の問題は、輝く縦糸のように、アヴァンギャルド演劇の歴史を縫って走り抜ける。それゆえにパフォーマンス・アートへ、そして６０年代の儀礼演劇を通過する。ほとんどの場合、重要問題はアーティストから起こり、その衝撃波はアートを生活に近づける。つまり、アーティストでない者を舞台に上げるのである。６０年代のこのアートと生活の境界線への関心は、アクティヴィストやアーティスト占有のものから、大集団のスケールへと膨らみ始めた。そしてこれら2つの事例が示すように、この衝撃波は逆転して、生活をより演劇的なものとするためのエネルギーとなった。

これについて、文化史家のマイケル・ウィリアム・ドイルは次のように述べている。「米国における政治的アクティヴィズムの形態とアヴァンギャルド演劇のコンテンツは、1960年半ばに融合した。アーティストとくに演劇関係者は、最新の政治的論議を届けるために舞台を利用し、複数の社会的思潮を大衆意識の目の前に素早く提示したのである。政治的異議申立てをする者たちは、その間に、社会の道徳的破綻、人種差別、文化の無能化に対する、自分たちの不同意を表現する手段として頻繁に演劇的形式を採用し始めた。さらに、これら2つの発達が60年代の文化政治に対する独特の感受性を作った。新左翼の政治とアヴァンギャルド・パフォーマンスが入り混じり、この国の最初のカウンターカルチャーと呼ばれるものを作り上げたのだ」(Doyle, 2002, p.72)。

この融合は、社会変革の闘争に適用される単なる道具(政治的レッスンを教えたり、ホグ・ファームのような新しい文化的態度の拡大を意図するパフォーマンス・イベント)ではなく、日常生活に持ち込まれることで**それ自体**が社会的変革となるような、パフォーマンス・アプローチの最初の意識的試みを誕生させた。かなり後年になってフレド・ニューマンから学んだ方法論的言語に当てはめれば、結果のための道具としてのパフォーマンスではなく、同時に道具でもあり結果でもあるパフォーマンス、つまり社会変革の手段でもあり社会変化そのものでもあるパフォーマンスなのだ(Newman & Holzman, 1993)。サンフランシスコマイム劇団の存在と数万人のカウンターカルチャーの若者(ヒッピー）のサンフランシスコへの流入を考えれば、このような明確で発達した道具でもあり結果でもあるパフォーマンス表現がサンフランシスコに出現したのは当然といえる。

１９６６年の秋に、サンフランシスコマイム劇団の20人ほどのメンバーが劇団を離れ、ディッガーズと呼ばれたアナキスト集団を創立した（Chepesiuk, 1995, p.128）。この名前は16世紀のイギリスのディッガーズから取られた。本家ディッガーズは、農民や職人からなる原始無政府共産主義者グループであり、イングランド内戦の終わりに（正確には１６４９年に）出現した運動で、大規模土地所有者の未使用の土地を奪取し「掘った」、つまり集産主義的に耕作し種を蒔いたのである。イングランド内戦（１６４２－１６５１）は、本質的には、旧貴族階級の政治支配と封建制特権に対するイングランドの勃興しつつある商人階級と下級ジェントリ（小土地所有者）の革命であった。政治的には、議会と国王の間の闘争だとされた。これは結局のところ貴族たちの妥協という結果となり、貴族院と王室を復興させたのだが、実際のところ権力は下院にいる商人階級に握られることとなった。貴族階級支配を打ち破るために、商人たちは自分たちの「ニューモデル軍」で戦ってくれる、農民と都市職人の支援を得る必要があった。市民戦争の最中、水平派と呼ばれる強力な運動が、貧困層（ニューモデル軍の中にもいたが）の間に起こった。これらはすべての人が同じ政治的権利ばかりか同等の土地と金銭を所有できるように、すべての富の「水平化」を要求した。ディッガーズはこの運動の最急進派であり、すぐに不平等に転じるしかない私有財産の平等分配の代わりに、すべての私有財産を廃棄し、集産主義的に土地を耕作し、その労働の果実を共有することが解決策だと主張した。リーダーの一人ジェラード・ウィンスタンリーは「そして普通の人々に、地上は皆のものであり一人のものではないと言わしめ、人々に共同で労働させ、入会地、山々、丘陵でともにパンを食させよ」と書いている（Berens, 2015, pp.68-69より引用）。

ディッガーズは直接的非暴力主義を採用した。つまり土地を奪取し耕作することで、平等な共同体の生活のためのビジョンを生きる道を採用した。彼らはすぐに革命政府から暴力的に鎮圧されて占拠した土地から追い出された。

「サンフランシスコのディッガーズはイングランドの先祖について詳しい研究はしていないようだ。その理由はおそらく、インスピレーション以上にモデルとする関心は薄かったからだろう。先祖となるグループについて魅力を感じたのは、抑圧された階級から自発的に出現した運動だったという点だろう。両グループに共通するのは、社会経済的関係の完全転換のビジョンであり、平和的手段によってニュー・エルサレムをもたらそうとする献身だったのであり… そして、おそらく一番重要なことは、模範的行為が大望の目的を実現するための鍵となるという信念であった。… 両グループは、その数の少なさには不釣り合いな大きな影響力を発揮することに成功した。しかし両者ともに最終的には短命でしかなかった」とドイルは記している（Doyle, 2002, p.79）。

ディッガーズを始めた俳優の一人ピーター・コヨーテは、後年この経過を次のように説明している。「［演劇は］支配的な文化の価値によってますます制約されることになっていった。もし［政治的］演劇が文化のスーパーマーケットで認められて他の製品に変わったとしたら、マーケット**内部**での労力は無駄にならないか？ あなたのスキルや能力はただパッケージするだけで、他の製品と同じように、これは「ラディカル」のラベルを付けられて終わり、という具合だ。もし異なる前提に基づく文化、つまりカウンターカルチャーを創造したいなら、水族館の水槽から逃げ出さなくてはならない」（Coyote, 1998, p.64）。

彼らの活動は、ゲリラ演劇を別の方向、つまり今日私たちがパフォーマンス・アクティヴィズムと呼ぶものへ転換しようとした、というのがサンフランシスコ・ディッガーズの活動を理解する一つのやり方となる。『路上演劇ではない、路上こそが劇場なのだ（Not Street = Theatre; the Street is theatre）』は、ヘイト＝アシュバリー・トリビューン紙の1968年のディッガーズによる無署名記事である。「群衆は、ある出来事の観客となる。群衆の精神の解放が、社会的事実を達成するのだ。暴動は警察演劇への反動である。投げられた瓶やひっくり返された車は、退屈で鈍重で機械的で死んだようなショーに対する反応なのだ。人々は通りを埋め尽くすことで、特別な国民感情を表現し人間的な感情交換を維持しようとするのだ」（Taylor, 1972, pp.311-312）。ディッガーズは路上パフォーマンス／出来事に関わり、路上の人々はパフォーマーとしてこれに巻き込まれる。「ディッガーズの立場からすると、路上の誰でもこの出来事への参加は大歓迎である。しかし単なる見物客は本当にがっかりさせられる」とドイルは書いている（Doyle, 2002, p.83）。ディッガーズ自身が述べるように、ゲリラ演劇は「… 争点によって観客を作り出そうとした。その結果、自由な存在という登場人物を創造した。このこと自体が争点なのだ」（Taylor, 1972, p.310）。たとえば、1966年10月、ツアーバスからヘイト＝アシュバリーのヒッピーたちを見物に来た旅行者の増加に対して、ディッガーズは可能な限りの多種類の多角形を描きながらヘイト通りを横断するように人々を手配した。1時間の間、600人もの歩行者があらゆる方向にジグザグと行進するので、車道は完全にストップしてしまった。当然ながら、このパフォーマンス／示威行動／イベントは五人のディッガーズと参加した群集の逮捕という結果となった（Taylor, 1972, p.310）。

しかしながらディッガーズの最もよく知られた活動は、全米的にも国際的にも名声を高めた活動で、無料の物品とサービスを提供する組織づくりだった。毎日午後4時にゴールデンゲート公園で温かい食事を振る舞うことから始めた。そこから、無料の商店を開き、寄付で手に入れた物品を備蓄しておいて、誰でも欲しいものをなんでも持っていけるようにした。無料レストラン、無料法律相談、無料の医療クリニック、「一時滞在型の」無料共同住宅、たまには無料野外映画会やジェファーソン・エアプレーンやグレイトフル・デッドなどのバンドも出演する無料コンサートもあった。しばらくの間、彼らはバンやトラック、バスでベイエリア周辺の人々を運んだ（もちろん無料で）。１９６７年までには、これはフリーシティーネットワークと呼ばれていた（Coyote, 1998, pp.70-71, 89-90; Doyle, 2002, pp.81-82）。その当時「ディッガーズは私有財産についてよくわかっていた。… 人間は交換の手段になっている… そこで無料の商店や病院やレストランが、社会的なアートの形式になるのだ」と書いている（Taylor, 1972, p.310）。

パフォーマンス・アクティヴィズムの偶然の出現における、サンフランシスコ・ディッガーズの貢献の何が鍵となったのかを理解するには、彼らの次のような主張に注目する必要がある。路上の演技や無料商店といった彼らの活動は、生きられた生におけるハプニングであり、それは美術館や劇場で出会うものとは別物なのである。それは「社会的アートの形式」すなわちアートであり、生きることでもある。この場合には、貨幣システムと消費主義の仮説の外側にある、新しい道となる。そしてさらには、**新しい道を生きること**自体がアートでも**ある**のだ。「無料商店にある品物が無料（free）であるだけでなく、その**役割**もまた自由（free）なのだ」とコヨーテは回想する。「客が売り場責任者に会いたいという、すると**あなたが**売り場責任者なのだと知らされる。中にはどうやって反応したらいいのかわからず固まる人もいる。去っていく人もいるが、役割を「引き受けて」自分自身のプランに沿って商店の模様替えをしてほしいという誘いに乗る人もいる。このことが重要なのだ」（Coyote, 1998, pp.89-90）。

ディッガーズの最初の無料食料分配センターは、自由概念枠（Free Frame of Reference）と呼ばれた。というのも、無料食料を求めて人々がやってくると、ディッガーズは大きな黄色の額縁をくぐるようにとお願いする。「この額縁は、人々が現実を理解する概念パラダイムを変えると、何が可能になるのかを象徴している」とドイルは書いている（Doyle, 2002, p.80）。ディッガーズの路上イベント、無料商店、診療所などのすべての機会に、人々は首にかけられるミニチュア額縁付きのネックレスをもらう。それはただの飾りやお守りなどではない。自分たちの現実と可能性の知覚は、いつでも選択次第で別の枠組みに変えることができる、それゆえ異なるパフォーマンスができるという注意喚起のネックレスなのである。歴史家のドミニク・カヴァージョは「人々が『普通の参照枠』、つまり階層、財産、権威といった文化的スクリプトを脇に置くような演劇の推進力を創造することが重要なのだ。…単純にスクリプトを変えて自分の役割が変更可能だと一度知れば、すべてが可能になる」と述べている（Cavallo, 1999, p.121）。このことについて、元民主社会学生同盟委員長の社会学者／ジャーナリストのトッド・ジットリンは、ディッガーズが「であるかのような」パフォーマンスを実践した公民権運動の前例に影響を受けた／構想を得たとの仮説を提案している。つまり、シットインの昼食カウンターやフリーダム・ライド*で、人々は人種隔離のない社会に暮らしているかのようにパフォーマンスしている。もちろんそうではないことを重々承知しているのだが、それでもパフォーマンスそれ自体が、自分たちの生まれ落ちた現実を転換するための手段となったのである。

これらすべてのことが、かなりの速さでディッガーズのライフ・アクターの概念／活動につながった。デイヴィスの後、サンフランシスコマイム劇団の傑出した作家で演出家であったピーター・バーグによってこのフレーズは作られた。それはコヨーテのことばで言えば、ライフ・アクターとは「彼（女）が日常生活で演じる役割を意識的に演じる人で、スキル、想像力、即興を結集して、押し付けられた役割や反応を自由に解き放ち、他の人々も自由にする方向を示せるような」人物を表現するのである（Coyote, 1998, p.33）。自分自身にもより広い世界に対しても同時に取り組み、同時に転換するための手段として、ディッガーズはライフ・アクターになろうとした。演劇史家のデイヴィッド・キャラハンは、「それぞれのライフ・アクターは、この［集合的、協力的、「自由」社会の］理想を体現した人物を創造し、そして彼または彼女の日常の存在の中でパフォーマンスしたのである」と書いている（Callaghan, 2000, p.87）。ライフ・アクターは、自分のため、あるいはエンターテインメント、自己満足、自己改良だけを目指してパフォーマンスしない（もちろんそういう面を伴うことはあるのだが）。むしろ政治的アクティヴィズムのためのパフォーマンスなのである。コヨーテが言うように

＊訳注：人種隔離撤廃を訴えて、黒人と白人の12人の若者が長距離バスで米国南部を目指して移動した示威運動。

「舞台というセーフティーネットなしに、もし我々が実際に演じることで「自由な生活」の実例を十分に創造できるなら、人々は社会が与える貧相な生のメニューではない、別の選択肢を手にすることになる、とディッガーズは信じていたのだ」(Grogan, 1990, p.vより引用)。

本書の探究の過程で見てきたように、舞台以外で生じる活動としてのパフォーマンスは、20世紀の初めから終わりまで(ダダ、ハプニング、パフォーマンス・アートなど)さまざまなやり方で、それ自体を展開してきた。政治的である方法としてのパフォーマンスへのアプローチも、ディッガーズだけではない(アジプロ、叙事詩演劇、ゲリラ演劇、被抑圧者の演劇)。偶然というよりもそれ自体新しい社会的パフォーマンスとして表現された大衆文化運動の中で、ディッガーズが果たしたブレークスルーとは、社会的転換の手段として、日常生活のパフォーマンスにアプローチしたことにある。「演劇はテリトリーである」とディッガーズは宣言する。「それは不要な壁の外側にある。舞台を解体することは、想像力の普遍的な認可状なのだ。しかし、次には、保護区や禁猟区以上の何かでなければならない。猟場の番人たちは、ライフ・アクターに対して、解放された土地で、どのように反応するのだろうか? 演劇の内在的な自由は、どのようにして壁に照明を当て、脱走が可能な急所や弱所を照らすのだろうか?」(Taylor, 1972, p.310)。

デイヴィッド・キャラハンは1999年の南西部演劇学会での講演において、ディッガーズは「毎日の生活を何らかのパフォーマンスとして知覚する美的で社会的パラダイムを採用した。そうすることで、演技と演劇の境界を定義し直し拡張して、アートとパフォーマンスをアメリカの新しい社会的秩序を創造する可能性の手段として把握した」と指摘している(Callaghan, 2000, p.87)。

約３００年前の英国の先駆者たちのように、サンフランシスコ・ディッガーズも長くは続かなかった。４代の変わり目には、先駆者のように暴力的に押さえつけられたわけではないが、カウンターカルチャーによる破壊的ドラッグの乱用によって弱体化し、カウンターカルチャーに支配的な小賢しいやり方である見本に従った生が導いた結果、ディッガーズは権威に対する創造的試みと取り組みを断念した。彼らはサンフランシスコを去り、分散して緩やかにつながった農村共同農場のネットワーク組織を形成した。これはのちに自由な家族（Free Family）と呼ばれるようになった（Callaghan, 2000, p.90）。

ディッガーズの直接的継承者は青年国際党（Yippies）である。これは、平和運動とカウンターカルチャーに関して１９７０年代半ばまで積極的な役割を果たした。創設者で指導者のアビー・ホフマンとジェリー・ルビンは、ディッガーズから学ぶためにサンフランシスコにやってきたのだが、常にディッガーズへの恩義を忘れなかった。しかし、組織の代表を置かず、特定指導者中心の組織としなかったディッガーズとは違って、ホフマンとルビンは自分たちをカウンターカルチャーと政治の指導者と位置づけた。さらに重要なことに、ディッガーズと違って、青年国際党は、現場でのボトムアップの組織化や自由な「社会的アート形式」を作ることはしなかった。その代わり、ホフマンが「メディアの熱狂」と呼ぶ、創造的ゲリラ演劇イベントに焦点化した。「メディアを操るトリックは、あるイベントが起こる前に、メディアにそのイベントをプロモーションさせることだ。言い換えれば…メディアに革命のための広告を打たせるのだ…それはメロドラマの広告と同じだ」（Howard & Forbade, 1972, p.69から引用）。ジェリー・ルビンは著書『我々はどこにでもいる（*We Are Everywhere*）』で、もし我々が「パーソナリティーを変えて」「急激な新しい始まり」を創造し、「我々の生を再びやり直す」ならば、アメリカはさらに豊かになるだろう（Rubin, 1971, p.76）と書いているが、青年国際党はライフ・アクターを生にも政治にも向かわせるアプローチは採用しなかった（それでも1980年代には、ルビンはカウンターカルチャーもアクティヴィズムもすべて諦めてビジネスマンとして出世し、「生を再びやり直し」始めたのである）。

第2部　（いくつかの）パフォーマンス・アクティヴィズムの実践

ここまで私たちが見てきたのは、パフォーマンスを演劇制度に縛り付けてきた結び目を解く、百年にわたる文化的政治的活動だった。この解放は、散発的でジグザグした動きで、多数の方向へと展開した。このすべては、程度の差はあれ、さまざまなやり方で、広くアートとは何か、狭くは演劇とは何かとの問いにチャレンジしてきた。文化的に行き詰まった活動もあれば、演劇の改革に成功したものもあった。他の流儀の中には、実践にパフォーマンスを導入することで心理学、教育研究、政治的アクティヴィズムの境界を拡大し、今日のパフォーマンス・アクティヴィズムを先取りしたものもあった。この短い歴史的な探究の中で、プレイバック・シアター、被抑圧者の演劇、ソーシャルセラピューティクスなどの、今日のパフォーマンス・アクティヴィズムの傾向がいかに出現してきたのかを多少は解明できたと思う。

部分的には、過去数十年間のパフォーマンス・アクティヴィズムの出現は、政治、社会福祉事業、教育、心理、そして言うまでもなく演劇の古いやり方への反動と理解できる。これらのやり方は、もはや使い物にならないか、もしくはその実践家が想定したようには／望んだようには使えなくなった。これはまた、人間のパフォーマンスの本能／欲求に関する積極的な主張とも理解できよう。パフォーマンスを演劇制度（ならびにその後裔である映画やテレビ）の内部へと隔離すれば、私たちのほとんどが否定されてしまう欲求である。本書の後半でさらに多くのことを学ぶ予定であるが、シアター・フォー・リヴィング（Theatre for Living）の創設者で芸術監督のデイヴィッド・ダイアモンドの次のことばは注目に値する。「演劇とは、他のすべての芸術表現同様に、普通の人々が歌い、踊り、物語ることであった。これこそが生きたコミュニティが、勝利、敗北、歓喜、恐怖を記憶し祝うやり方だった。…我々が考えついた多くのことと同様に、文化活動も商品化された。人々が「コミュニティの内部で」自然に行っていたことから、製造された消費製品へと変質したのである。今日では大多数の人が演劇を買い、ダンスを買い、絵画を買い、本を買い、映画を買う。この買い物リストはさらに増えていく。今や流れ者に流れ者の話をしてもらうのにも金を払う始末だ。しかし我々の集合的な自己を物語るために、我々はいったいいつ演劇やダンスなどの象徴的言語を使うのか?」と書いている（Diamond, 2008, pp.19-20）。

ダイアモンドが仮定するように、また先に要約した歴史が示すように、パフォーマンス・アクティヴィズムに共通する縦糸とは、パフォーマンスの創造の可能性を「普通の人々」に与えようとする衝動であり、私たちをエンパワーして文化の能動的創造者にする活動と環境を生み出すことだと要約できるだろう。そうすることで、ダイアモンドが示唆するように、パフォーマンス・アクティヴィズムもまた、人々のつながりとコミュニティを生み出すのだ。そのコミュニティがたとえ束の間のアンサンブルだとしても、本性からいってパフォーマンスは社会的なのである。それは、人々を共同的に想像させ、プレイさせ、共同創造させるのである。パフォーマンスの民主化の衝動は、コミュニティの創造と分かち難く絡み合っている。続くページで明らかになると思うが、どのような方向に向かおうとも、あらゆるパフォーマンス・アクティヴィズムにおいて、これら2つの活動は互いに巻き付き、巻かれあっているのだ。

出現しつつある現象を見るときは、常に、ラベルと定義に注意する必要がある。私が最初から明らかにしてきたように、パフォーマンス・アクティヴィズムによって意味するのは、社会的現実を再構成し／転換するために、社会的争点と矛盾に取り組む手段としてのパフォーマンスにアプローチする意識的活動である。本書で「パフォーマンス・アクティヴィズム」と呼ぶものの多くは、たくさんの異なる形容が付いているものの、それ自身をいまだに「演劇／シアター」と呼んでいる。応用演劇（Applied Theatre）、社会演劇（Social Theatre）、社会変革のための演劇（Theatre for Social Change）、政治演劇（Political Theatre）、大衆演劇（Popular Theatre）などである。「応用演劇」は今や親英世界では支配的なラベルであるから、本書ではこれを使おうと思う。応用演劇のさまざまな下位区分／分派には、シアター・イン・エデュケーション（Theatre in Education）、開発のための演劇（Theatre for Development）、プレイバック・シアター、被抑圧者の演劇、シアター・フォー・リヴィングなどがあるが、すべてが「演劇／シアター」という単語をそれぞれの名称に用いている。これらのさまざまの自称「演劇／シアター」が、21世紀初めのパフォーマンス・アクティヴィズムのさまざまな組み合わせを作ったのである。このことは多くのパフォーマンス・アクティヴィストの出自を反映するものだが、より一般的には、我々の文化を何世紀にもわたって支配してきた、パフォーマンスの見方／考え方／参加の枠組みも反映している。

さらには、パフォーマンス・アクティヴィズムの中には、俳優の演じる芝居を観る受け身の観客という伝統的な意味での演劇もあるが、それが観客を教育し特定行為へと動機づける限りにおいてアクティヴィズムである。たとえば、1930年代初期ニューヨーク市のフリッツ・ホフマンとプロレタリアの舞台（Prolet-Bühne）のメンバーたちがアクティヴィストとして自己を規定しているが、私はそれを決して否定するものではない（26－27ページ参照）。しかし歴史の現時点において、応用演劇のほとんどが、ずっと以前からパウロ・フレイレの教えを信奉し、対話的アプローチを選択したとしても左翼的モノローグの教訓主義を残していることは否定できない。これまでも吟味し今後も明らかにするように、彼らはコミュニティの語りを聞き取りそれをスキットにする（プレイバック・シアター）、観客の行為を変えるために芝居を止めて観客をステージに上げる（被抑圧者の演劇、シアター・フォー・リヴィング）、コミュニティの関心を学ぶために「参加型コミュニティ・アセスメント」を行う（開発のための演劇）のだが、これらすべてはパフォーマンス・アクティヴィズムに共通する民主主義化する運動力を反映している。応用演劇のこれらの派生形は観客を特定の方向に向けて活性化させ、より多数の人々の創造的（で反省的な）パフォーマンス活動を解放し、それによってコミュニティを生み出すのである。そこには演劇的な残存形式（舞台、俳優、語り）があるのは明らかだが、それでも、それらの残存形式は伝統的な意味での演劇を超えて運動しているのである。

これらを前提に、今や私は、生まれつつあるパフォーマンス・アクティヴィズムの実践のいくつかをつぶさに吟味してみたい。第1部では、パフォーマンス・アクティヴィズムの先駆者に焦点を当ててきた。第2部では、出現しつつある運動の現代の開拓者たちの多様な実践から、いくつかサンプルを示したい。この後続くのは、いろいろな長さや深度の寸描とポートレートで構成されたモザイク状の展望として紹介する、今日のパフォーマンス・アクティヴィズムである。とくに何を実践したのかによってグループ化してみた。すなわち、そのアクティヴィズムを構成する個々人、コミュニティおよび社会がどのように相互作用し、どのようなインパクトを与えたのかに沿って、それらの寸描をセクションにグループ化した。そのセクション化は次のようなものとなった。教育活動、政治活動、橋渡し活動、コミュニティの会話づくり活動、トラウマを癒やす活動、創造性の再点火活動、そしてコミュニティづくり活動のセクションである。多様な実践をまとめながら、このまとめはどの活動カテゴリーも排除しないものになっていることに気づいた。逆にパフォーマンスへの参加のインパクトは、測定可能ではないし、単一の（あるいは明確な）成果に還元できないとも考えている。パフォーマンスはたくさんの可能性の扉を開くものであり、単一のインパクトにその機能を還元することは、パフォーマンスの本性に反することだと考える。同時に、これらプロジェクトが多様であるにもかかわらず、それらのすべてにおいて、パフォーマンスが広がり続けて、人々の輪に拡大し、コミュニティを生み出しているのである。

それでも本書で提示する事例群は、今日の世界で実践されるパフォーマンス・アクティヴィズムのほんの少数のサンプルにすぎない。私が取り上げたものは、私自身直接知っている人々の事例であり、過去20年間に私が出会った人々のサンプルである。私は「世界をパフォーマンスする国際集会（Performing the World）」という隔年開催のパフォーマンス・アクティヴィストの国際集会の運営に2001年から携わってきた。その運営経験から、これらの事例と同等の重要性と価値を持っていて本書で取り上げるべきものがあることを知っている。それは数百、いや明らかに数千のプロジェクトであり、世界中で実践されているのである。

第10章　教育すること

シアター・イン・エデュケーション

教育における遊び（play）とパフォーマンスの利用は、ヴァイオラ・スポーリンの指導者だったネヴァ・ボイドまで遡ることができる。ボイドは、20世紀初頭にシカゴのハル・ハウスや他の会場に遊びとパフォーマンスを導入した。彼女の指摘によるとそれは「学校ではなく、初期のセツルメント［セツルメント住宅］において、アート、ドラマ、音楽などの文化活動が実験的に奨励された」（Boyd, n.d.）のだった。しかしほとんどの歴史家は、１９６５年のイングランドに遡る別種の演劇タイプであるシアター・イン・エデュケーション（Theatre in Education: TIE）の存在に注目している。この年、市の教育芸術評議会機構によって設立されたコヴェントリー市のベルグレイド劇場で、ゴードン・ヴァーリンズは教員と協働する劇団を作って、地域の学校のカリキュラムを後押しする芝居を作りパフォーマンスした（Vallins, 1980）。10年も経たないうちに、イングランドの35市とスコットランドの

5市にTIE劇団が生まれた」(Redington, 1979, pp.328-329)。この運動の歴史を最初に研究したクリスティン・レディントンはTIE劇団を次のように説明している。「俳優－教員の劇団であり、両方で専門的な経験を持つ者たちである。彼らは、特定の年齢段階集団のための『プログラム』を用意して劇場から学校へと応用した。『プログラム』の語を用いたのは、この仕事を演劇にも授業にも限定するのを避けるためだ。事実、これは両方を含むものであり、演劇の形式とテクニックの複合したものだった」(Redington, 1983, p.1)。運動としてのTIEは英国以外では牽引力を発揮することはなかったものの、今日の米国の公立学校で同じような機能を果たす「教育するアーティスト(teaching artist)」の出現につながった。違いは、米国の場合は、「フリーランス」でその都度雇用されて、公立学校に入るアーティストであることだ。TIEが現在応用インプロと呼ばれるものの歴史的ルーツの一つであることは、クリス・ヴァインの経歴に見ることができる。ヴァインはイングランドのグリニッジのTIEであるグリニッジ若者劇場の創設者なのだが、ニューヨーク市立大学応用演劇美学修士プログラムを共同創設し、本書の執筆当時はこのプログラムの専攻長でもあった(Redington, 1983, p.299)。

専門家のマント

英国におけるシアター・イン・エデュケーション運動の最中、パフォーマンスを用いた教育の斬新なアプローチが出現した。これは「専門家のマント*(Mantle of Expert: MoE)」とも、時には「プロセスドラマ」[1]とも呼ばれる。生徒のためにカリキュラムを演劇化するのではなく、MoEのアプローチでは、（通常6週間の）長期にわたるパフォーマンス・ワークショップの場となった教室で、生徒たちと教員は架空の状況の中でさまざまな役割を演じるのである。彼らは特定の目標を持つ企業や組織のメンバーの振りをする。目標に達するためにすべての社会的、知的な感情面での挑戦が生じ、カリキュラムを横断する情報の探求と利用が必要となる。

専門家のマントは、ドロシー・ヘスカットによって考案された。ウェスト・ヨークシャーのスティートン村で生まれ、14歳のとき毛織物工場で働き始めた彼女は、19歳のときオーディションでエスメ・チャーチ演劇学校に合格し、のちにブラッドフォード市のノーザン演劇学校でも学んだ。5年間演劇を学んだのち、1950年24歳のときに、教師からとても才能があるけれど女優になる美貌はないので教員になることを勧められた。ヘスカットは、ダーム大学の指導職員に応募し、ブライアン・スタンリー教授に雇われた。彼女は後年「教授は私の潜在能力を認めてくれた。彼はスタミナとエネルギーのある人が好きだった」（St. Clair, 1991, p.74に引用されたヘスカットのことばより）と回顧している。スタンリーが新設のニューキャッスル・アポン・タイン大学に移ると、ヘスカットも後をついていき、4年後28歳のとき、教育学の学位も他の何の学位もなかったが、演劇教育の専任講師となった。ここは、その後の37年間に、英国、カナダ、米国、ニュージーランドに広がった学校児童教

＊訳注：「専門家のマント」の訳語は渡辺貴裕（2015）「イギリスのドラマ教育における『専門家のマント』の展開」日本教育方法学会紀要『教育方法学研究』第40巻15-26に依拠した。

［1］プロセスドラマに関しては、Bowell & Heap（2013）とO'Neil（1995a）を参照のこと。

育へのパフォーマンス・アプローチを開発する上で、彼女の本拠地となった。[2]
ヘスカットが教室に持ち込んだのは、成績証明書ではなく、パフォーマンスが創造的人間能力であり、劇場の外でも利用できるという確信だった。ヘスカットは「ドラマは、同一化する人間の能力である。あなたが劇場にいるのか、それとも居間にいるのかは問題ではない。ドラマを演じようとするとき、あなたがするのは自分自身が誰か他の人の靴を履くことなのだ。人間の生まれついての賜り物は、人間が簡単に他の人の靴を履けるということなのだ。私たちは、いまだこれを十分に子どもたちの教育に適用していない」と書いている（Heston, 1971, pp.9-10の引用から）。ヘスカットは、これをどう行うのかの解明に乗り出した。「私たちの子どもの教育」に「ドラマ化」を活用するのである。彼女は、専門家のマントを発明したというよりも、「気がついたらそうしていた」と述べている（Mantle of the Expert, n.d.）。
ＭｏＥは、多くのＴＩＥを含む他の大半の教育的アプローチとは、特定の教科内容を「教えない」という点で違っている。さらに言うなら、ＭｏＥは何も教えないのだ。その代わりに、生徒たちが互いに、そして教員／ファシリテータと遊び（パフォーマンスし）ながら前向きに学習できる環境を創造する。ＭｏＥの教師は伝統的教員というよりも、ワークショップのファシリテータに似ている。１９７１年に博士論文のためにＭｏＥのセッションを観察したサンドラ・ヘストンは、「教員の機能は、情報の提示にはなく、（セッションの中で役割を変えることによる）コンテクストの創造と変化にある。パワーをシェアし、劇化された世界をよく考えるよう子どもを励ますことで、創造と転換を引き起こすのだ」と書いている（Heston, 1971, p.51）。一方、生徒たちは、自分が誰であるとか誰でないとかからは離れるように促された。「専門家のマントの参加者は、常に「あたかもそうであるような世界」と「実際そうである世界」の両方がともに働いていることを自覚している」と、ニュージーランドのＭｏＥの実践家で研究者のヴィヴ・エイトキンは書いている。「教師は、どんなときも、架空の劇団から出て実生活の教室に戻るように合図を送ることができる。そうして、『あちら側で』学んだことを、つまり架空のコンテクストで学んだことを議論し、評価するのだ。… 専門家のマントの二重のリアリティーは、**何が**学習されるかに関してではなく、**いかに**学習されるかの振り返りを促進するのだ」(Aitkin, 2013, p.53)。

教授学的視点から言えば、専門家のマントがもたらした大きな転換とは「カリキュラムとの出会い方が実生活と同じということだ。『教科』や『学習領域』のような分割されたものではなく、継続的な経験を携えて着地するところとして出会うのだ」とエイトキンは主張している (Aitkin, 2013, p.37)。ヘスカットにとって「カリキュラム実践の伝統イメージは高速道路や鉄道に近いもので、一つの解決が次の解決に直線的に続くというイメージだ」。一方、専門家のマントのイメージは、「… 河川のような流れのシステムであり、流入する支流があり、河口に達するというイメージだ。河口には、実践のすべての要素が集まり、たくさんの探究とスキルの撚り糸となって広くて相互に連関した理解という結論に達するのである」(Heathcote, n.d.)。

この柔軟な流れが可能になるのは、指導やレッスンがなされず、即興のゲームで遊ぶことができる

［2］ヘスカットの詳細な自伝についてはBolton（2003）を参照のこと。

からである。ボイドが書いているように「プレイすることとは想像の上で用意された状況へと自分自身を心理的に転送することであり、ただプレイすることで得られる内発的な充足のために、その状況の中で一貫して演じることになる」(Boyd, n.d.)。インプロは、もちろん、パフォーマーの選択に依存している。スポーリンのことばで言えば「ゲームのルールを受容し(「そのやり方面白いね」)、そしてやる気と信頼をもってグループの決定に参加することなのだ」(Spolin, 1999, p.6)。教育理論家のセシリー・オニールは、専門家のマントにおける「ゲームのルール」の重要性について次のように書いている。「見せかけの『自由』を与えることではなく、制約の受容を促すことで生徒たちはエンパワーされる。その制約のなかで、生徒たちは困難な課題に対峙して、ますます大きな自信と知識を持って意思決定するのである。教師が提供した基礎から始めて、生徒たちは次第に想像上のコンテクストの中でコントロールを自分のものにする。そのコントロールは生徒たちが創造したコンテクストの中で獲得されたものである」(O'Neil, 1995b, p.ix)。このゲームが行われる架空のコンテクストは、カリキュラムのニーズと生徒たちの関心によって実に多様なものとなる。たとえば救急車のストライキを解決しようと試みる仲裁機関、中国美術と工芸品収集を専門とする美術館のキュレータ委員会、男子修道会規則本を定めようとする中世の聖職者たち、がん治療に従事する医療チームなどである[3]。

ＭｏＥは、方法論的には、パフォーマンス・アンサンブル、つまり学習のためのパフォーマンス・アンサンブルを作ることに関わる。学習を個人的問題と見なす、優勢な(現在も、そしてへスカットが実践した当時も優勢な)教育、心理的見方とは違って、専門家のマントの作業仮説は、学習の起源は個人の脳内にはなく、その中で起こるものでもないというものだった。そうではなく、学習はグループの社会的実践であり、その原点と活動は私たちの間にあるものなのだ。この点において、ヘスカットはロシアの心理学者レフ・ヴィゴツキーの研究に由来する、文化歴史的活動理論（CHAT）と多くを共有している。CHATについては短くではあるが、すでに論じた（本書76－77ページを参照）。ヘストンは「彼女の方法はグループ全体が作り上げる相互行為に基づくもので、人類学的視点から研究される社会的イベントに力点が置かれる」と述べている（Heston, 1971, p.14）。ヘスカットは子どもの発達に関する支配的見方、つまり個人主義に基礎を置く見方に加えて、生物学的に既定された段階に制約されるとの見方に、意識的に挑戦した。そしてこの挑戦がヴィゴツキーの社会的発達理解に負うところ大であるのを認めていた。「（ピアジェその他に由来する）『レディネス』の学習理論は、生徒の能力に誤った限界を設ける。それは社会的に決定された学習コンテクストについてのヴィゴツキーの観察を無視している。エンパワーしてくれる大人がいれば、子どもは課題への取り組みで彼／彼女自身の能力を超えられるのだ」とヘスカットは述べている（Heston, 1971, p.51より引用）。それゆえにMoEの教師／ファシリテータの仕事とは、ヴィゴツキーが発達の最近接領域と呼んだ社会的なユニットを創造し、ヴィゴツキーのことばで言えば、今の自分よりも「頭一つ分背伸びした人」（Vygotsky, 1978, p.192）として生徒がパフォーマンスできるようにエンパワーすることなのだ。フレイレのことばで言えば、パフォーマンスが進行する対話的教授の手段になるのである。

英国には、執筆時点で、少数ではあるが完全に専門家のマントとして機能する学校が存在している。[4]

［3］これらの事例およびさらなる事例はHeathcote & Bolton（1995）に見ることができる。

いまだに教育におけるシアター・イン・エデュケーションの一部として研究されたり言及されたりしているが、パフォーマンス・アクティヴィズムの枠組みから見ると、専門家のマントはシアター・イン・エデュケーションから、明確に教育としてのパフォーマンスへと転換したものなのである。

科学と文学のためのケララ・フォーラム

1960年代初期、英国発祥のシアター・イン・エデュケーション実験とは明らかに無縁の、パフォーマンスを利用した教育活動がインド南東部のケララ州に出現した。カリクト大学の進歩的講師たちによって1962年に創設された科学と文学のためのケララ・フォーラム（Kerala Sastra Salitya Parishag：KSSP）は、ほとんどすべての教育が英語で行われている中で、地域言語マヤラーヤム語による科学教育の普及を試みた。KSSPは安価な一般向け科学本の出版から出発して、それを利用する初等中等教員と高校教員の組織づくりを行った。この試みはただ教育だけに関係するとは言えず、政治的でもあった。創設者の一人クリシュナ・クマールが「我々の理想として、科学はすべての人々が自分をより良いものにするための道具にならなくてはならない」と回想するように、「科学は少数の富裕層と権力層がさらに裕福になり、権力を増大する手段ではないのだ」（Van Erven, 1992, p.127より引用）。フォーラムはすぐに経済自立型の会員組織となり、州全域の町や市に支部を設けた。

1970年代初期、KSSPはパウロ・フレイレの教育書に影響を受けて、田舎の村々での非公式の無料夜間学級での出版物の配布補助を開始した。国際コミュニティ・アート・フェスティバルの芸術監督でありユトレヒト大学教授のユージン・ファン・エルフェンは、「それらの草の根のワークショップが多くの場合に若者と教員からなる地域の一般向け科学クラブとなり、その後すぐに、地域の問題から始めて農業問題や環境問題に自ら取り組むアクション・グループに発展することが多い」(Van Erven, 1992, p.127) と記している。

1940年代に遡るインドの路上演劇の伝統に沿って、教育(そして政治)活動としてのパフォーマンスを採用して、KSSPは1980年に文化キャラバン (jatha) の組織づくりを開始し、11月の乾季の猛暑の中、田舎へのツアーを行った。カリクト大学演劇科出身の路上演劇実践家や演劇専攻の卒業者の協力で、KSSPメンバーに対する1ヶ月のトレーニングコースを設けた。プロの演劇監督の指導のもと、ともに生活しトレーニングしながら教員と成人学生たちは、歌と寸劇を制作した。10月には、さまざまな村に小型トラックを走らせ、一日に4種のショーを舞台に上げた。このイベントの広報は、その村や近隣地域にいる地方KSSPメンバーによって行われた。ファン・エルフェンの報告では「概して、グループは伝統的なケララ・ジェンダの太鼓を打ち鳴らしながらコミュニティに入り、地方のKSSPメンバーがこのパレードに参加した。パフォーマーは上半身裸で、メイクアップなしで、時々は仮面をつけて演奏する」(Van Erven, 1992, p.127)。街の広場で演じられる寸劇は、商

[4] ウィルムズロー町チェシャー教区の Lindow Community Primary School (Lindow Community Primary School, n.d.)、ノリッジ町スプロー教区の Sparhawk Infant and Nursery (Sparhwak Infant and Nursery, n.d.)、サウスグロスターシャーのブラッドリーストーク町の Bowsland Green Primary School (Bowsland Green Primary School, n.d.) がある。

業森林伐採やボパール化学工場事故などの環境的／科学的争点を扱うだけでなく、ヒンドゥー・ムスリム暴動、持参金殺人、宗教的ファナティシズムなどのより幅広い社会的関心についても扱った。KSSPはパフォーマーの幅を広げただけでなく、このパフォーマンスによって政治的関心を持つ学習者のコミュニティを生み出したのだ。

このモデルはインドの他の州では（また海外においても）取り上げられなかったが、KSSPはケララ州における非政党的な教育／政治の大きな力に育った。社会学者のオール・ターンキストとP・K・マイケル・タラカンは、「支援的自発組織」と呼んだ、このモデルの教育政治的道具箱には、パフォーマンスが収められているのだ（Tornquist & Tharakan, 1996）。KSSPは現在「過去50年で最大の市民科学運動に成長した。あらゆる職業背景を持つ5万人の会員がおり、ケララ州内で1200の分科会を有している。50年の間に関心と活動領域をあらゆる人間活動領域へと拡大してきた。KSSPには大きく3タイプの活動領域がある。教育、情報宣伝、そして建設の活動領域で、環境、健康、教育、エネルギー、リテラシー、マイクロプラニング、そして開発全般に関わっている」（https://kssp.in/about-us/ Accessed August 14, 2020）。ターンキストとタラカンの論文で、おそらくKSSPが政治実践の新しいプロトタイプを提供するだろうとの仮説を提案している。この新しい左翼は、選挙戦や暴力的な革命ではなく、草の根の教育、パフォーマンス、エンパワメント、富の流動性に焦点化するのである（Tornquist & Tharakan, 1996）。

開発のための演劇

正規の公教育が行き届いていないサハラ砂漠以南のアフリカでは、シアター・イン・エデュケーションが「開発のための演劇（Theatre for Development : TfD）」へ形を変えた。１９６０年、非都市部の村人たちが、アフリカ人口の85パーセントを占めていた。今日、都市部の人口も増大したが、サハラ砂漠以南の人々の60パーセントは非都市部に今も居住している（World Bank, n.d.）。世界中の極度の貧困と闘う基金であるボーゲン・プロジェクトによれば、アフリカでは中等学校に進学できるのは人口のわずか28パーセントに過ぎず、その半数がさまざまな貧困関連要因でドロップアウトするという。アフリカでは３００万人の初等教育適齢期の子どもたちが、学校に通っておらず、これから登校することもないだろう（Borgen Project, 2017）という。教育インフラの脆弱性と、多くの人々が映像やテレビにもアクセスできないので、アフリカの教育者とアーティストが教育ツールとして演劇に回帰するのも一理ある。開発のための演劇（ＴｆＤ）の意図は、最初から、教訓主義に基づくものだった。シアター・イン・エデュケーションとは違って、劇団が提供する教育は読み書きや算数あるいは理科を教えることはなく、主に社会的行動に向けられていた。アフリカの開発のための演劇のルーツは、植民地期の終わり頃まで遡る。アフリカ中をＴｆＤで巡業した、ロス・キッドは、このルーツを次のように説明する。

１９５０年代「開発のための演劇」の多数の実験が、独立の圧力が強まる過渡期に、植民地政府によって実施された。たとえばガーナとウガンダでは、機動的なチームが形成されて、換金性作物、免疫、自立の重要性、リテラシー、衛生、地方政府税に関する芝居を持って田舎を巡業した。俳優たちは開発実践者であり、頻繁にパフォーマンスとともに実践的な実演（たとえば農業技術）、質疑応答セッション、他の実践活動（殺虫スプレーの配布、ワクチン接種キャンペーン、リテラシー教員の募集など）を組み合わせた。巡演は「大衆教育」の一つの形態であり、村レベルでの、コミュニティ開発のプロセスと農業改良普及活動を補足し強化するものだった。(Kidd, 1984, p.5)

６０年代には、この活動は英語使用植民地のアフリカ人によって採用されるようになった。ほとんどの場合、大学の教授と学生から現れた活動である。彼らは劇団を作り、政府機関と共同して、国や大学の資金をもとに、多くの場合読み書きしない地方の住民の教育に特化した芝居を創造した。最初、それらの劇団は国や大学によって資金援助されていたが、援助の中心はグローバルノースの機関やＮＧＯに移り、さらには支配されるようになっていった(Desai, 1991, p.8)。

ナイジェリアのイバンダン大学演劇芸術学科教授バシル・アカンデ・ラシシは、開発のための創造的俳優イニシアティブ(Creative Actors Initiative for Development: CRAID)のリーダーである。２００３年に彼はＣＲＡＩＤを演劇科卒業生たちと結成した。ＣＲＡＩＤの実践は現代の開発のための教育の特徴をよく表している（どの国であれ単一劇団にできる実践範囲の特徴であるが）。ラシシ自身は開発のための演劇というラベルには不満なようである。ラシシは「確かに、開発に関わる演劇ということばを使っていますが、ＴｆＤに期待される以上の実践を行っています」と述べている（Ｂ・Ａ・ラシシの２０２０年7月14日付私信）。彼はエデュテインメントを好むのだが、これは米国ボルティモアのジョンズ・ホプキンズ大学ブルームバーグ公衆衛生スクールのコミュニケーションセンタープログラム（Center for Communication Program: CCP）から採用されたものだ（Lasisi, 2020, p.9）。ＣＣＰはエデュテインメントを次のように説明している。「（これは）エンターテインメントと教育の両方を意味し、意図的に重要な健康問題と社会的争点を一つにし、観客たちを引き込む強力な物語に織り上げたものだ。…ＣＣＰとして私たちはエンターテインメント――教育を行動変容の触媒として利用するのである」（Johns Hopkins, n.d.）。ラベルはどれも当てにはならない。とくに現在展開しつつある文化実践を分類しようとするときには当てにならない。つまり応用演劇のうちのこの流儀について、研究者と実践家たちが最も一般的に分類するのは開発のための演劇だったし、現在もそうなので、私もこれを使うというだけだ。

ＣＲＡＩＤについてある程度詳しく見てみよう。歴史、人物、創造の方法と美的な実践、資金の出所、そして21世紀初頭におけるアフリカの開発のための演劇の実態を示す上演トピックを見ていこう。ＣＲＡＩＤの創設当初についてラシシは「最初の課題は、ＨＩＶあるいはＡＩＤＳの神話や誤った概念を一掃することだった。学校、市場、駐車場、保健医療施設などで上演する寸劇をいくつか用意した。オヨ州のＨＩＶ／ＡＩＤＳ対策機関が我々の活動を知るや否や、我々と共同したいとの希望が寄せられ、この機関が実施するトレーニングとアウトリーチに招聘された」（Lasisi, 2020, p.9）。ＣＲＡＩＤはすぐに、州のＨＩＶ／ＡＩＤＳ対策機関に加えて、女性人権省、コミュニティ開発社会福祉省、教育省、麻薬関係法執行機関などからの資金援助を得た。

2年のうちに、世界銀行もオヨ州AIDS対策金を通じて資金を提供し、芝居『ヤム芋祭り（*Odun Ijesu*）』のノーカット版の制作と巡演を始めた。ラシシによれば、この芝居は「大半の人々が自分たちが行う日常行動がHIV感染を引き起こすことを知らない」という事実にチャレンジするものだった。これらの日常行動には、「女性の相続、伝統的薬草医を贔屓にすること、地域の床屋が多くの子どもに同じナイフで割礼し、髭剃りや瘢痕装飾を施すことなどが挙げられる」とラシシは書いている（**Lasisi, 2020, p.10**）。この芝居は、人気の地域ミュージシャンが、年に一度のヤム芋祭りに出演を予定していたのだが、祭りの直前に病気になったという物語だった。「その病気は、魔法使いの仕業とされた。…しかし医者は、彼の亡くなった兄の病気を知らずに兄嫁を相続したことに原因があることを突き止めてくれた。それによってミュージシャンの兄がAIDSで死んだこと、ミュージシャンは相続した元兄嫁から感染し、他の2人の嫁にも感染させたことが明らかになった」とラシシは書いている。一度真の病気の原因が特定されると、集まった医療従事者は彼と妻たちに適切な治療を施し、芝居の終わりにはミュージシャンは人々に美しい旋律の音楽を聴かせ、ヤム芋祭りを華やかで美しい音楽で満たすのであった（**Lasisi, 2020, p.10**）。

CRAIDは多くのプロジェクトで、NGO活動（米国なら「非営利組織」と呼ばれる）でよく知られた参加型コミュニティ・アセスメント（**Participatory Community Assesment: PCA**）を用いている。これはコミュニティの病気を特定し緩和することを課題としている。[5] ラシシが説明するように、彼の劇団の俳優は「目標とする観客／コミュニティと協働活動し、原因、結果、解決法の提案などのポイントを特定します。この特定から、ドラマの台本づくりのための生の素材として役立つＰＣＡが得られるのです」（Ｂ・Ａ・ラシシの２０２０年7月14日付私信）。

ラシシの使う言語は国際ＮＧＯ世界の共通用語なのだが、芝居を作る前に村民たちと話すという実践は、１９７９年代半ばのボツワナ大学の教育者／演劇製作者のグループに遡る。６０年代には、ほとんどの場合、まず開発的な主題について演劇研究者が創作し、その後それぞれの村に導入された。「制作された芝居は、基本的には一方向的な教育的な創作であった」というのは、ナイジェリアのケフィにあるナサラワ大学演劇文化研究科のサミュ・ダンドーラである（Dandaura, 2011, p.14）。ボツワナ大学劇団の制作者たちは、自分たちのアプローチをラエデザ・バタナーニ（Laedza Batanani）と呼んだ。これは多数派言語でボツワナの国家語であるツワナ語（Setswanaあるいは Iswanaとも表記）で「日は昇った、出かけ、ともに働こう」という意味であるが、明らかに彼らの協働的意図を示している。ラエデザ・バタナーニに関わるキッドによれば「村以外で決められたテーマに関する出来合いの芝居で巡業するのではなく、開発の中核メンバーと劇団実践者が（ａ）ドラマ制作前に村の争点や関心を調査し、（ｂ）パフォーマンスの最後にディスカッションを行いコミュニティの教育と変化を促進した」（Kidd, 1984, p.5）。

ボツワナにおけるラエデザ・バタナーニの活動が最高潮を迎えた１９７8年に、同時に5つの劇団が地方巡業したが、マーティン・ビラムとロス・キッドはこの当時のパフォーマンスについて次の

［5］Dummett（2013）と Mizoguchi et al.（2004）を参照のこと。

ように説明している。「それぞれの村には、キャンペーンチームが、ドラマ、人形劇、ダンス、歌などの1時間半のパフォーマンスを行った。パフォーマンスの終わりに、俳優たちが観客をいくつかのグループに分けて、提示した問題について議論させた」(Byram & Kidd, 1978, p.84)。ラエズダ・バタナーニによる開発のための演劇アプローチは、それから5年以内に急速にボツワナからアフリカの他の英語使用国へと広がった。しかしながら、その影響が細々と続く間に、グローバルノースからの資金援助が増加するにつれて、この明らかだったアクティヴィストの性格は消え失せてしまった[6](Kerr, 1991)。

CRAIDが参加型コミュニティ・アセスメントを完了すると、脚本家が台本の草稿を作った。台本は、パフォーマンスを見せる対象者の地方語で書かれた。ラジオドラマシリーズやビデオを作る場合には、劇団員はより幅広い観客に届けようと英語でパフォーマンスすることが普通だった。ほとんどのCRAIDの芝居は、地域の学校のサッカー場か街の市場で上演されることが常であった。上演は人々が家事仕事を終えた遅い晩で、いつも村人のおよそ80パーセントが集まった。地域の村人に加えて、CRAIDは地方(郡)議会の当局者も招待した。つまり「この地域の人々のために働いている、治安当局者や公衆衛生管理官や、開発プログラム立案者などの政府職員も招待したのです」(B・A・ラシシの2020年6月14日付私信)。

CRAIDの前に、地域のミュージシャン、歌手、ダンサー、軽業師を手配してパフォーマンスをさせたのは「彼らの才能の見せ場を作るのと、ドラマと歌と踊りで満ちたカーニバルのような世界を作るためだった」(Lasisi, 2020, p.11)。上演前の前座ショー(ラシシは「前菜」と呼ぶのだが)の制作と練習のとき、「私たちは常に教育的なテーマに焦点を合わせるように促すのですが、時にはテーマから外れ、単なる遊びになってしまうこともあります。前座ショーが人々のエンターテインメントのニーズを満たすことになる限り、常に柔軟にやりました」とラシシは報告する。前座ショーは全部で15分から20分続き、芝居は1時間ほどだった（B・A・ラシシの2020年6月14日付私信）。芝居の終わりに、俳優たちは観客との会話を始め「HIV／AIDSや他のテーマについてどんな学びがあったのか、そして自分自身や他の人々を守るために今後どのようにしたいか」を尋ねた（Lasisi, 2020, p.11）。

ショーの翌日から、通常、CRAIDは選出した地域住民と3日間のワークショップを行う。選出されるのは、すでにさまざまな種類のパフォーマンスを実践している人々である。ラシシが言うには「彼らは地方自治体やコミュニティ指導者に相談して集められました。私たちは、参加型コミュニティ・アセスメントのプロセスを通じて明らかになった、それぞれの地域特有の健康や開発の課題に関する問題、コンテンツの制作、劇団の管理、公演を持続させるための地元での資源確保などについて、訓練しています」。CRAIDが再度その地域で実践するときには「いつも再び人々に接触して、どれほど進歩したかを見るようにしました」とラシシは報告している（B・A・ラシシの2020年6月14日付私信）。私はCRAIDの最初の主要作品である『ヤム芋祭り』に焦点を当ててきたが、この劇団は同じプロセスを用いて、過去20年、マラリア感染予防、望まない妊娠、妊娠中絶、麻薬乱用、

［6］Mackenzie（1978）とKidd & Byram（1978）も参照のこと。

同輩からの集団圧力、個人衛生に関する芝居も創作し上演してきた（Lasisi, 2020, p.12）。開発のための演劇の劇団すべてがそうするわけではないが、CRAIDのようなグループがコミュニティと会話を実施し、彼らが去った後も社会に関わる演劇制作を持続できるように地域のパフォーマーを訓練するという意味で、彼らは（俳優が受け身の観客にパフォーマンスする）教訓演劇から、（パフォーマンスがコミュニティの組織化の形式となる）パフォーマンス・アクティヴィズムへと境界線を超えたのである。

開発のための演劇TfDが多くの田舎の住民の生活にインパクトをもたらしたことは疑いない。とくにマラリア感染率減少、AIDS予防、そのほかの公衆衛生問題ではプラスの効果があった。同時に、この種の社会教育の性質からいって、アーティストには解決困難な問題も提起することになった。運動名が示すように、TfDは「未開発」の田舎に「開発」をもたらすのを助ける実践だと自認していた。数多の意味を持つこの開発（development）ということばも、このコンテクストではモダニティーを意味するお決まりのことばである。これはすなわち（西洋のような）モダンを目指すことを意味し、衛生、健康、農業実践、性道徳規範などについて（アフリカのような）伝統的で土着のアプローチとは隔絶していると見なすものである。このことを考えるなら、TfDの原点が1950年代の植民地時代に遡り、現在もさまざまな政府（一党独裁政府ならびに軍事独裁政府）やヨーロッパを本拠とする資金提供団体に依存し続けていることは無視できないことだ。政治的により急進的な実践家の中には、この開発教育が新植民地主義（Neo-Colonialism）を強化するものだと声高に疑念を呈するものもいる。この新植民地主義はアフリカ解放のリーダーでガーナの初代大統領、クワヌ・ヌクルマの造語であり、政治的に独立したグローバルサウスの国々で今も続く前宗主国による経済的文化的支配を指すものだ。

マラウィー大学の美術・パフォーミング・アート学部の演劇学教授のデービッド・カーは、ジンバブエでもボツワナでも教えている。「ときに開発のための演劇をステレオタイプ化するのは、反動的な伝統的特徴と進歩的近代の特徴を粗雑に二分するやり方である。普通触媒となるのは、プティ・ブルジョア、職業的農業普及員、近代化のイデオロギーで訓練されたグループであるから、彼らは、しばしば文盲の農民、迷信に取り憑かれた病人、欲深い薬草医などの伝統的キャラクターを作り出してしまう。それらのキャラクターは無視と無関心に沈潜していて、そこから救い出すには近代主義者、医師、普及員、教員、コミュニティ役員による働きかけが必須だ、と決めつけるのだ」とカーは書いている（Kerr, 1991, p.63）。

寄付者（資金元）でもある組織の「開発」目標を超える主題探求に関心を持つ、そして／あるいはパフォーマンスの提供対象の村人たちを受け身の観客／生徒であることを超えさせようと望む実践者は、当然ジレンマを抱えることになる。このジレンマの混乱の中で、1970年代後半にＴｆＤ内部に実験が生まれた。それは、より参加に基づく、コミュニティ生成型のＴｆＤだった。ラエザ・バナディーヌは、すでに見たように、観客とより対話的な関係を結ぼうと試みた。その芝居以前の調査によって地域の特殊性が把握される一方、村人に「開発」（西洋的近代化）をもたらす一般枠組みを放棄することもなかった。演劇制作者／教育者／アクティヴィストの中には、コミュニティと社会変革を望むものもいて、不満を抱くものもいた。条件を研究し、芝居を作るために大学に戻り、１編のパフォーマンスと議論のために村を再訪することは、教育的方法の一つであり確かに社会変革の方略ではあるものの、極めて限定されたものと感じられた。当時キッドは「芝居の中でアクションも対話もできなかったら、すべて終わってから水道の蛇口を捻るようなものだ」と述べている（Kidd, 1979, p.7）。

「実践を参加的で批判的な行為のための触媒とする、新しいアプローチが必要だった。［1977年］ナイジェリアのアフマドゥ・ベロ大学のグループが前進する道を見つけた。村人がすべての家庭に関わるようにアプローチの構造を変えたのである。以前の研究の「目的」と一方向的コミュニケーションは、実践活動の「主題」としての研究と学びのプロセスに統合された。データ収集後に芝居を作るために大学のワークショップセンターに閉じこもるのではなく、チームは村にとどまり、村人たちと一緒に分析や戯曲創作を行った。農民たちのために上演するのではなく、農民が自分たちで「芝居」を作り上げるのを支援したのだ」とキッドは書いている（Kidd, 1979, pp.6-7）。

このことは、短くはあったが、開発のための演劇における質的に異なる一幕となった。実践家たちは、これを転換のドラマ（Transformational Drama）と呼んだ。「農民は俳優となり、演劇は農民が状況を分析するための媒介物となった」と、1982年にアフマドゥ・ベロ大学演劇集団が報告している。「外部機関による土地の占有の増加を説明する中で、農民たちはそのやり口を疑問視し抵抗するためにさまざまなやり方で『役割演技』をした。それぞれの『リハーサル』後には、農民たちは自分たちの演技を、限界や潜在的妨害因の視点から分析し、この分析の活動の流れも加えて再びドラマ化した」（Ahmadu Bello Collective, 1982, pp.22-23）。

それら「リハーサル」は、（対話的なものもモノローグ的なものも含めて）教育が生起する場所であり、あるいはより重要なことに発達とコミュニティ・ビルディングが生起する場所なのである。キッドが説明するように「芸術的な生産と分析手段を農民の手に委ねることは、自分たちの転換プロセスを自らコントロールすることを意味する」（Kidd, 1984, p.7）。ときに公共のパフォーマンスとなることはあれ、芝居は事物ではない。転換のドラマは、結果というよりも、今日我々がワークショップと呼ぶものに関わっている。パフォーマンス活動それ自身は、成長の手段としてアプローチされてきた。そこには教えられる課程というものはない。共同による発見があるのだ。発達というものは芝居を観ているだけの人には生まれない。それは農民と、大学から来た演劇学生とが共同創造するものだ。この点に関して、アフマドゥ・ベロ大学演劇集団は、開発のための教育を決定的に超えたのである。こうして演劇は教育のための用具（知識伝達）から、活動としてのパフォーマンスへと適用されたのである。この適用で、人々は何が可能なのかを共同想像し、新しい意味を作り出すのである。

被抑圧者のための演劇との類似性にもかかわらず、アフマドゥ・ベロ大学演劇集団の「転換するドラマ」は、フォーラム・シアターの形式的な応用ではない。そうではなく、対話的教育の精神のもとで展開する即興的プロセスのように見える。デサイが指摘するように「疑問を呈することなく以前に定式化されたアフリカの開発のための演劇の言説実践を受け入れるのではなく、ナイジェリアの演劇はこのような言説実践の隠れたアジェンダを分析することを選んだ。… アフマドゥ・ベロ大学演劇集団の実践は … これまで問われることのなかった「開発とは何か？」「成人教育とは何か？」といった問いを立てた」（Desai, 1990, p.78）。アフマドゥ・ベロは、被抑圧者のための演劇を適用するというよりも、エンパワメントされたアーティスト／アクティヴィストによって、次の2つが同時生起する結果に達したようだ。つまり、従来の教訓主義演劇形態の限界にぶつかるという結果と、社会問題に取り組むためのパフォーマンスの新しい用法の発見という結果が同時に起こったのだ。アフマドゥ・ベロ大学演劇集団は、1984年メンバーが卒業し就職したときをもって解散した。

第11章　政治化

ここまで、主に教育を目的とするパフォーマンス・アクティヴィズムを吟味してきた。このようなパフォーマンスの適用は、パフォーマンス・アクティヴィズムの2つの画期的引き金の一つである。もう一つは、社会変革のための演劇（Theatre for Social Change）であり、グローバルノースでは「政治演劇（Political Theatre）」あるいは「社会演劇（Social Theatre）」と呼ばれ、グローバルサウスではしばしば「ポピュラー演劇（Popular Theatre）」とも呼ばれる。これは、スタイルの歴史からいえば、1920年代、30年代のアジプロまで遡ることができる。第1部で、アジプロがいかにしてパフォーマンスを数百万の普通の人々に、つまり労働者階級の俳優でない人々に開いたかを見てきた。また、これが当時の共産主義運動によって開始され、運動に密接につながっていたことも見てきた。これら2つの要素は社会変革のための演劇の中核として生き続けている。これは今も一つの演劇形式であり、例外もあるが主に職業俳優ではない人々によって実践され、政治的には今も左翼と結びついている。20世紀の共産党の影響はさまざまに現れては消えたが、社会変革のための演劇は、さまざまな変異体がどれも政治経済的な現状に対して政治的に否を唱え、貧者や他の抑圧された人々に対する政治的経済的文化的なエンパワメントの側に立っている。このような左翼との結びつきは、シンパシーや意図の問題ではない。ほとんどの場合、社会変革のための演劇は、進歩的な変化のための、より大きく多面的で草の根の政治的経済的な運動なのである。パフォーマンス・アクティヴィズムの中にあるこの「アクティヴィズム」は、社会変革のための演劇から発したものである。

社会変革のための演劇の中で最もよく知られた流れは、被抑圧者のための演劇（ＴＯ）である。観客＝俳優（spect-actor）は、伝統的演劇を超えた一方向的教訓主義の可能性を開いた。これはコミュニティの対話のパフォーマンスに基づく組織化の方法である。観客を舞台に上げるのはボアールの専売でもないし、彼が初めてというわけでもない。たとえば、すでに述べたようにアフマドゥ・ベロ大学演劇集団の仕事がある（２１８－２２０ページ参照）。あるいは、次に論じるジンバブエのピュングエの事例もある（２２３－２２６ページ参照）。ボアールは職業演出家であり、自分の発見をシステム化し書籍に著した。本書執筆時点で、彼の書籍は35の言語に翻訳されている。今日ＴＯは70ヶ国で実践されており、その中には西ベンガルのジャナ・サンスクリット・被抑圧者演劇センター（Jana Sanskriti Center for Theatre of the Oppressed）もあり、このセンターは30の演劇集団と4万人のメンバーのいる、世界最大のＴＯネットワークである（Ganguly, 2010）。ＴＯは他所でも十分にドキュメントされ議論されているから、ここでは詳細は論じない。第13章「コミュニティの会話の創造」では、ボアールの方法論を利用しつつもそれを超えて、内在的なコミュニティの対話を創造し「抑圧するもの」「被抑圧者」の対立図式を超えるパフォーマンス・アクティヴィズムを吟味する。以前、６０年代の北米とヨーロッパの社会変革のための演劇がどのようなものであったのかについていくつかのサンプルを示した。しかし、アフリカ、アジア、ラテンアメリカにも豊かな歴史があったのだ。[1] 演劇に関してたくさんの本が書かれてきた（さらにより多くが書かれるべきである）。しかし、もし私がグローバルサウスの政治演劇の特徴を掘り起こそうとするなら、それは数巻の大著とならざるを得ず、さらに言えば、それでは政治化のためにデザインされた、出現途上のパフォーマンス・アクティヴィズムのさまざまな新形態というテーマから外れることになってしまう！ そうならないために本章では、政治的アクティヴィズムがパフォーマンスを生み出した事例、あるいは政治的に動機づけられたパフォーマンスが政治的アクティヴィズムに転じた例を示したい。

ピュングエ

ジンバブエの15年にわたる、ローデシアの人種差別入植者国家からの解放武装闘争（1965－1980）の間に、村人とゲリラ戦闘員たちが一緒になって、伝統的だが当時消えつつあったピュングエ文化活動から新しい参加型政治演劇を発展させた。ちなみに、ピュングエ文化活動とは夜な夜な物語や歌を交換しあう村人たちの集まりだった。革命直後に数年ジンバブエで演劇ワークショップの

［1］アジアの政治演劇の概要は Van Erven（1992）を参照のこと。インドにおける政治演劇についてはWaltz（1977-1978）、Richmond（1971）、Sircar（1978）を参照せよ。ラテンアメリカについてはTaylor（1991）。南アフリカについてはGunner（2001）を参照せよ。

指導に尽力したロス・キッドは、次のように記している。

これらピュングエの文化的フォーマットは、解放闘争の必要性から生まれた。70年代初期、解放の戦士たちは、銃では不十分であり、成功には農民の参加と能動的支援を勝ち取る必要があると認めていた。こうするには、農民との会合や教育セッションが必要であり、彼らは農民文化の集まりが理想的な口実あるいは隠れ蓑となり、革命の理想と精神を伝える強力なツールであることを早い段階に発見した。

村人たちは一方向で過度に教訓的なアプローチにうんざりしていた。そこで演説を短くし歌やダンスと組み合わせたり同じメッセージを寸劇にしたりして伝えると、村人は熱狂的に反応した。単なる聞き手ではなく村人たち自身が参加し、イベントの主役となり共同主催すると、村人の関心と支援はさらに高まった。(Kidd, 1984, pp.9-10)

キッドのピュングエの展開に関する説明は、ロシア革命期の共産主義者オーガナイザーとロシアの農民の出会いからアジプロの生きた新聞(Living Newspaper)が発展したとするイネスによる説明に酷似している。1920年代のロシアと1970年代のジンバブエの間にある明らかな文化的歴史的違いにもかかわらず、両ケースは、革命を動機づけるアイディアを拡散し、革命支援のコミュニティを組織化する、パフォーマンスの価値という類似の発見が見られる。ジンバブエの初代教育文化大臣のジンガイ・ムトゥンブカは、1983年8月に19のアフリカ諸国から進歩的演劇アーティストを集めた全アフリカワークショップで講演した。彼はピュングエの登場を次のように回想している。「戦士たちと村人たちは、夜通しピュングエを開催し、そこで戦闘員と支持者たちが、寸劇、歌、詩、ダンスを演じて、意欲を高め、戦争の争点と問題を話し合った。ピュングエは、植民地時代に廃れていた伝統的パフォーマンス・アートを復活する上で重要な役割を果たした」（Kidd, 1984, p.9より引用）。多くの開発のための演劇はアフリカの土着の伝統をしばしば妨害し時には名誉を傷つけることもあるのだが、それとは違ってピュングエ運動は伝統文化をもとに、伝統文化とともに、新しいものを創造するのである。それは反乱軍のおかげで、「社会変革のための」力になる何か新しいものなのだ。

さらに、ゲリラ戦闘員のジョセフ・ムポフは、ローデシア（Rhodesian state）に対抗できる別種のパワーベースを確立するプロセスの一部としてのピュングエ戦争の終わりに次のように書いている。「部族信託地の表向きは眠ったような普通の農民の暮らしの背後には、入植者の国家に挑戦する、二重権力システムの活動と構造が生まれつつある。このことは、比喩的に言えば、そしてしばしば文字通りの意味で、昼と夜の違いである。闇が落ち外出禁止令の時間になり、外出しているものは治安部隊による射撃が許される時間帯に、村人はこっそりとゲリラ部隊との集会（pangwe）に集まるのだ」（Cliffe et al., 1980, p.51）。

集会（pangwe）のパフォーマンスにアクティヴィズムが内在するのは明らかである。アクティヴィスト（この場合にはゲリラ戦士）は、自分たちが組織するコミュニティとともに、政治的な教育とコミュニティの動機づけに成功する参加型パフォーマンスを創造し、その創造力を爆発させたのであった。キッドは次のように書いている。

参加と対話は、それゆえ、ピュングエのエッセンスなのだ。これは一方通行のコミュニケーションではない。ゲリラたちはただ立ち上がりスピーチするだけだ。これは…高度に参加中心の活動であり、全員を文化創造に招き入れるものだ。歌に参加する人々、スケッチ、音楽、ダンスで貢献し、政治活動の演説にスローガンと爆発する歌で応え、さまざまな文化的パフォーマンスの上演の間に行われる議論に参加するのである。村人たちと戦士は、彼らのコミットメントを演じ踊り、集合的な音楽づくりを通じて強さと団結を築くのである。

このメディアはメッセージの一部である。ピュングエを通して、人々の文化は、それ自身価値あるものとして、そして解放の有用な道具としても、復活し、認められ、前進するのである。(Kidd, 1984, pp.9-10)

政治的集会は、革命戦時下で花開いた。勝利ののち、新政府はそれを利用することはなく、推奨されることもなくなった。しかし近年でもジンバブエのパフォーマンス・アクティヴィストによっていまだに制作され続ける、進歩的政治演劇のレガシーを残したのである。

演劇から組合へ

1970年代、インドのタミルナードゥ州で、地方貧困者協会（Association of the Rural Poor: ARP）は、フレイレに触発されてマドラスから100キロほど離れた不可触民（ダリット（Dalit）あるいはハリジャン（Harijan）と呼ばれる）のコミュニティに対話的成人教育学級を作った。地方貧困者協会のオーガナイザーの一人で、この情報の主たるソースであるフェリックス・スギルタラジは、「神の子」を意味するガンディーの造語ハリジャンを使っている。しかし、この造語は当事者を見下すものだと多くの不可触民に拒否されてきた。彼らはむしろ「被抑圧者」と翻訳されるダリットを好むのである。[2]

この成人学級での会話は、参加者の生活物語の演劇化へと発展した。スギルタラジの回想によれば「私たちは、この村の生活自体の悲劇を演劇に仕立てた。村人たちは一人のハリジャンが借金を返せずに金貸しから鞭打たれるシーンを演じた。他にはハリジャンの娘が地主の手下のならず者たちにレイプされるのを演じた」（Van Erven, 1992, p.133より引用）。次に村人たちは、自分たちのパフォーマンスの範囲を地主との対決のためのリハーサルにまで広げた。そのリハーサルは、何を言うかだけでなく、地主に対して代弁者がどこに立ち「出演者たち」がどこに位置どりするのかを決めることで、地主との対決での「防御」のリハーサルとなった。

---

［2］Guha（2017）を参照。

スギルタラジが言うには、準備が整ったと感じたとき、ハリジャンたちは「地主の家まで行進した。村人は100人にのぼり、地主は大変驚いた。ハリジャンたちは自分たちで話をした。すでに損をしたとの理由で地主は賃金を上げるのを拒否した。それで、私たちは村に戻りストライキを決めた。その夜も次の夜も、近隣の村々を訪ねて、想定されるストライキの好影響と悪影響についての短編ドラマを演じた。ストライキは1週間続いた。警察もやってきて賃金交渉が始まった。私たちは日給を6ルピーから8ルピーに上げることに成功した」(Van Erven, 1992, pp.133-134より引用)。成人教育学級からパフォーマンス・グループへと発展しながら、地方貧困者協会はさらに発展し、地方ハリジャン農業労働者連合(Rural Harijan Agricultural Laborers Association)という名で組合化し、最終的には500の村落に広がるまでになった(Sugirtharaji, 1990)。

これは観客の**ために**演出された、社会変革の**ための**演劇ではなく、不可触民自身によるパフォーマンスであり、このパフォーマンスを通して不可触民はコミュニティとパワーの感覚を深めて、パワー行使のための現在も発展する組織への転換が可能となった。その組織が地方ハリジャン農業労働者連合という組合なのである。

裁判から演技へ、演技から裁判へ

1980年のヨハネスブルグでのストライキで、55人のズールー族鉄鋼労働者が不当逮捕されたとき、長期にわたって組合オーガナイザーだった弁護士のハルトン・チードルは、このストライキでの出来事をもとにしたパフォーマンスが重要なことを力説した。[3] 現在も健在で南アフリカの歴史に関する進歩的芝居で知られるジャンクションアベニュー・シアター・カンパニー（Junction Avenue Theatre Company）の助けを借りて、労働者たちは長編劇を創作した。それは『労働者のために陽は昇る（Ilanga Izophumela abasebenzi）』であり、この出来事をストライキ側から見た解釈を上演した。それは裁判において自分たちを弁護するものでもあった。法システムという生のアスペクトに演劇を適用するという意味で初めてのものであるばかりか、明らかなアクティヴィズムとしてのパフォーマンス表現でもあった。

労働者たちは裁判には負けたが、後に、金属連合労働組合ホールや他の国中の工場を会場として、仲間たちのための上演が続いた。さらに、ビデオ撮影されて全国の労働者に広く回覧された（Hutchinson, 2004, p.362）。

ヨハネスブルグ・ストライキの間に「実生活」での裁判は、演技へと転換し、組織化のツールとなった。逆向きの作用、つまりパフォーマンスが実際に「実生活」の裁判となるという興味深い事例が、1979年にインドのケララ州で見ることができる。市民文化フォーラム（People's Cultural Forum）は、（マルクスーレーニン主義の）共産党とつながっているアジプロ劇団であるが「… 賄賂で有名な病院の真ん前で、堕落した医師たちについて風刺劇を上演した」とアジアの政治劇の歴史家ユージ

［3］ハルトン・チードルはアパルトヘイト後に制定された憲法の、労働権利を含む基本権利条項の草稿準備に尽力した（BCHC, n.d.）。

ン・ファン・エルヴェンは記している。「上演後に、俳優たちは病院に駆け込み、医師たちを引きずり出して、貧乏人の診察拒否を裁く民衆裁判に立たせたのである。結局のところ、徹底的な恥辱を与えられた医師たちは、次にやったらそんなに簡単にはいかないと警告されて解放された。俳優たちは逮捕されたものの、この事件は大きな注目を集め、ケララ州立病院の収賄は劇的に減ることとなった」(Van Erven 1992, pp.132-133)。

マイケル・ロードと「命の希望」

演劇に興味を持った中流階級の若者と同じく、米国人のマイケル・ロードは20世紀後半期に活動を開始した。1989年シカゴのノースウエスタン大学で演劇学士を得て、演劇で身を立てることを目指した。「約1年間、伝統的な俳優の仕事を試しでやってみたんですが、その生き方はとても虚しいと衝撃を受けたんです」と2015年のインタビューで回想している(M・ロードの2015年3月23日付私信)。

「私はアクティヴィズムを経由した演劇には全く関わりがありませんでした。私は演劇アーティストであり、そういう訓練を受けてきたし、そういう関心を持ってきました。程なくこの分野には何かが欠けていることに気づいたのですが、それに着手することはできませんでした。… 演劇が実演される建物とそれを見にくる人々と、そして実際に建物が位置する近隣コミュニティとの間に、ほとんど何の関係もないように思えました。ほとんどの場合に、そこから20分か30分のところに住んでいる人々がお金を払い、お金をもらった人々が自分たちを楽しませてくれ、終わったら帰宅するのです。舞台の上のストーリー転換を見ている瞬間を除けば、コミュニティの感覚やつながりの感覚などほとんどないのです。…私は、コミュニティの一員としての経験に再びつなげようと試みました。そのときの自分にとっては、そんな感じでした。観客の誰もが、制作側の誰もが、そしてストーリーについて考えている人たちすべてが、知り合い同士だったら、いったい何が起こるのだろうか？これが演劇アーティストとして最初に抱いた関心の衝撃を再発見する上で、最善の道のように思えました」（M・ロードの2017年9月21日付私信）。

1992年までに、ロードはワシントンDCのサイドウェル・フレンズ学校で演劇を教えていた。そこの女性同僚が、ワシントンDCのダウンタウンにあるホームレス・シェルターでワークショップを始めた。このシェルターの五階は、HIVあるいはAIDSの路上生活者の男女のための秘密診療所であった。それはホームレスのためのヘルスケア（Healthcare for Homeless）と呼ばれた、ワシントンDCの最初の秘密診療所だった。彼女は24歳だったロードを演劇ワークショップのリーダーとして招いた。「このことがどういう意味を持つことなのか、自分の人生経験とはかけ離れた人々とどうやって活動するのかと途方に暮れました。…若かったので、それでも始めることにしました。自分が何も知らないことなど気にしませんでした。…6週間の間誰も来やしませんでした。そこに座って待ち続けました。それでも誰も来ませんでした。7週目に、一人の男、ラッセル・ゴラットがやってきました。」ホームレスで自身HIV陽性だったラッセルは、ロードとパートナーを組んだ。ラッセルは他の人々を誘い、徐々にアンサンブルが成立するようになっていった。

ワークショップは、インプロ・ゲーム、ストーリー・テリングと会話で構成された。この時点で影響を受けたのは、ヴァイオラ・スポーリンとロバート・アレクサンダーのリヴィング・ステージ（Living Stage）だったとロードは語っている。当時ロードはアレクサンダーとも実践していた。リヴィング・ステージ（1966－2002）は、最初期のパフォーマンス・グループの一つであり、意識的にもっぱら俳優でない普通の人々とともに、社会的争点に関する会話と関与の基礎としての即興芝居を作っていた。[4]

「ワークショップに参加する通常グループと実践するときは、ラッセルは私に向かって『十代の若者も入れよう』と言うんです。私は『どういうことだい？　道で拾ってくるのかい？』と聞きました。ラッセルは当たり前のように『市内中でワークショップをするんだよ』と答えました」（M・ロードの2017年9月21日付私信）。こうして、命の希望（Hope is Vital: HIV）が生まれた。これは地域の十代の若者と、ホームレスのためにヘルスケアで治療を受けているHIV陽性の男性グループの共同実践を導いた。「18ヶ月間、ワシントンDC地域のあらゆる地下鉄駅で、私たちはHIV／AIDS予防と性教育に焦点を当てたパフォーマンス・ワークショップを実施しました。そして学校、若者対象シェルター、矯正施設、一時立ち寄り診療所、教会、放課後プログラムなどで実践しました。…私は、すぐに、それまでに経験した何よりもすごい演劇だと思いました」（M・ロードの2015年3月23日付私信）。

18ヶ月目の終わりに、ロードと彼のグループは、他所でも応用できるモデルができたと結論づけた。「グループがミッションを与えてくれたんです。私たちの作ったもの、これは実際には過程にすぎなかったんですが、25歳のときにそれを見つけて、世界を目指して進み、私たちのことばを広げるというミッションでした。…私がやったのは怠け者のやり方で、6ヶ月の間助成金を得ようとしたんです。でも、何の実績もない25歳の若造に金を出す財団なんてありゃしません」とロードは回想する（M・ロードの2015年3月18日付私信）。彼のガールフレンドがオレゴン州ユージーンに住んでいたので、車に荷物を積み込むと縦断旅行に出発し、あらゆる町々に停車しては、校長先生や地域の芸術評議会と面会し、命の希望ワークショップへの資金援助をお願いした。ニューメキシコでは、丁寧だったが関心の薄そうな校長先生との面会の後、学校の駐車スペースを抜けて車に戻ろうとしたとき、一人の教員が走って出てきてロードを止めようとした。ブライアン・ファントという名の教員だったが、ロードが校長室に置いていったワークショップの計画を見たのだった。ファントはロードに、学校でのワークショップ実施に興味があり助けたい、自分の家に泊まってもいいと申し出てくれた。2人は2週間のワークショップを行った。「ここで学んだのは、門番のところを通過するには、別に一番偉い人じゃなくてもいいということ」とロードは回想する（M・ロードの2015年3月23日付私信）。続く9年間、国中を命の希望ワークショップを実践しながら旅をして、最終的にはHIV予防から、幅広い政治的争点にもワークショップのトピックを広げていった。

1993年から1998年の間、ロードは4分の3の時間を旅公演に費やした。「それは文字通り

［4］リヴィング・ステージの歴史と技法に関する概要はウエブサイトを参照のこと。Aya art and media（2015）、George Mason University Library（n.d.）。

ただ運転していたんです。学校に顔を出し、芸術協会に顔を出し、大学まで行き、保健所を探し、人々にこれが本当に重要で、金もかけずにコミュニティの若者たちを参加させることができることを説いて回ったのでした」（M・ロードの2015年3月23日付私信）。90年代の終わりにロードはヴァージニア工科大学大学院に入り、演出と公開討論で芸術修士号を獲得した。1998年に『コミュニティのコンフリクトと対話のための演劇――命の希望訓練マニュアル』*を執筆し、刊行した。これは、演劇の公式訓練を受けていない人々との演劇づくりと、社会問題のためのパフォーマンスに焦点化した、米国初の演劇マニュアルである。これは、米国で現在私たちがパフォーマンス・アクティヴィズムと呼ぶものに最初に関心を持った場合でも、関心を抱かせる上でも、大変広く受け入れられた書籍となった。ロードは、今でも毎日のように、彼の書籍を利用した人々からお礼やアドバイスを求めるメイルが来ると言っている。『コミュニティのコンフリクトと対話のための演劇』は、財政面での報酬と学術界での承認をもたらし、キャンパスや学会でのワークショップ開催ももたらした。ロードは、ほぼ休みのない旅をやめて、オレゴン州ポートランドに落ち着いた。彼は自分が作り出してきたパフォーマンスに基づく会話を深める方法を見つける仕事に着手し、（いわば）より大きな舞台に上がろうとした。1999年、彼はソージャーン・シアター（Sojourn Theatre）を創設した。

「ソージャーン・シアターは、自分がヴァージニア工科大学にいたときに出会った9人と一緒に始めました」（M・ロードの2017年9月21日付私信）。命の希望の精神と方法論を基礎に、ソージャーン・シアターは、より大きなスケールで構成されたパフォーマンスに基礎を置くワークショップを創造した。それは、政治的、経済的、市民問題の争点に関する会話が火花を散らすようにデザインされていた。最初の10年間は、ポートランドに拠点を置いていたが、名前（sojourn＝居留地）が示すように、常に旅する劇団であり、現在は17人のメンバーが全米の8地域に分散して居留し、定期的にメンバーを入れ替えて活動を継続している。

ソージャーン・シアターの最初の作品は『見て見ぬふり（*Look Away*）』だった。国中と国際的にも注目を集めた、米国で最初の学校大量射殺事件である、コロンバイン高校事件の直後に作られたもので、若者と暴力をテーマとした。ロードは「とても複雑で、高度な振り付けを施された作品であり、[観客に対して]上演後ワークショップの経験を与えるものでした」と説明している（M・ロードの2017年9月23日付私信）。結果として、イリノイ、ネブラスカ、オレゴン、ワシントン州の4万人の若者が見ることになった。ソージャーン・シアターの次の作品は、『丘の上の都市（*Cities on a Hill*）』で、「アメリカの歴史におけるユートピアへの衝動」とロードが呼ぶものを探求する作品だった。これは劇団員の共同制作作品で、アメリカン・ドリームに関するヴァージニアからオレゴンまでの自動車移動の際にガソリンスタンドや休憩所で実施したインタビューに基づいている。

ソージャーン・シアターの作品で最多の上演数を誇るのは、最初に2013年に制作されて以来7年後の現在も各地で上演されている『90分で貧困を終わらせる方法――あなたの知らない199人の人々とともに（*How to End Poverty in 90 minutes: With 199 People You Don't Know*）』である。これは1

＊訳注：Rohd, M. (1998). *Theatre for community, conflict & dialogue : the Hope is Vital training manual*. Heinemann.

年にわたるコミュニティ組織づくりでの、人々への研究と対話に基づくものである。毎回のパフォーマンスは、チケット売り場から拝借しガラスのボウルに入れられた現金1000ドルで始まった。毎回のショーの始まりには、1000ドル入りのボウルが舞台に据えられた。それはパフォーマーたちの頭上に持ち上げられて、空気が送られてお札はパフォーマンスの間中ボウルの中をくるくる回った。観客に与えられたのは、1000ドルをどの反貧困団体に寄付すべきかを決めるという課題だった。ショーの最後に、観客投票でどの団体にするかを決定するものだった。本書執筆時には、8万6000ドルがアート関係業界から貧困解消実践へと寄付された。

『90分で貧困を終わらせる方法』にはプロットはなかった。その道筋は、互いに見知らぬ観客同士が、手に負えない公共問題への最善の取り組みを決定する旅路なのである。ショーの前半では、観客が周囲の見知らぬ人たちと関係を築くのをパフォーマーたちが支援する。観客たちが貧困解消について会話するようになるにつれて、会話の相手と関係性も作られるのだった。

「観客たちの議論のために、どのようなコミュニティに所属しているか、イデオロギー的にも世代や経験でも観客たちをミックスしたかったのです」とロードは語る。「これこそがこのショーなのです。つまり、パフォーマンスによってこの複雑な問題に対して価値づけやアプローチが可能な場所を作り維持しながら、90分間議論することなのです」（M・ロードの2017年9月21日付私信）。このショーの制作に関わる市や町やキャンパスの組織との6ヶ月前の協議で、パフォーマンスがデザインされる。ソージャーン・シアターは、チケット売り上げの25パーセントは、チケットを買えない人々に割り当てられるという。またリベラルあるいは進歩派だけが招待されたわけではないという。ソージャーン・シアターは、地域の共和党コミュニティ、キャンパスの共和党員、商工会議所、さらに右翼のアクティヴィストも観客となることを望んでいる。「基本的に、アメリカには貧困に対する二種類の哲学的アプローチがあると思います。一方は貧困ゆえに貧者を非難し、他方は金持ちと経済システムを非難します。私たちのアイディアは、このような互いに見知らぬもの同士に、互いに人として出会い、貧困について話す部屋に入ってもらうことなのです。ソージャーンの役割は、その部屋で人々をもてなすことなのです」(M・ロードの2017年9月21日付私信)。本書執筆時には、ソージャーンは、演劇と相互作用法ワークショップ、会話の促進からなる、25作品を制作し、旅公演をしている。

明らかなアート上の、そして政治的・公衆的成功にもかかわらず、財政問題は現在もソージャーンを悩ます課題である。最初の10年のうち、ソージャーン・シアターが芸術監督のロードに対して給与を払えたのはたった2年だった。2007年、母校のノースウエスタン大学は、演劇学科の教員として彼を招聘した。ロードが学術界からの申し出を受けた結果、彼のことばによれば「ソージャーンは拡大しました。…回転の速いプロジェクト焦点型の実践が可能となりました。自分たちのミッションと実践を維持できましたが、物理的な意味での劇場やインフラは持てませんでした」(M・ロードの2015年3月23日付私信)。他の結果としては、財政面での安定性を得られたことがあり、ロードはパフォーマンスと市民の実践センター(Center for Performance and Civic Practice: CPCP)を設立することもできた。これはロードとシャノン・スクロファーノとソニーラ・ナンカーニの2人のソージャーン・アーティストの発想の産物として発進した。このセンターは、彼が創設以来続けた実践、つまり市民の政治的課題へと取り組むパフォーマンス活性化の方法を探求するという実践をスケールアップし、組織化することが可能だと証明するものとなった。ＣＰＣＰは、アーティストとアートグループによるコミュニティづくりの組織と、地方自治体の間のコラボレーションを確立したのである。「私たちはセンター内でアートを実践するのではなく、他の人々が地方人権団体や市民団体との共同でアート実践するのを支援するのです。…アート組織としての能力を成長させたいと私たちの元にやってくる多くの人々、あるいはパフォーマンスやそのほかのアートを市民的課題に適用させようとするコミュニティグループや地方公共団体の人々から生まれていくのです。私たちはこれを、アートを基礎にしてコミュニティが主導する転換と呼んでいます」（Ｍ・ロードの２０１７年9月21日付私信）。２０１６年ロードは、アリゾナ州立大学ハーバーガー・デザインアート専門学部の教授職を受諾し、ＣＰＣＰも大学の付属組織となった。ロードは今もＣＰＣＰとソージャーン・シアターとの仕事を続けている。

第12章　橋を架ける実践

これまで見てきたように、演劇は（たとえ独白劇でも教育劇でも）教育することもアジテーションし／政治化することさえできる。しかしながら、パフォーマンスのパワーが明らかになるのは、俳優以外の人々がパフォーマンスするときである。私たちが見てきたパフォーマンス・アクティヴィズムは、とりわけ、パフォーマンスを（生徒と教師、小作農や鉄鋼労働者、不可触民やホームレスなど）より多くの人たちに拡散する重要な機会を与え、そうすることで人々にコミュニティを生み出す経験（とパワー）を提供するのである。同時に、パフォーマンス・アクティヴィズムは、とくに少なくとも過去20年においては、教育とアジテーション以上のことも実践してきた。アクティヴィストによる利用は、一つには、ともにパフォーマンスする人々の間につながりと相互尊敬の念を生み出すという、パフォーマンスのパワーを前面に押し出すことにあった。たとえその社会的歴史的なコンテクストがつながりや相互尊敬を損なってきた場合でも、このパフォーマンスパワーは可能なのである。

アラブとユダヤによる共同の舞台

1人の若いイスラム教徒のアラブ人女性と、宗教的には保守的な入植者の背景を持つユダヤ人の母親がイスラエルで人種のミックスした観客を前に、共同制作舞台を披露した。2人はあえてそうしたのである。2年前までは、互いに最善の友人というわけでもなく、互いに非難しあう場面に直面する可能性もあった。しかし、2人は2年間互いの空間、視野、文化、互いへの不満を共有しあうことで、「相手を」よりよく理解できるようになったと感じ、ドラマを通して自分たちの学んだことを広めようと決意した。

(**Oryszczuk, 2016**)

英国の週刊紙『ユダヤ人ニューズ(*Jewish News*)』による上記の記事は、2016年の出来事からとられたものである。最終年のプロジェクトの一つが、イスラエル北部にある西ガリラヤ大学の3年間プログラム「コミュニティと教育ドラマとシアター(Community and Educational Drama and Theatre)」だった。このプログラムに参加する学生たちは、およそ半分がユダヤ人で残りがアラブ人だった。これはピーター・ハリスによって創始され、運営されているプログラムである。彼は英国生まれだが、人生の大半をイスラエルで過ごしている。コミュニティと教育ドラマとシアタープログラムでは、学生(あるいはその一部)が恐怖の対象である「他者」に、大学の中で初めて出会うという経験を提供するのだが、その際パフォーマンスを工夫するスキルを与え、パフォーマンスを通して文化的政治的な対話を継続する経験を与えるのである。ハリスは、このプログラムを発進させる前には、15年間受刑者たちと大学生を一緒に活動させる刑務所での演劇ワークショップのファシリテータを務めていた。この実践を通じて、極めて異なる歴史、見方、態度を持つ人々に――たとえばアラブとユダヤのような百年間さまざまなコンフリクトを抱え続けた人々であっても――他のやり方では不可能な、互いに見つめあい、耳を傾けあう方法としてのパフォーマンス・アプローチを始めたのだった。

最初は、当然ながら、互いに警戒しあっていた。「普通19歳のアラブ人の女の子には、村から出るという経験はない」とハリスは指摘する。「彼らはユダヤ人を恐れている。彼らに傷つけられると思っている。互いに互いを脅威と感じているのだが、私の学生に限ってそれは最初だけである」。3年間の授業を通して「一緒に活動し、即興し、体に触れ合い、一緒に笑い、この場所に各自の家庭の話を持ち込んでくる」(Oryszczuk, 2016より引用)。

「この演劇的空間では、私たちは平等です、というのも皆俳優だからです」とハリスは言う。「この場所に私たちが持ち込む偏見や重荷に関わりなく、一緒にパフォーマンスし一緒に演劇し遊ぶことで、偏見や重荷を傍に置くことができます。私たちは人工的環境を創造できます。それは平等を基礎とする安全な空間を創造するプロセスです。そして次に人々が安全と感じるときには、人々は違いについて議論し、互いに感じていた困難について議論し、家庭から持ち込んできた考え方について議論を始めます。このパフォーマンスの空間は、中立的なゾーンなのです。この中立的ゾーンは、何かが生まれる場所なのです。ときには語りそのものから何か生まれることもありますが、それは非常に長く継続するものとなります。このようなパフォーマンス性（performativity）は、人々が互いのパフォーマンスを観察しあうことを可能にし、そうすることで喜びも生まれます。誰かを偏見のもとに眺める代わりに、美しく動く人として、即興の中であなたと美しく交流できる人として、その人を眺めることができるのです」（P・ハリスの2017年9月28日付私信）。

違い、不満、心の傷を見せあうというのは耐え難く辛いものだ。「私が作ったのは、困難な問題を吐き出すというエクササイズです。その時点では、両方のグループとも私に対して明らかに怒りを見せていました」とハリスは述べる。彼らは、ハリスがこの状況を敵対的なものにし、学校で維持しようとした礼儀正しい共存を剥ぎ取ったと非難する。「『なんでこんなことするのか？』と彼らは聞きます。『こんなこと話してしまったら、互いを二度と見ることなんてできない』。しかし、どのワークショップでも見られるのは、この空間でパフォーマンスを行うことでラポールを形成して相手の温かさや人間性を認めることができるようになり、自分にとって重要と思える、困難な問題に実際に取り組むことができるようになることです。…中東で生き残る唯一のやり方は、私たちの差異に向かい合い対話を続けることです。なぜなら、他のやり方は破壊するだけだからです」（P・ハリスの2017年9月28日付私信）。

警官とガキの会話大作戦

レノラ・フラニは政治的アクティヴィズムからパフォーマンスへと至った人物である。ペンシルベニアのチェスターの貧困の黒人として育った。急進的コミュニティ・オーガナイザーでもソーシャルセラピーの創始者でもあり、後にカスティリョ・シアターの芸術監督となるフレド・ニューマンと出会ったときには、発達心理学の博士課程にいた。彼女は、ニューマンが創設したニューヨークの有色貧困コミュニティにおいて、始まったばかりの政治的文化的運動に大いに貢献し、すぐにリーダーとなった。ここで言っておくべきは、本書のためにインタビューした多くのパフォーマンス・アクティヴィストもいるが、フラニと私は友人同士であり40年以上の政治運動の仲間同士だということだ。

80年代と90年代を通して、フラニは合衆国政治で長く維持されてきた二大政党による独占体制を打ち壊そうとする、多数の進歩的独立系政党の組織化を支援し主導してきた。1988年には、独立系候補として大統領選挙に立候補し、初の女性候補で初のアフリカ系アメリカ人候補として全米50州を戦った。彼女の選挙活動は、同時にコミュニティづくりの実践でもあった。この実践には警官の暴力に対抗する数限りないデモ、ハーレムとブロンクスでの診療所ならびにソーシャルセラピーセンターの開設、ニューマンとともに行ったオールスターズ・プロジェクトの共同創設も含まれていた。

1991年、ユダヤ聖職者ラビの車が誤って歩道に侵入し1人の黒人少年を轢き殺し、他の子にも重傷を負わせた事故の後、ブルックリンのクラウンハイツ地区で、ユダヤ原理主義者と、アフリカ系カリブ人、ならびにアフリカ系アメリカ人コミュニティが対立する騒動が勃発した。その後にも黒人の若者とユダヤ原理主義者の若者の間で、路上での散発的もみ合いが生じる中、路上に集まった黒人の若者たちと、若者を封じ込め解散させようとする警官の間に、緊張と衝突の危機が高まった。ニューヨーク市のアフリカ系アメリカ人のリーダーのほとんどが市長や警察幹部のもとに押しかけたが、フラニは路上にとどまり、可能な限りの説得力と威光を用いて暴力反応が引き起こされることを防いだ。凄まじい緊張関係だったが、こう着状態にあった3日間、警官と若者たちの間に暴力が勃発することはなかった。このクラウンハイツの通りこそが、フラニのパフォーマンス・アクティヴィズムの種が植えられた場所となった。後年、クラウンハイツ暴動の現場にいた警察官たちがフラニと再会したおり、クラウンハイツの何時暴力に発展してもおかしくない状況で、フラニのおかげで命が救われたと感謝のことばが述べられたのだった。

2006年以前には、ショーン・ベルという23歳の銃を持たない黒人青年が、自分の結婚式前夜に私服警官によって50発も撃たれて殺された事件があった。「私は抗議集会の組織化を手伝って、さまざまな人種の人々をニューヨーク市のデモに動員していました」とフラニは2014年に回想している。「同時に、怒りに満ち反発するデモによっては、過去何年もの間、貧困の若者とニューヨーク市警の間の恐怖と憎悪の文化を変えられないことがよくわかりました。それは何度も経験してきたことです。コミュニティは傷つき激怒し、彼らは怒りに満ちたデモを行い、警察と警察寄りのメディアは防衛的になりました。そして突然にデモは沈静化する、の繰り返しでした」(L・フラニの2014年12月12日付私信)。

フラニとニューマンは、「法に沿った取り締まりは必要ですが、警察官と有色の若者たちの間に深く刻まれた相互不信の溝を埋めるには、トップダウンによる法制度改変はほとんど意味がないということを私たちは確信しました。必要なのは、警察とコミュニティの関係性の文化を転換すること」だと結論した(L・フラニの2014年12月12日付私信)。こうして発進されたのが、警官とガキの会話大作戦（Operation Conversation Cops and Kids）だった。ショーン・ベルの死から1ヶ月後、フラニは一緒に活動した若者たちとニューヨーク市警の警察官たちを招いて、クイーンズ郡スプリングフィールド・ガーデンのアフリカ系アメリカ人互助協会の部屋で座って一緒に会話した。「この最初のミーティングも、他の警官と子どもたちが参加したその後すぐ開催した他のミーティングも、漂うのは気まずさと緊張感でした。私はすぐに、遊びやパフォーマンスなしでは、会話が進まないことがわかりました」とフラニは回想する（L・フラニの２０１４年12月12日付私信）。

フラニは、初対面の出会いの場面の半分を、パフォーマンス・ワークショップに変えた。通常ワークショップを行うコミュニティ・センターに警官と子どもたちが到着すると、部屋の中央には輪に並べた折り畳み椅子とピザが置いてあった。「ほとんどの場合、警官はこっち側で子どもたちは反対側に座りました。私は、警官、子ども、警官、子どもの順に座り直すように言いました。戸惑いながらもそれに従ってくれました。…全員が自己紹介したけど、形式張って、堅苦しく、短いものでした。…私は、皆さんはどう話したらいいかわからないようだから、代わりにパフォーマンスしてみようと言いました。つまり新しい役割、新しい感情、新しいやりとりをパフォーマンスしてみようと言ったのです。さらに、私は比喩的な意味でパフォーマンスと言っているのではないと告げました。実際にやることとなのだと。うなずいてくれたもののはっきりしない様子でしたが、ほぼ全員やってみると言ってくれました。この時点で逃げ出したのは、ほんの4、5人の警官と子どもだけでした」とフラニは回想する。

「参加者に輪になって座るように言って、一連のパフォーマンス・ゲームを行いました。『スローモーションで動く』『手拍子回し』などの俳優と演劇科学生には馴染みの活動でしたが、子どもたちや警官にとっては新奇で風変わりなものでした。始まって15分で警官と子どもたちは、互いに微笑みあい、笑いあい、冗談を言いあい始めました。参加者は一緒に馬鹿なことをやるという経験を共有しました。次にシーンを即興で演じることに進みました。子どもたちも警官たちも自分たちだけでは演じることもできないし、ましてや他の人たちと一緒に演じることもできませんでした。そこで新しいことを即興で行いました。たとえ子どもたちと警官が一緒に演じても、ただ単純に相手の行動を真似するだけでした。そこで意図的に馬鹿馬鹿しい即興をやらせました。自分以外のキャラクターを演じ始めたとき、誰もが笑みを浮かべて笑い出したのは素晴らしいことでした」(L・フラニの2014年12月12日付私信)。

ある程度一緒に遊んだとき、初めて席を一緒にして会話を始めたのだった。最初に、フラニは、警官たちと子どもたちに「心を開いて」「互いを本当のところどのように思っているか」話すようにお願いした。いつも子どものほうから、突然に、警官は嫌いだと冗談めかして言うことが多かった。これで口火が切られる。会話の中で、フラニはいくつかの質問を発した。「今のニューヨークで、有色の若者として成長する上で一番大変なことはなんですか?」「警官でいることで一番の困難はどういうことですか?」ワークショップ中に、二、三度、フラニは、警官1人と子ども1人に、椅子を持って円の中央に出て、対面して座るようにお願いした。そして、たとえば若者か警官に自分に生じた最悪のことをシェアし、相手に共感的に反応できるように相手の話を聞くようにお願いした。このワークショップを見た人の中には、このやりとりが偽物で、とくに警官たちは共感的ではなく振りをしているだけだと言う者もいた。「このような意見はこのワークショップの重要な点を全く見失っています。私の理解は、共感はメンタルな状態ではないのです。それは活動としての社会的関係性なのです。人々が共感をともに演じるとき、共感を創造し／経験する、あるいはさらに言えば、何らかの情動性を創造／経験するのです」（L・フラニの2014年12月12日付私信）。

「私にとっては、あなたに対してこの環境で生じることを表現するのは困難である。というのも、それは普通でないものでもあり、ごく普通のものでもあるからだ」とフラニは言う。「私がよく覚えているのは、（アッパー・マンハッタン近隣地区の）ワシントンハイツから来たドミニカ出身警官と、モット・ヘヴンから来たプエルトリコ系少年が、最初は互いに探り合う様子でいたが、2人とも小さいときに家族が父親に捨てられたという事実について話し合うやり方を見つけた。そしてそのことの痛みや恥を互いに、そしてグループでも共有するやり方も見つけたのである。私が警官と子どもたちに人生で一番大変だったことを尋ねたとき、警官たちが休みの日に家族といられず、実際に過去4年間、仕事のために感謝祭のディナーも一緒にできなかったと言うと、若者たちはしばしば驚き、心を動かされた様子だった。彼らが共通して発見したのは、一緒にいた通りを恐怖と感じていたということだった。多くの若者たちは、毎朝登校のための地下鉄までの道で地元のギャングに撃たれないか、警官に嫌がらせされないかが怖いと語った。一方警官たちは、どんなときでも、警官への暴力に火がつくのではないかと思いながら生活していると語った。ある若い警官は、毎朝仕事に出かける前に母親を呼んで、もし今夜、生きて帰れなかったとしてもお母さんを愛していると告げると話した。これに促されて、同じコミュニティから来たある若者は、警官と同じ理由で朝家を出るときには母親と絶対喧嘩しないようにしていると打ち明けた」(Fulani, 2012)。

大作戦が始まって8年間、フラニはほぼ2週間続く、すべてのワークショップを指導した。2015年カスティリョ・シアターの運営責任者だったダイアン・スティルズとともに活動しながら、フラニはこのプロジェクトをスケールアップできるように、ファシリテータのトレーニングを始めた。本書執筆時には12人のファシリテータのトレーニングが終了している。彼らは2人でチームを組んだのだが、一方はソーシャルワーカー、他方は演劇関係者の背景を持った参加者だった。

本書執筆時にガキと警官大作戦は、2人のニューヨーク市長と3人のニューヨーク市警本部長の在任期間、ニューヨーク市警とオールスターズ・プロジェクトの連携事業として持続してきている。そしてオールスターズ・プロジェクトの仲介で、同様の組織がニュージャージー州ニューアークと、テキサス州ダラスでも発進した。

「これがうまくいっている理由は、壁を壊すために、パフォーマンスと即興を利用しているからである」とフラニは結論づける。「私たちは、実際に警官と子どもたちの話し合いのごっこ遊びを行っている。このごっこ遊びを通して、実際にも話し合いができるようになる。新しい役割、つまり自分以外のキャラクターを演じるとき、すぐに人々が微笑み笑い始めるのは驚くほどだ。一番寡黙そうな子でも、一番控えめな警官でも、ほんの2分で大根役者になれる」(Fulani, 2012)。

第13章　コミュニティの会話の創造

コミュニティ内部での会話の方法を見つけることは、敵対しあうコミュニティ間に橋渡しすることに極めて近いものである。（家族、村々、町、国民国家など）ほぼすべてのコミュニティは、利害関心と抑圧、そしてデイヴィッド・ダイアモンドが述べるような誤解と暴力の源である「行動パタン」の葛藤に満ちている。参加者が安全に別種のやり方を想像できてリスクを取れるようなコンテクストにおいて、コミュニティがこのような葛藤と遊ぶのを助けることが、パフォーマンス・アクティヴィズムのもう一つの機能なのである。本章では、世界の異なる地域で活動する3人のパフォーマンス・アクティヴィストを見ていく。3人はコミュニティ内部の会話を促進するのにパフォーマンスを使う方法を見つけた人たちである。

サヴァンナ・トラスト

ジンバブエのサヴァンナ・トラストの創設者であり演出家のダニエル・マポサは、ムガベ独裁政権の末期に、政治演劇への関わりを強めた。ムガベ独裁政権は、先にピュングエのところで触れた解放運動戦争の中で、不幸にも成立した悪政だった。「サヴァンナ・トラスト」を始めたときはアジプロをやっていたマポリは、次のように回想する。「私たちがいたのは、警察に見つかると逮捕されるという過酷な環境でした。そこで考案したのは短編を演じ、議論して逃げるというやり方でした」。10年後、マポサは、その当時のゲリラ演劇は必要とされ実行可能なものだったが、しかし「我々の奇襲攻撃劇場は、人々のためであったものの、人々とともにではありませんでした」と感じた（D・ダイアモンド、D・マポサ、M・ワシームの2020年8月5日付私信）。

変化が始まったのは2008年で、長く支配してきたジンバブエ・アフリカ民族同盟（Zimbabwean African National Union）が、主たる反対党派だった民主変革運動（Movement for Democratic Change: MDC）と民族統一政府の樹立に合意したときだった。この2つの党派は、新しく（少なくとも書かれたものの上では）より民主的な憲法を起草し、数年後の国民投票で承認された（Zimbabwe, 2013）。マポサは次のように回想する。「私たちが取り組んできた問題が変化しました。最初の仕事は、必要とする人々に新憲法について教育することでした」。マポサが言うには、教育実践をするうちに「人々が自分たちの欲しいものを知っていることに気づいたのです」。サヴァンナ・トラストは実践を芝居の制作から、地方の小作農や労働者といった「普通の人々」が、パフォーマンスを通してその村のさまざまな権威層（部族、政府、文化）とオープンな対話を展開できる活動と環境を生み出すことへと、組織の編成替えを始めた。今もサヴァンナ・トラストはハラレで演劇活動を行っているが、主な関心は村々に移っており、教育やアジテーションから、マポサのことばで言えばパフォーマンスを使って「社会のアクティブな市民になるように人々に『刺激を与えること』へと移っています」（D・ダイアモンド、D・マポサ、M・ワシームの2020年8月5日付私信）。

マポサはサヴァンナ・トラストの活動を次のように説明する。

なぜ私たちは自分たちのコミュニティの内部でも抑圧したり妨害したりするのか、と自問しました。それは性別に基づく暴力かもしれないし、政治的暴力かもしれないし、子どもへの虐待かもしれない。なぜ私たちはそのような暴力を振るうのか？　すると、抑圧に2種類の参加者がいることに気づきます。一方には抑圧者、暴力を振るう者がいます。時には暴力を振るうのは、部局のトップでもないし軍隊のトップでもない人物である場合もあります。軍隊は結局若い者が権力を持った者に利用される場所です。そこで「抑圧する者を解放しなくてはならない」のです。彼らはある日目覚めて「抑圧する者になりたい」と言い出したり、「誰かの権利を妨害したい」と言い出すわけではありません。それはシステム全体、文化順応、年長者からそして政治的党派、その他から学んだ価値の集合なのです。そこで「自己を解放するという意味で、抑圧者はアクティブな参加者にならなくてはならない」のです。これはどこかボアールに似ていますが、しかし大きく違っています。抑圧者を解放するのと同じやり方で、市民つまり参加者自身をエンパワーする必要もあります。コミュニティの市民はしばしば受け身で、暴力が起きているのに傍観しているのです。これらの二つの集団の間の対話が必要だと実感しました。そこで私たちは対決姿勢の劇場から離れて、人々が考えて振り返り、同時にこれが重要なのですが、平和的やり方で対話できるハイブリッドなプロセスを創造したのです。（D・ダイアモンド、D・マポサ、M・ワシームの2020年8月5日付私信）

サヴァンナ・トラストは、国中の村々にアウトリーチし、住民にとって重要な問題に関するインタラクティブな演劇を上演する住民組織を作った。「私たちは、コミュニティグループ、旧来の有力者たち、地方議員たちと話し合い、その地区の責任者である地区開発コーディネータにも顔を売るようにしました。そうしてコミュニティの人々の動員が可能となったのです」とマポサは語る（D・ダイアモンド、D・マポサ、M・ワシームの2020年8月5日付私信）。サヴァンナ・トラストの組織化における第一ステップは、村人のうちの数人でパフォーマンス・グループを作ることだった。「コミュニティに入ってみてわかったのは、どの村にも演劇に興味を持つ人が何人かいることです。これまで演劇をやったこともなかった人たちです」。サヴァンナ・トラストのアクティヴィストは、新しい劇団員の訓練をした。「演劇を教え、彼らの技能が優れていると確信できるようにしました」。しかし、このプロセスは一方向的ではなかった。村人たちもまたサヴァンナ・トラストの一員にその地域のパフォーマンス・スキルを教え、それが芝居に取り込まれた。「私たちもコミュニティのパフォーマンスから借りたのです。ご存じのように、アフリカではたくさんの音楽とたくさんのダンスを利用します。それが人々の関心を引き寄せるやり方です。私たちは関心を引き留めコミュニケーションするために、彼らの地域のダンスと地域の歌を利用したのです」とマポサは語る（D・ダイアモンド、D・マポサ、M・ワシームの2020年8月5日付私信）。

サヴァンナ・トラストはまた、新しく加入した俳優たちの政治への関与や理解にも注目した。「彼らの役割はただ芝居を作ることじゃありません。彼らの役割は、メッセージだけでなく、何であれ私たちの引き受ける**価値**を伝えることなのです。たとえば、もし政治的暴力を取り上げるとしたら、演劇グループは何よりもまず政治的暴力とは何か、なぜそれが悪いのか、どうやったら政治的暴力を特定できるかを知らなければなりません。こうして、コミュニティのメンバーに変容しなければならないのです。このことが何よりもまして第一義的なのです。自分が変容して模範的な生活のリーダーとならなければなりません」（D・ダイアモンド、D・マポサ、M・ワシームの2020年8月5日付私信）。

芝居のリハーサルとは別に、劇団は「多様なコミュニティのステークホルダーたちが作品に意見を言えるように、本番前に試演会」を行った。それらのステークホルダーたちは「政治党派だったり、役人だったりしました。コミュニティで行うプロジェクトについて、彼らが理解をしてくれて、ともに活動するメンバーかパートナーになってほしかったのです」（D・ダイアモンド、D・マポサ、M・ワシームの2020年8月5日付私信）。周辺の地域の村々や人々も、もれなくパフォーマンスに無料で招待された。上演は通常25分間で、相互交流型で上演された。「ある問題はオープンエンドにして、観客に語りかけ、そして問いかけたのちまた芝居に戻った」とマポサは語る。「観客はパフォーマンスの一部でした。…私たちは、人々が関心を共有し、質問し、リーダーたちがそれに応えるという、オープンな議論の場を作りました（D・ダイアモンド、D・マポサ、M・ワシームの2020年8月5日付私信）。

サヴァンナ・トラストの文化/政治的組織化の視点からすると、村のパフォーマンス・グループは、活動を持続しつつ、元々のショーを超えることが重要である。「地域コミュニティの演劇グループを作ったときに、私たちの望みは私たちが去った後も、グループがコミュニティのステークホルダーたちへの働きかけができるようにすることでした」とマポサは語る（D・ダイアモンド、D・マポサ、M・ワシームの2020年8月5日付私信）。サヴァンナ・トラストの劇団員が去った後も、10の演劇グループが活動を継続している。本書執筆時には、5つのグループが継続している（D・マポサの2020年9月4日付私信）。

相互リソースセンター

マポサと同じように、モハメド・ワシームは、政治的路上演劇を始めた。彼は1990年代後半まで続いたジア＝ウル＝ハク将軍の軍事独裁時代、1987年にロック・レハス（Lok Rehas パンジャビ市民劇場）をパキスタンのラホール市に創設するのに助力した。「独裁時代は敵が非常に明白でした。しかし、より複雑な状況になり、私は我々の演劇活動が、複雑な層の一つのレイヤーだけを問題にしていることがわかりました」とワシームは言う。そこでボアールに触発されて「何の前触れもなしに、台本を即興できる、つまりコミュニティが自分自身のストーリーを語るのを我々が助けるというアイディアが湧いてきました」（M・ワシームの2020年3月16日付私信）。

2000年、ワシームは相互リソースセンター（Interactive Resource Center）を創設し、ボアールのことばを借りるなら「劇場における制作の手段を人々に移し替えて、人々がその手段を利用できるようにする」（Boal, 2008, p.98）ために、国中を旅し始めた。ワシームは、ほとんどの場合自分自身で村から村へと回って、ほとんどが小作農だった地域の人々を、被抑圧者の演劇団へと組織化した。そのうちの250人はその後10年間継続した。「私の出発点は俳優ではありませんでした。これらの人々も俳優として訓練されたことはありません」とワシームは言う。「それが私のアプローチのすべてなのです。コミュニティに行ってみると（演劇をしてみたい）10人から12人の人々に会うことができます。オーディションなどしたこともない。…あなたが人間ならば、あなたもパフォーマンスできる、と私は信じるのです。ワークショップで彼らとやってみるすべてのエクササイズとは、（彼らが何をパフォーマンスできるかを）発見しようとすることなのです。歌えるならば、それはミュージカルになる。ダンスができれば、それはダンス劇になる。コミュニティが持つ知識とスキルがどのようなものであれ、私たちはそれと活動するのです」（M・ワシームの2020年3月16日付私信）。

ワシームは早い段階から、自分のワークショップに引き寄せられる人たちが、コミュニティの中で一番貧しく、最も疎外された人々だと気づいた。ワシームは次のことに注意を促す。「イスラムの国のパキスタンにいると、演劇に対するさまざまなタブーに出会います。演劇は尊敬されるものではないのです。だから自然と、最底辺のカースト出身の最も抑圧された人々が、演劇に関わろうとするのです。このことが私たちの実践の最も興味深い部分です。彼らには誰もいないのです。彼らに話しかける者もいませんが、上演のときは、村人全員がやってきて、彼らは誰にでも話しかけることができるようになり、どんなことにも意見を述べることができるようになります。彼らはそんなパワーを持っているのです。これこそ、私が何度も何度も目撃してきたシーンなんです」（D・ダイアモンド、D・マポサ、M・ワシームの2020年8月5日付私信）。彼はまた、女性やダリット（不可触民）に対する、千年続く公共活動の障壁にも立ち向かった。この障壁は深く内面化されたものだった。「不可触民たちの小さな村でさえ、また別の階層が存在します。互いの家財道具を使うことはできません。なぜなら互いが互いに触れてはならない民だからです。必要なのは、彼らを集めて車座で座り挑戦させることです。のちには一緒になり芝居をパフォーマンスするようになります。これがパフォーマンスのパワーです」とワシームは述べた（M・ワシームの2020年3月16日付私信）。

誰かになるパフォーマンスが爆発させたパワーを例に挙げながら、ワシームはリハーサルのエピソードについて語ってくれた。「この村での本当の話でした。ある人物が家族の全財産を奪って、博打小屋へ行きました。するとある男が『お前の奥さんが来るぞ』と言うと、彼は『女はここには来ない』と返します。この種の場所には女性は入れません。しかし舞台上では奥さんがやって来ます。旦那を捕まえると、お金を全部取り上げました。私は彼に『こんなことできるの？』と尋ねました。彼らは『いやできないよ、でもなんとかやってみよう』と答えました。上演すると、250人以上の観客が立ち上がり、拍手をしてくれました。私は『今や皆さんはできるんです』と言いました。こうすれば、パフォーマンスによって、多くの神話も打ち壊すことができるし、多くの壁を取り去ることもできるのです」（M・ワシームの2020年3月16日付私信）。

ワシームと仲間たちは13の言語で活動してきたのだが、彼が芝居を作るときにボアールのイメージ・シアターのテクニックに大きく依拠していることを考えれば驚くに当たらない。「私たちはイメージから始めます。人々に自分たちの言語で話し合うように伝え、それを誰かが翻訳してくれました。こうして私は一つの言語に縛られないでいられます。……人々がイメージを作ったら、登場人物も作り上げることになります。母親がいて、父親がいて、孫息子がいて、孫娘がいます。そしてそれらのイメージには場所も描かれます。それらのすべてのディテールがイメージに含まれています。今やイメージを手に入れて、あなたはこのイメージについて何を話したいですか？そうしてこのイメージを2分間のシーン、3分間のシーン、4分間のシーンに拡大することもできるのです。そして次には、人々にもっと楽しいシーンにするように言うこともできます。音楽を入れてみて、ダンスも使おう、他のなんでも、と言えます。楽しまなくちゃ」（M・ワシームの2020年8月5日付私信）。

ワシームは、活動対象とする、その文化固有の美学に関してボアールのテクニックを適用してみて、ボアールの抑圧者と被抑圧者の二分法では人々に染みついた行動パタンにコミュニティが注目して取り組む助けにならないことに、徐々に気づいていったのである。役に立つのは、敵対的なパフォーマンスではないし、悪役として切り取られた「抑圧者」ではない。むしろそれ自体の複合的意味として同じコミュニティのメンバーであり、同じ家族の一員である「抑圧者」と「被抑圧者」の間に会話を生み出すようなパフォーマンスが役に立つのである。ワシームは以下のような事例を示す。

パフォーマンスするのは安全だと感じれば、あるいは脅威を感じなければ、彼らは前進することができます。たとえば、私は児童婚をテーマにストーリーを作っています。私たちは母親の恐怖を取り上げます。母親は敵ではありません。彼女は、遅れると娘にふさわしい花婿が見つからないと考えるのかもしれません。貧困のせいで、もし子どもが一人いなくなれば、他の子どもが食べられるようになると考えたのかもしれません。家庭での性的虐待を恐れたのかもしれません。お金の誘惑もあるでしょう。時には、お金で子どもを欲しがる老齢の男もいます。……夫が事故に巻き込まれたのかもしれません。彼は足を折って、妻はパニックになっています。一家のたった一人の稼ぎ手を失い、妻は結婚を認めるしかないのかもしれません。他にもたくさんの理由を挙げることができますが、今挙げた理由はありふれたものです。母親がこの児童婚を受け入れた理由について長編のリストを作ることもできます。その一方で、この子どもの視点に立ってみましょう。彼女は嫁いだ後は子どもとして扱われなくなります。妊娠中に死ぬかもしれません。夫の家族の子どもである赤ちゃんに触れることができません。人々はさまざまな主張を有しています。たとえば以下のようです。「児童婚が法律に触れるのか？」「そうね、そのことで何をすべきなの？　警察を呼ぶべきなの？」「警官役で舞台に上がりたい人いる？」すると何人か舞台に上がって警官を演じて、シーン全体が作れると、母親は逮捕されます。次に誰かが「俺の妹も児童婚させたが、娘は死んだ。娘を死なせたいと思う母親がいるのか？」と問います。コミュニティから現実の事例が出されます。他の誰かが「心配ないよ。寝ているのは2週間から6週間だけだし、コミュニティの誰かが食べ物もくれるし、全部うまくいくよ」と言います。そのようなコミュニティのサポートが議論されます。たくさんの例を使って、あらゆる状況が議論されるんです。

今や、この母親を児童婚と同じ状況に追いやろうとしています。観客に「賛成ですか？」と尋ねます。観客は否と答えます。私たちは「舞台に上がって観客＝俳優（spect-actor）の立場になってみて、舞台の上で状況を変えてみてくれ」と言います。ある人が状況を変えようと試み、他の出演者は母親の頭の中にある恐れ、母親が戦っている恐れを演じました。そこではプロパガンダを押し付けているわけでも、何をしろと命じているわけでもありません。むしろコミュニティが受け入れることのできる普通の解決策を示しているのです。宗教のお題目に従えば、この児童婚を支持するように期待されます。しかし観客の中から現れた反対者が、最後にはこの場のヒーローになることもあります。ほとんど全員が拍手をします。コミュニティ全体が反対にまわります。セーフティーネットを作っているのです。これが2万回のパフォーマンスから導いた、暴力だけを切り取るわけにはいかない理由です。この劇場はプロパガンダ劇場ではないのだから、何をすべきか何をすべきでないか指示しないのです。むしろ、観客に問いを投げかけるのです。この状況で何が正しい答えなのかと。答えはコミュニティによって導かれます。そこで、俳優が脅威に結びつけられることはないのです。（M・ワシームの2020年3月16日付私信）

ワシームは、最初から、自分が去った後も長く活動を継続できる、地域のパフォーマンス・アクティヴィストネットワークを作り上げることに関心を持っていた。「私は村ごとに劇団を組織したいと思っていましたが、それらのオーナーになろうとは思いません。それらを自分のグループにしたいとは思わなかったんです。それぞれがそれぞれのアイデンティティに基づいてほしいと考えました。……目標そのものはそれぞれのグループが自律することでした。コミュニティからの支援を受けて（支援があるなら）グループは生きながらえて持続できるのです」（D・ダイアモンド、D・マポサ、M・ワシームの2020年8月6日付私信）。いくつかの劇団は、参加型の芝居を採用して、ワシームと一緒に制作しその地域を巡業した。他のグループは、学んだツールを利用してそれぞれの村のために、新しい芝居を制作した。2020年にワシームは、創設された250の劇団のうち、40劇団は今も活動を持続し新しい作品を制作していると報告している（M・ワシームの2020年3月16日付私信）。

シアター・フォー・リヴィング

デイヴィッド・ダイアモンドは、ヴァンクーヴァーを本拠地とするプロの演劇アーティストとして16年間活動し、6年間の被抑圧者の演劇活動で名声を博した。その後のカナダ先住民との交流が、自分の活動を見直すきっかけとなった。「先住民は、植民地化の結果生じた、家庭内暴力や依存症の問題と戦っていて、犯罪として描かれる虐待の芝居に登場する役柄を望みませんでした。彼らが欲したのは、癒やしを必要としている人物として描かれる役柄でした。ゾッとするような芝居ではなく、すべての登場人物への深い共感を抱くことができるような芝居です。これは私にとって大きな挑戦でしたが、しかし彼らは正しく、私はボアールが実践する二分法モデルを本気で疑問視することになりました」（D・ダイアモンド、D・マポサ、M・ワシームの2020年8月6日付私信）。

先住民コミュニティによって提起された挑戦に応えようと、ダイアモンドは、暴力事件やその他の問題の犠牲者と犯罪者の双方を含む、コミュニティのさまざまなメンバーと一緒に深く掘り下げる、

1週間の「パワープレイ（Power Play）」ワークショップと、さらに長い3週間の制作／リハーサルプロセスを始めた。彼が見出したのは、パワープレイのプロセス（パフォーマンスにつなげる集中した1週間）が、コミュニティの人々に「代替のロール・モデル」のパフォーマンスを利用するチャンスを提供する」ことだった（Diamond, 1994, p.36）。

このカナダの先住民との活動によって、ダイアモンドは「抑圧者／被抑圧者のモデルを完全に手放すことにしました。抑圧がないと言っているのではありません。もちろん抑圧は存在します。しかし典型的抑圧者というようなものが降って湧いてくることはありません。私たちがそのような人々を育てたのです。『世界にはたくさんの暴力がある、暴力を止めなければならない』と言って警鐘を鳴らすのに飽きたのです。問題は『なぜ私たちは暴力的に育つのか？』だとわかりました。そこで活動を変えたのです。結局のところ、これは今後被抑圧者の演劇とは呼べなくなりました。私は生きるための演劇（シアター・フォー・リヴィング（Theatre for Living））と呼び始めました」（D・ダイアモンドの2018年10月12日付私信）。ダイアモンドはこのシアター・フォー・リヴィングの創造のために、世界中の600以上のコミュニティにおいて、30年以上、それぞれのプロジェクトの実践を継続してきた。これらの芝居の俳優たちは、誰もがダイアモンドの関わったコミュニティのメンバーであり、彼が記しているように人々が創造し演じる登場人物は「もはや抑圧者や被抑圧者ではない。登場人物はコミュニティのメンバーであり、互いのさまざまな争いと機能不全に関わっていた。…シアター・フォー・リヴィングで奨励されるのは、登場人物たちの間の葛藤に関わること、つまり抑圧を無くすこと（私たちの望まないことをやめること）ではなく、健康なコミュニティ、あるいは安全、あるいは尊敬（私たちが真に望むもの）を創造することなのだ」（Diamond, 2008, p.43）。

彼の幅広い国際的な実践と『生きるための演劇』の著作は、ダイアモンドを、市民参加の手段としてのパフォーマンスの世界的リーダー、あるいは代弁者にした。彼はこの種のパフォーマンス・アクティヴィズムの政治的な価値を、次のように要約している。「パウロ・フレイレは、どのようにしてコミュニティは時に革命と戦い、時に闘争の対象だった抑圧者そのものになることでしか勝利できないのかについて、非常に雄弁に書いています。どうしてこのようなことになるのか？ これは歴史上何度も起こったことです。自然はその理由の一つを教えていると私は信じています。それは、他のやり方ではなく、その構造を生み出す行動パタンによるものなのです。確かにそうなのであり、私たちに必要なのは構造的な変革なのであり、確かにそうなのです。しかし私たちが注目するのが構造だけだったとしたら、これは革命がやりがちなのですが、私たちは行動パタンを見逃しやすいのです。この行動パタンは、私たちが運命づけられたように際限なく同じ構造を再生産し、構造を生み出し維持するのです。構造的な変化について本当に良い仕事をしている人たちも知っています。演劇は、この構造を見る上で一番のツールとも思っていません。それでも、演劇は人間の行動を見る上で、一番美しいツールだと思います」（D・ダイアモンド、D・マポサ、M・ワシームの２０２０年8月6日付私信）。

第14章　トラウマの癒やし

ここまで私たちが検討してきた多数のパフォーマンス・アクティヴィズムには、癒やしが潜んでいた。イスラエルのアラブ人とユダヤ人の融和と、ニューヨークにおける警察官と有色の若者たちの融和は、グループ間の戦いでもたらされた傷の癒やし（あるいは少なくとも現状を超える道筋の追求）に結びついている。コミュニティ内の会話を創造する多くの実践も、コミュニティ内部の傷を超えて合意に至る道筋を探し出すという意味で、癒やしに関連している。残虐な行為や激しい暴力の場合、パフォーマンスがもたらす転換の力はより明確になり、新しいやり方で人生をやり直せるように、トラウマを抱えた犠牲者に痛みの再経験を可能にする。以下では、2人のパフォーマンス・アクティヴィズムの開拓者、インドのサンジャイ・クマールとコロンビアのヘクター・アリスティザバルによって行われた、癒やしのパフォーマンスを見ていきたい。

サンジャイ・クマールとニサリのパンディーズ

サンジャイ・クマールは、インド、ニューデリーのデリー大学ハンスラージ校の演劇専攻の准教授である。１９８７年、彼は教え子たちとパンディーズ・シアターを創設した。この劇団には本書執筆時に、１５０人のメンバーがいて、インドで最も抑圧され非人間的扱いを受け疎外された人々にパフォーマンスと芝居作りを届けている。クマールのことばで言うなら、パンディーズは「ワークショップに基づくパフォーマンスのやり方で、参加者がトラウマ経験に取り組み、過去の苦痛の瞬間を作り直すだけでなく、主流の文化に対する見方と批判を明確にするのを助けるのだ」(Kumar, 2013, p.95)。

パンディーズは、伝統的な（とは言え政治的には急進的だが）演劇からスタートした。「我々は自分たちがこの国では少数の、アクティヴィストの演劇の一つであることに誇りを持ってきました。しかし、発足当時パンディーズは本当にとても粗末でした。我々は大学の演劇サークルとして出発しました」（S・クマールの２０１７年11月16日付私信）。インドで大学演劇サークルというと、毎年大学主催で開催される、35分から40分ほどの軽い娯楽英語劇を意味する。パンディーズは、最初からより硬派で社会派の（そしてほとんどの場合、より長編の）芝居を上演した。最初の6年間は、ガルシア・ロルカ、ジャン・ジュネ、ベルトルト・ブレヒトなどヨーロッパの劇作家に加えて、グギ・ワ・ジオンゴ（ケニア）、ヴィンセンテ・レニョーロ（メキシコ）などの第三世界の進歩的作家の作品を上演していた。「我々は、マルキストやフェミニストの左翼アヴァンギャルドの芝居を上演した。これは我々が住み暮らす環境では、一番響きやすいものだ」とクマールは回想する。「当時は指を差された。『なんて醜悪な』とか『なんて性的な中身だろう』『生々しすぎる！』『馬鹿げている！』などと言われた。当然、大学での上演を禁じられた」（Kumar, 2018）。

１９９３年に大学から追い出されたパンディーズは、依然としてクマールが「プロセニアウム型演劇」と呼ぶものを上演していたが、独立して芝居を制作するための募金活動を始めた。キャンパス外のパンディーズ作品は『マクベス』だった。しかしそれから2年のうちに、オリジナル作品を制作し始めた。台本は、クマールのほか、アナンド・プラカシュ博士とアヌランダ・マルワーという2人のパンディーズ劇団員によって用意されたのだが、セックスワーカーが直面するＨＩＶなどの問題をテーマとした。他にも、レイプ、ＬＧＢＴの権利、受刑者の権利などをテーマとした。

世紀の変わり目の頃、パンディーズは伝統的な舞台での政治演劇の上演から、私たちがパフォーマンス・アクティヴィズムと呼ぶ形態へと転換した。この形態をクマールは「ワークショップ・シアター」と呼ぶのだが、疎外された若者たちとの共同活動だった。この変化を促したのは、２００２年のグジャラート州の虐殺だった。これは２０００人のイスラム教徒が、隣人でもあったヒンズー教徒に殺された事件だった。「私たちを目覚めさせたのは、この虐殺に責任があると見なされてきた（右翼の）同じ政府が再選されて、この暴力を「賛美」するキャンペーンを激しく行ったからだ」（Kumar, 2012, p.171）。（グジャラート州を支配するバラティィヤ・ジャナタ党は、現在、インド政府も支配し、党首ナレンドラ・モディは今やインド首相を務めている）。この虐殺に応えて、パンディーズは「ワークショップ型演劇を、さまざまな地域、階級、宗教の子どもたちの宗教的偏見を緩和するために使おう」と決意したとクマールは書いている。「とくに焦点を当てたのは、スラムあるいはインドでバスティーと呼ばれる地区に住む疎外された子どもたちで、そのような偏見のターゲットになりやすい子どもたちだった」（Kumar, 2012, p.172）。

クマール・サンジャイとパンディーズ劇団員たちは、残虐行為が新聞で報じられたのち、直ちにニューデリーのスラムであるニサリに到着した。２００６年12月、ニサリから子どもが行方不明になって、地元警察への訴えも続いていた2年後、警官たちがついにはスラムに隣接する金持ちの住宅に踏み込んで、排水溝で53人の子どもたちの腕や体の一部を発見した。「これは歴史上最悪のカニバリズム、子どもを狙ったカニバリズムだ。文字通りの意味で金持ちが貧者を貪ることであって、世界中で行われている比喩的な意味での食人ではないのだ」（Kumar, 2018）。最終的には、ニサリを取り囲む裕福な住民と召使いが、お菓子で子どもたちを釣って、レイプし殺した上で体を切り刻んで食べたとして有罪が宣告された。２００９年2月有罪宣告が下り、死刑を言い渡された。しかし控訴され、裁判は今も続いている（Kumar, 2012, p.172）。

続く5年間パンディーズは、犠牲となった子たちの兄弟や友人たちと活動した。子どもたちは若くて5歳、最年長は17歳だった。毎日ワークショップを開催した。「彼らに会ったとき、今までで一番尋常ではない沈黙に迎えられた。…子どもたちは恐ろしい結果と続くメディアの報道に口も利けなくなっていた」とクマールは回想する。そこで、パンディーズは、子どもたちに無言のパフォーマンスをさせた。「ことばなしで自分を表現するのはうまくいった。…無言の機械になることで、ワークショップグループは、兄弟や隣人を含む子どもたちが殺された家の中で、何が起きたと思うのかを再現した」とクマールは言う（Kumar, 2012, p.179）。徐々に参加者は口を開き始め、どうやって誘拐から逃れたかを語り始めた。そこから、少年たちは台本を書き始めて、この事件の受け止め方や原因についてのモノローグや対話を台本に入れ込んだ。

「トラウマは、最初に感じた恐怖やショックなしに、事件に立ち戻り事件を見ることで、癒やされ、少なくとも軽減されたのだろうか？」とクマールは問う。「この場合、答えは部分的にしか肯定されないだろう。茫然とした沈黙が出現したのは、トラウマとの対峙の最初だけだった。参加者とファシリテータたちは公開のパフォーマンスが大事だと考え、教師や親と一緒になって、これを実践しようと決めた。このパフォーマンスが、この事件で失われていた、信頼と自尊心を復活させたのだろう」（Kumar, 2012, p.179）。ワークショップが始まって半年も経たない、２００７年４月に、子どもたちとパンディーズのファシリテータたちは、２時間のパフォーマンスをデリーの下町にある住民センターで行った。それは、子どもたちが作った寸劇、誘拐から逃げた少女のモノローグ、ワークショップで行ったゲームやエクササイズの再演からなるモンタージュだった。観客はほとんどが上位中流階級の人々で、裕福な演劇鑑賞ファンたちで、まさに子どもたちと家族が訴えかけたい人々だった。「抑圧する側の金持ちたちの前で上演することが必要だった」とクマールは言う。「大きな意味でトラウマに責任のある階級の人々の前で、周縁者の視点を提示する必要があったのだ」（Kumar, 2012, p.179）。続く3年間、ニサリの子どもたちは、パンディーズと活動しながら、全部で7つのパフォーマンスを考案し実演した。それぞれワークショップから生まれたもので、それぞれに異なるものとなった。すべてのパフォーマンスは、多くの場合、政治家や政府の役人など、社会的地位のある人々の前で実演された。

本書執筆時には、パンディーズは、10年以上ニサリに関わっている。すでにワークショップの指導も、芝居の創作も支援していない。その代わりにするのは、1年に2回のチェックだけである。その理由は、パンディーズとニサリの若者たちはすでに友人となっているし、（現在の）若者たちの創作過程と芝居制作活動をチェックするだけで足りるのである。このような発達は、クマールがとくに誇りとするところである。「私は子どもたちが浮浪児のような状態から青少年へと成長するのを見てきました。彼らは強烈な憎悪、猛烈な怒り、強いトラウマを克服して『もう、そのことは話したくない。それが自分のすべてじゃないし。話してほしいのは、それだけなの？ 私がジェンダーについての話なんてできないと思ってない？ 政治について話はできないと思ってない？ なんだって、わざわざ2008年に起こったことを聞きにきたの？』……大事なのは、コミュニティは自分たちの問題を自分たちではっきりさせ、やり方があるならば解決法を自分たちで探し当てるということです。パンディーズがフェードアウトしたのは、非常に重要なことです。……私たちが始めたこの小さな学校では、教員は全員ボランティアです。誰も1ペニーも稼いでないし請求もされません。全員が、コミュニティの出身です。誰かが演劇を教えるのですが、それは休みなしで継続しています。今や、彼らはファシリテータです。今やメンターです」とクマールは振り返る。そして「彼らが作った素晴らしい芝居を観てきました。その芝居は、私がそんな問いがあると思わなかったような問いを投げかける芝居なのです」とクマールは付け加える（S・クマールの2017年11月16日付私信）。

ヘクター・アリスティザバルと拷問部屋の解放

ヘクター・アリスティザバルは、世界で最悪の暴力に溢れたコロンビアのメデジン市で貧困の中育った。父親は織物工場の労働者だった。さまざまな共産主義ゲリラと、保守政府の軍隊と右翼民兵組織が繰り広げた内戦は、50年間激しく続いた。さらに、暴力的コカインカルテルがメデジン市の支配勢力となった。アリスティザバルは高校生のとき、演劇と心理学に興味を持ち始め、これら2つの統合のためアンティオキア大学で学び、最終的には心理学の修士号を得た。

アリスティザバルは、大学生時代の政治的雰囲気を次のように回想する。「私たちは国家安全保障法のもとに暮らしていたのだが、これは政府へのどのような反対も共産主義だと見なされる抑圧的な法律だった。政治を語るのは危険だった。アートの創造は時にはもっと危険になった。私の大学の友人たちも、逮捕され姿を消した。再び現れたときは、排水溝の死体となり、切り刻まれ焼かれ、足や指は折られ舌は抜かれ目はくり抜かれていた。私がそうなっていたかもしれない。劇団と一緒に、軍隊と金持ち、大統領と聖職者を容赦なくからかうことで、政府への反対を焚き付けるような芝居をやっていた。抵抗デモや人権デモにも参加してきたし、ヴィクトル・ハラやメルセデス・ソラのプロテストソングを歌ったり、キューバの映画を上演して革命へのシンパシーを表現する文化イベントを開催していた」(Aristizával & Lefer, 2010, p.9)。

1982年、22歳の大学生のとき、朝の4時半に軍が家族もいる自宅に突然押しかけてきてアリスティザバルを逮捕した。軍は弟のホアン＝フェルナンドと、キャンプ旅行で一緒にいた友人たちも逮捕した。彼も他の若者たちも1週間拷問を受けた。「兵士たちは私の睾丸に電極を付けて、私の神経全部に電気を流した。痛みと絶望でいっぱいになるまで後ろ手に腕を捻じ曲げられ天井から吊されたので、身も心も粉々になった。兵士たちは、私を小さなジープに押し込んで走り回り、兵士の一人が銃身を私の口に押し込んで『お前は今ここで、弟のように死ぬんだ』と言った」(Aristizával & Lefer, 2010, p.9)。

彼も弟も殺されなかった。「とても幸運でした。…彼らは大統領選挙の週に拷問を続けましたが、国際選挙監視団が滞在していました。そのおかげで、兵士たちは私を殺しませんでした。私の前に捕まった友人たちも、私の後に捕まった友人たちも大勢殺されたのに」(H・アリスティザバルの2017年10月19日付私信)。

心理学修士号を獲得したアリスティザバルは、心理セラピストになったが演劇活動も続けた。メデジン小劇場とモジガンガという路上劇団のメンバーだった。集団での新しい芝居の創作を探究し、イエジー・グロトウスキーとエウジェニオ・バルバに大きな影響を受けた。路上劇団について、アリスティザバルは次のように回想している。「私たちは、いろいろな身体的なユーモアと、あらゆる道化のテクニックを駆使した。…私たちは暴力をもたらす経済的な絶望について探究していて、どのパフォーマンスの後にも議論の場を設けて、観客に自分の生活について語ってもらうか、舞台に上がって今の状況を演じてもらった」(Aristizával & Lefer, 2010, pp.134-135)。

7年後、29歳のとき、止むことのない暴力と虐殺はさらに極まった。「1989年、友人たち、知識人、アクティヴィスト、左翼思想の持ち主だけなく、ただ考えるのが好きな人々までも埋葬するのに疲れてしまいました。彼らは私の先生、医師で国立コロンビア公衆衛生大学の創設者ヘクター・アバド・ゴメスまで殺しました。彼はメデジン市の貧困層の公衆衛生プログラムを作った人でした。彼が殺された後、私は国を離れようと決心しました。米国に行って再び大学に入り、パシフィック・オークス・カレッジで家族療法修士号を獲得しました。これはコロンビアですでに心理学修士の課程を終えていたため無料だったし、演劇とアクティヴィズムを継続する道も見つけることができました」(H・アリスティィザバルの2017年10月19日付私信)。

1995年、兄のヘルナン＝ダリオがエイズで死に、1998年、コロンビアから逃れて10年後、もう一人の兄弟のホアン＝フェルナンドが民兵組織によって「消された」。トラック運転手によって、バラバラ死体が道路の側溝で発見された。1982年の逮捕の後ホアン＝フェルナンドは、政府に反対するゲリラグループの一つ、民族解放軍で活動していたことをアリスティィザバルはこのとき知った。アリスティィザバルは結婚し、カリフォルニアのパサディナに落ち着いた。セラピストとしては、移民、妊娠した十代、ゲイやトランスジェンダーの若者、拷問の被害者、ギャング、囚人、瀕死の人々など、疎外されトラウマを負った人々を主な相手として実践した。

アリスティィザバルが、政治演劇も実践するセラピストから、私たちのいうパフォーマンス・アクティヴィストへと変身したのは、2004年だった。「イラクのアブグレイブ刑務所で、アメリカ軍兵士たちが囚人たちを拷問しながら撮った写真を見た後、ロサンゼルスで行った拷問犠牲者対象のプログラムで、私自身の拷問経験と兄弟の虐殺を即興で演じてみました。この事件は政府やメディアが封じるような少数の腐ったリンゴではなく、米軍の一貫したポリシーであり、米国政府は拷問を行っている国々を支援しているのだと人々に告げました。観客の反応は強烈だったので、私は少数の友人たちと芝居にすることにしました。そして拷問部屋経験と、個人的な悪夢、個人的ストーリー、どうやって生きてきたかを観客にオープンにしました」（H・アリスティザバルの２０１７年10月19日付私信）。これは彼の創作した『夜風（*Nightwind*）』というパフォーマンスで、自身の逮捕と拷問を再現した。これはダイナミックな瞑想とボアール流のイメージ・シアターの技法を使いながら、参加型のワークショップに移行し、観客と一緒に活動して観客を参加者／パフォーマーに変えて、人生やコミュニティのトラウマに取り組むものである。

アリスティザバルは、大学やシンポジウム、拷問反対の学術会議などに呼ばれるようになった。「たくさんの講演旅行をするようになり、セラピーの仕事をやめて、世界各地で活動するようになりました」。本書執筆時には、彼は54ヶ国、１５０以上の都市で『夜風』を上演している。「パフォーマンスやワークショップの後、人々がやってきて、自分たちの都市や国に呼びたいと述べる人が多くいました。その地域の大学と共同開催を提案する人もいたし、さまざまな被抑圧者の演劇の利用に関心のある人たちと共同開催を望む人もいました。あることが別の催しにつながって、世界中をワークショップのファシリテータとして旅することになりました」（H・アリスティザバルの２０１７年10月19日付私信）。

『夜風』の後、共同実践したコミュニティの固有の事情に応える形で、アリスティザバルはさまざまな作品を生み出した。それについて次のように述べている。「コミュニティのもとを訪ねては、コミュニティの関心の的であり、どのコミュニティもどの個人も生活する上で熟達しているような問題について芝居を創作しました。私は、このような熟達と、誰もが演じることができ誰もが即興できることを利用したのです。私が会ったどんな人々も、一日中即興しているのです。この熟達の事実と、演技と即興の普遍的な能力の事実を利用することで、そのコミュニティが関心を寄せる争点について人々が短編劇を作り出せるように支援しました。そしてコミュニティの他のメンバーのために、この短編を上演しました。私たちは、観客に観客＝俳優（spect-actor）つまりパフォーマーとなるように促して、この芝居の問いかけに答え、願わくば暴力ではなく想像力を駆使して、このコンフリクトの別の解決法を見つけ、あるいはコンフリクトを解決する方法を見つけようとしてほしかったのです。このワークショップは、問いの場となり、人間の行動に関する実験室となりました。つまりコンフリクトに対してどのように反応するか、私たちが困難な挑戦や複雑な社会問題にどのように反応するかについて探究し、省察する環境となったのです」（H・アリスティザバルの２０１７年10月19日付私信）。

内戦勃発から50年後の２０１７年、コロンビア政府と国内最大のゲリラ軍であるコロンビア革命軍との間に平和協定が結ばれたとき、ヘクター・アリスティザバルは生まれ故郷のメデジン市へと帰還し、長く苦しんだコロンビアの癒やしのために、自分のパフォーマンス・スキルを用い始めた。現在彼が「心理社会的介入」と呼ぶ方法が最初に適用されたのは、トルヒージョ・ヴァレだった。ここは内戦当時、右翼民兵組織が犠牲者の死体を切り刻む蛮行を始めた村だった。「彼らは遺体の半分を、街を流れる川に投げ込み、残りを共同墓地に放置しました」とアリスティザバルは説明する（H・アリスティザバルの２０１７年10月19日付私信）。右翼民兵組織は、麻薬カルテルのカリ・カルテルと共闘し、コロンビア軍や警察とも共謀して、ゲリラにシンパシーを抱いているという理由で、トルヒージョで245人から342人を殺害した。

「この虐殺について語られたことは、想像すらできないものです」とアリスティザバルは生存者たちとの活動を回想する。「たくさんのストーリーと、たくさんの痛みが語られ、すべてを一編の芝居で扱うことは無理だと気づきました。そこで、コミュニティの人々と儀式を作ることにしました。私たちは、行方不明となった多くの人々の名前を呼び上げました。この人々の遺体は発見されることなく、川は生の場所から死の場所へと変わってしまったのです。人々は水の墓地と呼びました。川を生の源として回復させるために、消された人々の名前を称えるために、何かをすることを決心しました。私たちは竹で水に浮く小さな筏を作り、人々に愛する人たちの写真を持ってきてくれるようにお願いして、子どもたちに写真のコピーで筏を飾ってもらい、十代の子どもたちに亡くなった父親、兄弟、母親宛に詩を書いてもらいました。実際、7人がペナ・モラルと呼ばれる悲嘆のために亡くなっていて、彼らもまた犠牲者と考えられています。とても興味深いのは、亡くなった人のうち、悲痛のために死んだと言われる人の6人は男性で、女性は1人だけだったことです。彼らも犠牲者に含めました」。

「そして川の上で儀式を行いました。女性や母親たちに、筏を川に流してもらいました。2人のダンサーに筏を受け止め、また川に流してもらいました。川のその場所は急流で私は怖く感じましたが、女性ダンサーは川に入りました。男たちがその様子を眺めていたのを見て、彼らを呼びました。彼らはすぐに走り出し、財布や携帯、お金を地面に投げ出すと、誰かが川に落ちたときの備えとして壁のように備えてくれました。そして全員が歌を歌いました。私は死んだ人のために歌われる、ブルキナファソの歌を教えました。そして最後にコロンビアの太平洋岸で演奏される民族音楽のチリミーア音楽団の曲で、日常生活に戻りました。これは、ニューオリンズのバンドパレードの「セカンド・ライン」のように、葬式の後バンドが参加者を生者の世界に連れて戻るのです。ダンスが終わり、儀式で名前を呼ばれた美しい人々のことを回想しました。これがパフォーマンスの別のやり方である、儀式の創造でした。このときが、コミュニティ全体が集まって愛する人のために泣いた最初の機会でした。家族単位ではなく個人でもなく、コミュニティ全体での最初の活動でした」（H・アリスティザバルの２０１７年10月19日付私信）。

本書執筆時には、アリスティザバルは、２０１７年の平和協定以後に設立された真実和解委員会と共同の「再統合（Reconectando）」というプロジェクトの開発チームに属している。「これは、ジョアンナ・メイシーに影響されたディープ・エコロジー[1]、被抑圧者の演劇、そしてテヤ・セピナックの「目撃者の演劇[2]（Theatre of Witness）」と癒やしの儀式を組み合わせたものです」とアリスティザバルは説明する（H・アリスティザバルの２０２０年11月25日付私信）。このプロジェクトで、アリスティザバルが「母なる自然の子宮」と呼ぶ森での５日間の短期集中活動に20人ほどが参加している。あらゆる勢力の元戦闘員、犠牲者、コミュニティと環境問題の指導者たち、アーティスト、学者、企業人な

［1］Macy（2007）を参照のこと。
［2］Sepinuck（2013）参照。

どが、この活動に招待されて、内戦で得た一番深い傷について探究し、集団での癒やしを見つけるのだった。「私たちの実践では、自然もまた内戦の犠牲者だと考えています。土着の知恵に着想を得て、私たちは母なる自然が最も古くからの教師であり、治癒者だと思っています。私たちの実践を、人間中心主義のパラダイムを超えて、生態学的心理社会的アプローチに発展させようとしています」と、アリスティザバルは語る（H・アリスティザバルの２０２０年11月25日付私信）。

第15章　創造性の再開

これまで見てきたように、パフォーマンス・アクティヴィズムは非常に特殊かつ実践的な目標を目指すもので、子どもの学習の支援、抑圧された人々が政治的アクションをとれるような組織化、敵対的コミュニティ間の橋渡し、コミュニティの会話の創造、トラウマの癒やしなどに取り組んでいる。しかしながら、第2部の冒頭で述べたように、特定の目的を設定したとしても、パフォーマンスは同時にあらゆる方向へと展開するものでもある。どのような「実践的」応用であれ、たとえ打ち負かされ失敗し枯渇したとしても、パフォーマンスは想像力と創造性に再点火するのである。この章では、2人のパフォーマンス・アクティヴィストを取り上げて、特定の目標というよりも、育ちの環境によって否定されてきた人々の創造性を輝かせる、路上や刑務所や精神病院での実践を吟味する。本章で紹介する2人の実践は、世界中で行われている、数百あるいは数千の類似の活動を代表するものになるだろう。

アレクサンドラ・サザーランドとルブーヨ・ユンタの刑務所訪問

アレクサンドラ・サザーランドのパフォーマンス・アクティヴィストへの旅路は、南アフリカのマカンダ（以前のグレハムズタウン）にあるロード大学の演劇教授から始まった。マカンダは、1974年以来、アフリカで最大のパフォーマンス・アート・フェスティバルである、南アフリカ・アート・フェスティバルの本拠地となった。2週間、演劇アーティスト、ダンサー、ミュージシャンによる上演を行い、国中の芸術鑑賞者を呼び寄せている。マカンダのストリート・チルドレンは、町中に溢れたアート鑑賞の旅行者に対して、集団で物乞いを続けていた。サザーランドは、2002年フェスティバルに向けて、ストリート・チルドレンと彼らのパフォーマンスを創作できるか試すことにした。

「これをパフォーマンス・アクティヴィズムと呼んだことはありませんでしたが、誰もが創造性に、それも集団でアクセスする権利と、語ることの必要なストーリーをパフォーマンスする権利を信じてきました」と2017年にサザーランドは回想する。「私たちは、シアター・ゲームの使い方と、子どもたち自身が話したいストーリーを始めるテクニックの開発方法を見つけました。すべての疎外されたグループと同じく、最初のストーリーは…『どのように、私はストリート・チルドレンになったか？』で始まるのですが、私の仕事は『そうね、でも人間として自分はいったい誰なのかを語るストーリーもあるよね。ストリート・チルドレン以外で、何か話してみたいストーリーはない？』と尋ねることでした。私のアプローチは『たった一つ話すことのできるストーリーが、疎外や被害者のストーリーだけだとしたら、それは少しも政治的でない』というようなものだったと思います」(A・サザーランドの2017年10月5日付私信)。

サザーランドに励まされて、子どもたちは愛や政治について語り、風刺劇を演じ始め、南アフリカ・アート・フェスティバルに5回も招聘された。「このパフォーマンスを通して、アート・フェスティバルに物乞いとして路上にやってきた若い人たちが、どんなふうに市民となっていくのかを眺めてきました。何かを主張し、本物のエリートである観客たちの耳目を集める市民となったのです。私にとっては、このパフォーマンスは、社会のさまざまに異なるセクターからきた人々が出会い、互いを異なる見方で目撃する場でした」(A・サザーランドの2017年10月5日付私信)。

この活動に基づいて、サザーランドは、2010年に政府の矯正施設局に招聘されて、マカンダにあるグラハムズタウン男囚刑務所で演劇ワークショップを開催した。彼女と、共同ファシリテータでコサ語を話す即興男優のルブーヨ・ユンタは、この機会を喜んだ。毎週1時間半のワークショップには全囚人が参加できた。サザーランドとユンタは、12年にわたって、18人から25人のコアグループを持続して発展させ実践してきた。典型的なセッションは、シアター・ゲームによる遊びと、スキルを実践し作り出し演じることとの学習で構成された。セッションはすべて、英語とコサ語の二言語併用で行われた。白人の中流階級女性のサザーランドと、貧困の背景を持つ男性コサ人の囚人たちのギャップは、ユンタが埋めた。「私たちはチームであり、彼は素晴らしい即興俳優なので、優しく、とても上手に参加を促し演技に誘いました。新しいメンバーは『うーん、このワークショップにどういう意味があるのかわからない』という場合も多いのですが、ユンタは彼らに寄り添い即興を演じて、新人たちをリラックスさせるのが得意なのです。彼らは、ユンタが信頼できるとわかると、この場所が自分たちのことを頭ごなしに決めつける場所ではなく、ほとんど何にでもトライできる場所だとわかるのです」。サザーランドは次のように強調する。「私は自分が特権を持った白人で英語を話す、たくさんの教育を受けた女性であり、そのことがこの場所で果たす意味と力関係をどのようなものにするかを明確に理解しながら、このことを自省し続けました。それと同時に、演技とパフォーマンスの働きとして、この場所を強く民主的なものにできることも信じていました。もしみんなでバカになったりして、みんな傷つきやすいことがわかったら、まさにそれをやろうとしていたのですが、それこそが共同創造になるのです。すべてのくだらない、権力、人種、階級などにさえも、…それを乗り超える道があり、演技とパフォーマンスを通して他の可能性を受け入れる道があると思います」(A・サザーランドの２０１７年10月5日付私信)。

ストリート・チルドレンと同じで、囚人たちが語りたがるのは、社会から植え付けられた囚人ストーリーなのである。ユンタは次のように解説する。「インプロのシーンでは、泥棒の罪で服役している人が泥棒を演じて泥棒として描かれても、ストーリーが動き始めると、母親になり、若者になったりします。…彼らは、世界の中に実在する他の事物に気づくことになります。それは、世界は以前のように閉ざされたものではないという気づきなのです」(L・ユンタの２０２０年8月6日付私信)。サザーランドとユンタは、パフォーマンスがもたらす社会が押し付けたアイデンティティを超える自由を、パフォーマンス一般にとってもグラムスタウン刑務所にとっても、重要なパフォーマンスの成長の力だと考えている。

2012年サザーランドとユンタは、フォート・イングランド病院の心理学者のローレン・クリーズに請われて、その病院の入院患者たちとのワークショップを行った。フォート・イングランドは、英国からの入植者を原住民のコサ族から守るために作られた要塞であったが、今や犯罪科学のための精神病院となっていた。入院患者は、凶悪あるいは危険人物とラベルづけされていた。彼らは裁判を経てここに収容されていた。「この刑務所の実践は、いわゆる心理療法の環境からすると、子ども扱いの環境でした」とサザーランドは言う。「それは見せかけの心理療法にすぎず、大変に欺瞞的でした。というのも、彼らの眼差しは『あなたを本当に支援しますよ。あなたは病気だということを理解しなければダメですよ。私の言うことを聞けばよくなりますよ』というようなものだったのです。ここの人たちが本当に重篤な心の問題を抱えていることを否定はしません。……しかし、ここで観察した幾重にも重なった抑圧は、刑務所とは非常に異なったものでした。フォート・イングランド病院の収容者は、犯罪行為にも関わり、さらに精神病でもあったために画一的なケアにならざるを得ないとはいえ、とんでもない子ども扱いが横行していたのでした」（A・サザーランドの2017年10月5日付私信）。

このパフォーマンス・グループは完全に任意の参加だった。「これは患者が自由に出入りできるグループの一つです。セッションの途中でも、望めば出て行くこともできます。来たくなければ、来なくて良いのです」（A・サザーランドの2017年10月5日付私信）。パフォーマンス・ワークショップは、いかなるセラピープログラムにも関連していないし、受け身の協力行動を誘発しがちな報酬と罰に基づく行動変容システムの一部でもない。「看護スタッフと患者に理解してもらうには、長い時間がかかります。というのも、エージェンシーや自律性など一切ないから」とサザーランドは言う。「重要なのはセラピー中心で病気中心の眼差しを止めることです。なぜなら、彼らは病院の中ではあらゆる面であらゆる時間、病者として生きているからです。参加者に話すのは『私たちは、あなたを病気の人間というアイデンティティで扱うことはしません。もちろん、そういう面がこの病院にはあるけれど、そのためだけにここで活動するわけではないのです。ここで活動する理由は、他の人たちと創造し探求をしたいと思っている人たちと共同するためなのです』（A・サザーランドの２０１７年10月5日付私信）。

最初から、サザーランドとユンタは、このプロジェクトに関わるのを望んだ心理学者とスタッフは、傍観者ではなく参加者だと主張した。「彼らに言ったのは『もし関わるなら、演じ手の一人にならなければ。傍に座って観るだけはすまない』ということでした。すると彼らは実際に実践し、心から関わってくれました。さらに、このプロジェクトが開放的だと皆わかってくれました。全く期待しなかった副次効果は、臨床医たちに生じた劇的な変化でした。自分たちの活動に対する見方と、セラピーに関する理解も、以前は病気フレーム以外からは見ることのなかった患者たちに対する見方が転換したのです」（A・サザーランドの２０１７年10月5日付私信）。

「演劇的空間が生み出した転換のおかげで、時々、精神病理の存在を忘れてしまうのです。一度この空間に入ると、誰にでもなれると感じます。その数時間は、この制度と施設がなくなるように感じられます。患者は正常の感覚を抱き、私たちと一緒に活動していると感じます。一度外へ出れば、患者たちは自分が患者だったことを思い出すのがわかります。再び患者を演じ始めるのです。この空間に入って患者たちが得る希望の力は、可能性の感覚であり、このことは私にとって深い意味を持つのです」(L・ユンタの2020年8月6日付私信)。

グラハムズタウン刑務所とフォート・イングランド精神病院での、サザーランドとユンタの実践は、ワークショップの形態をとっていたが、パフォーマンス活動そのものが目的であって、観客のための公開パフォーマンスは準備していなかった。しかし彼らは、公開パフォーマンスにも発達的な価値があるとも信じていた。「実践を見せることが重要になるときもあると考えていました。というのも、パフォーマンスの目撃と、それがもたらす視線の反射は、信じられないほどパフォーマーに対する支持となり、目撃する観客にも人を全く新しい見方で眺めることを可能にするのです」とサザーランドは言う。「刑務所実践で、最も素晴らしい瞬間は、受刑者が外部に出かけてパフォーマンスすることが許される瞬間でした。これは受刑者にとっての生命維持器官です。というのも、彼らが演じるのは、楽しみであり、人々を笑いに包むものであり、建設的な何かだからです。刑務所の中では逃れることのできない逸脱した犯罪者というアイデンティティから逃れることも可能だという感覚をパフォーマンスしているのです。ポジティブに関係するやり方で、世界に貢献できるという感情は、とても大事なものです。囚人パフォーマーから繰り返しフィードバックされたのは『他の人々にとって良いことをできるのは、とっても良いことだ』ということでした」。

「精神病院では、それは極めて困難です。というのも、病院は閉鎖された環境であり、活動の評価が全く異なっているからです。身体的障害を伴う人もいれば、さまざまな状態の精神病を患っている人もいます。…最初の頃は、公開パフォーマンスは患者たちに大きなストレスとなり、うまく活動できないかもしれないと考えていました。しかし彼らは自分たちの作品をみんなとシェアしたいと言い、私たちはそうだね、それはすごいねと言い、公開することにしました。観客と同じように、公開を通して喜びの感覚がパフォーマーたちに生じたことが手に取るようにわかりました。誰もが見込みがないと言うような本当に見込みがない人もいて、そういう人たちはセラピーもできません。彼らは身体的障害や精神病という意味では大変状態が悪く、ワークショップ以外では話せない人もいますが、予想を超えてスタッフとしてうまく働いてくれる人もいるのです」(A・サザーランドの2017年10月5日付私信)。

サザーランドとユンタはグラハムズタウン刑務所で12年間共同実践し、フォート・イングランド精神病院では5年間実践した。サザーランドは2017年にケープタウンに移り、ティシマニ・アクティヴィスト教育センターで、クリエーティブアート・アクティヴィズム・コーディネータとして働いている。ユンタは、一人で受刑者グループを指導している。「彼は今や一人でやっていますが、このグループはずっと前から続いているグループです。彼らは自分たちだけでも継続可能なのです。ユンタがやめたとしても継続するでしょう。これこそが望まれることよね?」とサザーランドは振り返る。「ローレン・クリーズはこの病院で演劇グループの創設を助けた人物で、他の医療スタッフとともに、この活動を継続しています」(A・サザーランドの2017年10月5日付私信)。

第16章　コミュニティづくり

サザーランドとユンタの想像力と創造性に火をつける実践から見ると、パフォーマンス・アクティヴィズムには変動しない常数が明らかに存在することがわかる。それはコミュニティを作り出すという常数だ。人々が共同すれば、人々は絆を結び、何らかの環境のもと共同で生存するための新しいやり方を発見し前へ進んでいく。本章では、コミュニティを創造し／強化することが主要ポイントとなるパフォーマンス・アクティヴィズムの事例を見ていく。一つはジョン・オラムがリーダーとなった事例で、既存の地理的に定義されたコミュニティというコンテクストにおいて、コミュニティの歴史への関わりを深め洗練させるという働きを持つ事例である。他に2つ取り上げるが、そのうちの一つはケニアのグギ・ワ・ジオンゴの事例で、今一つはブラジルのダン・バロン・コーエンの事例であり、パフォーマンスを方法として、以前には存在しなかったアクティヴィスト・コミュニティを生み出した実践事例である。

コミュニティ・プレイ

ジョン・オラムは、十代の頃、家出して英国のビリー・スマート・サーカス団に入団した。彼がいたのはたった一シーズンだったが、成人になってからは、町から町へと旅しては、ショーに出演した。ただしアクロバット、動物モノマネ、道化ではなく、街の人々を集め、時には数百人を組織して自分たちの歴史をパフォーマンスさせたのである。

１９８３年から、オラムは自身「コミュニティ・プレイ（Community Plays）」と呼ぶ芝居を、主に英国で、他にも米国、カナダ、ヨーロッパで演出してきた。この芝居の制作方法は約18ヶ月かかる。これは、パフォーマンスしたい、あるいは制作の助手をしたい人なら、誰でも参加できるものだった。その結果、出演者が１００人を超えることもあった。この人数とプロジェクトの大きさのため、ほとんどのパフォーマンスは、劇場ではない空間、倉庫、納屋、協会、テント、市民広場、路上、ショッピング・センターで行われた。オラムが組織したコミュニティ・プレイの平均出演者は１３０人で、研究者、衣装製作者、大道具、ミュージシャン、制作委員会でさまざまに働く人々も多数いた。

オラムのコミュニティ・プレイは、事前に決められた聖書物語を語ったり、決められた歴史台本の再現ではないという点を除けば、中世後期に英国と西ヨーロッパでコミュニティや貿易ギルドによって上演された神秘劇に似ており、現代における歴史の集団再現劇に似ている。どちらの芝居も、コミュニティの歴史と現在の争点に関して、コミュニティ自身が探求したいと思うものに基づいているという点が特徴的である。コミュニティ・プレイは、政治的視点や運動への支持を喚起したり強化するようにはデザインされていないところを除けば、20世紀初頭のソ連やドイツの集団スペクタクルにも類似している。この芝居の内容と政治性は、この芝居を創造する過程とパフォーマンス活動そのものにある。

進歩的劇作家で演出家のアン・ジェリコが1970年代半ばに、ロンドンのロイヤル・コート・シアターの文芸部長の職を離れ、英国南東部ライム・レジスの小さな街に移ったとき、現代のコミュニティ・プレイは生まれた。ジェリコの転居は、当初子育てのためだった。しかしながら、まもなく子どもの通う学校で演出の仕事を始めた。「舞台があまりに狭いので、観客も舞台に上げたらと彼女は考えました。しかし観客が上がるには十分な広さはありませんでした。そこで、彼女は舞台を周りに置いて、観客と主演者を中央に配置しました」とオラムは言う。「これは散歩道のようなプロムナード方式で、良いところもあるので、私たちがずっと手放さずにいたやり方でした。それに彼女は子どもが大人の芝居をするのを好まなかったので、コミュニティの人々を招いて参加させることを始めました。これは偶然の大発見でした。本当に幸福な事件が連続して起こったのです。これがどういうことだったのか、後になって初めてわかったんです」(J・オラムの2020年7月20日付私信)。彼女が手作りの舞台制作のために、劇場衣装、振り付け、脚本の専門家をリクルートし始めたときが、現在のコミュニティ・プレイの重要な要素が出現したときだった。1978年ジェリコは、コールウェイ・シアター・トラストを創設し、毎年イングランド西部の別の村や町で、コミュニティ・プレイの上演を始めた。[1]

1981年、オラムはジェリコの3番目のコミュニティ・プレイ、ハワード・バーカー作『貧しい男の友達（*The Poor Man's Friend*）』を観に行った。「あまりの感動に吹き飛ばされるかと感じました。芝居では、一つの事件が描かれます。それは亜麻畑に火をつけたために、今や絞首刑にされようとしている少年の事件でした。…コミュニティへの見せしめのために吊されようとしています。判事が小さな黒い帽子を被っていますが、これは少年に死刑が宣告されたしるしでした。私の隣には、演劇の衣装に身を包んだ少女が母親とともに立っています。少女が私のズボンを引っ張ったので、私は彼女を見ました。7歳か8歳でした。彼女は『なんで、あんなことしてるの？ そうじゃないのに…なんでしてるの？』それは詰問でした。私は母親の方を見やりましたが、母親は助けてくれなかったのです。私はただ泣くばかりでした。そこには17世紀の少年と話している20世紀の少女がいて、私は彼女の世界に引き込まれました。これは、私の演劇的経験の中で、最も衝撃的な瞬間でした」とオラムは40年後に回想している（J・オラムの2020年7月20日付私信）。1年も経たないうちに、オラムはジェリコと仕事をするようになり、1985年ジェリコが引退したとき、オラムはコールウェイ・シアター・トラストの芸術監督となり、2000年にクラック・シアターと改称した（クラック（Claque）は、サークル、群衆、コミュニティという意味でのクラックである）。

ジェリコと合流する前、オラムはドロシー・ヘスカットと活動していた（第10章参照のこと）。「演劇アドバイザーとして…ドラマを教育ツールとして利用することを教師に教えていました」。オラムは、ヘスカットが自分の仕事に最も大きな影響を与えたと述べている。コミュニティ・プレイの制作においてオラムは、通常コミュニティの歴史の中の、より以前の出来事や時期を参考にして、即興によって現実場面を想像的に探求している。コミュニティ・プレイの場合、調査と創造的探求のプロセスは2年間も続き、この間に参加者は、調査、議論、ディベートしパフォーマンスし、このプロセスで参加者は自分たちの町と隣人たちにより親しみを感じ結びつきも深くなる。オラムは、通常、芝居の主題と内容を知るために、コミュニティの人々が最も関心を抱く、地域の歴史的な出来事と現在の争点を尋ねる。「はたして本当にコミュニティが芝居をやりたいと思っているのかを見定め、何が芝居のリソースなのかを発見し、実現可能かどうかを判断するために、全部を積み上げていきます。普通、2、3ヶ月の予備調査を行い、その後、公開意見交換会でコミュニティに我々のアイディアを提示して…投票してもらいます。賛成がなければ、そういうことは、今までありませんでしたが、私たちは去ることになります。そのコミュニティでの活動はそこまでとなります。賛成が多ければ、活動を継続します」（J・オラムの2020年7月20日付私信）。主題が見つかり芝居の下案ができたら、キャスティング会議が始まる。…オーディションはなしで、全員の出演が保証されている（キャスティング会議入り口の張り紙には「出演おめでとう」と書いてある）。次に台本を出演者の数に合わせて改稿する。その頃にプロの俳優チームが参加する。「プロの俳優チームが町にやってきます。…通常、舞台監督、デザイナー、衣装係、小道具係、時には振付師などが芝居の構成に合わせてやってきます」。通常、彼らはイングランド芸術評議会、地方政府機関基金から給与が支払われ、コミュニティは通常、募金によって不足分を補うことになっている。募金は、「この芝居は我々のものという感覚を高めま

［1］詳しくはJellicoe（1987）を参照のこと。

す」(J・オラムの2020年7月20日付私信)。

それぞれのプロの俳優の周りに地域住民たちの活動チームが集まって、衣装を確認したり、大道具と小道具を作り、振り付けを助けたりしている。ジェリコが1981年に述べるように「街は創造性で生き生きとし始める」(Southon, 2019からの引用)。クラック劇場の最近の芝居はすべて創作物だが、ほとんどがコミュニティの俳優と劇作家の合作で作られたものだった。劇作家の中には、ハワード・バーカー、デヴィッド・エドガー、アーノルド・ウェスカー、デイヴィッド・クリーガンなどもいた。

コミュニティ・プレイには、大きな劇場ではなく、野外で上演されたものもある。しかし環境演劇のように、観客と(衣装を着た)俳優たちは常に同じ空間にいて、混じりあっていた。『貧しい男の友達』でオラムのズボンを引っ張った少女はその芝居の「中に」いた。オラムは観客の間を動き回る人たちを「ソーシャルアクター」と呼ぶ。彼らは芝居の登場人物でもあるし、同時に観客をまとめる人でもある。「シーンの一部は舞台上で演じられるが、時には観客の間でもシーンが立ち上がるのです」とオラムは説明する。「婦人参政権運動家たちのパレードがやってくるシーンなら、運動家たちが観客の中から女性を選んで横断幕やタスキを渡します。…火を消すためのバケツを渡すかもしれません。…あるいは、公開意見交換会で、反逆者か抵抗者の群集として参加するように観客を促すかもしれません。ソーシャルアクターの場合には…観客の隣にいて、芝居を見物する観客を見ながら、観客とのいわば無言の会話で演技し、社会的なつながりを生み出すのです。…ソーシャルアクターの鍵となる役割は、観客をドラマに引き込むことです。この芝居の世界に引き込むことなのです。

ソーシャルアクターの役柄は、観客の意見と参加を要請して、普通の観客の参加以上に、深いレベルで関与するように、傍から観客をコミュニティのメンバーとして扱うことです」(J・オラムの2020年7月20日付私信)。

ほとんどのコミュニティ・プレイは、個別の村、町、あるいは近隣地区で行われ、その歴史に関わるものだった。しかし、地理的な意味でのコミュニティではなく、オラムが「関心のコミュニティ」と呼ぶコミュニティと実践する機会も何度かあった。全英の炭鉱労働者のストライキ失敗の10年後、1998年に、オラムは芝居を上演した。その芝居『反撃(*Fightback*)』は、ケント州の元炭鉱労働者とともに、このストライキについて演じたものだった。時にはコミュニティ・プレイは抵抗や政治へと踏み出すこともあった。タンブリッジウェルズでは、新しいショッピングモールがカムデンロードの伝統的商店街を廃れさせていることを受けて、この芝居はカムデンロードでのランタン・パレードで始まった。それはショッピングモールと対照的に、カムデンロードに夜間あかりがついていないことに注意を向けるためであった。オラムは「現在、12回目か13回目のランタン・パレードになっていて、ずっと継続しています」と2020年に述べている。この芝居の創作には、カムデンロード教育芸術演劇イベント(**Camden Road Education, Arts Theatre Events: C.R.E.A.T.E**)と呼ばれるグループが関わっている。「このグループには40人編成の強力な合唱団があり、今も活動しています。読書グループもインプログループもあり、今も活躍を続けています」(J・オラムの2020年7月20日付私信)。カナダのオンタリオ州、エラモーサでオラムが演出したコミュニティ・プレイはデイル・ハミルトン作『シヴェリーの魂(*The Spirit of Shiveree*)』だった。上演後に行われた選挙で、議会の開発プランに反対した出演者が当選し、ついには開発業者をその郡区から追い出した。

しかし、ほとんどの場合、コミュニティ・プレイはコミュニティの結びつきを深めることを中心にしている。「私はいつも立ち返るのはドロシー・ヘスカットなのですが、彼女の中心命題は彼女がフェローシップと呼ぶものです。もしかしたら私がフェローシップと言ったのかもしれません。今や思い出せないのですが、人々の結びつきを作るのは、このアイディアなのです」とオラムは言う。「前に触れた少女のように、結びつきを作り出せるのです。少女は、自分と少年の間にフェローシップを見つけました。この少年は死刑を宣告されようとしている。……私たちは遠回りしてもコミュニティのフェローシップを見つけることができ、歴史を遡り、歴史的出来事に巻き込まれた人々の、歴史を作り出すのに尽くした人々の人間性を見つけ、フェローシップを見つけることができます」（J・オラムの２０２０年7月20日付私信）。

カミリース教育文化センター*

東アフリカのケニアに、１９７０年代、唯一無二の文化実験であるカミリース教育文化センターが、進歩的アーティストと知識人、地域の小作農民、労働者の共同で設立された。この設立までの道筋もドラマのようだが、コミュニティ・ビルディングを触媒するパフォーマンスと演劇の潜在力を明らかにするものでもある。カミリースの実験は、6年間の活動中ケニア政府によって暴力的に抑圧されたが、半世紀後の今も進歩的演劇アーティストたちとパフォーマンス・アーティストたちを鼓舞し続けている。

1970年代半ば、グギ・ワ・ジオンゴが首都ナイロビから北東30キロにある故郷のカミリースに戻ったとき、彼はすでに世界的に著名な小説家であり、ナイロビ大学の教授でもあった。カミリースは、彼が生まれ育った田舎村から、2020年で人口4万2000人の小都市へと変貌する途上にあった。当時、カミリースの人口は1万1000人ほどで、工場労働者、農業、無職にほぼ同数に分かれていた。工場労働者のほとんどは、英国資本のバタ製靴工場で働いていた。農業労働者は、以前白人入植者が所有していたが、当時国際農業資本かケニアの黒人富裕層に移譲された、村の周囲の茶葉とコーヒーのプランテーションで働いていた。残りは無職の人々だった。町は、以前は「白高地」と呼ばれた場所に位置していた。20世紀初頭、英国や南アフリカからの白人入植者が、大人数でやってきて、元々土着のキクユ人のものだった土地を収奪したのだ。キクユの人々は以前の自分たちの土地で、ほとんどが雇われ召使いの身に落ちぶれた。世紀の半ば、この地域は急進的な政治的遺産を与えられることになる。解放戦争（1952－1960）の間、激しい戦闘の場となった。これは第五次の解放戦争で、最終的には、1895年以来の英国支配への蜂起が成功した。グギの長兄は、英国人にはマウマウ団として恐れられたケニア土地自由軍の兵士であり、母親は戦争中に植民地政府によって逮捕され拷問を受けている。

＊訳注：本節に登場する人名や作品名については、宮本正興（2014）「修羅の作家グギ・ワ・ジオンゴ評伝 ― 20世紀アフリカ文学の遺産」京都大学学位申請論文（//efaidnbmnnnibpcajpcglclefindmkaj/https://repository.kulib.kyoto-u.ac.jp/dspace/bitstream/2433/192132/5/dtiir00017.pdf）を参考にさせていただいた。

1975年10月、カミリースの地元教師、ヌジェーリ・ワ・アーモンは、カミリースのための独立系教育文化センター設立のための会合を持った。[2] この活動は、植民地解放後のアフリカの他のほとんどの開発教育プロジェクトとは異なるものだった。というのも、カミリースの人々は、政府、宗教組織、グローバルノースのNGOなどから独立して、自分たちの手で組織化し資金調達も行ったのだった。彼らは運営委員会の他、成人教育、文化、健康の分科会も設けた。豊かな結果をもたらすことになるのは、この時期に、ジオンゴを追って大学の仲間2人がカミリースでの活動に参加したおかげだった。それは演出家のキマニ・ゲシャウと教育者のグギ・ワ・ミリイの2人で、フレイレの教育アプローチを信奉していた。住民の80パーセントが文盲という状況の中、センターの指導者たちは識字プログラムを始めようと決心した。教育分科会は、ミリイにプログラムの立ち上げを依頼した。それは1976年に50人の生徒で始まった。イングリッド・ビヨルクマンの最初の（といっても2冊だけなのだが）カミリース教育文化センターに関する書籍『母よ、我がために歌え ― ケニアの市民演劇』によれば、以前の教会組織や外国のNGOが提供した識字教育は十分な成果を出せなかった。ミリイの主導する識字プログラムは、文字を学ぶ素材は「土地が無く、職も無く、家族の食糧不足や、病院や医療施設の欠如など、村人の生活に根ざした実際の問題に関するものだった」(Björkman, 1989, p.52)。この活動から数多くの政治と歴史に関わる対話が生まれた。フレイレの対話的メソッドが引き金となったのだった。ビヨルクマンは「非識字者たちの洞察と経験が利用された。この授業で扱う出来事を経験した人々は、この事件のエキスパートであり、議論を先導した。教師たちは、書くことと読むこととの教科の範囲では権威を持つ。元生徒たちは、この授業が生徒たちの自信を高めるように作られていたという。学びの喜びが彼らを決まりきった単調生活な存在から連れ出し、彼らは生に新しい意味が与えられることを突然に発見した」と言う（**Björkman, 1989, p.52**）。約1年後、生徒たちはもっとたくさんの人々に政治と歴史の学習をさせるべきだと決意し、そのために演劇が良いやり方だと結論した。いつも話しているのにキクユ語の読み書きを初めて学んだのだが、キクユ語の芝居台本はなかった。そこで近くに住む高名な作家のグギ・ワ・ジオンゴを頼り、この地域の歴史や問題に関する戯曲を書いてくれと依頼した。その際、伝統的な歌とダンスも入れてくれと頼んだ。ビヨルクマンが報告するように、ジオンゴの執筆中「劇場に足を踏み入れたこともないような、小作農民たちは舞台、楽屋部屋、小道具部屋、２０００人収容の観客席を備えた模型を作り上げ、その後実物の建築に取り掛かった」（**Björkman, 1989, p.53**）。それはその当時の東アフリカ最大の劇場として完成した（**Björkman, 1989, p.60**）ジオンゴは１９７７年の4月に最初のキクユ語の芝居『結婚したいときに結婚するわ（***Ngaahika Ndeenda***）』を書き上げた。その30年後、ナイロビ大学の教授のサルンジ・チェサイナとエヴァン・ムワンギは（チェサイナは駐南アフリカ共和国ケニア大使も兼任した）、『結婚したいときに結婚するわ』の内容を「国を奪い取った新指導者グループと資本家による搾取と疎外と戦い、ケニア解放のために散った小作農民たちに対する挽歌だ」と記している（**Chesaina & Mwangi, 2004, p.222**）。しかし、パフォーマンス・アクティヴィズムの観点から言えば、その内容よりもはるかに大きなインパクトとなるのは、この芝居の創造プロセスだった。ジオンゴと演出家のキマニ・ゲシャウ

［2］断りのない限り、カミリース教育文化センターに関する記述は、**Björkman**（1989）に基づいている。

は、彼らが「オープン・リハーサル」と呼ぶイベントの開催を決めた。リハーサルに参加を希望する人や芝居づくりを手伝いたい人は、誰でも参加できるようにした。ほとんどの人の仕事が休みの土曜日と日曜日の午後にリハーサルを行ったところ、リハーサルが続く間、さらにたくさんの人々が顔を見せるようになった。キッドによれば、「300人を超える人が、数ヶ月にわたって助けに来てくれて、毎週末ドラマづくりを手伝い、パフォーマンスに参加した」(Kidd, 1984, p.8)。この事例は、スキルを持つアーティストと演劇訓練のない労働者たちが共同する非常に稀有なケースだ。このプロセスの政治的意味ははるかに強いが、いくつかの点でオラムのコミュニティ・プレイに類似している。「グギは、実際にも公開の場で台本を書き換えたのです」と、ジオンゴが1980年代半ばの英国亡命中に一緒に仕事をしたバロン・コーエンは言う。「ジオンゴにとって、コミュニティの舞台は、公共的な討論の場であり、共同する場でもあったのです。グギは、間違いなく、詩人、作家、カリスマ的教育者の役割を果たしていました。同時に、コミュニティの人々もまた(作品創造の上で)非常に大きな役割を果たしました」(D・バロン・コーエンの2020年8月3日付私信)。この芝居づくりに参加したことのある一人のカミリースの村人は「たとえ作家と演出家の2人のグギがいなくなっても、このセンターを閉めるわけにはいかない。2人が書くのを止めたら、みんなで一緒に何か書けばいいさ。集団での台本づくりは見慣れないことではないし、私たちもやることだ。あの2人がセンターなのではなく、センターはメンバー全員なのだ。私たちは個人の才能を評価するが、個人の自惚れの感情は抑制しようとしている。もしあるメンバーが良い声をしていてリードボーカルになるような人なら、他の50人のバックコーラスなしには自分は歌を歌えないことを理解しているに違いない」(匿名のカミリースセンターのメンバー、Björkman, 1989, p.56より引用)。

刑務所生活の回想録である『拘禁──作家の獄中記』で、ジオンゴは『結婚したいときに結婚するわ』の創作過程を次のように記している。「1977年6月から(芝居が開いた)11月までの6ヶ月間は、私の人生で最もワクワクする時間であり、私の本当の学びが始まった時期だった。私は自分の言語を学び直した。集団共同実践の持つ創造的な特徴とパワーを再発見した。… 芝居の大まかな方向性はキマニ・ゲシャウに委ねられていたとはいえ、プロジェクト全体は集合的なコミュニティの全体活動であった。小作農民や労働者は、ますます率先して台本の直しや付け足しを行うようになり、ダンスの動きと制作過程に指示を出すようになっていった。… それ以上に、すべての活動が爆発して、自分自身もこれまで思ったことのないような、才能の奔流を引き起こしたのだ。こうして、芝居が終わりになる前に、住民からキクユ語の3編の芝居を受け取っていた。2つは労働者の書いたもので、1つは小学校の教師によるものだった。自分の人生が無駄だとして4回自殺を企てた1人の無職の若者が、突然に自分がものすごく素晴らしい声の持ち主だと気づき、歌をうたえば観客は彼のドラマティックで優しい歌声に引き込まれた。どの役者も舞台に立ったことがないにもかかわらず、たとえ雨の中の上演でも観客を釘付けにした」(Thiong'o, 1981, p.76)。この芝居は、解放戦争開戦25周年記念日に合わせて、10月2日に幕を開けた。満員の熱狂的観客の前で9つの芝居が演じられた後、政府は上演を禁止し、ジオンゴは逮捕され罪状もないのに1年間投獄された。

カミリース教育文化センターは、それでも生き残った。舞台制作の始まりから強制閉鎖の間にも、さらに多数の識字学級が開設された。芝居のために結成されたオーケストラは演奏を続け、他の町でもコンサートを開催し、レコードも出した。女性グループが組織されて、メンバーの職探しを助けたり、彼女たちの収入をプールしたりして、カミリースの女性の平均収入をあげることにつながった（Björkman, 1989, p.54）。カミリースの人々は、活動の継続と発展を通して、劇の創作が重要かつ組織的であったとしてもそれ自体が目的ではなく、より大きな草の根のコミュニティ形成活動の一部であることを証明してみせた。ビヨルクマンが言うように「カミリースの演劇活動は、村も関与する大衆教育の一部となった」のである（Björkman, 1989, p.60）。

ジオンゴが釈放されカミリースに戻ったとき、次の上演作を『母よ、我がために歌え（*Maitu Njugira*）』に決定した。このミュージカルには２００人が参加申し込みをした。今回は、ジオンゴは、自分の国際的名声とナイロビ大学のコネクションを使って、ケニア国立劇場での上演を計画した。国立劇場は、元々１９５０年代に白人入植者によって設立された劇場で、ナイロビの裕福な地区に位置している。カミリースのアマチュア俳優の上演以前は、付属の演劇学校で訓練された職業俳優による英語での作品を主に制作していた（Chesaina & Mwangi, 2004, pp.218-219）。

『母よ、我がために歌え』のほとんどのパートは、１９２０年代、３０年代、人々がキパンデ・システムのどん底にあった時代を背景としている。１９２０年の改正先住民登録条例によって、15歳以上の男性アフリカ人は24時間、キパンデと呼ばれるスズ製の薄い容器を首からぶら下げて着用することが義務づけられた。この容器には、体重、身長、指紋、雇用記録などの詳細を記した紙が入っていた。その意図は、アフリカ人たちの自国内での移動を制限し、離職を予防し、基本的にはアフリカ人たちを農奴に貶めようとするものだった（Mau Mau Revolution, n.d.）。

キパンデ時代と1980年代の類似性が明らかになった。革命が約束した土地を元々のアフリカ人土地所有者へと返還する代わりに、独立後、黒人ケニア人たちは土地を買い戻すように言い渡された。しかし当然、ほとんどの人たちはそうすることなどできなかった。芝居の最後に、出演者たちは、現在の「独立した」国を治める「総督」役に、長い間行方不明の正直な革命家カリウクを見せるように懇願する。最後に、両手を切られ、目をくり抜かれたカリウクが現れる。新しい為政者は「今後、もし彼のことを尋ねるなら、同じ目に合わせるぞ」と宣言した（Björkman, 1989, p.15より引用した匿名の観客の報告）。ビヨルクマンは「この芝居のメッセージは、独立戦争の最終目標は成就されなかったということだ。白人支配者から逃れても、黒人支配者の圧政が待っていたのだ」と述べる（Björkman, 1989, p.9）。

『母よ、我がために歌え』のほとんどはキクユ語だったが、ジオンゴと他の2人の演出家キマニ・ゲシャウとワイグワ・ワチラは、ケニアのすべての主要民族集団の歌とダンスと会話を含めた。2人はともにナイロビ大学文学部の教授でロンドン・スクール・オブ・ドラマティック・アートの出身で、演出家の一人キマニ・ゲシャウは『好きなときに結婚するわ』を演出した。この終幕の演出のために、国中の人々を呼んで、地域の歌とダンスをノンプロの俳優たちに教えさせた。彼らは本当の意味で国をあげて芝居を作りたかったのだ。『母よ、我がために歌え』の母とはケニアそのものなのである。

2ヶ月間、カミリースでこの芝居の公開リハーサルが行われた。そこには『好きなときに結婚するわ』のリハーサルを超える多くの発展が見られた。出演者とクルーは、1週間に4回も会合を持ち、必要ならば追加リハーサルも行った。今や国中から人々が公開リハーサルにやってきた。バスやバンをレンタルして、大人数で参加した。他の国からの役人も招待された。ジンバブエ教育文化省の代表団も参加し、ケニア上演後のジンバブエでのツアーに招待した。報道機関も招待されて、カミリースの評判と国中での熱狂をさらに強める、大変好意的な記事を書いた。

ケニア国立劇場での開幕予定日の数日前、劇場でのリハーサルが行われようとしていた。朝、出演者とクルーが到着すると、劇場ビルには南京錠が掛けられて警察官が取り囲んでいた。チェサイナとムワンギは「このグループは地域住民が地域語で演じるケニア国立劇場を取り戻すことを目的としたのだが、このグループの上演許可が取り消されたのである」と記している（Chesaina & Mwangi, 2004, p.223）。グループの人々は、劇場の外で劇中歌を歌った。大学の劇場は閉鎖されていたが、自由に使えた。しかし、チケットの販売は禁じられた。苦労して集めた15万ケニアシリングの制作費はコミュニティによって賄われていたので、重大な金銭損失の危機に瀕した。彼らは大学での公開リハーサルを強行した。マスコミがこの状況を報道したのでこの芝居は二度と「公開」されないことが知られて、このリハーサルが実際の「公演」の役割を果たすことになった。

毎日、国中から数千の人々がリハーサルに参加するためにやってきた。「大群衆のためにウフル高速道は午後には閉鎖された。リハーサルは午後6時半から始まるのだが、午後3時にはすべての席が埋まってしまった。人々は舞台の上にも、舞台袖にも階段にも座り、果ては照明・音響室にも座り込んだ。通路や踊り場もいっぱいで、入れない人々が野外の芝生の上に座り開け放たれたドアや窓からリハーサルを聞いていた」（Björkman, 1989, p.59）。出演者の一人は、数年後振り返り「劇場なんかに行ったこともなく、25シリングのチケットも買えない人がほとんどの、何千人という見物客を前にパフォーマンスする機会と比べれば、私たちの金が消えたことがなんだと言うのか？　私たちは本当の観客を発見したのだ」と述べている（Björkman, 1989, p.59より引用）。ある日のリハーサルでは照明が消えてしまった。別の出演者が言うには「人々が照明室に侵入したので、ケーブルに足を引っかけて照明が消えたのだった。でも私たちは、いいよ、どうでも芝居を続けようと言ったのさ。照明は復活しなかった。しかし芝居は、観たい人たちに観られたのかって？…思い出すのはあるリハーサルで、公会堂を抜ける前に、主演女優が気絶してしまったのだ。というのも、人々でいっぱいですごく暑かったからだ。でも美しいシーンだった。それはダンスドラマで、公会堂を踊りながら抜け出ていかなくてはならなかった。人々はイワシみたいにぎゅうぎゅう詰めだった。すごい混雑で、演技する空間もなかったのだ。人々は舞台の上にも座っているし、あるシーンは飛ばすしかなかった。我々が来るのを見た人たちは、互いの膝の上に座って場所を開けて、演技ができるようにしてくれた。彼らは行儀良く振る舞う人々だった。人々のサポートは驚くべきものだった」（Björkman, 1989, pp.59-60より引用）。

ビヨルクマンの本でドゥングと称されている一人の観客は、この芝居の終幕を次のように思い出す。

この芝居は、次の歌で終わったんだ。

おいで、おいで、おいで、みんなおいで
持っているものとともにおいで

受けた教育を持っておいで
知性とともにおいで
あなたの寛容とともにおいで
そうすれば置き去りの人たちも連れて行けるよ
眠ったままの人たちも目覚めるよ

このとき、いつも、とっても面白いことが起こるんだ。観客は分かれて舞台正面に向かう。舞台にいっぱいになり、俳優たちに合流する。みんな、ゆっくりと起き上がりながら歌うんだ。「目覚めろ、目覚めろ、目覚めろ」と。…前に出たときには、すでに何かを超えていたんだ。どちら側に付きたいか、決心がついていたんだ。彼らの問いかけが聞こえるだろう。「銃はどこだ？俺たちに銃をくれ。」…この芝居は、この解放の歌を歌う人々が公会堂を去っていくところで終わるんだ。ずっと手を鳴らすのが続いている。みんなで進んでいくんだ。手を鳴らしながら前へ進んでいくんだ。（Björkman, 1989, pp.17-18より引用）

これこそが、社会変革のための演劇の「のための」が変化した瞬間なのだ。これは演劇**と**社会変革が同時に生起する瞬間なのだ。あるいはパフォーマンス**と**アクティヴィズムの同時出現の瞬間である。すでに述べたことでもあるが、パフォーマンスはもはや結果を生み出す道具ではない。それは道具でもあり結果でもあるのだ。

公開リハーサルでは１万２０００人から１万５０００人が『母よ、我がために歌え』の観客となり／経験したのだが、10回の公開リハーサルののち、政府は劇団が大学を使用することを禁じた。数日後、３月10日、グギ・ワ・ジオンゴは記者会見を開き、断固たる対応をすると訴えた。政府はカミリースでの今後のいかなる演劇も禁止した。同時に「警官で溢れた、多数のランドローバーがカミリースにやってきて劇場を破壊した。舞台、衣装部屋、座席付きギャラリーなどが取り壊されて、竹で組んだ塀だけが残った」（Björkman, 1989, p.60）。カミリースがあるリムル州の知事は、デイリーネーション紙に次のように説明している。「リムル州の人々は、発展を望んでおり、あの劇場は成人識字教室から人々を連れ去ったのだ。『劇場の専門家たちは他所へ行くべきだ』と知事は言う。カミリース開発に関する州政府のプランは、政府機能を不法に占拠したかどで起訴されたカミリース教育文化センターによって妨害されている」（Daily Nation紙１９８２年３月12日付記事、Björkman, 1989, p.60より引用）。政府は、センター跡地に職業訓練学校を建設した。グギ・ワ・ジオンゴとキマニ・ゲシャウ、グギ・ワ・ミリイは全員、国を追われた。ゲシャウとミリイは、かつて居住したジンバブエに亡命した（ミリイは２００８年に亡くなった）。ジオンゴは最初英国に向かい、のちに米国に行った。彼は今カリフォルニアに暮らしている。

　カミリース教育文化センターの破壊は「この国の演劇実践に深遠な影響を残した」（Chesaina & Mwangi, 2004, p.223）。ケニヤッタ大学の文学教授ワサンボ・ウェレによれば、カミリース以降「演劇人は逃げ腰となり、カミリースのようなテーマでの制作をやめてしまった」（Were, 1991, p.ix）。コミュニティに基礎を置く演劇が１９９０年代に再登場したものの、チェサイナとムワンギが評するように「カミリースの反抗する政治性はなくなった」(Chesaina & Mwangi, 2004, p.227)。再登場した演劇は、開発のための演劇モデルに沿ったもので、栄養、衛生、性感染症にフォーカスしたものだった。

カミリースのとくに財政面での独立はアフリカでは(他の国でもそうだが)例外的である。「カミリースが他と違うのは、何より資金調達と意思決定がコミュニティの手にあったことである。これに対して開発のための演劇モデルでは、未開発とされる大衆に対して開発機関が支援するモデルなのだ」(Kerr, 1991, p.64)。なぜ教育と演劇複合施設全体が破壊されたのかと問題を立てたビヨルクマンは次のように自答する。「演劇活動は孤立して存在するのではなく、むしろより広範な文化的企てとして生まれることで、強さと意味を引き出すのだ。… それは、人々自身のニーズから飛び出した力強い組織の一部だった。… このセンターは自律的な統一体を形づくっており、センターの活動に関するすべての意思決定を行い、すべての責任を負い、センターを財政面でも支えた。このセンターのメンバーになるということは、先導する人たちの後を、受け身のままついていくことではない。メンバーは、このセンターに完全に献身するのである」(Björkman, 1989, p.94)。カミリースは実際にも、自己組織化するコミュニティであり、自分たちが創造したいものを自ら創造したのであった。

カミリースは教育(と文学クラス)をルーツとして、特定の政治的見解のプロパガンダとなったが、カミリースの活動の意味はこれを超えて、教育とプロパガンダとは別物になったのだ。カミリースの実験が、カミリースの創造に携わった人たちに対して持つ意味は、そしてカミリースを嫌悪し恐怖した政府の役人たちに対して持つ意味は、カミリースが政治的に風変わりなコミュニティを創造したことである。このコミュニティは、参加者たちが自分自身を作り出し、パワーも創造したのだった。集団で脚本を書き、パフォーマンスし、2つの芝居を創作した活動は、カミリースのコミュニティ創造とパワー創造の重要な一部分だったのは確かだが、芝居と演劇そのものが目的だったわけではない。芝居と演劇はパワーの演習問題だったのだ。ここで私がパワーで意味しているのは、普通の人々が自分たちのニーズと欲望に取り組むために新しい何かを創造することを意味している。このパワーは、ランドローバーで乗り付けて、建設後6年目のコミュニティ・センターを破壊するというケニア国の振るった権威（authority）とは別物なのだ。その暴力行為は、ケニアにおいては、カミリースの実験に内在したコミュニティ・ビルディングの可能性を頓挫させることには成功した。しかしながら、実のところは、カミリースのコミュニティ・ビルディングに対する影響は今や国際的となって、その影響は確実に継続しているのである。次節で見るように、この継続はデリー、北アイルランド、そしてのちにブラジルで行われたダン・バロン・コーエンの活動に見出すことができる。さらに類似点は、私たちのカスティリョ・シアターの歴史にも見ることができる。これは大きく異なる文化的コンテクストではあるが、より大きな草の根のコミュニティ・ビルディングとなったもので、詳しくは第3部で吟味することになる。

ダン・バロン・コーエンとトランスパフォーマンスの教授学

1981年オクスフォード大学を卒業したばかりの24歳のダン・バロン・コーエンは、マンチェスター大学成人教育学科の英語演劇学部主任となり劇作家のエドワード・ボンドに師事していた頃、グギ・ワ・ジオンゴに出会った。

ジオンゴは、ケニアを追われ、ロンドンで亡命生活を送っていた。「グギが一連の公開インタビューを行ったときで、それを聞きに行った」とバロン・コーエンは語る。バロン・コーエンの記憶によれば、言語とパフォーマンスそして文化による抵抗の関係を語った、ある公開インタビューで、「私の質問でグギは好奇心を掻き立てられたのか、さらに話をしようと誘われました。そしてその会話の中で、私が当時行っていたエドワード・ボンドとの共同実践や、70年代後半の実践について話しました。とくに演劇の制作のもととなる方法という意味でのユートピアコミュニティの創造について話しました。それは単なる倫理的なコミュニティではなく、将来を展望する方法であり、実際の参加を通して民主主義を構築し想像上の未来を掴むとともに、抑圧され忘却された歴史を価値づけるナラティブを構築する方法でもあったのです。私はグギにそのことを話し、彼は『一緒にやらない手はないよね?』と言いました」(バロン・コーエンの2020年8月3日付私信)。

最初、ジオンゴは、『母よ、我がために歌え』を、ロンドンのアフリカ系移民と亡命者にとっての文化ホールであるアフリカセンターでリバイバル上演することに関心を持っていたようだった。バロン・コーエンは、1956年イギリスによって絞首刑となったマウマウ団のリーダーの裁判を扱った、ミシェレ・ギザエ・ムゴとの合作で英語で書かれた『デダン・キマジの裁判』*を読んで、代わりにこれを制作することを提案した。「こちらのほうが国際的な介入として、さらにふさわしいものだと考えたんです。そして、私たちの政府を問題にするパフォーマンスとして、同時に英国人の観客にとっては自分たちの植民地時代の歴史を振り返るとともに、英国とケニア、そしてヨーロッパとアフリカの新しい関係性を想像するパフォーマンスとしてふさわしいものだと考えました。これが私たちの関係の始まりでした。それから15ヶ月間、毎日一緒に活動しました」とバロン・コーエンは回想する（バロン・コーエンの2020年8月3日付私信）。我々はケニア人、他の国々のアフリカ人亡命者、少数だがアフリカ系英国人の出演者を集めた。

「カミリースからは非常に強いインスピレーションを得たのでした。出演者ミーティングでグギがカミリースについて話したとき、カミリースは単なるイデオロギーのプロジェクトでもないし、ただの演劇プロジェクトでもなく、カミリースにあったのは方法論の全体であり、この教授学が劇団員に大きな影響を与えました」とバロン・コーエンは言う。「私たちの実践の重要な要素の一つは、公開リハーサルでした」。バロン・コーエンは、とくにジオンゴがそれまで考えてこなかったことに耳を傾け、それを取り入れることを好んだと回想している。「アフリカ人フェミニストも白人アフリカ人も、入植者階級は男尊女卑文化で、その中ではコミュニティの女性は話すことを禁じられ、…沈黙しなければならなかったと述べたとき、グギは女性が批判するシーンをあえて加えて、入植者の妻が声をあげるように書き換えました。このことは確かに、ただ貧困ではなく、修復的司法について考えることが重要だという、私の理解に深く影響しています」（バロン・コーエンの2020年8月3日付私信）。アフリカセンターでの公演の後、グギとバロン・コーエンは『デダン・キマジの裁判』をもってマンチェスターや北部工業都市を巡演した。それは偉大な（しかし失敗する運命の）炭鉱労働者の

＊訳注：Thiong'o, N. W. & Mugo, M. G.（1976）. *The Trial of Dedan Kimathi.* Heinemann Educational Books.

ストライキがあったときで、劇団は小さな炭鉱の村でも上演した。イングランドで一番古い工業都市の一つであるマンチェスターは、強力で進歩的な労働組合のある多民族都市だった。ここはヨーロッパの「ケルト辺境」とつながりがあった。つまりアイルランド、スコットランド、ウェールズ（バロン・コーエンの故郷）という辺境は、150年以上巨大な工場で働く移民たちの、途切れることのない供給源だった。のちには、移民はカリブ海とアフリカから運ばれることになった。「このような歴史文化の地に公開リハーサルを持ち込むことに、グギは大変興奮しました。私としては、公開リハーサルは、コミュニティのニーズや要望を統合するための重要な方法であり、同時に、制作の準備ができているかどうかをテストし、私たちが作る演劇が、声を持たない人々のニーズや要望と共鳴するようにパフォーマンスを適応させる方法となるように、何年も取り組んだものでした」とバロン・コーエンは言う。彼は、公開リハーサルを単なる演劇テクニックではなく「より対話的な舞台と観客との対話的な関係を創造するメソッドです。それは『パフォーマンスの創造』から新しい人間関係の発達へと転換するものです」と付け加えている（バロン・コーエンの2020年8月3日付私信）。ジオンゴとの共同活動とともに、バロン・コーエンはエドワード・ボンドにも感謝を表している。ボンドについて博士論文で研究し、いくつかの作品も共同制作したおかげで、バロン・コーエンはイデオロギーから方法論へと焦点を移動することができた。とくに、この移動について、彼の芝居『リア王』へのボンドの「序文」の存在を指摘している。ボンドは「未来へのプランは必要ない。変化のためのメソッドが必要なのだ」と記している（Bond, 1972, p.x）。芝居上演の際の実行から、新しい種類の人間関係を発達させる方法論へとパフォーマンス理解を転換することは、地殻変動のような転換である。

この転換は、本書を通して私たちが検討してきた、さまざまなパタンの一つなのである。この転換は、バロン・コーエンの最近言うところの「転換するパフォーマンスの教授学（transformance pedagogy）」を形づくるばかりでなく、さまざまな意味でのパフォーマンス・アクティヴィズムの大半を形づくるのである。

『デダン・キマジの裁判』の上演後も、バロン・コーエンはマンチェスターの労働者コミュニティと共同で彼らのための政治演劇の制作を継続したが、最初がマンチェスター成人教育大学のクウォンタム劇団との共演で、次がモス・サイド近隣のデリー・フロントライン文化教育劇団だった（Baron Cohen, 2019, p.144）。マンチェスターの北アイルランドとアイルランド移民とバロン・コーエンの反植民地主義的な政治的関与の間の、家族的で政治的つながりの長い歴史からすれば、英国と連合主義者にはロンドンデリーと呼ばれる、デリー市での演劇ワークショップに1988年シン・フェイン党がバロン・コーエンを招聘したのは驚くには当たらない。[3] このワークショップは、デリー・フロントライン文化教育劇団の設立につながった。その後2年間、バロン・コーエンはマンチェスターとデリー市の間を行ったり来たりしたが、1990年デリー市に移った。

---

［3］シン・フェイン（「我々自身で」の意味）は1916年のイースター蜂起を指導した党派であり、これによって1921年にはアイルランドの32の国のほとんどが独立した。しかし北部六国は例外で、デリー市もこの地域に含まれる。さまざまな分裂と連合の後、シン・フェインは、北部六国から英国人を追い出そうとした、20世紀後半の数十年間のいわゆる英国の「厄介ごと」において主導的役割を果たしたが、失敗に終わった。

デリー・フロントラインは、デリー市のボグサイドとクレガン地区を拠点とした。ボグサイドとクレガンは、今もかつても貧しい労働者の住む地域で、（民族主義でカトリックの）共和党支持の強い地域である。デリー・フロントラインによる演劇制作は、多くの人たちのインタビューと長時間の政治的会話とディベートをもとに考案と改訂を繰り返して構成された。バロン・コーエンは最終バージョンにも手を入れた。[4]『限界点（*Threshold*）』という作品は、完成までに2年半を要して1992年初演となった。作品自体よりもこのプロセスが優先されたからであり、このプロセスこそが多くのパワーを生み出したのだ。「ワークショップ参加者は、しばしばこの議論から滲み出たものが参加者の個人的政治的な生へと沁み入ったと語った。そして、彼らの生は、家族や友人へと広がる生から分けることはできないから、とてつもない責任感とリスクが伴うのである。…人々が言うには、このような問題について議論し表現することで、コミュニティのあらゆるところで自分たちの情動について議論が始まるのだ。そして、これらの情動はそれ自体が強力な歴史の溜め池となり、反動と共謀の重大な力として作用できるので、歴史の発展を抑制することになることが理解できるのだ」とバロン・コーエンは述べる（Pilkington, 1994, p.43より引用）。

参加するのは俳優に限らない。「我々の観客コミュニティは、芝居の制作のあらゆる段階に参加する。何人かを対象にインタビューも行う。大道具を手伝う人もいる。衣装や小道具の人もいる。皆、演じる人が誰なのか知っており、『実生活』で何をしている人なのかを知っている」（Baron Cohen; Pilkington, 1994, p.43より引用）。この活動はどのコミュニティ劇場にも見られるが、どのコミュニティにも見られるものではない。このコミュニティは包囲され攻撃されているのだ。芝居の制作は、コミュニティからも敵側からも政治的行為として理解される。リハーサル場へのどの入り口にも警備員が配置され、俳優たちは防弾チョッキを着てリハーサルした。「理解すべき重要ポイントは、舞台上の俳優も制作スタッフも例外なく誰もが…舞台を公開討論会、闘技場、演説の場だと見なしていたということだ。コミュニティがこの芝居を観るようになる主な理由は、コミュニティの仲間が自分たちを導くのを見て聞き、自分たちの生活と未来を語るのを見て聞くためなのだ」とバロン・コーエンは1994年のインタビューで述べている（Pilkington, 1994, p.43より引用）。

アイルランド人の演劇研究者ライオネル・ピルキングトンは1994年に、デリー・フロントラインが、当時のアイルランドの文化組織と大きく違っていると書いている。その理由は「北アイルランドにおける英国法への歯に衣着せぬ反対表明」と「同時に、反対の元となる伝統的民族主義的信念に粘り強い疑問を投げかけること」（Pilkington, 1994, p.17）を統合しているからである。デリー・フロントラインは、芝居、短編パフォーマンス、ストリートアート、彫刻作品を創作し、バロン・コーエンはパフォーマンスを劇場の建物から外へと持ち出した。そして、コミュニティ内ではカトリックの影響から保守的な意見が支配的だった、女性の選択権、同性愛、家庭内暴力などの問題を扱った。彼が作った政治演劇は、ただ単にそれが支持する党派や運動の見解をプロパガンダするのではない。その運動の持つ政治性を問い直し深めることに取り組んだ。この劇場はボグサイドとクレガン地区の物理的な意味でのコミュニティに属すると同時に、長い歴史を持つ共和主義の政治コミュニティにも属

［4］Baron Cohen（2001）を参照せよ。

しているのだが、その演劇制作実践は、カミリース同様に新しく政治的に風変わりなコミュニティを生み出した。コミュニティのメンバーが自分たちでコミュニティを作り、作りながらパワーを実践したのである。パフォーマンス・アクティヴィズムの観点から言えば、このことこそがデリー・フロントラインの実践の最重要ポイントなのだ。

１９９７年、バロン・コーエンはブラジル南部での演劇ワークショップ開催に招聘された。飛行機の中でタイム誌の土地無し農民運動（Movimento dos Trabalhadores Rurais Sem Terra：MST）の記事を読んだ。ＭＳＴは、ラテンアメリカで、最大で最古の歴史を持つ大衆運動である。１９８４年に結成されたＭＳＴは土地無し地方労働者を率いたのだが、労働者の多くは以前小規模農家だったものの大地主や産業利権に土地を奪われ、大規模私有地の未利用地を占拠し、集団や家族単位で耕作している。彼らは英国無血革命時代のディッガーズの大規模な再来である。２０１４年段階で、彼らは２５００ヶ所の非暴力的占拠を指導し、９００ヶ所を占拠し続け、ブラジルの26州のうち23州の37万世帯によって、合計で１８７５万エーカー（７５８万ヘクタール）を耕作している。[5] 占拠した土地で、ＭＳＴは、１５００の小学校と、「発達」を意味する**フォーマサオ**（formasao）と呼ばれる幅広い成人教育プロセスを設立した。子どもの教育も成人教育もフレイレの方法論を利用した。[6]

バロン・コーエンは、ブラジル到着後1年のうちに、１９９６年4月17日にエルドラド・ド・カラジャースの虐殺で、憲兵隊によって殺害された19人の無地労働者の記念作品をＭＳＴと共同制作するためアマゾン北部のパラー州に行った。ミーティングによって、クリの木で19個の焼けたトランクを作り、殺された労働者たちの記念碑として建てることが決まった。ある人物が「私たちの親たちはクリの木労働者だった。木を燃やすことは、我々の命を切り刻み切り倒すことになる。そうやって私たちは、土地無しになったのだ」と言った。バロン・コーエンはこの記念碑を「死んだ木とともに内省する親密なシアターであり、木を超えた正義のための地球的シアターでもあるもの」と呼んだ（Baron Cohen, 2019, p.151）。２０００年に５００年にわたる原住民の抵抗を記念するために、彼はパタソ族や他の原住民の人々と共同で記念碑「別の５００年」を建造した。その場所は、まさに１５００年に初めてポルトガル人たちが上陸した場所だった。除幕式の参加者に向けて、憲兵隊がゴム弾を発射し、１４０人を逮捕し、バロン・コーエンは６週間身を隠さざるを得なかった（Greenstein, 2017; Rohter, 2000）。その後数年、バロン・コーエンはＭＳＴと活動したが、とくにパフォーマンスを利用して、対立を何か別のものに変えようと実践した。彼はＭＳＴの活動家を組織して動きとダンスの実演を始めた。これは土地無し農民と警官の両者にアフリカ系住民の文化的ルーツを思い起こさせる動きによるダンスだった。この出会いを、バロン・コーエンは次のように記している。

> １００人の若い土地無し農民活動家が、握った拳を胸の前で合わせて、足を高速道路にしっかり植え付けるようにして位置についた。夕日が彼らの背後と前方にある赤い旗の列を照らし、遠くまで伸びて何キロにもわたって列をなしているローリーやランドローバー（警察車両）の埃っぽいフロントガラス

［５］占拠した土地にできたコミュニティは「階層がなく、討論と合意で意思決定する集産単位」（Friends of the MST, 2009; McCowen, 2014）によって運営されている。

［６］Plummer（2008）を参照のこと。

に反射している。…活動家たちと対峙している60人の武装したパラー州憲兵が、目庇を下ろし盾の後ろで不安と緊張の中にいた。大虐殺の記念日ごとに繰り広げられてきた対立の劇場が始まった。…記念碑の中から「女たち」の歌が流れてくる。

若者たちは、夜明けに開かれる窓に向かってゆっくりと拳を離し、大地のダンスという物語が始まる。若いダンサーたちが朝日となり、土地が開かれ、種が蒔かれ畑を守り、春の最初の雨が降って時が流れていくのを憲兵たちは無関心の様子で見守る。完璧にシンクロした若い活動家たちは、夜明けに窓を開けるという最初のジェスチャーに戻る。ヘルメットが互いの方を向く。ほとんど気づかれることなく、隊列の先頭にいた兵士たちが、土地を開き、種を植えるリズミカルな動きに同調し始める。ダンスによる物語はより大胆になり、ジェスチャーはより大きくなる。

『大地のダンス』の物語が3幕目に入ると、前線の憲兵たちは盾と警棒を置き、おなじみの振り付けに参加し始める。祖先の生の記憶が他の憲兵たちにも伝わり、土地無しの若者たちを勇気づけ、マノエラは歌のボリュームを上げる。遠くにいた兵士たちは盾の力を抜き、信じられないといった様子で目庇を上げる。将校は、ブラジルで最も恐れられているテロリストたちとともに、想像上の種を蒔き果実を収穫している兵士たちを見つめている。…音楽が終わり、若者たちが高速道路の端まで進んだとき、トラックやランドローバーがエンジンをかけ、ヘッドライトを点灯させた。将校は私の方を見やり、うなずいた。（Baron Cohen, 2019, p.153）

この事例が示すように、この当時すでにバロン・コーエンの「シアター」の概念は拡大していた。彼は当時の「ディベート演劇」と呼ばれるものにはうんざりしていて「ことばだけでは理解できないこと、解決できないことがたくさんある」と結論し「ブラジルに移って初めて、ダンスとパーカッションに充満している大衆文化に触れた」と回想している。「私はこの2つの言語の間から、人々が民主主義を求める闘いの中で、未解決の歴史を強迫的に再生産し続けるやり方に、非常に複雑な問題への答えを見つけ始めました。…もはや自分たちの受け継いだものを説明することもできず、苦しんでいる人々の筋肉や人間性に内面化された、さまざまなレベルや深さや次元で刻まれた苦しみの対立を解決する方法を知るものなどいませんでした。…そうなると、彼らは闘争のパフォーマンスにおいて、徹底した権威主義になってしまうのです。このことは私を大いに悩ましたので、私は別種の言語についてより深く探究し始めました。この別種の言語では、沈黙に逃げ込んだり、他者の物語に逃げ込んだり、怒りで剥いた歯の間に逃げ込んだりすることもできるのです」（バロン・コーエンの2017年12月7日付私信）。

2008年バロン・コーエンと、彼の人生と組織づくりのパートナーであるマノエラ・ソウザーは、マラバ市のカベロ・セコという貧困地区に移り住んだ。世界最大の鉄鉱床の近くに位置するマラバは27万人が住む工業都市で、ブラジルアマゾン地域のパラー州、イタケウナス川とトカンチン川の合流地点に位置する。この都市を取り囲む熱帯雨林は、伐採されて大牧場となっている。鉄鋼生産は経済の大部分を支えている。バロン・コーエンとソウザーがカベロ・セコで最初に取り組んだのは、近隣の子どもたちを路上に集めてお話と歌のワークショップを開くことだった。「最初の村の広場でのお話と歌のワークショップに参加した子どもたちも大人たちも、誰も自分たちがアマゾンに住んでいること、ポルトガル語を話している背景を知りませんでした」（バロン・コーエンの２０１７年12月7日付私信）。

最初のお話サークルから10年後、次に出現したのは文化アクティヴィストのコミュニティで、太陽光発電付きのコミュニティ・センターである、ハウス・オブ・リヴァーズが創設された。このセンターは、草の根のパフォーマンスやその他の文化組織や活動のネットワークのためのハブとなった。その中には、アフロムンディ・ダンスカンパニー（そして最近ではアフロムンディ・キッズもある）というアフリカとブラジル土着の音楽とダンスを探究し、音楽とダンスで、バロン・コーエンが「アフロ・アマゾンコミュニティの自己解放のための文法と語彙」（Baron Cohen, 2019, p.159）と呼ぶものを再構築した。アフロムンディは地域でパフォーマンスし、子どもや十代の若者、そして教員に授業を提供し、そして米国やヨーロッパを巡業してきた。ハウス・オブ・リヴァーズから生まれた他のプロジェクトには以下のようなものがある。ラベタス・オーディオビジュアル・コレクティブにはオウル・シネマとスティングレイ・ラジオ放送局がある。サルス・グッドリヴィング・ガーデンは伝統的な薬用植物を復活させ、これについて教育し育種もしている。命の薬図書館は、文字通りの図書館でありライティング・センターであり、近隣の壁にオリジナルの詩を発表する活動もしている。ジラソル・エナジーはソーラーパネルを推奨し、その設置も行っている。一番最近のものでは川のコミュニティ大学（Community University of the Rivers）があり、物理的な場所ではなく、コミュニティの誰もが、自分たちの持つスキルや知識を深め発達させる過程にある、知識とスキルの教師として、そして学習者として振る舞うとの共通認識を共有している。これらのプロジェクトは、アフロレイズ集団という、多数の二十代前半の若者たちによって運営されている。彼らは、最初のお話サークルに参加した子どもたちだった。

ハウス・オブ・リヴァーズでは毎週、コミュニティのアクションとイニシアティブについて話し合うコミュニティ夕食会を開いている。開始された定期的パフォーマンス・イベントの中には、エコロジーや社会問題をテーマに企画される集団サイクリングがあり、カベロ・セコの若者たちが数十人、時には数百人規模の大集団で（祝祭的気分のうちに）、特定の場所（バロン・コーエンが言うところの「重要な舞台」）までサイクリングする。これは行かないと見ることのないマラバの町を安全に見て回り、今まで会ったこともない人と話す方法でもある。憲兵隊本部、市議会、パラーの連邦大学や州立大学、空港、民営のラジオ局やTV局などを見て回る。毎年夏には凧揚げ大会が開催され、何百人もの子どもたちが兄弟や両親とともに、凧を作り揚げる中で、数学、物理学、美学の他に、協力、コミュニティそして会話の方法を学ぶのである。

これらのすべての実践を通じて、バロン・コーエンは「転換のパフォーマンス教授学（Transformance Pedagogy）」を発展させた。これは彼自身によって日常生活における「パフォーマンスを通した社会的転換」（Baron Cohen, 2019, p.136）と定義される。これはソーシャルセラピューティック・パフォーマンスアクティヴィズムに強い家族的類似性を持つアプローチ／理解である。これは第3部で検討する。両者とも（多くのプロセスを生成するものの）特定の結果のための道具ではなく、パフォーマンスは参加に基づく発達の手段であると同時に発達そのものなのである。カミリースからカベロ・セコへと貫通する通路が存在しているのだ。この時点でいえるのは、バロン・コーエンがグギ・ワ・ジオンゴの経験から学んだことの中で最大限持続しているのは、バロン・コーエンのことばの「組織的、自発的、日常的」(Baron Cohen, 2019, p.136) のいずれであれ、コミュニティを構築するためのパフォーマンスのパワーであることは明らかだ。舞台の上であれ、舞台の外であれ、あるいはその両方であれ、パフォーマンスで活動するコミュニティは、自らをダイナミックな存在にしている。このコミュニティは、パワーを問い直し、パワーを転換し、パワーを実行する活動を持続し続けているのだ。

第3部　世界パフォーマンスの再開

この第3部では、ソーシャルセラピューティクスという名で知られる、パフォーマンス実践におけるコミュニティ・ビルディングアプローチを取り上げる。このアプローチの実践家と研究者は数百人を数え全世界に広がっているのだが、ソーシャルセラピューティクス・パフォーマンス・アプローチは演劇研究やパフォーマンス・スタディーズや社会学の文献で言及されることは稀である。このような失われた歴史を少しでも埋めて、これを支えた方法論について歴史に基づいて明らかにしたい。そうすることで、少し地理学的レンズを狭めて、20世紀のニューヨーク市に出現した活動に焦点を合わせてみる。以下で論じるのは、文化史（第1部）でもなく、現代の活動の幅広いドキュメント（第2部）でもない。本書の最後の3章を通して、ソーシャルセラピューティクスの歴史と方法論を吟味する。この歴史と方法論は密接に関係しあい互いに依存しているのだが、私はソーシャルセラピューティクスがパフォーマンス・アクティヴィズムに対して持つ含意について考察してみようと思う。発達の創造と公正でない社会の現実に取り組むための手段として、意識的なパフォーマンスによるコミュニティ・ビルディングの歴史から多くを学ぶことができると考えている。地理的レンズを縮小することで、第3部は、パフォーマンス・アクティヴィズムの本性と影響に関する議論を拡大することができるのである。

第17章　生き方としてのパフォーマンス

短くではあるが、サンフランシスコ・ディッガーズに立ち戻ろう。1960年代後半に無料食料配布、無料商店、無料宿泊所、無料コンサート、無料交通機関、路上での参加型パフォーマンス・イベントを実践する中で、ディッガーズはライフ・アクター概念の発明によって、パフォーマンスを生活に直接届けた（第1部188－190ページ）。元ディッガーズのピーター・コヨーテが述べるように、ライフ・アクターは「…彼や彼女が日常生活で演じる役割を意識的に創造する。つまりスキル、想像力、即興を結集して、押し付けられた役割から自由になる人物を創造するのだ。そして他の人々をも解放する道筋を示すのである」（Coyote, 1998, p.33）。演劇史家のデイヴィッド・キャラハンは「それぞれのライフ・アクターは、この［集合的、協力的自由な社会という］理想を体現する人物を作り上げ、そして彼（女）は日常的な存在としてパフォーマンスするのである」（Callaghan, 2000, p.87）と付け加える。ライフ・アクターは、自分自身（あるいは他人）のためのエンターテインメントや満足、そして自己改良のためにパフォーマンスをしようとしない。（それらをすべて作り出すのも事実だが）

むしろ政治的アクティヴィズムの**方法としてパフォーマンス**を実践するのである。

ライフ・アクターは、ディッガーズが都市部での活動から撤退して田園部へと定着するのを大歓迎した。一方ソーシャルセラピューティクス・コミュニティはライフ・アクターが「この新段階を大歓迎した」時期のすぐ後にニューヨークで始まったのだが、両者には直接のつながりはない。このことについては、本書の最後の3つの章で詳しく検討したい。私の確認する限りでは、ニューヨークのアクティヴィスト・コミュニティを作ったフレド・ニューマンも他の人々も、ディッガーズの活動については知らなかったようだ。しかしライフ・アクターと、ソーシャルセラピューティクスにおけるアクティヴィスト・パフォーマンスを日常生活に届けようとするコミュニティ実践の間には、強い家族的類似性が見られる。「私たちの観点ではパフォーマンスを非常に広く理解している」とニューマンは1996年に述べている。「私たちはパフォーマンスは少しも舞台と関係しない。家庭でも、仕事でも、どんな社会場面でもパフォーマンス可能だ。…適切に支援すれば、人々も私たちも自分ができるとは考えもしなかったことを、パフォーマンスを通してできることを発見する。…ある意味で『あなたのできること』についての人々の考えを拡張しようとしているのだ」(Newman, 1996)。

この違いは大きなものだ。ライフ・アクターの事前に固定されたキャラクターと違って、ソーシャルセラピューティク・パフォーマンス・アクティヴィズムは、この自分のコンテクストの中で、誰かになることを意識的にパフォーマンスして、自分の生を生きて、自分の価値を形にするのである。ソーシャルセラピューティク・パフォーマンス・アクティヴィストは固定化したキャラクターを作らない。彼女は絶えず生まれ続けるのだ。この差は、ライフ・アクターとソーシャルセラピューティク・パフォーマンス・アクティヴィズムが生まれた社会／歴史的環境の差に関連している。ディッガーズがパフォーマンスしたコミュニティは事前に与えられたものだった。ライフ・アクターはヘイトアシュカルチャーによって生み出されたヒッピー・コミュニティだった。それは当時のカウンターブリー通りに乗り込んで、そこに自分の舞台を見つけた。一方、1980年代、90年代にニューマンの周囲に集まったコミュニティ・オーガナイザーには、既存のコミュニティはなかったのである。何よりまずそれを作らなくてはならず、自分の生を意識的にパフォーマンスすることは、コミュニティを実現する上で不可欠の要素となったのである。

より顕著な政治的差異もある。ライフ・アクターは、カウンターカルチャー一般もそうだが、自分自身を現状に対する別の選択肢と考えた。つまり人間的な価値においてより優れていると価値づけることが可能だと考えたのである。ソーシャルセラピューティク・パフォーマンス・アクティヴィズムは、部分的には、この優位性の政治学の失敗に対する応答となるのである。ソーシャルセラピューティクスは社会全体の矛盾に対する別の選択肢などではないのだ。逆に、政治アクティヴィストや大衆オーガナイザーの実践家として、ソーシャルセラピューティクスの実践家たちは自分たち自身を、社会のメインストリームの中に位置づけようと実践しているのだ。ミックスしたものの一部であることは、ミックスそのものを転換する上での鍵となる。ソーシャルセラピューティク・パフォーマンス・アクティヴィズムは現在進行中の組織化活動であり、出会うすべての人と物と絶え間ない相互作用を続けている。提供されるあらゆる「オファー」を利用してコミュニティを作ろうとする。この意味で、ソーシャルセラピューティク・パフォーマンス・アクティヴィズムのパフォーマンスは、カミリース教育文化センターのパフォーマンスと、カベロ・セコで作られたものに近い。**コミュニティのパフォーマンス**全体こそが、新しい可能性を生み出し、リアリティーと呼ばれる境界線を突破するのだ。

フレド・ニューマン

ソーシャルセラピューティク・パフォーマンス・アクティヴィズムの源流はフレド・ニューマンに遡る。彼は、1935年に生まれ、ブロンクスの貧民として育ち、朝鮮戦争の終わりに従軍し、退役軍人に高等教育を提供するGIビル奨学金で大学に通い、最終的にはスタンフォード大学哲学研究科で博士号を授与された。1960年代、各地の大学で哲学教師として過ごしたが、すべて首になっている。契約は更新されなかったのだが、それはすべての学生を「A評価」にしたためだった。彼は2つの理由でそうしたという。第一は、成績評価を信じていなかったからだ。彼は成績評価を「罰の一種」と呼び、人々は学びたいから学ぶべきだと考えた。第二の理由はベトナム戦争の脅威だった。大学生は兵役から免除された。それは法律化された階級バイアスだ。ニューマンはどの学生にも成績不良で退学となって召集されてほしくなかった。彼はどのクラスでも「今学期はみんな「A評価」にするよ。学びたいものがあるなら、このあたりでふらふらするのもいいね」と言い始めた。言うまでもなく、学部長も学長もこのような理屈は認めず、契約更新はならなかった。最後は学部時代の母校であるニューヨーク市立大学で教えていたが、キャンパスからは持続的な社会変革は生まれない、アカデミーからは永遠に離れようと決心した。それは１９６８年のことだった。片手ほどの数の学生仲間たちとともに、ニューマンはニューヨーク市の最貧コミュニティでコミュニティ・オーガナイザーとなった。彼が主導する政治運動で、最初にオーガナイズされたグループの名前は「条件文If/Then（もし〇〇ならば／その場合）」だったことは面白い。ニューマンの知的パートナーでオーガナイザーパートナーでもある、ロイス・ホルツマンは、２０１１年のニューマンの死去数ヶ月後に次のように回想している。

> 合衆国ならびに外国の１９６０年代の熱狂が彼を過激化した。数百万の人々と同じく、資本主義の成功に矛盾を感じた。つまり資本が生み出す人間の利益と人間の大量破壊の双方の矛盾を感じたのだ。彼は、当時の文化運動が、西欧の個人主義の自己利益賛美に挑戦したことに共鳴し、日常生活を変えようとする共同体による実験に共感した。彼は、アメリカが奴隷制と人種差別という負の遺産への誠実な対応に失敗したこと、そしてそれゆえにアフリカ系アメリカ人が貧困に甘んじ、アメリカの繁栄から取り残されていることに向き合う必要を心底感じたのである。（Holzman, 2011）

ニューマンの哲学の基礎教育と、組織化に関する進行中の哲学的（つまり自己省察的で対話的な）アプローチが決定的役割を果たすことで、白人中産階級の６０年代急進派で構成された初期の少人数グループには次のことが可能になった。それは、（１）主に黒人とラテン系の貧しい労働者のコミュニティとともに組織づくりし、それを基礎として黒人のリーダーシップを発見し／生み出し、このリーダーシップ支援のための中産階級と富裕層の人々の組織化に成功した。そして、(2)この組織化を経験しながら、継続的に実践的・批判的に活動することを可能にした。それは先行する多数の進歩的組織化の取り組みを妨げ、歪めてきた、イデオロギーの罠から最終的に抜け出すのに役立った。

貧困と不平等の撲滅に関わった多くの20世紀の急進派同様に、ニューマンと仲間たちはすぐにマルクス主義を信奉するようになった。しかしながら、最初の受容のときから、ニューマンらにとってはマルクス以来のマルクス主義が哲学的にいかに発達していないか(つまり、いかに大衆向けに改編されたか)が明らかとなり、イデオロギーとしてのマルクス主義には発達の余地がないことが明らかとなった。個人的なものと政治的なものの統一を強調する、まさに60年代のパフォーマンスから出現したニューマンと仲間たちは、文化、心理、教育、家族組織、人間関係などの社会転換の主体的側面が、社会主義や共産主義でいかに蔑ろにされてきたのかに驚いた。正統派マルキストは、ほとんど例外なく経済的政治闘争に焦点化してしまった。現状において投資されているそれらの制度のもとで、私たちが何ものであり何が可能になるのかに関する、私たちの情動性、私たちの倫理、私たちの視野を形づくる社会活動と制度のほぼすべてを、置き去りにしてしまったのである。2005年、ニューマンは文化と主観性/主体性の役割に関する考えを次のようにまとめている。

マルキストとして、私は、抑圧や搾取などの基本的原因は経済だと考える。同時に、日常生活の根底にある経済的争点は、文化的なものだと考える。「究極的分析」においては、経済の本性に根本的変化が生じなくてはならないと考えている。しかし、第一に我々は「究極的分析」から相当に離れてしまっているとも考えられるし、第二に搾取に対して何かしようとしている人々を助けようとするなら搾取の文化形式を問う必要があるとも考える。人々は現在の文化的な組織化から、急進的に再組織化された経済的現実に直接向かうことはない。そこで、文化は非常に重要な、毎日の毎週の毎年の争点である。場合によっては、政治よりも重要なのである。私の意見では、政治はあらゆる事象において、ある種の文化形態なのである。（Newman, 2005）

ニューマンと仲間たちは、全米独立組合連合（The National Federation of Independent Unions）、ニューヨーク市失業者福祉協議会（The New York City Unemployed and Welfare Council）と左翼的選挙政治団体（新同盟党 the New Alliance Party）を作っただけでなく、最初からソーシャルセラピーの開発に関わった。これは心理学的ではないセラピーアプローチであり、内心の現象としてではなく、社会的創造としての情動性に関わり、そして労働者の学級（Working Class Room）、ロビン・フッド再学習団（Robin Hood Relearning Company）などの名前の学校も設立した。私が、最初にこのアクティヴィストグループに出会ったのは、1981年だった。それは、草の根の文化的で教育的で、セラピーや医療に関わり、政治プロジェクトで活動する進歩的オーガナイザーからなるグループだった。彼らは、固い決意を有しており、十分に学問も積んだ人々だった。私たちがその当時好んだ呼び方で言うなら、この「政治的傾向性」は、週刊新聞（私は10年ほど、最初は記者として、その後編集長として働いた）、心理学・政治・文化の季刊誌、ローカルラジオ番組と公共ケーブルテレビ番組も制作した。アル・シャープトン師との共闘実践も構築し、ニューヨーク市警の残虐な振る舞いに対して戦った。医療クリニックと精神医療クリニック、小学校、カスティリョ・シアター（すでにこの本でもいくつか取り上げた）そしてすべての年齢の人々に向けた無料大学のような教育機関（私は2010年から2020年までこの機関の学長をしていた）、そして無料の放課後若者発達プログラム（先に論じた警官とガキの会話大作戦を含む）を作り上げた。ほとんどは貧困コミュニティの人々が何を必要とし何を望むかの声を聞き取った結果だった。すべての成功の鍵は草の根の人々の参加にかかっていた。これらの組織化実践の中で、私にとって一番心が躍ったのは、参加者たちが実験精神を持って加入してくれたことだった。私たちの実践は、米国左翼とインターナショナルな左翼の仮定とドグマに対して、絶え間なく再考を要請するものだった。そして我々の文化の傾向である「知ること」への偏りを考慮に入れて、我々自身の組織化が生み出した過程とドグマにも同様にチャレンジすることにも取り組んだ。このようなオープンな哲学実践の態度こそが、この少人数のオーガナイザー集団が1990年代頃には、パフォーマンス・アクティヴィズムに対する独自のアプローチを発見し／創造することを可能にしたのだ。[1]

カール・マルクス、レフ・ヴィゴツキーそしてルートウィッヒ・ウィトゲンシュテイン

この教育とソーシャルセラピューティクスの多くの実践は、ニューマンとロイス・ホルツマンが1978年に創設したニューヨークソーシャルセラピー研究所（New York Institute for Social Therapy and Research）のコーディネートのもとで行われた。今日、イーストサイド研究所（East Side Institute:

ESI）と改称した研究所は、国際的な草の根の研究・訓練センターへと成長し、パフォーマンスの基礎に基づく学習、発達、セラピーのアプローチを、数十ヶ国の心理学者、教育学者、ソーシャルワーカー、演劇アーティスト、コミュニティ・オーガナイザー、政治アクティヴィストに提供している。

ソーシャルセラピーはその名が示すように、すべての人間文化と同様に、情動性はその原点においても経験においても社会的なものだという前提から出発する。重要なのは、それが社会的に構成されるがゆえに再構成も可能だという点である。セラピーであれ他の活動であれグループづくりは、そのような再構成の環境であり、環境を再創造することでもある。このような基本的理解は、マルクスの初期の著作によって明確化されたものだ。１８８４年の『経済学・哲学草稿』で彼は「活動と精神はその起源からも内容からも社会的である。それらは、社会的な活動であり、社会的な精神なのである」（Marx, 1967, p.129）と書いている。ホルツマンは、ソーシャルセラピーの始まりについて次のように述べている。「１９７０年代、当時の多くの心理学と同じようにソーシャルセラピーも、その時代の社会文化的な変革運動の一部として始まり、新しく出現したものだった。それは「個人的なもの」を政治的なものに結びつけた。それは、伝統的心理療法の権威主義、性差別、人種差別、階級差別、同性愛恐怖症と戦った。その存在理由とは、資本主義のもとで生きることは人々に病理をもたらすから、望むべきはセラピーが進歩的政治の道具として役立つことであった。その当時の他の急進的セラピーとの違いは、心理学と心理療法の哲学的基礎への取り組みが有るか無いかだった。ソーシャルセラ

［1］この政治的な傾向に関するより深い検討についてはFriedman（2020）を参照のこと。

ピーは、説明、解釈、自己充足する個人という仮説、セラピストと患者がともに探索する内的自我、そして伝統的心理学のその他の二元論的などの、困難の源となる基礎だとして拒絶するものだった」（Holzman, 2020, p.172）。

ソーシャルセラピューティクスは、ソーシャルセラピーから生まれた、人間の発達、コミュニティの発達そして社会変革に与えられた名前であり、セラピーそのものではない。ソーシャルセラピューティクスは、グループづくり（教育的グループ、コミュニティグループ、政治的グループ、演劇グループ、健康に関わるグループ、読書グループ、その他あらゆるグループ）にアプローチする活動だが、それはあらゆる年齢やすべての生活環境にある人々が、自らの生と文化のパフォーマーとなり創造者となれるように、環境創造としてのグループづくりにアプローチするのである。ソーシャルセラピューティクスの前提とは、グループの人々が一緒に仕事し遊ぶとき、その活動を通して人々は発達し、パワーを行使できるようになるというものだ。ホルツマンは以下のように説明する。「私たちはソーシャルセラピーにおいて、どのような環境であれ、どのような状況であれ持続的なグループアンサンブル活動は、人々を何らかの環境創造活動に従事させることになるから、これを通して人々を疎外から回復させようとしたのです。環境創造には、セラピーグループ、教室、オフィスビルの仕事グループ、タレントショーなどさまざまな活動の場の創造が含まれます。これらは人々の発見の環境を創造することなのです。人々は創造するのです。人々は質的な転換をもたらします。それはミニマムな質的転換なのです。何も、世界レベルの転覆など語ってはいません。これは、あなたが、誰もが発達し成長できるようなグループを創造する方法論の一つなのです」（L・ホルツマンの２０１７年10月

26日付私信)。のちに述べるように、ソーシャルセラピューティクスのグループづくりは、私たちの非用具主義的パフォーマンス・アクティヴィズムを生み出す活動だったし、今もそうなのである。ソーシャルセラピー(ならびに後のソーシャルセラピューティクス)のコンセプトの起源は、マルクスに遡ることができる。しかし、この点に関して、マルクスの素描的作品には、私たちの組織化実践で「パフォーマンス・ターン」と呼ばれるものを十分に見出すことはできない。この点における、最も重要な概念上の触媒となったのは、20世紀初頭のマルクス信奉者の一人だったレフ・ヴィゴツキーによる研究と洞察である。ヴィゴツキーは新生ソヴィエト連邦の最初の心理学者の一人だった。学問分野としての心理学は、当時まだ幼年期にあり、精神分析と行動主義が覇権を争っていた。ヴィゴツキーは、この分断を、人間の生の社会文化的歴史的理解によって突破しようとした。彼の理論的で経験的な仕事は、人間存在の社会性を主張し分離された個人の内部ではなく、成長と発達を人々の**間で進行する創造的で集合的なプロセス**として理解する道をもたらした。彼の人生は結核によって38歳という短命で断たれたものの、彼を追う者たちは、スターリンによる長い圧政の時代を超えてヴィゴツキーの研究を守り続けた(Newman & Holzman, 2014)。

私たちの「政治的傾向性」、あるいは今日好まれる言い方をするなら、私たちの「発達のコミュニティ」は、1976年にホルツマンを通してヴィゴツキーに出会うことになった。その当時、ホルツマンは、コロンビア大学で発達心理学・言語心理学の学位を得て、ロックフェラー大のマイケル・コールが主催する比較人間認知研究所(Laboratory of Comparative Human Cognition)でポスドク研究員をしていた。この研究所は、その後カリフォルニア大学サンディエゴ校内に移転して久しいが、非常にユニークな進歩的社会科学の学際的研究グループであったし今もそうなのだが、支配的心理学が社会的不平等を作ると信じる彼らは、支配的心理学とは真逆の方針で、認知に対する文化の役割を理解しようと方法論を探究していた。コールのチームは、1970年代後半にヴィゴツキーの草稿を編集・翻訳し『社会の中の精神 ― 高次精神機能の発達』として出版した（Vygotsky, 1978）。この出版は、教育関係者にヴィゴツキーが普及する上で重要な役割を果たした。ホルツマンがニューマンに出会ったとき、『社会の中の精神』は出版までさらに2年を待たねばならなかった。しかし、ホルツマンと認知研究所のメンバーはドラフトで読んでいた。彼女はソーシャルセラピューティクスを発達させる上でニューマンの知的パートナーとなっていった。2人の多数の書籍と論文は、ヴィゴツキーに触発された心理学に対する文化歴史的活動理論（Cultural Historical Activity Theory: CHAT）の中でも、そして支配的心理学と社会科学に対する代替案を提案する学問潮流の中においても、最も急進的な声となった。[2]

発達心理学者としての、そしてソーシャルセラピューティクスに基づくパフォーマンス・アクティヴィズムの出現の両方に関わるヴィゴツキーの重要な貢献とは、人々がどのように学習し発達するのかについての実践的問いを弁証法的に解明したことにある。彼は以下のように述べている。「探究の方法は、心理的活動の人間固有の形式を理解しようとする企図全体の最重要課題となる。このような場合、方法は前提であるとともに産物でもある。それは研究の道具であると同時に結果でもあるのだ」（Vygotsky, 1978, p.65）。

この解明が、ソーシャルセラピューティク・パフォーマンス・アクティヴィズムに対して持つ重要性は、いくら強調しても足りるものではない。弁証法的解明を唱えるとき、ヴィゴツキーは、方法は適用され結果を生み出す道具と理解される、制度化された自然科学モデルと袂をわかったのである。（少なくとも素粒子論以前の）古典的自然科学モデルによれば、実はこのモデルは社会関係の研究に依然適用され続けているのだが、道具と結果の関係は線形で、用具主義で、二元論的すなわち道具を結果から切り離すのである。マルクスを基礎に、ヴィゴツキーは非線形的、非用具主義的、非二元論的方法を、つまり弁証法的方法を提案した。この方法においては、「道具」と「結果」はともに同時に発生するのであり、ニューマンとホルツマンはこれを道具**と**結果の方法論と呼んだ。これは自然科学に基づく方法ではなく、人間の社会的相互作用の観察と接点に基づくものである（ヴィゴツキーの方法に関する、より徹底した議論についてはNewman & Holzman, 2014を参照せよ）。

「この道具と結果の方法論の概念は、ヴィゴツキーの人間に関する概念化から切り離すことができないものだ」とホルツマンは述べている。「我々人間は素晴らしいことも悲惨なことも行うが、その中には人間が『弁証法を実践する』ことも含まれている。私たちは全体性（totality）を変えることができる。つまり『道具も結果も』変えることができる。ヴィゴツキーは、人間の発達プロセスを弁証法的に理解していた。つまり進行中の、持続し創発し続ける社会文化歴史的な集合活動と理解していた。今日のことばで言えば、人間が自らの発達を創造するということである。それはただ私たちの身

［2］ソーシャルセラピーとソーシャルセラピューティクスに対するヴィゴツキーの影響についてはHolzman（1999）を参照のこと。

の上に生じるものではない。その証拠は何か？それは私たちの弁証法の能力である。幼児期から老齢期まで、私たちは『私たちである』と同時に『私たちでない誰か』でもあるという能力を持っている」(Holzman, 2006, pp.112-113)。ヴィゴツキーが発展させたマルクスの方法は、むしろ直接的に、パフォーマンス・アクティヴィストの概念につながるのである。

ニューマンとホルツマンにパフォーマンスへと向かうアクティヴィスト・アプローチを可能にしたもう一つの概念的突破は、ルートウィッヒ・ウィトゲンシュテインによるものである（Newman & Holzman, 1996）。ウィトゲンシュテインの知的生活は、20世紀後半の「言語的ターン」の一部となるものだった。言語的ターンは、多数の学術的／知的領域にわたる多様な事態を意味し、共同療法、言説療法、ナラティブ・セラピーなどの社会構成主義と心理的セラピューティクスなどの多様なものを含むのだが、その要点は表象主義的言語観からの離脱にある。つまりは、語と文法を「客観主義的世界」にある（そして／あるいは主観的事物つまり心内の「思考」にある）事物を表象する手段から、私たちの見方を形づくる**関係的活動**としての言語観へと離脱させることなのだ。ウィトゲンシュテインの貢献は主に言語の「使用」の探究にあったとされることが多いのだが、ニューマンとホルツマンは、ウィトゲンシュテインの社会活動としての言語理解の考え方を基礎に議論している。2人のウィトゲンシュテインの読み方では、言語はさまざまな使用が可能な固定した道具箱ではない。言語は、持続的に変化する意味づくり活動なのである。ウィトゲンシュテインは言語を何も**表象していない**と見なし、その代わりに彼のことばで言えば「言語を**話す**ということは活動の一部であり、あるいは生活形式なのだ」(Wittgenstein, 1953, §23）と、2人は理解していた。ウィトゲンシュテインの主張は、表象主義に基づく言語本性の誤解は、哲学の発達（と人間一般の発達）を制限している、というものだった。このような死んだ言語と瀕死の言語理解に絡め取られた哲学は、古い概念をもとにしてはそれ以上進むことができなくなった。ウィトゲンシュテインによれば、言語は何かを**説明する**道具でもない（言うまでもなく、このような見方はほぼすべての西洋哲学、科学、そして「常識」の前提であるのだが）。むしろ、持続する社会活動であり、つまりは人間が休みなく自らの知覚つまり見る方法を作りつつ、作り直す遊びの形式（彼の言う言語ゲーム）なのである。

少なくとも社会転換の問題に不断に注目するニューマンとホルツマンにとっては、ウィトゲンシュテインの後期の仕事は、多数の含意を持つ。表象する言語あるいは説明する言語は、認識論的（そしてイデオロギー的な）枠組みの含意となる。つまり知られるべき客観的／固定的な何かがあり、それを表現するということを含意する。意味生成の社会的活動としての言語は、他者と共同して行う、持続的で即興的なパフォーマンスであることを含意する。ニューマンとホルツマンにとっての重要な問いとは「人々はどのようにことばを使うのか？」ではなく、「人々はどのように意味を創造するのか？」となる。このような問いに取り組むとき、ヴィゴツキーが（そしてマルクスも）有用であることがわかる。

ウィトゲンシュテインの「生活形式」としての言語の見方は、話すことと考えることは弁証法的な統一体を形づくり、言語は思考を表現するのではなくむしろ完成するのだというヴィゴツキーの定式化とよく似ている。「話すことの構造は、ただ単に思考の構造の鏡像ではない。それゆえに話すことはクローゼットの服のように思考の上に着せるわけにはいかない。話すことは発達した思考の表現の役割は果たさない。思考は話に転換することで、再構造化されるのである。それは表現されるのではなく、完成されるのである」(Vygotsky, 1987, p.251)。話すことを学びつつある子どもたちは、「説明できる」はるか以前から、さらには言われたことを「知る」ことができる以前から、話すことを実践するのである。思考と言語は、社会的相互作用を通して、協働して発達するのであり、最良の理解の方法は、思考と言語が他者とのパフォーマンスだという理解である。大人は子どもが言語使用者であるという振りをし、子どもは大人とパフォーマンスすることで、言語使用者の役割が成長する。ヴィゴツキーの言う意味で、話すことのパフォーマンスには子どもの思考を完成する大人が含まれる。これらすべてはマルクスの論点の特別な具体化と見ることができる。つまり前に引用した「活動と精神はその**起源**から言っても内容から言っても社会的である。**社会的**活動であり、**社会的**精神なのだ」という論点を具体化する。

ソーシャルセラピーは、患者が起き上がり、過去のトラウマや現在の不安をサイコドラマのように「演じる」という意味でパフォーマンス的だというわけではない。遊び心に満ちているという記述がピッタリくる。言語と遊び、通常言語に含まれてはいるが問題にされない前提と遊ぶのである。ホルツマンは次のような事例を提供してくれる。「誰かが言う。『今週はひどかった。地獄のようだった。ボーイフレンドとは別れるし、死にたくなったわ。』この場合、遊び心満載というわけにはいかず、ほとんど大真面目になります。というのも、遊びならば『それはひどいね。でも、なんで今言うの?』と言えるでしょう。人々は『ひどく気分が落ち込む。落ち込んでいて、今日は仕事に行けそうにない。今日は寝てるわ』と言われれば、通常その意味が理解できると考えます。遊びの場合には『落ち込んでるってどうやってわかったの？』『今日は寝てるわ。』『そうね、でもどういうつながりがあるの？どんなつながりでそう言えるの？あなたが寝ているから、落ち込んでいるということになるの？なぜこのつながりを言おうとしたの？』と言えます。このとき、非難する調子で『あなた、間違ってる』と言うのではなく、どのように理解したか、どうやって話して、どう理解したか、どのように感じたかをグループで遊ぶのです。それは『話すことと理解することで遊んで、別のやり方で見たり、感じたりする』のです」（L・ホルツマンの2017年10月26日付私信）。ソーシャルセラピーのグループを出発点として、ニューマンとホルツマンは、ヴィゴツキーの子どもの遊び研究に着目し、2人が取り組む運動／コミュニティの組織化と、社会変革の理解／発達の支援に、その発見を利用し始めたのである。

第18章　パフォーマンスとしてのコミュニティの組織化

ソーシャルセラピューティク・パフォーマンス・アクティヴィズムがただ理論から派生したかのような印象を与えないよう、ここで、何十年もニューマンとホルツマンの概念的仕事と向き合ってきた組織作りの活動について述べようと思う。それは、続く記述で明らかになるように時系列としては大変ラフなものだが、さまざまなやり方で重なりあい、互いに影響しあってきた活動だったのである。

オールスター・タレントショー・ネットワーク

１９７０年代後半に、政治的アクティヴィズムに基づいて、ニューマンの周辺に集うオーガナイザーたちが立ち上げた組織が、ニューヨーク市失業者福祉協議会（**New York City Unemployed and Welfare Council**）だった。１９３０年代の非雇用者協議会（**Unemployed Council**）に影響されたもので、福祉のための組合であり、黒人コミュニティのリーダーたちを見出す試みであり、実際に発見もした。

最も隆盛のとき、数万の会員数となり、ニューヨーク市中に事務所を設けた。アフリカ系アメリカ人のリーダーシップ運動の最初の波を生み出したのは、この協議会であった。またニューヨーク市のアフリカ系アメリカ人とラテン系コミュニティという最貧層に大衆運動の母体を確立したのも、この協議会だった。1980年代初期には、この大衆母体は新同盟党（New Alliance Party）という名の親社会主義的な選挙のための政党の基礎となった。調査に基づけば米国のほとんどの高校生が第三の政党は不法だと信じるような時代だったが、二大政党から独立した選挙活動／第三軸文化を醸成し持続させてきた。

この協議会の会員たちは、子どもたちの状況をオーガナイザーに対して繰り返し訴えた。子どもたちはやることもなく通りをうろついて、トラブルに巻き込まれるのが関の山だ、と言う。オーガナイザーたちはそれを聞き、子どもたちのところへ行って何かやりたいことはないか尋ねた。子どもたちはタレントショーをやってみたいと答えた。当時はちょうどヒップホップが出現しつつあった時期で、アフリカ系とラテン系コミュニティの子どもたちは、自分たちのブレイクダンス、ラップやパフォーマンスの技を皆に見てもらいたがっていた。オーガナイザーと若者たち（とその両親）は、ブロンクスにある教会の地下室で、タレントショーを開催した。それは大変人気となり、引き続きの開催となった。人気が高まるにつれて、若者たちがこのショーに大きなプライドを持って参加していて、参加を通して成長することもわかってきた。彼らの家族も近隣の人たちも見にきて声援を送ったのだが、これが大人から肯定的なフィードバックをもらう初めての機会だったという子たちも少なくなかった。パフォーマンスに加えて、若者たちは、ステージ運営、舞台機器操作、コミュニティの人々を動員し参加を促す術も身につけた。本書執筆時点で、オールスター・タレントショー・ネットワークは、毎年、数千人の若者のパフォーマーと製作者が参加し、ニューヨーク市、ニューアーク、シカゴ、ダラスならびに支部組織のあるロンドン、東京、ウガンダで開催されている。

80年代初期、組織の成長はまだまだだった。その当時は、アフリカ系アメリカ人の困窮する若者たちの政治的組織化はかなり困難であった。公民権運動によって隔離に対する法的勝利を勝ち取ったものの、アフリカ系アメリカ人の大多数が貧困のまま発展できない状態を抜け出せず、フラストレーションを抱えたままだった。マルコムX、キング牧師、ブラックパンサーなどの貧困撲滅を掲げた黒人リーダーたちは、暗殺されてしまった。これらの暗殺と警察の暴挙に対抗する暴動は、多くの都市部アフリカ系コミュニティを物理的に破壊した。学校は、黒人系コミュニティと他のコミュニティ間の、歴史的、文化的、発達上の差別を理解する準備が整わなかった（そして今も理解できずにいる）。麻薬のクラックの流行が始まった。貧困コミュニティの黒人の若者たちは、政治的にもその他の面でも士気喪失状態となった。そして伝統的な進歩的政治社会的な争点は、シニカルな反応を受けるか無視されるようになっていった。

しかしながら、内容面の詳細はさておき、ニューマンと仲間たちにとっては、一方のみが知っており他方は知らないというモノローグ的で認識論的教育モデルが、何ら機能しないということがますます明らかになってきた。それは、学校はもちろんコミュニティの組織化でも機能しないのだ。黒人青年が（黒人年長者も同じだが）経験したのは、認識論に基づく教授法であり、それは見下す話しぶりなのである。何世紀にもわたって、認識に基礎を置く知識が、白人によって白人のために発展し、システムとしてアフリカ系アメリカ人を否定し、大部分の黒人に不利に働いたことを考えると、知識が「白いもの＝白人のもの」と考えられるようになっても不思議ではない。ニューヨークの黒人「ゲットー」で、ニューマンと仲間のオーガナイザーたちは、認識論主義に基づく学習がアフリカ系の若者の生き方の否定であることを理解するようになっていった。アフリカ系アメリカ人の貧困を理解するには、「対象を知ること」あるいは「方法を知ること」というよりも、状況とグループと文化の**内部から**理解することが必要なのだ。

この文脈では、タレントショー制作の意味は、オーガナイザーが若者に望むものに注意を向けるというだけでなく、オーガナイザーと若者が出会い発達的に交流するための共通基盤を確立したことにある。オーガナイザーの視点から言えば、認識の支配から逃れるために必須のものだった。「何を知っているの？」あるいは「何を信じているの？」と尋ねる代わりに、「何をしていますか？」そして「共同して何を作り上げようとしているの？」と問うことになる。それはあなたの文化と歴史について**知る**という問題よりも、私たちの歴史と文化を一緒に**創造する**活動だったのだ。若者の視点から言えば、オールスター・タレントショー・ネットワークでのパフォーマンス（舞台上の演者、裏方や、劇場入り口係のパフォーマンスも含めて）は、囚われて制限された有害な社会的役割から抜け出す方法だったのだ。

カスティリョ・シアター

カスティリョ・シアターは、1983年に私を含む十数人の俳優、演出家、ダンサー、ミュージシャン、画家によって創設された。元の名前は「労働者文化のためのオットー・ルネ・カスティリョセンター」で、最初はコンサートや美術展も開催していた。オットー・ルネ・カスティリョは、グアテマラの詩人で活動家だった。彼は3回にわたってグアテマラ軍事独裁政権によって流刑となった。3度目に帰国したとき、貧困者ゲリラ軍（Guerrilla Army of the Poor）に加わった彼は、政府によって逮捕され、3日間拷問を受け、生き埋めにされた。それは1967年のことだった。70年代彼の詩は英語に訳された。カスティリョ・シアターを創設した人たちの中には、彼の詩「非政治的知識人（Apolitical Intellectuals）」に衝撃を受けたものもいた。この詩で、カスティリョは自分の国の政治に無関心な知識層に「貧者が苦しんでいるとき、愛と生活が焼き払われようとするとき、あなたは何をしたいのか？」（Castillo, 1971, p.17）と問う。世界で一番富み最も力のある国の、手に負えない貧困、とくにアフリカ系アメリカ人との間の、巨大でますます広がる収入とチャンスの格差を特徴とする、この国に住む政治的に進歩的な知識人とアーティストとしては、カスティリョのことばは共感を呼び起こさずにいられないものである。カスティリョ・シアターの建設は、カスティリョの発した問いへの答えでもあるのだ。

カスティリョ・シアターの最初の6年間はニューヨークソーシャルセラピー研究所（現在のイース

トサイド研究所）の支援で可能となった。研究所は、ロフトの10階にリハーサルとパフォーマンスのための場所を無料で提供してくれた。初期の数年間は、カスティリョ・シアターとオールスター・タレントショー（1983年から現在の活動として固定化した）の線引きは明確ではなかった。カスティリョ・シアターの人々は最初タレントショーの照明、音響、舞台運営も行ったのだが、カスティリョ・シアターの最初の大きなイベントは2日連続のブレイクダンス・コンテストで、このときの参加者はブロンクスとブルックリンの全町内から募集された。私たちカスティリョ・シアターは政治的にもアート指向性の上でも多様で自説を曲げない頑固者の集まりだったが、ニューマンが指導する組織づくりのもとに団結したグループだった。最初期から、制作と同じくらいの時間を議論にも費やしていた。

1986年、カスティリョ・シアターは、ニューマンに芝居の演出を依頼した。ニューマンは演出のやり方など知らないと拒んだ。しかし彼はデモの組織づくりのやり方は確実に知っていた。カスティリョ・シアターの仲間たちの協力で、ニューマンは、2つのパフォーマンスのハイブリッド作品を創作した。それは『デモ ― 普通の女たちの普通でない生（*Demonstration: The Uncommon Lives of Common Women*）』と題された。これは2つの女性デモ隊で始まる芝居だった。一方は黒人女性の福祉権活動グループで、もう一方は白人の急進的レズビアングループだった。2つのデモは、ロフト中央の劇場に設えた街角で交差し、俳優も観客もそこで一緒になって入り乱れる。デモ参加者たちの衝突シーンには、1960年代からのアメリカの進歩的大衆運動の歴史を辿る、シーン、歌、ビデオクリップ、詩のモンタージュが続いていく。『デモ ― 普通の女たちの普通でない生』の最も重要なことは、パフォーマンスを担当した女性たちが俳優ではないということだ。彼女たちは実際に福祉協議会のアクティヴィストであり、急進レズビアンたちであり、カスティリョ・シアターとその姉妹組織がオーガナイズする政治組織にも参加している者もいた。この芝居や他の芝居におけるニューマンの目的は、アイデンティティの政治学によって法律制定や資金調達実践をめぐって、互いに競合するコミュニティを結びつけることにあった。福祉に関する権利主張者と急進的レズビアンの間の緊張関係は、実際に運動に関わった私たちにとって現実の対立だった。『デモ ― 普通の女たちの普通でない生』を可能にしたのは、2つの先行条件である。一つは、公式に演技訓練された俳優たちとコミュニティの住民をともに舞台に上げる実践であり、これは今日でも行われている。もう一つは、ニューマンその人である。51歳のときに演劇を始めたのである。それ以来、彼は44点の戯曲やミュージカルを書き、20年にわたってカスティリョ・シアターのほとんどの上演を演出した。この経験は、ソーシャルセラピーと、より広く言えば彼が主導する組織づくりの理解／実践に、大きなインパクトを与えることになった。

カスティリョ・シアターが自前の劇場へと移転した後すぐ、1989年にニューマンは芸術監督となり、アフリカ系アメリカ人のコミュニティ・オーガナイザーで漫談家・即興俳優のエミー・ゲイに、彼自身とカスティリョ・シアターのコアメンバーにインプロの訓練を依頼した。その結果、「エミー・ゲイとゲイグルズ」という一座が結成され、最初の1年はニューマンもパフォーマーとして参加し、週末にインプロショーを上演し、かなり有名になった。ゲイが離れた後も、さまざまな名前で、最近はプロヴァービアル・ルーンズ（Proverbial Loons）という名前で、本書執筆時も（残念なことに不定期だが）上演を続けている。一座のヒット作の一つは「これがあなたのおバカな生活（This is Your Ridiculous Life）」というショーで、観客の中から選ばれたボランティアが舞台に上がってソーシャルセラピストと話した後、即興俳優がその話を洞察に満ち共感できる「おバカな話」に変えて即興で実演するのである。

バーバラ・テイラー学校

1985年から1997年までの12年間、児童数が年間20人から50人の小規模小学校が最初はハーレムのちにブルックリンにあったのだが、パフォーマンスに基礎を置く非常にユニークな学校へと発展した。このバーバラ・テイラー学校が創設されたとき、教師のバーバラ・テイラーは62歳で、すでに長い教員経験を経ていた。最初は小学校教員、ついで読書教育の専門職、さらに副校長、校長として教員経験を積んだ。彼女が創設者の一人となった、ハーレムのセント・トーマスコミュニティ学校はカトリック大司教管区の支援のもと運営されていた。80年代初期を通して、親たちを学校運営に積極的に関与させようとしたテイラーの考え方、新しい教育方法の開拓の思い、次第に高まっていくテイラーの進歩的ポリティクスへの関心などが相まって、教会の官僚主義との長年にわたる争いが生じた。学校の発展学習プログラムのための資金調達に成功すると、この争いは最高潮に達して、教会責任者は通常の教区からの支援予算措置を停止した。責任者は、その際「ここの子どもたちには発展学習は必要ないし、それに値しないとテイラーと親たちに伝えた」（Holzman 2016, p.54）と言う。セント・トーマス学校は、カトリック教会から独立して主に寄付で賄うことになり、テイラーを校長とした。彼女がイーストサイド研究所を訪ねて支援を要請し研究所が活動に関わるようになる頃、親たちと学校の教育方針の食い違いから、テイラーはセント・トーマス学校長を辞した。多くの児童と家族を引き連れて、1985年にバーバラ・テイラー学校を創設し校長となった。

バーバラ・テイラー学校の創設とともに、イーストサイド研究所は、ヴィゴツキーの思想の焦点であった子どもの教育分野を手に入れて、ヴィゴツキーの考え方に基づく非二元論的な過激なアプローチの適用が可能になった。すでに見てきたように、ヴィゴツキーは赤ちゃんやよちよち歩きの幼児が、言語やそのほかの文化的スキルを大人や年長の子どもたちと一緒に遊びパフォーマンスしながら学習するのを観察した。大人や年長児たちと一緒に、赤ちゃんがまるで言語を理解するような振りをすることを、ヴィゴツキーは発達の最近接領域（ZPD）と呼んだ。大人は、赤ちゃんが理解できているかのように話しかける。赤ちゃんは片言で答え、大人を創造的に模倣しながら、話し方など知らないままに、次第に話し手に成長していく。これこそが、ヴィゴツキーが観察した人間のすべての社会的スキルが出現するプロセスである。ヴィゴツキーは1930年代に次のように書いている。「遊びは、子どもにとっての発達の最近接領域を創造する。遊びの中で子どもは常に平均年齢を超えて、日々の行動水準を超えて行動する。遊びの中では、あたかも自分自身よりも頭一つ分背伸びしたかのようである」(Vygotsky, 1978, p.102)。

バーバラ・テイラー学校をパフォーマンスに基礎を置く学校にするには、時間も試行錯誤も必要だった。最初の6年間には、私も1985年から1年間「学校運営者」として参加したのだが、この学校は政治的に進歩的なコミュニティに基礎を置く学校という記述がふさわしい場所だった。私たちのスローガンは「リーダーとして発達する子どもたち」というものだった。私たちが利用したのは、歴史と社会科学に関しては「民衆史」アプローチを使用するものの、ほぼ標準的なカリキュラムに基づくものだった。私たちは、教育への生徒自身の参加を増加させる方法と、生徒たちが自分たちの周囲の環境を超えるという関係性の拡張について実験した。ほとんどの授業は、合科学習だった。同輩の仲間同士の相互教授と年齢の上の子が下の子のチューターになることも、学校の通常授業日でも普通のことだった。私たちは、壁に公民権運動と黒人の進歩的指導者の壁画を描いたり、全校で政治デモに参加したり、警察の暴力で捕らえられた政治犯の裁判を傍聴しに行ったりした。この学校は「虐待行動症候群静止プログラム」を推進したのだが、ホルツマンによると、その目的は「…学校にはよくある（身体的でない関係的）虐待、つまり大人が生徒に恥をかかせたり、生徒同士で自尊心を傷つけあったりすることを最小にすること、学習プロセスに関連のないテストの実施という学校の標準的実践を最小限にし、学校と教育実践に染みついた、ただ統制と階級差別主義、人種差別主義、性差別、同性愛嫌悪にのみ関連する規則の押し付けを最小限にすることにあった」(Holzman, 1997b, p.112)。テイラー自身がこの事業を率いたのだが、これは教員と生徒たちのディスカッションによって進められた。この学校は、現行の教育システムの枠組みからの離脱にも成功した学校だった。バーバラ・テイラー学校の生徒たちの標準化テストの成績は、同じ地区にある公立学校の成績より優っていた[1]。

テイラーもホルツマンもニューマンも、しかしながら、この学校がまだまだ「学校的すぎる」と考えていた。ホルツマンは「私たちは、ヴィゴツキーに基づく方向をさらに進めたいと願っていた。つまり学習が発達をリードするような、持続的に創発する環境としての学校を創造したいと考えていた。幼児がやり方を知らないことに自由にそして熱心に取り組むように、幼年期初期のZPDを、どうやったら学齢期の子どもたちにも作り出せるのか?」と書いている（Holzman, 2017, p.55）。学習の社会的本性を強調するために、彼らは1991年夏に、「CHEATを教える学校*」という宣言とともに学校を再発進させた。「このCHEATとは相互に教えあう子どもたち（Children Helping to Educate Another Training）の略で、競争的でない相互協力的な学びの方法を意味している。この新しく再組織された学校では、学年制と正規カリキュラムを廃止して、自発的でシステム化されない多様な集団づくりの機会を増加させ、あの活動やこの活動と動き回りながら、規則なしに遊び、読み手、作家、科学史家、テスト業者、アーティスト、数学者、詩人などのパフォーマンスを創造することが命じられた」（Holzman, 2017, p.57）。

この学校はすべてがパフォーマンスを通して学習されるZPDとなった。「毎日、生徒たちと教員たちは、一緒に、その日何の活動をするかを話し合いで決めていた」と1990年代当時に学校責任者だったホルツマンは書いている。「学習ディレクター（演劇の演出家・監督に似ているので教師とは呼ばれず、こう呼ばれた）の仕事は、生徒たちをリードして、毎日学校を新しくパフォーマンスしながら、発達的学習環境を創造する創造的関係活動にともに従事することだった」（Holzman, 1997b,

[1] より詳しい歴史はStrickland & Holzman（1989）を参照のこと。
*訳注：このプログラムの頭文字の文字通りの意味は「ズル」「カンニング」。

p.114)。この記述から明らかなように、バーバラ・テイラー学校で続けていたパフォーマンスは、専門家のマントモデルで行われていることよりも、はるかに構造化されていないし、成文化もされていない。さらには、この学校の教育者はモデル開発には関心がなく、進行中の即興的パフォーマンスによる学習の**方法**(method)の開発にあった。ホルツマンは次のように続ける。「私たちは終わりのない活動の流れを創造したかったのだ。この活動の流れにおいて、大人も子どもも同じように、今の活動をやめて(たぶん何度も何度も)繰り返したり全く違うことをするなどして、それから新しい何かを創造するのである。『そのシーンを再現する』ことができるようになることは、私の考えでは、重要な生の出来事である。生をパフォーマンスすることは発達を創造することなのだというのが私たちの(理論的な)主張なのだ」(Holzman, 1997b, p.118)。

このように学校を遊び場と舞台に転換することで、テイラー、ホルツマン、ニューマンは、学習を発達から疎外し、学習を数量化可能な商品つまり知識に変質させてきた、遊び/仕事という文化一般の二分法を克服しようとした。この二分法によって、遊びと仕事の分離――「遊びはやめて勉強しなさい」――が強化されただけでなく、伝統的学校教育の目的とさえなってしまった。「学校の**お勉強**(school work)とは言うが**学校の遊び**(school play)とは言わない。**おままごと**(play house)はしても、**読み遊び**(play reading)はしない」とホルツマンは指摘する(Holzman, 1997b, p.109)。パフォーマンスに基づく学校の再編は、何が教育なのかの変化を反映させるのだ。それは、個人的な事実と技術の獲得によって個人を「より賢く」すること、つまり現状の世界に適応してうまく機能することから、成長する私たちと私たちをその一部とする環境を含む全体の発達を生み出す、グループ活動への変化を反映している。「発達的に学習する『ユニット』はグループだと信じている」とホルツマンは書いている。「これに別の定式化を与えれば、グループが発達するときには誰もが学習できるが、個人が学習できても他の誰も発達しないのだ。ヴィゴツキーの用語で言えば、グループの発達は、ＺＰＤの持続的創造に基づくということになる」(Holzman, 1997b, p.117)。

バーバラ・テイラー学校の典型的一日を、ページの上に再現するのは難しい。その理由はとくに一日たりとも翌日と同じという日がないからである。同じなのは「撤収」である。演劇制作の「セットを撤収する」と同じ意味である。撤収はランチの前と後、そして一日の終わりに行われた。生徒、学習ディレクターと訪問者（教育者、心理学者、いろいろな所属の大学院生が学校を訪問し一日以上見学することが頻繁にあった）が、週番の撤収ディレクターの号令のもと、片付けし、皿を洗い、床を掃き、掃除機をかけ、トイレ掃除し、リサイクルのためにゴミを分別した。それは次の舞台制作のための準備の撤収なのだ。

ほとんどの日には公式的な授業もあったが、生徒の出席は自由だった。この授業は頻繁にゲスト教員によって行われた。たとえばプロのシェフが料理の授業をしたり、医者をしている親が科学の授業を持ったりした。答えがホストによって提供され、出場者はその答えに合う問題を考える、米国のテレビクイズショーの「ジェパーディ」遊びは生徒たちに人気があった。何人かの生徒が、1、2時間かけて、カテゴリー、問題と答え、勝利者に与える賞金を用意した。このショーのための舞台と観客のための椅子が用意された。観客と出場者は、言うまでもなく、他の生徒たちで、1つか2つのコマーシャルも挿入された。多くの場合、短いやりとりで、学習の経験が活性化されることもあった。

学習ディレクターの一人が次のように報告している。「ケヴィン（7歳）と私が、静かな教室に隣同士に座っていた。彼の手のひらに私の指を2本置いて、何本かと聞いた。彼は2本と言った。私が見たんでしょと聞く。彼は『違うよ、目を瞑っていたよ』と言う」。この活動は、他の生徒たちも巻き込んで、半日がかりの点字と手話に展開し、最後には「厳しい当たりの盲人バスケットボール」で終わった。

この展開をしているとき、12歳の女の子が一人でテーブルに座って文字の練習をしていた。学習ディレクターと数人の生徒が加わって、「手書き文字（writing-in-script）」ゲームが始まった。「電報」ゲーム、つまり囁かれたフレーズが輪になった人たちの間で伝達されるにつれて変化していくゲームの文字版だった。次第に手の込んだ手書き文字は、いたずら書きになったり、ついには複雑なデザインになった。いちどきに一文字ずつ書いて、物語を即興制作して完成させた。午後には、数人の子たちが、天気もいいので、公園に出かけることにした。「どうやって公園まで行くかの議論がすぐに始まったのだが、彼らのパフォーマンスはどうなったか？　最初は（走らない、手をつなぐなどの）ただ安全に関する会話だったのだが、歩き方、重力、重さのないことに関する長い会話に転じた。もしかしたら他の天体から来た生命体かもしれない。木星や火星から来たら、どういうふうに歩く？（または歩くつもりか？）」。公園まで他の天体から来た訪問者のように歩いてみた。

学校の年度の最後にはニューヨーク州の評価テストがあるから、生徒たちは互いにテストを作ってテスト受験ごっこをパフォーマンスした。「本当の」テストが近づいたとき、ある生徒が学校のカメラを持ってやってきて、テストを受ける生徒たちに「受験顔」（スポーツ選手が試合前に撮る「勝負顔」

のようなもの）のポーズを決めて写真を撮ることを提案した。すると、誰も「私語禁止」とも言わないのに、90分間黙ったままテストを受けた。[2]

「このアイディアは理解しやすい（だが継続して実践するのは非常に困難だ）」とホルツマンは当時書いている。「子どもたちは学習者をパフォーマンスすることで、成功する学習者になれる。パフォーマンスのためには、あなたはパフォーマンス環境が（しばしば舞台だが）必要になる。もし既存の環境が、パフォーマンスを許さないときには、それをパフォーマンス可能な環境に作り直さなくてはならない。それは一度では終わらず、作り直しの継続が必要になる」(Holzman, 1997b, p.109)。言うまでもなく、難題は、子どもたちが学校に行く頃には、赤ちゃんやよちよち歩きの幼児のように、終わりのない遊びの流れに夢中になることも、やり方を知らないことをパフォーマンスすることもなくなってしまうことだ。子どもたちも期待される社会的役割、「行動を自分で律する」必要、そして「知ること」は極めるべき人間活動であることに気づいていく。驚くことではないが、進行する学校パフォーマンスへの抵抗も時折生じる。とくに生徒にとって初めての場合そうである。ホルツマンは以下のように書いている。

複数の生徒たちが、パフォーマンスするのを拒んだり、他の生徒によるパフォーマンスを妨害したりした時は、そのシーンを中断してしまうとか妨害に対して叱責したり排除しようとすると、その活動を

---

[2]「いつもの日常」を再構成するのに使われた出来事と引用はすべてHolzman（1997b, pp.107-126）からとられたものである。

パフォーマンスとして継続するのは非常に困難になる。このような状況は繰り返し繰り返し起こるもので、パフォーマンスの拒否や妨害そのものをパフォーマンスに統合するような、別の応え方を用意する機会ともなる。私に思い浮かぶ応え方は、次のようなものだ。「オーケー、私たちを邪魔する『イライラさせる奴（pain in the butt）』もシーンの中に入れよう」。あるいは、「それじゃあ、全員で、お邪魔ゲーム（interrupting game）をやってみよう（と言ってみんなが一斉に話してみる）」。または（邪魔をする生徒に向かって）「もしあなたが言わなきゃいけないことを言うのを本当に待てないなら、もう一回言ってみて、ただしもっと大きな声で、もっと情熱的に言ってね」。別の機会では、このパフォーマンスは、変化した状況で自分たちが何をしたいのかを掴むための機会となるのだ。（Holzman, 2017, p.57）

バーバラ・テイラー学校がパフォーマンスに基礎を置く教育実験に組織替えしたと同時に、ニューマンはカスティリョ・シアターの芸術監督となり、すでに述べたように熱心にインプロを研究し始めた。カスティリョ・シアターでインプロを採用したことのバーバラ・テイラー学校への影響と、バーバラ・テイラー学校のインプロヴィゼーションに基づく学習がカスティリョ・シアターとオールスターズ・プロジェクトの若者支援プログラムへもたらした影響は、これらすべてを動かした重要な原動力の存在を示している。

ヴィゴツキー（とほとんどの遊びの理論家たち）は、以下の3種の区別をする。ルールが遊びの最中に立ち現れるごっこ遊び（お母さんと赤ちゃんごっこやスーパーマンごっこやブラックパンサーごっこ）、事前の遊びの本性を決定するルールから始まるゲーム遊び（チェス、バスケットボール、ビデオゲームなど)、観客のために想像的状況が演じられる演劇遊び(theatre play)である(Vygotsky, 1978, p.95)。

バーバラ・テイラー学校の生徒の学習経験が示した自由な流れのインプロは、ヴィゴツキーの遊びの概念によって与えられた実践と、演劇的インプロの学習と採用から出現したものだ。バーバラ・テイラー学校における学習・発達としてのインプロヴィゼーションを振り返りながら、明らかにヴィゴツキーとともにスポーリンからの影響を受けたホルツマンは、インプロヴィゼーションは「…ごっこ遊び、ルール遊び、演劇遊びの要素を組み合わせて、3つのどれでもないものを創造するユニークな遊びの種類である。インプロをする(**ゲームをする**)ためには、プレーヤーは(想像力が彼らをどこまで連れて行きたいかにかかわらず)ルールに従うことが必要だが、インプロをする(**パフォーマンスする**)ためには、プレーヤーは遊びの中でルールが立ち現れるように、集合的に想像的状況を作りだす必要がある。ごっこ遊びのように、それ自体の外の終着点やゴールはなく、ゲーム遊びのように、上手くなるためにはルールやスキルを身につけることが不可欠であり、演劇のように、観客の前でプレイするのである」と述べている(Holzman, 2017, pp.61-62)。

バーバラ・テイラー学校は、1997年、財政的困難から閉校となった。その存続中ずっと、生徒たちは主に有色の貧しい労働者階級の出身だったので、授業料は低いままであった。そのことに加えて、学校の資金調達は草の根の努力に依存していたので、学校の維持に十分な資金が得られなかった。しかしながら、この学校には今も続く深いレガシーがある。バーバラ・テイラー学校で始まったパフォーマンスは、あらゆる面で(認知的にも、情動的にも社会的にも)発達をリードする学習プロセスの条件を作り出した。その点で、バロン・コーエンの「転換パフォーマンス教授（Transformance Pedagogy）」との、強い家族的類似性を持つ活動なのである。

人生のパフォーマンス

1990年代初期、ニューマンはカスティリョ・シアターで執筆し演出し即興演劇に参加し、バーバラ・テイラー学校は進行する学習パフォーマンスとなり、イーストサイド研究所は夏季と冬季の「研修」を開講した。研修はニューマンたちがソーシャルセラピーの新しい展開を共有したり実験したりする、週末の保養所となった。それは誰に対しても開かれたもので、200人ほどのセラピストと支援職の人々、ならびにソーシャルセラピーの患者たちが集まった。

1994年、「遊びこそセラピー —— パフォーマンスによる情動の成長」と題して夏期週末ワークショップが実施された。参加者は一連のインプロ・ワークショップに加わり、全体でもワークしたり少人数グループでもワークした。週末ワークショップは、ほぼ全員がパフォーマンスし、さまざまにインプロが起こるコメディーの制作で終わった。およそ6ヶ月後に、数百の人々を集めて、この実験を続けた。どの参加者も舞台に上がるように言い、それぞれの人生を1分間でパフォーマンスさせた。それぞれのパフォーマンスの後で、ニューマンとカスティリョ・シアターとゲイグルズの俳優であるデイヴィッド・ナックマンが、インプロのリダイレクト（re-direct）と呼ばれるやり方で参加者にそれぞれアドバイスした。参加者はリダイレクトによるアドバイスに応えて人生を再度パフォーマンスするのである。人生の1分パフォーマンスによって作られた外向き人格であるペルソナとイメージ、そして状況を使いながら、複数の参加者が組み合わされてインプロシーンを共同で演じた。そして、週末ワークショップはもう一度全員で即興芝居をパフォーマンスして締めくくった。ジャズシンガーでカスティリョ・シアターの古参の即興俳優であるキャシー・サリットは、次のように回想する。

この研修コースで参加者の誰もが自分の人生を1分ずつ演じた。人々は歌、ダンス、身振りで演じ、詩を吟じ、キャラを演じた。私たちは、その際考えられる限りのあらゆる種類のパフォーマンスを目撃することになった。誕生と出産、死と生、他国への移住と外国からの移民、結婚と離婚などを見た。外出し、夕食をとり、耳を傾け、就職し失業する、決勝のタッチダウンを決め、スキーに行って両足を骨折し、立ち退きにあい、父親に別れを言い、初めて娘がママとことばを発する。すべてのパフォーマンスが違っており、誰もが盛大な拍手を浴びた。

パフォーマンスを終わると、フレドとデイヴィッドは私たち一人一人に、演出上の提案を与え45秒の「続編」を演じるように要請した。彼らの演出は、突拍子もなく予想を裏切るものだった。それでも私たちの提供した特定パフォーマンスをもとに、創造的な再構成を果たした。**今度は子ども時代の父親をやってみて。…もう一回やってみて、ただしクレオール語で。オペラのように歌ってみて。バレーのように踊ってみて。俳句で表現してみて。**…パフォーマンスとその続編はそれまで一度も見たことのないものだった。…私たちは皆、私たち自身で、互いに協力しながら、2分間以内ですべてを、発見し、目の当たりにし、何かを創造したのである。(Salit, 2016, pp.xvii-xix)

そのワークショップが行われた年に、ナックマンとサリットならびに他のカスティリョ・シアターの即興俳優たちとともに、ニューマンは「人生のパフォーマンス（Performance of a Lifetime: POAL）」を発進させた。これは元々「まだやったことのない人たちのためのパフォーマンス学校（A Performance School for the Rest of Us）」という名前で広告宣伝されたものだった。そのアイディアは、自由に遊び、パフォーマンスして成長できるセラピューティクスのインパクトの経験を、俳優でない人々に提供するというものだった。「インタラクティブな成長の遊び」への参加申し込みをした人たちは、4週の間週1回集まって、POALのエクサイズで初めて、有料の観客を前にして芝居を創作し演じた。1996年から1999年の間に400人がこの芝居に参加し、2000人以上が観客として集まった（Holzman, 2017, p.97）。

POALにやってくる参加者は途切れることなく、ついには、自分たちの勤務する会社にアウトリーチして、仕事場の緊張、チームワーク、ハラスメント、多様性などを支援する、パフォーマンス・ワークショップの開催を依頼するようになった。POALが受け入れて始まったこの実践は、成長して2000年には企業界から大きな注目を集めるまでになった。シカゴのセカンド・シティー（Second City, 即興劇団セカンド・シティーの企業研修部門）と同じように、POALは演劇とインプロをビジネス界、NPO、そして官庁機関へ届けるパイオニアとなった。POALは米国オリンピック委員会、JPモルガン、ツイッター社、アメリカンエクスプレス、ジョンズ・ホプキンズ大学病院、ナイキなどの約300の有名組織や企業と幅広く実践した。毎年POALはおよそ50人のファシリテータを雇用した。総数では、20ヶ国のおよそ200人のファシリテータを訓練し雇用した（モゥリーン・ケリーの2020年1月28日付メイルでのやりとり）。過去の25年間、POALはイーストサイド研究所の最大の資金源となり、POALを誕生させた発達のコミュニティに利益を還元した。

路上実践から路上パフォーマンスへ

私は、1980年代後半から1990年代前期には、募金のためほとんどの毎週末と多くの平日夕方をニューヨーク市の路上で過ごした。他のオーガナイザーたちとチームを組み、賑やかな街角にトランプ用の小テーブルをセットし、ポスターを貼り、掲示板と記名用紙とペンを準備して、見知らぬ人々に自己紹介を始める。「こんにちは、ダン・フリードマンです。バルーク大学の非常勤講師（あるいはその時々の有給職）をやってます。私はボランティアで、政府や企業のお金には頼らない劇場のために資金集めをしています。私たちは紐付きでない劇場を作りたいのです。それは、誰が支援打ち切り派なのか注意してみなくても、芸術的政治的リスクをとることができる劇場なのです」。ほとんどの人は立ち止まってくれず、敵対心剥き出しの人もいるが、中には立ち止まり話をしてくれる人もいる。話をしてくれる人のうちの少人数が1ドル、5ドルあるいは10ドルを寄付してくれる。すかさず私は「大変ありがとうございます。できればお名前と電話番号をお願いできますか。後ほどこちらから電話して、ショーのご案内をして、さらに寄付をお願いしたいのです」。すると彼らはたいてい微笑んだり静かに笑いながら、「いやいや、今回の寄付だけするよ」と言うか「いいよ」と言いながら登録用紙に記入してくれる。連絡先をくれた場合一ヶ月くらいのうちに、カスティリョ・シアターの仲間がショーに勧誘し、ショー参加の有無にかかわらず、次のようなことばで電話を終わりにする。「あなた、先月の6月にフラットブッシュ通りで、私ダン・フリードマンと会いましたよね。そのとき10ドル寄付していただいたのでしたね。あなたの寛大さに感謝申し上げます。今日はその2倍の20ドル寄付願えませんか」。

これが、カスティリョがイーストサイド研究所の支援から離れ、劇場購入のローンを払うようになってからのやり方だった。カスティリョの人々が寄付による資金と観客の掘り起こし、カスティリョ・シアターのコミュニティを作るやり方となったのだ。私たちは、自分でノルマを決め、達成するまで仕事した。この声掛け作戦が最高潮に達した1994年には、約30人が毎日12時間、路上の声掛けと戸別訪問を行い、他の15人ほどが週に4時間から12時間路上で寄付の勧誘をした。加えて、15人ほどが毎週24時間、フォローアップの電話かけ（と留守電）を担当した。

これらの努力により、この年は約9万8000人から130万24ドルの寄付を集めた（B・ギルディンの2016年7月29日付私信）。このお金は劇場ビルのローンの支払いと、カスティリョ・シアターとオールスターの制作費、他の複数の草の根の教育・文化的プロジェクトの支援にあてがわれた。

この劇場づくりのアプローチは、私たちが置かれた時代と場所に応えたものであると同時に、私たちの政治／哲学的選択に対応したものだった。カスティリョ・シアターが生まれたのは、ロナルド・レーガンが大統領を務めた8年間だった。それは、1930年代から60年代までに貧しい労働者たちが、潤沢とは言えないが勝ち取った芸術活動への公的資金援助を含む、多くのものが停止されてしまった8年だった。合衆国政府資金による芸術支援は大幅に削減された上、残された予算もコミュニティベースのアート政策には注がれず、美術館やオペラハウスなどの既存施設に集中した。（まさに私たちのような左翼の芸術活動家以外の）人々が、独立系のコミュニティベースの政治的劇場建設に価値を見出すかどうかを確認せざるを得なかったのが、この環境なのだ。私たちはただ**人々のために**劇場を作ろうとしたわけではなく、**人々とともに**作りたかったのだ。私たちは劇場を私たちのコミュニティの組織化の一部にしたかったが、コミュニティが劇場を望んでいるかどうかは知らなかった。路上でのアウトリーチ活動は、それゆえ、財政的な必要からだけでなく、組織づくりの戦略でもあった。私たちの組織づくりは、路上の募金も含めて、次のような私たちの考えを具体化したものだった。つまり社会システムと化した不公平に対して、長期の実践取り組みで挑戦していく活動と組織を作り上げるには、それらの活動と組織を国からも他の旧来の資金源からも財政的に独立させることが必要だという理解に基づいた具体化だった。路上や玄関口での会話はどれもが政治を話題にするチャンスであり、文化について語るチャンスであり、独立系資金調達の政治的劇場の価値に関するニューヨーカーたちの考え方を知るチャンスだった。私たちは9万8000人からお金を集めるために、たくさんのニューヨーカーたちと話をしたのだが、さらに多くの人々と話をする必要がある。

それぞれの会話は、オファーなのだ。普通でないことを一緒にやってみましょうという、進歩的文化プロジェクトへの参加オファーだった。作られつつあるものに投資をする場合、人々にできるのはお金には限られない。時に初めて会った人で「お金はぜんぜん出せないよ。でも劇場用電光掲示板の操作はできるよ。それは助けになるかい？」と言う人もいる。私たちは助けになると答えて、次のカスティリョ作品の照明係になってもらった。路上で会った他の人の中には、ショーを見て、一緒にやりたいがどうすれば良いかと尋ねる人もいたが、私たちは、技術ブース、衣装係や道具係、チケット売り場、募金係、俳優などの運営スタッフの仕事を紹介した。カスティリョにおける、観客と俳優、技術、運営スタッフの境界線は、初めから、流動的で作品ごとに変化するものだった。前作では舞台に立っていたとしても、次回作では座席案内係をしているし、その次の作品では劇場売店にいたりする。劇場と劇場に奉仕し支援するコミュニティは、同時に立ち現れるのである。1997年にニューマンは、このプロセスについて次のように述べている。「私たちはアートを人々に届けようとする演劇人では全くない。私たちはかつても現在も、コミュニティ・ビルダーであり、私たちの演劇のような活動は、この組織づくりの実践から生まれたものなのである」(Friedman, 1999, p.179より引用)。

明らかに、このような組織づくり／資金調達のモデルは、長期間にわたって実践を維持した献身的コア・アクティヴィストに依存している。私たちの直面した挑戦とは、これを維持しようとする際に生じる緊張も含まれる情動的な課題だった。どんなに自分の大義を信じようとも、合衆国のハイパー資本主義文化のもとでは、見知らぬ人に路上で寄付を募るのは、物乞いのようで屈辱的に感じられる。無限に続く「拒否」を受け続けたら、再度寄付をお願いするのはどんどん困難になる。路上や玄関先で、時に意地悪く攻撃されたら、とくに男性として社会化してきた者にとっては、意地悪をし返すことなく反撃せず怒りを見せないという対応は困難である。結局、この種の組織づくりに携わったものの社会的スキルと安楽はさまざまだった。あるものにとっては、ただ目を見て会話を始めるのも困難となる。このアウトリーチ活動の最初の1年、私は路上活動がとても苦手で、当然寄付集めの成績も最下位だった。

ある土曜日の午後のことを今も思い出す。マンハッタンのイーストサイドにあるスタイヴサント・タウンの中間層向け住宅地域で、同僚と2人で6時間戸別訪問をしていた。一人としてドアを開けて話をしてくれる人がいなかった。カスティリョ・シアターに戻り、ニューマンのところに駆け込むと、ニューマンはどうしたのと聞いてきた。とってもひどい一日だったと答えた。6時間の成果のない訪問の後で、私は欲求不満で屈辱を感じ、そして怒りを感じていた。ニューマンは私に次のように言った。「何かパフォーマンスをしないと、この活動を継続できないんじゃないかな」。私はこの瞬間を、まるで自分が漫画の中にいたかのように思い出す。頭上には電球が浮いていて、それがパッと光ったのである。「そうかわかった」。

このような閃きは、カスティリョ・シアターの多くの活動家たちが経験したものである。路上での組織化活動も、台本で事前に決められた通りに、自分で選択するものだということがわかっていった。もし私たちが屈辱を感じ、怒ってシャイなままでいたら、面白い会話はできず、見知らぬ人から寄付を得ることはできない。それが次第に明らかになっていった。私たちはみんなで「決めた」のだ（この語では実際の私たちの実践を歪める認識論的意味を持つが）。うまく運ぶために、他の誰かになってみて／パフォーマンスしようと決めたのである（あるいはより正確に言うなら、私たちの内部にある、他のバージョン、つまり他の何ものかになろうとしている自分をパフォーマンスするである）。中には、活動を継続するために路上用のペルソナを創造する者もいた。たとえば、私は陽気な教授になった。この当時、私はニューヨーク市立大学のいろいろなカレッジで、作文と弁論の補習コースを持っていた。この陽気な教授は、毎週新しい知り合いを見つけるのを楽しみにして、演劇と社会変革への情熱について会話するのを楽しんだ。もし人々が興味を持ってくれなくても、それはその人たちの損になるだけで、教授は喜んで歩道を急ぐ次の通行人を捕まえようとするのである。陽気な教授は間違いなく私の一部だったが、「自然と」浮かび上がるというものではなかった。私には彼を意識的に演じることが必要であり、そうするにつれて私のそのような部分を登場させることは容易になっていった。そうして私は優秀な資金調達係になれたのだった。

これらのすべてを可能にしたのは、路上オーガナイザーの中に訓練を受けた俳優がいたからだった。私たちはカスティリョ・シアターで演じていたから（リハーサルは路上のアウトリーチ活動後9時頃だった）、それほどの苦もなく路上のパフォーマンスに移れた。同時に、ほとんどのオーガナイザーは演劇経験がなかったので、ヴィゴツキーの用語で言えば、路上チームは発達の最近接領域として機能した。つまり、より経験とスキルのあるものが、あまりないものたちが想定を超えたパフォーマンスをするのを支援したのである。もしパフォーマンスの勢いがなくなったり難しくなってもパフォーマンスが続けられるように、どの路上チームも「アンサンブル」を結成し「演出家」を選んだのだった（時には、好奇心が強いか不思議に思った通行人が、このエクササイズに参加することもあった）。舞台としてトランプ用テーブルをセットした狭い歩道で語りかけた。誰か私たちの舞台に上がってきたら、私たちはうまいこと、私たちと即興で会話するように仕向けるのだった。こうして「路上活動」は何年もかかって「路上パフォーマンス」になった。

ニューマンは、この時期初めてパフォーマンスは生の生き方であり現状世界への挑戦だという考え方を文章にした。カスティリョ・シアターが短命ながら出版していた文化ジャーナルの1号で、1989年ニューマンは「私たちの世界のように完全に疎外された世界において、生にアプローチすることも含めて何かをするためには、パフォーマンスすることが必要である。ブルジョア社会で「自然に」いることは、死んだ生を送ることだ。もし私たちが生を生きようとするなら、自然でないことが必要なのだ」(Newman, 1989, p.6)。この短い文章で、ニューマンは私たちのコミュニティにおけるパフォーマンス理解の質的発展を言い表している。パフォーマンスは舞台上で行われるもので、(路上での募金のように)結果を得るための便利な道具であるばかりでなく、人々が自分の生を疎外や他の社会的罠に対抗する創造的挑戦として生きるやり方となる。つまり「死んだままの生」という現実に挑戦して、それを創造的に変革する方法なのである。

オールスターの若者プログラム

このアプローチは、すぐに、オールスターズ・プロジェクト(All Stars Project: ASP)の無料の若者対象の放課後発達プログラムに採用された。これは先に論じた、オールスター・タレントショー・ネットワークから発展したプロジェクトだった。2000年代初期には、タレントショーとASPは、他の2つの若者プログラムのスポンサーとなっていた。これらは世間によくある意味での公的教育(あるいは実験教育)のためのパフォーマンス応用ではなく、貧困コミュニティ出身の若者を参加させ参加者たちの社会的発達の手段としてパフォーマンスを利用した。「私たちの(そしてパフォーマンスを通しての子どもたちの）学びの多くが、ルーティン化され厳格化されて行動になってしまう」とホルツマンは1997年に書いている。「私たちは役割を演じることだけに長けてしまい、もはや新しいパフォーマンスを創造し続けることなどできなくなるのだ。私たちは、特定のことを実践し特定のやり方で感じる人物という『その種の人物』としてのアイデンティティを発達させる」（Holzman, 1997a, p.33）のである。ほとんどの人たちは、ティーンエージャーになる頃、あるいは文化によってはもっと早く、固定化した社会的役割と、期待されるアイデンティティに適応する。そうしてアイデンティティは社会的にも、時に身体的にも、生き残りのためにも必須だと主張し続けることになる。私たちはパフォーマンスを試すことをやめ、行動することを開始する。「自分たちで、行動だけすること」を学んでしまうのだ。伝統的なアイデンティティ概念は、ホルツマンが指摘するように「人々がより良くなるとか悪くなるとかいうものではない。それは人々が所有するものである。一度形成されると、生涯変化しないものである（もしアイデンティティの喪失ともなると、それは精神病理とされる）。パフォーマンスの観点からすると、アイデンティティは発達とは無縁なものである。…（一方）社会的な完成の活動からすると、…［それは］形成されるのではなく、前もって作られたものである。過去の子ども時代から発達し続けることには、アイデンティティをパフォーマンスし続けることも必要なのである」（Holzman, 2017, p.72）。

これが、オールスターの若者プログラムにおけるパフォーマンス概念の主要な使い方であり、意味である。それぞれのプログラムが特定の課題に関わっている。オールスター・タレントショー・ネットワークなら、若い人たちが近隣の人々同士でタレントショーを制作しパフォーマンスするのである。

ユース・オン・ステージ！（Youth On Stage!）なら、演技、脚本制作や他の演劇スキルを訓練して上演するのである。若者のための発達学校（Development School for Youth）では、若者たちは企業幹部と出会って「ビジネス界のパフォーマンス」を学んでそれを有給夏季インターンシップで利用するのである。どの活動も、アイデンティティを再びパフォーマンス化することを学ぶのである。彼らは（米語の言い方での）殺し屋（thugs）、淫売（sluts）、オタク（nerds）、ゴス（goths）、体育バカ（Jocks）、ガリ勉（brainiacs）などにおさまる必要などない。彼らは自分とは違う人物のパフォーマンスをすることで、ますます自分であることの度合いを深めていき、このプロセスでニューマンのことばで言うところの「自分たちに許された実践」の概念を拡張するのである。つまり、日常のパフォーマンスを通して、自分に課せられた社会的役割への代替案を発達させ具体化するのを可能にし、かつ実際に代替案を実践するのである。

第19章　存在論、コミュニティ、持続可能性

私が思うに、これらの組織化実践が示すように、ソーシャルセラピューティクスに基づくパフォーマンス・アクティヴィズムの独自性は、生のあり方としてのパフォーマンスにアプローチすることに関心を集中しながら、それを主張してきたことにある。２００２年ニューマンは、被抑圧者のための演劇から自分たちの仕事を区別して「ボアールの仕事は、パフォーマンスの演劇的意味に関わっていますが、私は演劇的意味について探究しているわけではありません。私にとってのパフォーマンスとは、人間の存在論に関わる用語なのです。それは自分たち自身を再構成するという創造的プロセスへと集合参加する、人間の根源的活動を意味するのです」(F・ニューマンの２００２年2月18日付私信)。

発達心理学の視点からこの問題に取り組んだホルツマンは、パフォーマンス・アクティヴィズムに対するソーシャルセラピューティクス・アプローチの基礎を次のように要約している。「生のステージと聞くと、どちらの絵が浮かぶだろうか？　はしごの絵だろうか、それとも劇場舞台の絵だろうか？　大多数の人にとっては、はしごか階段のようなものだろう。結局のところ、フロイト、ピアジェそし

てエリクソンのような人間の本性に関する偉大な専門家たちから、あまり一般には知られていない現代の研究者まで、人間の生のプロセスはより進歩した高みに達する連続的な段階として最もよく理解されると教えるのである。私は演劇イメージを好むのだが、その理由はこうである。人間は発達を創造するのであって、それは降って落ちてくるものではないと信じるからだ。そして、発達の創造は、成長をパフォーマンスするための舞台づくりで可能になるからだ。私にとっては、発達の舞台とは、家でも、学校でも、仕事場でも、どこにでも用意できるパフォーマンス空間なのだ」(Holzman, 1997, p.32)。こうして、ソーシャルセラピューティク・パフォーマンス・アクティヴィズムの流れでは、パフォーマンスは生を発達させるやり方となったのである。

パフォーマンスと文化的ヘゲモニー

オールスターの若者たちに異なる社会的役割のパフォーマンスを奨励することは、どれほど個々人にとっての支援となるとしても、パフォーマンス自体はどのようにして社会的役割 ── と社会的前提全般 ── を構成し(再構成されるか)という、より大きな問題を提起することはない。もちろん、私たちは一人で生を生きる(あるいはパフォーマンスする)わけではない。私たちは、グループで生き、パフォーマンスし、発達する。デイヴィッド・ダイアモンドが言ったように、抑圧的社会構造を生み出すのは人々の間の「行動パタン」であり、フレド・ニューマンが2007年の「世界をパフォーマンスする国際集会(Performing the World)」で述べたように、「私たちは再び世界をパフォーマンスしなくてはならない。なぜなら、世界も私たちも腐った匂いがするからだ」(East Side Institute, 2009)。

このことから私たちは、パフォーマンス・アクティヴィズムの全域的(あるいは基本的な)問いである、パワーに関する問いに向き合うことになる。パフォーマンス・アクティヴィズムは、いずれの形であれ、いったいどの程度、どのようなやり方で「新しくすること」が実際に可能なのか?

これまでミクロな意味でのパフォーマンス・アクティヴィズムの多くの事例を検討してきた。トルヒージョ・ヴァレの人々が愛する人たちの恐ろしい大量殺戮に対処するのに、いかにパフォーマンス・アクティヴィズムが助けとなってきたかを見てきた。イスラエルにおけるアラブ人とユダヤ人の間の、そしてニューヨークにおける警官と子どもたちの疑念や恐怖を見てきた。またパフォーマンス・アクティヴィズムが、パキスタンのダリットの人々と他のカーストの間の前例のない会話を可能にするのを目の当たりにした。これらは、どうやって可能になったのだろうか? 個別の状況に介入する以上に、もしあると言うならどのような潜在力があるのだろうか? 多様かつ一般性を持つ社会変革実験としてソーシャルセラピューティクスのコミュニティは、この問いに関心を払ってきた。はたして大衆全体のパフォーマンスを動かすことができるのか、できるならばどのようにして可能なのか? パフォーマンス・アクティヴィズムはニューマンが追求した世界全体の再パフォーマンス化に発展することができるのか? マルクスが記した次の文章は有名である。「支配階級のイデアは、どの時代でも支配的イデアであった。つまり社会の物質的力を支配する階級は、同時にその時代の支配的な知的な力となる」(Marx & Engels, 1973, p.63)。これらの「支配的イデア」は説明と仮定となり、行動の方式となり、我々の成長を支える情動的な構成物となり、何が可能なのかの限界を定めるものとなる。世界のどこに住んでいるかに依存して、それらのイデオロギーと文化は、さまざまなやり方と度合いで、宗教的／封建的な概念と価値と世俗的／科学的／資本主義的概念と価値が塗り重ねられている。

マルクス以降のマルキストには、社会の「支配的イデア」の持つ意味に考察を深める者も、イデアへの対応の取り組みを拡張しようとする者もほとんどいなかった。多くの場合、自分たちのイデオロギーは「正しい」と固定化し、そのイデオロギーを信奉しない者たちを「誤った意識」を持つとして断罪するのである（たとえば **Lukács, 1967**）。この点についての重要な例外は、イタリア共産党の創設者グラムシであり、経済、政治、文化（イデオロギー）の力の相互作用に関するさらにニュアンスに富んだ理解を発展させた。グラムシは（刑務所、政治、裁判所などの）国家制度に加えて、「文化ヘゲモニー」の用語で要約可能な概念とナラティブと知覚・情動的構成物の複合体を通して、社会が維持されると主張した。グラムシにとっては、同時代のマルキストが考えたように単に上から与えられる「支配的イデア」の問題でもないし、支配的イデアが経済の構造化方法を反映するのでもなかった。文化的ヘゲモニーとは、社会を構成する経済的政治的制度を複合して作り上げながら――とても不平等なやり方だが――何世代にも何世紀にもわたる、さまざまな社会階層／階級間の相互作用を通して発展してきたものなのである。教会／モスク／寺院、大学、新聞、公教育、ラジオ、テレビなどの、知的生産手段の支配を通じて、支配階級は「常識」の生産において優位に立つが、我々残りの者たちもまた文化ヘゲモニーの創造と知覚に一定の役割を果たすのであり、結局のところ毎日自分の子どもたちにこれを教えているのである。

グラムシの要点は――そしてこれはパフォーマンス・アクティヴィズムとパワーの問いにも重くのしかかるのだが――、文化へゲモニーへの関与と進行する転換は革命の中心的な要素であるということだ。これは――マルクスのそしてのちのレーニンの追随者たちが主張したような――政治的経済的上部構造が廃棄されれば可能になるというものではない。グラムシの考え方では、文化的へゲモニーへの関与なしには、革命はあり得ない。少なくとも我々が内面化してしまった悲痛で破壊的な行動パタンを質的に転換することなしには革命はあり得ない。バロン・コーエンが「人々の筋組織と人間性にまで染み込んだ病気」と呼ぶものを転換することなしには、視覚と感情を転換できる革命はあり得ないし、純粋に新しい価値を生み出すような革命はあり得ない。

グラムシにはパフォーマンスの概念もパフォーマンス・アクティヴィズムの概念もないが、労働者階級の人々が現行の支配的へゲモニーに自覚的な挑戦を開始し自分たちの要求、困窮、関心により良く適する、混成した文化的で知覚・情動的な構成体を生み出すための、自分たちの文化教育機関の設立が必須だと指摘している（ここで、カミリース、ハウス・オブ・リヴァーズ、そしてソーシャルセラピューティクスについて考えてみても良いだろう）。この種の組織づくりに従事する機会はグラムシにはなかった。グラムシは晩年の11年を、ファシストによって監獄につながれ、1937年に46歳で亡くなった。この主題に関する最重要の書籍は、監獄の検閲を免れるためとくに捻れた文体で書かれている上に、1970年代まで主要言語には翻訳されてこなかった。それゆえ、彼の著作は20世紀の正統派マルクス主義にはほとんど影響を与えなかったのである（Gramsci, 1971）。

ソーシャルセラピューティクスに基づくパフォーマンス・アクティヴィズムの発展にとってヴィゴツキーは大きな直接的影響を与えたが（実際には、ソーシャルセラピューティクスの初期のコミュニティ・ビルダーたちは政治的文化的仕事が順調に行くまでヴィゴツキーを読んだことがなかったのだが）、上述した発達のコミュニティのすべての組織づくりの努力は――そして私が考えるに全般的にパフォーマンス・アクティヴィズムの多くが――、文化的ヘゲモニーへの取り組みと尽力として理解できるものだ。つまり「普通の人々」が、新しい見方とあり方を発見しながら、文化と発達を生み出すことのできる、そういう環境を組織しようとする努力なのである。

1987年、ニューマンが80年代半ばに2年にわたって政治アクティヴィストたちに教えた連続講義に基づいて、ニューマンと私は、哲学的／政治的対話について執筆した。それは「フレド」なる人物と、受講者たちから合成して作った2人の架空の人物との会話で構成された作品だった。ここに示すのは、一方の人物が会話の相手というものは異なる人種背景を持ち、階級も異なるので相当に異なって世界を理解しているに違いないと主張し、この人物に「フレド」が答える様子である。

問題はどのくらい私たちが似ているかじゃないかな。私たちは皆違った歴史を生きてきたが、私たちの経験には十分な重なりがあるので、皆同じ世界に生きていると認めることができる。私たちの社会的行動から示されるのは、大まかに言って私たちが同じように世界を捉え同じように世界を理解しているということだ。…私たちは、何を蓄え、何があり、それをどうやって買うかを知っている。私たちは世界について皆同じ信念を有するわけではないことを受け入れるように社会化してきているし、世界を理解する上で同じような一般的な理解もできる。……もし社会全体が組織化されている基本カテゴリーを使わなかったら、何か理解できるのだろうか？　その箱からどのように逃げ出すことができるのだろうか？　これは古くからの哲学の問いであり／同時に古くからの政治的問いでもある。つまり新しい社会にふさわしいものを創造することは可能なのかという問いである。私たちは新しい体制が力を持つようになり、何らかの変化が起きることに誰しもが同意する。革命が起こることにさえ同意するかもしれない。しかしながら人々は、そのような歴史的な発展が根本的な社会的イデオロギー的な変化を成し遂げたのか、という重大な問いを発することもしばしばである。……結局のところ、我々の利用するイデオロギー――つまり意識――が、非常に複雑なやり方で我々の住む社会環境の産物だということを認めるなら、我々は、そのような社会的理解のやり方に関係する、社会的コンテクストによっては完全には決定されない事物を理解したり説明するという最悪のポジションにいることにならないか？　我々の仕事はどうやったら「キャッチ22」状況を打ち破れるかを理解することだ。まさに基礎的カテゴリーで理解するように社会化されてしまっていることを前提として、それら理解の基礎カテゴリーを理解することである。どうやったら、ガラス瓶の中の蝿の状況を脱することができるのか？（Friedman & Newman, 1987, pp.59-60）

「ガラス瓶の中の蝿」とは、ニューマンがウィトゲンシュテインからもらったメタファーである。ガラス瓶は蝿用の罠であり、黒い金属製の穴のあいた蓋付きの透明ガラスの大きな瓶でできている。餌の肉片が瓶の底に置かれている。食べ物を探す蝿が瓶の中に入ると出られなくなる。というのも、蝿を引き寄せる光は、入ってきた穴のあいた黒い蓋以外の場所に蝿を誘導するからだ。蝿たちは一方向しか見ることができず、出口を見つけられなくなる。この対話でフレドが言うように「私たちは私たちが可能だと思うものしか見ないのだ」(Friedman & Newman, 1987, p.67)。対話全体が明らかにするように、80年代半ばには、ニューマンと仲間たちは、出口を見つけられていない。しかし数年のうちに、パフォーマンスを発見した。結局、パフォーマンスは新しい可能性を試すことであり、ニューマンのことばで言えば「社会的コンテクストによって完全には決定されていないこと」を実践することである。あるいは、エヴレイノフが言うようにパフォーマンスとは「『異なっている』ことの欲望、『異なる』ことを行う欲望、日常生活のありふれた環境からは『異なった』状況に身を置く想像力」なのである(Evreinoff, 1927, p.22)。人々のパフォーマンスをエンパワーし鼓舞し支援する環境を組織することで、人々は何か「異なること」を試すことができる。言うまでもなく、上でニューマンが指摘するように、我々の何か別のものを想像する能力は、私たちが育ったイデオロギー／文化によって制約されている。しかし、それでもパフォーマンスを実行するリスクは、新しいリスクとリスクがもたらす新しい可能性の扉を開くのである。真理指示性、因果性、時間、空間、自己、そして我々が「リアリティー」と呼ぶすべての構成物を、我々はパフォーマンスの助けで放棄することができる。資本主義イデオロギーのガラス瓶の蝿から抜け出す道は、認識論の道では全くないことが明らかになる。それは実践批判的な道なのだ。それは身体と精神に関わるものである。抽象化などではない。創造の実践なのである。

これは、パフォーマーたちが自分たちのイデオロギーの固定観念と受容した価値をパフォーマンスに持ち込まないと言っているわけではない。言うまでもなく、私たちはそうしてしまう。しかし私たちはそれをもとに遊ぶこともできるのである。今の世界の現状は、やがて到来する世界のための素材を提供するのである。ニューマンがたびたび指摘したのは「私たちはゴミクズから築き上げるのだ」ということだった。人種、エスニシティー、国籍、宗教、職業、ジェンダーそして性的嗜好に基づくアイデンティティは、明らかに我々全員を凄まじく制限する。しかしながら、生き方としてのパフォーマンスにアプローチすることで、それらの受容されたアイデンティティと社会的構成物は、それで終わりとはならない。それらはただ始まりにすぎないのである。それは私たちパフォーマーが、つまり世界史的遊びの変化の担い手が、活動のために必要な素材として引き受けるバックグラウンドなのであり、それは舞台に上がる俳優のための台本などではないのである。

私たちが本書で繰り返し検討してきた質的に新しい可能性 ― つまり転換 ― は、パフォーマンスを通して出現する。もしルイ・アームストロングが自分の学んだニューオリンズ・ジャズにそのまま従うだけだったら、スウィング・ジャズは出現しなかった。もしチャーリー・パーカーが、ルイ・アームストロングの発見と遺産を演奏するだけだったら、ビー・バップはなかっただろう。もしチャック・ベリーがただブルースを演奏しただけなら、ロックンロールを手に入れることはなかった。もしブロンクスの若者たちがジェームス・ブラウンからもらったファンク・ビートをミキシングしなかったら、ヒップホップを目にすることもなかっただろう。社会生活全般と同じだが、音楽はパフォーマンスを通して創造的に発達してきたのであって、前もって作られた楽想が採用されたり再適用されたりするのではない。すべての種類のパフォーマンス・アクティヴィズムは、少なくとも最善の場合には、新しいシーン、新しい演技、新しい演奏、新しい社会関係を約束する。舞台上の即興パフォーマンスのように、日常生活のパフォーマンス・アクティヴィストは、オファーされたものは何でも使って作り上げるのだ。これが場面を構成し、世界を再構築する方法なのである。

イデオロギーの罠を超えて

部分的にだが、古いタイプのアクティヴィズムの限界と失敗からパフォーマンス・アクティヴィズムが発展したという事実に触れてきた。より高次のレベルから言えば、パフォーマンス・アクティヴィズムは、成功したアクティヴィズムが実のところ失敗していたという、より深い問題提起を行っているのである。この200年を見ても、フランス革命、ハイチ革命、ロシア革命、中国革命のすべてが「成功した」アクティヴィズムだった。これらは、既存の権威に対して軍事的勝利を収め、従前の経済政治的制度を破壊し、旧体制において困窮した人々の生活改善を目指すさまざまな社会的構造改革の断行には成功した。それでも、その成功は失敗したのだ。それらは（仕事場の、家族の中の、政府の中などの）ヒエラルキーの撤廃は行わなかった。ただコンフィギュレーションを変えただけで、特権、不平等、戦争を避ける道を見出せなかったのだ。革命前から続く抑圧を繰り返すか悪化させただけの革命の成功は、シニシズムと絶望を生み出すことになった。革命家たちは、その勇気や善意にもかかわらず、ダイアモンドの言うところの「行動のパタン」を廃棄する道具を持ち合わせなかったのである。

ここで、別の角度から言えば、私たちが直面するのは、イデオロギーという争点である。イデオロギーは、支配階級の文化的ヘゲモニーであるだけでなく、人間の行動と歴史を説明する系統立てられたあらゆる観念のセットを意味する。現在までのところ、すべての革命は、イデオロギーによって主導され鼓舞されながら、侵食され制限されてもきた。1845年にマルクスは『フォイエルバッハ論』で「哲学者たちはただ世界をさまざまに**解釈してきた**。重要なのは世界を**変革する**ことである」と書いている（Marx & Engels, 1973, p.123）。この文章は、実際ロンドンのハイゲイト墓地にある墓石に刻まれてマルクスとともに眠っている。それ以来（より洞察に富み挑戦的な）多数の哲学と（成功したものもあれば失敗に終わったもの、残酷なものもそうでないものを含む）多数の世界変革の試みがあった。マルクスが第11テーゼにおいて挑戦した仮定とは、2000年にわたる西洋文化の連続体において、ほとんどすべての私たちが共有してきた仮定なのだが、考えることと実践すること、反省と活動、あるいはマルクスの用語で言えば解釈と変革の間にはギャップがあるという信念だった。このギャップこそがパフォーマンスが否定するものなのである。

革命家であるマルクスにとっての仕事とは、哲学としての哲学の廃棄だった。つまり、過酷で混乱し、時に血まみれの実践／活動／変革の領域から（もしできるなら）隔絶された探究としての反省というものを廃棄することだった。しかし世界を解釈することと世界を変革することのギャップを橋渡しすることは容易ではなかった。この点におけるマルクスへの批判、正確にはマルクス追随者への批判とは、大衆運動の組織化に成功するにつれて追随者たちがマルクスの方法論を「説明」へと翻案してしまったことへの批判である。説明とは、マルクスが、少なくとも初期の著作では克服しようとしていた理論と実践を分離するものなのである。「翻案された」マルクス主義とは、歴史と政治ならびに経済の説明としてのマルクス主義であり、たちまちイデオロギーに固形化し、思うことや見ることと、お望みなら世界と世界における私たちの活動を**解釈すること**を固定化し、頑迷なシステムへと固形化するのである。

このような翻訳は、必須というわけではないが、理解可能である。現状の世界への挑戦としての集合的活動への参加、つまり人々に生活と家族と命を賭けるのを願うには、ガイドブックや地図、あるいは宗教的であれ世俗的であれ、イデオロギーなどの生活の利便と支援が必要になるだろう。これらの集合的イデオロギーは、一度信奉されると、それぞれの独自の道徳性、伝統、言語を生成する。哲学の対話は、イデオロギーの非常に厳格な枠組みに制約され、正邪／正誤／正統派・改革派という（時に暴力的にもなる）分派主義に置き換わるのである。自己の活動について反省する能力は、イデオロギーがかつてないほどの閉鎖システムに置き換わるにつれて、ますます強力に制約されて、ついには弱化してしまう。

世界の変革は明らかに大衆行動を必要とするものである。しかし、**全体**（en masse）での行為は、少なくとも歴史の現時点までは、イデオロギーを生成しイデオロギーに依存するものである。このイデオロギーは反省と対話を排除する傾向にあり、変革のための活動の重い足枷となる。社会変革と正義のアクティヴィストが21世紀初期に直面するのは以下のような問いである。集合的社会的文化的な変革活動に参加し、同時に自分たちの活動を理解／反省するような方法はあるのだろうか？ その方法を通して、イデオロギーの重圧に妨害されることなく、その活動をさらに発達させる道はあるのか？ 反省することと実践すること、世界を解釈することと世界を変革することのギャップを橋渡しすることは、マルクスが仮定したように可能なのか？

本書で見てきた事例が示すように、パフォーマンス・アクティヴィズムは、まさしく**イデオロギーとは別種の**社会変革へのアプローチを提供するのである。パフォーマンス・アクティヴィズムはその**活動そのもの**において、質的転換を実現する私たちの能力を制限してきた、情動的痛みのフィードバックループ――ならびに認識論の袋小路――を断ち切る手段を提供するのだ。パフォーマンスは、継続される反省／調整／即興なしには不可能な活動である。反省は、安定性を与え力に依存する儀礼には当てはまらず、少なくともその意図においては、社会的リアリティーに取り組み、それを変革するパワーを特徴とするのである。つまり、基本的なレベルでは、すべてのパフォーマンスは**真似**であり、その真似が私たちをどこへ連れて行くのかをまさに自覚すること、そしてパフォーマンスそのものから生成されたものに基づいて、その場で決定し／前進の一手を打つことのニーズをパフォーマンスに組み込むのである。それゆえ、それは能動的であり同時に反省的なのである（つまり「実践的で批判的」なのだ）。パフォーマーは、何らイデオロギーを必要としない。パフォーマーに必要なのは、仲間のパフォーマーたちからのオファーを受け止めることだ。オファーの受け止めとオファーに基づく構築の程度に応じて、新しいものが創造される。さらには、パフォーマンスがいまだ存在しないものを取り込むということは、パフォーマンスはその本性からして、世界変革の活動なのだ。つまり、新しい可能性を社会的な存在に持ち込むのである。もし、イデオロギーが私たちのアクティヴィズムの基盤であるなら、（教訓主義演劇を含む）「意識化」が私たちの組織化のやり方である。もし私たちのアクティヴィズムの基盤がパフォーマンスであるなら、共同で新しい何かを創造することが私たちの組織化のやり方となる。

この不確定性がパフォーマンス・アクティヴィズムに組み込まれているとすると、このアクティヴィズムはある種の勇気を必要とするのだが、それは知らない勇気である。確かに、それはあなたが正しいと知るもののために、戦い死ぬ勇気を必要とする。そして数百万の革命家（と反革命家）がそうしてきた。もし生を生きる方法としての、そして変革推進の手段としてのパフォーマンスを信奉するなら、別種の勇気が必要となる。存在論としてのパフォーマンスは、固定観念化した枠組みが与える安楽なしに、日々の明け暮れを送ることを意味する。私たちがどこに行くのかを知らずにいること、何をしているのか知らぬままに、どんなときも自分が何ものか無知のままにいることが求められる。しかし、このような無知の状態（認識論が当然のものとする認識論への反乱は）、とくに社会転換を目指す長期的大衆パフォーマンスを含む、パフォーマンス・アクティヴィズムの必須の前提である。もしあなたが、自分が何ものかどこへ行くのかを知っているなら、あなたはパフォーマンスしているとは言えないし、発達しているとも言えず、あなたは行動している、つまり社会があなたの行動進行を条件づけたように認知的情動的に行動を進行しているのである。その代わりに、固定的な前提ではなく、ともに進む人々と共同して創造する進行中のパフォーマンスとして、生にアプローチするとき、それは可能性に関して考え始め／可能性に向かうやり方を転換するのである。

コミュニティと持続可能性

現在のページに先行する数百ページの後では、さまざまなパフォーマンス・アクティヴィズム・プロジェクトによる達成がどのように儚いものと映るとしても、個人とコミュニティの発達に貢献し、支配的な文化へゲモニーへの生きた挑戦を生み出してきたことは言うまでもないだろう。まだ吟味していないのは持続可能性である。長期にわたる既成の制度、態度、情動的構成物、神話といった権威は無毒としても、文化的政治的挑戦をマーケット向けに商品化し適応させる資本主義の有能さを考慮すると、次のような問いを提起すべきである。それは、個人プロジェクトの影響を超え、さらには個人や組織の生存期間を超えるだけでなく、複数の世代にわたる政治生命さえも超えて、パフォーマンス・アクティヴィズムを維持可能にするには何が必要か、という問いである。

答えは知らないし、知り得ない。「第1章　パフォーマンス・アクティヴィズムの紹介」で述べたように、運動としてのパフォーマンス・アクティヴィズムは誕生したばかりである。私たちはようやく自分の姿に気づき始めたところなのである。パフォーマンス・アクティヴィズムを維持しようとするさまざまな試みも見てきた。ロードやハリスの大学との連携の試みもあった。マポサやワシームの新しい芝居づくりの地域劇団の試みもあった。クマールのニサリにおけるフリースクール創立の試み、バロン・コーエン率いるブラジルでのコミュニティ・ビルディングもあるし、言うまでもなくこの第3部で詳らかにしてきたソーシャルセラピューティク・パフォーマンス・アクティヴィズムの50年の歴史もある。このようなパフォーマンス・アクティヴィスト運動の極めて初期の段階では、持続可能性がどのようなものかについて、たとえ予想が可能だとしても、私は予想しようとは思わない。

私にできることは、ソーシャルセラピューティクス流のパフォーマンス・アクティヴィズムの経験を、経験についての反省とともに、共有することである。パフォーマンス・アクティヴィズムは（今のあり方もこれからどのようになるか）発展し続けており、非イデオロギー的で（その進展とともに即興し新しい発見を成し遂げて）あるので、（選挙に関わるものであれ革命に関わるものであれ）政治的党派性はそぐわない。政治的党派は（たとえその方向が真反対であっても）現状を指向し、そして党メンバーによる合意に隷属する。特定の争点についての連立も、パフォーマンス・アクティヴィズムを制約するので、新しい可能性を生み出すというよりも特定目標の達成を目指すようになってしまうし、その持続期間も目指す争点が続く限りのものとなる。パフォーマンス・アクティヴィストは政治的党派や連立に参加すべきでないと言うのではない。社会的ユニットとしてアクティヴィストたちがパフォーマンス・アクティヴィズムを育て維持できないなら、参加は見合わせるべきである。パフォーマンス・アクティヴィズムを育て維持する社会構成体は、**コミュニティ**である。

コミュニティはコンテクストに応じてさまざまな陰影を持つ意味になるし、私も本書で多様な意味で用いてきた。ここで私が記述しているコミュニティは新しい種類の社会的ユニットであり、歴史的にパフォーマンス・アクティヴィズムの出現に結びついたものである。これは、カミリースのところで短くであったが触れておいたし、カベロ・セコのルーツにも見られるものだった。これはコミュニティであること自体を自覚的に創造し／パフォーマンスするコミュニティである。すなわち新しいメンバーをキャストに加えるために活動するアンサンブルであり、このアンサンブルでは新しくキャストに加わったメンバーが、全体に対してインパクトを発揮するパワーを持つのである。この意味でコミュニティは、事物というよりも活動であり、大衆的即興パフォーマンスなのである。

明らかに、この理解は、人々が住む特定の地理的区域（たとえば中心街とか住宅街）による理解、または人種グループの違い（「黒人コミュニティ」）による理解、人々が従事する職業（「不動産業コミュニティ」）などの旧来のコミュニティ理解とは違っている。これら旧来のコミュニティ理解は元々保守的である。というのも、これらの理解は過去に基づくからであり（歴史によって形成された私たちが何ものであるか、たとえば「黒人」）あるいは物に基づくからである（どこに住んでいて何をしているかのおかげで決まるもの、たとえば「（マンハッタンの高級住宅地）アッパーウェストの住人」とか「不動産仲介業者」など）。これらのコミュニティは、（人種や国家アイデンティティのように）過去をめぐって組織されているという意味で、同時に／あるいは（職業アイデンティティの場合のように）すでに存在しているという意味で固定的であり、知ることができる。メンバーシップは選択できるものではない。あなたはその当のコミュニティの一部であるか、そうでないか、なのだ。これらのコミュニティは所属感や心地良さを提供してくれるものの、何ら発達がない。そればかりか、しばしば死んだ行動の罠に陥らせる。

短期的にカミリースに、より安定してカベロ・セコに、そして過去半世紀続いたソーシャルセラピューティク・パフォーマンス・アクティヴィズムなどに出現したコミュニティは、伝統的コミュニティとは違って、過去や現存するものに基づかず、パフォーマンスに内在する**生成性**（what-isbecomingness）に基礎を置くのである。メンバーシップは先だって決められておらず、選択されるものなのだ。人々がこの種のコミュニティに加わる理由はたくさんあるが、時にはただ単に招かれたからという理由もある。このコミュニティに留まることは、他の人々と一緒にパフォーマンス環境を即興的に構築しようとする意思決定なのである。コミュニティへの参加／構築は人々を変化させるだけでなく、コミュニティも変化させる。結局のところコミュニティとは事物というよりも、発展しつつある活動（work in progress）なのである。

ソーシャルセラピューティク・パフォーマンス・アクティヴィズムでは、ニューマンによって初めてコミュニティの概念が明確化された。１９９０年の講演「安息なき世界のハートとしてのコミュニティ（Community as a Heart in a Havenless World）」において、ニューマンは次のように語る。「私は全く新しいコミュニティ概念を持ち込みたいのだ。…コミュニティで私が意味するのは…コミュニティとは何かの定義に責任を持つコミュニティなのだ。無慈悲なこの世界を動かしている連中はコミュニティを定義する。…それも大金を使ってコミュニティを定義する。彼らは、新聞やテレビ局などの主要機構をコントロールし、それらを使ってコミュニティを定義する。彼らは学校もコントロールする。…私たちが人々のアクティヴィスト・コミュニティになる。何がコミュニティなのか、誰も語ることはできない、とくに無慈悲な制度をコントロールする連中には語らせない」（Newman, 1991, p.47）。この夕べ、ニューマンの講演が終わると、数百人が通りに流れ出て、「コミュニティを定義するのは我々だ！」とシュプレヒコールした。

それをパフォーマンス・コミュニティと呼ぶか、発達のコミュニティと呼ぶか、いずれにせよ（本書で私は両方で呼んできたが）、この夜、路上で私たちが採用したのは、社会的／政治的／革命的な活動だった。権威を持った者たちの文化的ヘゲモニーに継続的に挑戦できるのは、社会的な活動だけなのである。選挙政党とは違って、社会的活動は、機能を発揮するのに必要な地政学として既存の政治構造を受け入れることはないし、法的改革に自己限定することもないし、必ずしも法的改革に焦点化するわけでもない。マルクス－レーニン主義の「指導者」と違って、軍国主義的でもないし、古い社会は新社会建設のために暴力的に破壊されなければならないとも想定しない。それは生き方としてのパフォーマンスに基づいているから、その活動は（アイデンティティや疎外といった社会／情動的な諸構成物とともに心理学や教育といった諸制度を）脱構築し再構築し、新しくそして、それが出現するまでは不可知のものにするための継続的挑戦で成り立つのである。これが、パフォーマンス・コミュニティの革命的／転換的活動なのである。

この種のコミュニティを長期間維持するのは、この文化的な関与と転換を具体化する、コミュニティ・ビルディングの活動と組織である。英国のアナキスト作家で歴史家のコリン・ウォードは、次のように記している。「少なくとも二種類の組織があるということは誰もが理解できることだ。強制される組織もあり、これは上から降ってくるものだ。一方下からの組織もあり、これは何ら**強制することはなく**、加入するのも、一人離れるのも自由である」（Ward, 1966, http://www.panarchy.org/ward/organization.1966.html）。第一の組織は発達とエージェンシーを抑圧し、現状を維持しようとする。それは恨みや怒りを助長し、抑圧されたアイデンティティをもたらす。第二の組織は、自分たちやコミュニティのために自由に何かを作り上げるために人々が集うもので、人々のつながりを育てるのである。第2部の事例は、人々が関心を持ち重要視するプロジェクト、パフォーマンス、組織づくりを創造し維持しようとグループで活動するとき、人々はこのプロセスを通して成長し発達するということを例証する助けになる。人々を発達させるのは、一部には、自分たちの集合的パワー、創造性、互いのより広い世界とのつながりの感覚である。ニューマンとホルツマンが2004年に書いているように「権威（authority）は上から下へと向かう。それは強制されるものだ。最も重要なのは、知られなければならないということだ。パワーは下から上へと向かう。それは表現される。それは創造される」（Newman & Holzman, 2004, p.74）。これらの独立の組織と活動の構築過程で、参加者は自分が受け継いだ文化をリミックスし、自分たちと世界を再配置化する。こうして参加者たちはパワーを実行することになるのだ。

人々が自分たちの組織を創造することの意義は、疎外を超える何かが存在し、事前に規定されない生のあり方と政治が可能であり、まさにそれを実践できるという経験を人々に与えることにある。文化センター、若者プログラム、学校、舞踊団、心理療法クリニック、政治文化に挑戦する組織を、独立の資金調達で作ることは重要なのだが、その理由はとてもシンプルだ。それができるということを見せることができるからである。動くためには、人々が動いていく先が必要なのだ。もし他に投票する先がなければ、人々は民主党か共和党に投票するしかない（国によっては労働党か保守党か、社民党かキリスト教民主党か）。あるいは投票に行かないかもしれない。もし発達の学校や若者プログラムがないなら、人々は子どもたちを抑圧的な学校に送ることになる。家族の情動の問題を扱う上でもっと発達的な心理療法が利用できなければ、人々は牧師か心理学を基礎とするセラピストのどちらか／両方に頼ることになる。世界を創造的に転換するやり方が示されなければ、人々は暴力的で破壊的なグループに加わるしかない。パフォーマンス・コミュニティは、それらの別種のやり方を具現化するためのパフォーマンスを実践するのだ。

この種のコミュニティを持続可能にするのに必要なのは、一部は、コミュニティが建設しようとする活動や組織の独立の資金調達である。「独立」の正確な意味は、国によって文化の違いによって多様だろうが、お金の問題を一時的にせよ傍におくのも必要である。しかし、持続可能性の長期的な最低ラインは、組織化と活動が財政面でも他の面でも、現在の世界の現状を維持しようとする、国などの制度に依存しないようにすることである。これは道徳的論点ではなく、実践的に重要なポイントである。もしお金などのリソースが、コミュニティ以外のところから来ていたら、それは紐付きとなる。露骨な紐付きであれ目立たない紐付きであれ、紐は紐なのであり、いつでもカット可能なものなのである。

ソーシャルセラピューティク・パフォーマンス・アクティヴィズムの歴史を議論する中で、ホルツマンはその戦略上の見通しと実践を以下のようにまとめている。

最初から2つの主導原理があり、その2つは今も生きている。第一は、独立した資金調達と支援であり、政府や他の旧来の資金源からお金をもらわず、制約を受けないということだ。この原理からは、最初は街角で一般の米国人を呼び止めたり戸別訪問したりしてお金の支援と参加をお願いした。その後、中流階級と富裕層と、貧困層の新しい形のパートナーシップを生み出していった。第二の原理は、そのデザインとしても活動としても、旧来の「制度」に対抗する、新しい種類の制度の創造だった。そのプロジェクトは以下のようなものが含まれる。働かず生産にも関わらない生活保護受給者の労働組合の創設。洋の東西を問わず学校の岩盤の事実である個人化された知識追求型の学習モデルの否定。主流心理療法の個人主義的医療モデルを否定する情動的支援アプローチに基づくセラピーセンターの設立。参加を希望する人々のための学年も単位もない無料の「大学」。若者のための、才能（タレント）概念を否定する全米タレントショー・ネットワーク。選挙の勝利と党派制に関心を持たずに政治文化の転換を目指す選挙キャンペーンであり、可能ならば市民の政治参加モードとしての政党の廃棄を目指すキャンペーン。（Holzman, 2018, p.88）

戦略に関する概要の第二のパート、つまり「そのデザインとしても活動としても、旧来の「制度」に対抗する、新しい種類の制度」の創造に焦点化することは価値のあることだ。持続可能性そのものは目標にはならない。政治的大衆運動の歴史ではなくアヴァンギャルド演劇の歴史から理解できたように、制度化された機構は合併吸収や横取りに長けている。転換に関わる人々が問うべきは次のような問題である。持続されるものとは何か？ パフォーマンスのパワーは社会的病理そして／あるいは情動の痛みの緩和に使われるのか、それとも我々を制約する情動的／文化的構成物への挑戦に利用されるべきか？ 私たちで作っている活動とグループは、制度化された「旧体制側」の基礎に積極的に挑戦しているか、それと人々の適応を助けているのか？ アクティヴィズムが得てしてそうであるように、パフォーマンス・アクティヴィズムも、参加する人々をエンパワーする手段ではなく、社会の基本前提を、つまり文化へゲモニーを真摯に問い直すことなしにそのままにする「サービス」と化してしまいかねない。発達の／パフォーマンスのコミュニティの構築には、即興つまり何らイデオロギー的な台本に縛られないことが条件であるが、その場合構築する人々はパワーと権威の問題にセンシティブでなければならない。私たちは自分自身に何度も繰り返し問わなければならない。どのような種類の活動と組織が、大量の人々が抑圧され、虐げられ、苦痛を感じ、受動的なままである前提に最大の抗議を発することができるのか？

ソーシャルセラピューティク・パフォーマンス・アクティヴィズムの歴史が示すのは、持続可能性の第三要素が、文化的国家的境界を超えた結びつきにあるということだ。世界の改革は文化的連続性、国民国家、都市、地区などが関知するところではない。人々の自主的なアソシエーションであり人々がパフォーマンスを通して世界に関与するパフォーマンス・コミュニティは、地理、国境、文化で定義される必要はないし、私たちの経験からは、そうするべきではないと言える。文化的、そして／あるいは地理的孤立は辺境主義に陥る。混淆状態をさらに多元的にすればするほど、受容と関係づけの新しいやり方が出現する可能性も増大する。パフォーマンス・アクティヴィストは、互いの実践を知り、互いに学びあい影響を与えあい、最も重要なことだが、互いに結びあうことが必要だ。他の諸個人、プロジェクト、グループ、コミュニティにリーチアウトすることは、パフォーマンス・コミュニティの構築と持続可能性の本質的な部分となる。リーチアウトと結びあいは、関与するすべてのコミュニティを拡張してくれる。本書は、そのための努力の一環である。

パフォーマンス・アクティヴィスト、プロジェクト、コミュニティ間のグローバルな結びあいを推進する最大の力は、ソーシャルセラピューティク・パフォーマンスと、ホルツマンが先頭に立ってきた研究である。何十年も、彼女は世界中を縦横に飛び回り、学会に参加し、講演し、ワークショップを開催し、心理学、教育、遊び、パフォーマンスに関する私たちの実践と視点を聴衆と共有し、私たちの実験と類似点を持つ研究・実践を探し求めてきた。彼女と彼女を追随し仲間となった人々を通して、今や私たちのネットワークは地球規模にまで広がったのである。

このネットワークの最初の具体化は、世界をパフォーマンスする国際集会（Performing the World: PTW）だった。ＰＴＷは２００１年に始まり、イーストサイド研究所と、ケネス・ガーゲンによって創設された社会構成主義のタオス・インスティチュートの共同開催だった。ニューヨークの海辺の村モンタークで、９月11日の世界貿易ビルへの攻撃の１ヶ月後に開催された。２５０人の参加者のほとんどは合衆国からの参加で、20数名が海外だった。過去10回のＰＴＷ開催で、連続性も変化もあったが、２００１年から２０２０年まで行われた。参加者数は2倍となり、海外からの参加も50パーセント以上となり、35～40ヶ国からの参加があるようになった。ＰＴＷに刺激され、定期的にヨーロッパで開催されるようになったプレイ・パフォーム・ラーン・グロウ集会（Play, Perform, Learn, Grow）は、パフォーマンス・アクティヴィストが参集するもう一つの国際集会である。学術集会の、国際パフォーマンス研究集会（Performance Studies International）に参加するのはパフォーマンス研究者であるが、一部アクティヴィストもいる。

経済のグローバル化が持ち込んだ道具、主にインターネットと携帯電話は、境界を超えてのアウトリーチを容易にした。たとえば、数十ヶ国からの１００人以上の世話人で構成される、グローバル・

プレイ・ブリゲード（Global Play Brigade）は、コロナ禍となる数週間前に結成された。これは自由遊び、インプロ、赤鼻の道化ゲーム、さらにはあらゆる種類のパフォーマンス活動を、ズーム（zoom）を使って世界中の家庭に届けた。コロナ禍の間、世界のいろいろな地域で、一日当たり3種のワークショップを開催した。２０２０年には、ＰＴＷも連続6週の週末にオンラインで開催され、あるセッションには４００人以上が集まった。その中には、それまでの対面国際集会に参加するのに必要な飛行機代を賄うことができなかった人々もいた。イーストサイド研究所も数年間ほとんどのワークショップ、クラス、セミナーをオンラインで実施した。本書執筆時点で、イーストサイド研究所の会友が72人いて、米国、カナダ、ラテンアメリカ、ヨーロッパ、アフリカ、アジア、オセアニアに広がっていることは、ソーシャルセラピューティク・コミュニティの国際的な波及を示すものである。

＊

本書ではソーシャルセラピューティク・パフォーマンス・アクティヴィズムの詳細を示してきたが、これをモデルとして固定したいからではない。これはモデルなどではない。これは即興であり続けてきたし、今も即興している。その歴史は、このアクティヴィズムの時間、空間、アクティヴィズムへの献身を選択した人々に固有なものである。そこにパタンを認めるにしても、それは私の振り返りの成せる業である。それぞれのパフォーマンス・アクティヴィストのプロジェクトとコミュニティは、それ自身の文化と環境のコンテクストで、それ自身を創造するのである。青写真などないのだ。ただ私たちがシェアするのは、私たちの住み暮らす世界に取り組み／影響を与える手段としてのパフォーマンスだけだ。どこに連れて行かれるのかは、ただ時が知るばかりである。

私は、以下のいくつかの理由でソーシャルセラピューティク・パフォーマンス・アクティヴィズムの知的ルーツと歴史の構成を詳らかにしてきた。その第一の理由は、それを一番よく知っているからだ。このアクティヴィズムとともに生き、本書で述べた以外のことのすべてを見る目を与えてくれたのもこのアクティヴィズムである。第二は、この歴史から多くのことを学ぶのを願うからだ。第三は、これが私自身に一番重要なのが、このプロジェクトが世界をより平等で、民主的で、平和なものにすると決めて開始し、今もそうであり続ける、持続的な政治プロジェクトから生まれたという理由である。革命的活動としての、パフォーマンスの発見は、そのような政治的なものから生まれ、今もその政治的なものから切り離すことはできない。パフォーマンスと政治性の統一は、進歩的政治アクティヴィストと政治に関与するアーティストにとっては、価値を有すると信じている。政治とパフォーマンスの組み合わせは、ソーシャルセラピューティク・パフォーマンス・アクティヴィスト・コミュニティに固有のものではないが、他のアプローチと違って、広範囲の活動と、方法論的分析を生み出してきた。この意味で、私が皆さんとシェアしてきたのは、とても豊かなケース・スタディーとなる。

私の持てるものをシェアしたと言っても、あくまで紙の上に印刷できる範囲に限られる。最も実りのあるシェアは、一緒にパフォーマンスを実践することだ。私が個人的に、読者であるあなたとパフォーマンスを実践する機会はないかもしれないが、私が構築に尽力してきたコミュニティは読者の皆さんの多くと交流することができ、あなた方とともに発達し変化していくことができると信じている。もし私たち人間のような疲れ果て血まみれの状態にある種であっても何か希望を持てるとしたら、それは、ともに遊び（演じ）パフォーマンスをすることだと確信している。

訳者あとがき

本書は、Friedman, D.（2021). *Performance Activism: Precursors and Contemporary Pioneers*. Palgrave.（Palgrave Studies In Play, Performance, Learning, and Development）の全訳である。

著者のダン・フリードマンは、ウィスコンシン大学で博士号を取得した後に、複数の大学で非常勤講師をしながら、劇団員ならびに演出家として、ニューヨーク市の貧困地区でのコミュニティ・ビルディング活動を実践してきた演劇史研究者であり、演出家で劇作家、マルキストの政治的アクティヴィストでもある人物である。本書は、著者の40年以上にわたる活動の視点から書かれたもので、従来のパフォーマンス研究では十分とは言えなかった、パフォーマンスを通した社会変革や社会の転換を目指す、政治的文化的アクティヴィズムについて、研究者でもあり実践の当事者でもある著者が書いたという点で、非常にユニークかつ貴重な書である。

現在日本では、インプロが学校や成人教育場面で利用され、学校教育でのドラマ教育への注目や、企業活動においてもパフォーマンスワークの導入などが見られ、パフォーマンス・アプローチが注目を集めている状況だといえる。

しかしパフォーマンス研究、パフォーマンス論に関する書籍は多いとはいえず、パフォーマンスがどのような歴史や意味を持つものなのか、とくにパフォーマンスに基づく市民運動・政治運動について知ることのできる書籍が少ないと感じていた。この点で、世界中の多様な実践が一望できる本書は、研究者や大学院生をはじめ、教員の皆さんやパフォーマンスを用いた実践家の方々にとって、世界で行われている多種多様な実践とその背景へのアクセスを容易にするという点でとても良い本だと思う。

著者のダン・フリードマンは、私生活ではロイス・ホルツマン（『遊ぶヴィゴツキー』『革命のヴィゴツキー』いずれも新曜社刊の著者）のライフ・パートナーである。2012年にホルツマンを発達心理学会国際ワークショップの講師として招聘したのだが、その事前打ち合わせをするためにニューヨークの彼らの実践現場の見学に行ったときに、フリードマンを紹介された。

本書にも登場するカスティリョ・シアターは、ニューヨークの42丁目と10番街の交差点近くに、いわゆるオフオフブロードウェイにあるのだが、見学の際に劇場で対面した。その日の夜、上演されていたフレド・ニューマン作の『サリーとトム —— アメリカのやり方（*Sally and Tom: The American Way*）』を観劇した。ちなみにこの芝居は、米国独立宣言書を起草したトマス・ジェファソンと、ジェファソン家の奴隷だった黒人女性サリー・ヘミングスの情愛を描いたもので、95年初演の作品である。フレドが生涯追求した米国の人種差別と米国社会の矛盾をテーマにしたものだった。

芝居の後、ユニオンスクエアにあるシーフードレストランで3人で食事しながら話をした。私は、ちょうどパソコンにあった、2008年にカリフォルニア大学サンディエゴ校で行われた国際文化研究活動理論学会（ISCRAT）の発表スライドを見せながら私の失敗した研究について話した（この発表は、ヴィゴツキーが1928年に訪ソ公演した二代目左團次にモスクワで会ったという前提に立って、歌舞伎がヴィゴツキーやエイゼンシュテインの内言論に及ぼした影響についての仮説を提案したものだった。しかしその後のヴィゴツキーのアーカイブ調査からは、歌舞伎ということばすら見つからなかった、という残念な結末となったものだった)。

そのとき、彼らのパフォーマンス・アクティヴィズムの歴史や展開についていろいろと質問したのだが(たぶん迷惑なくらいしつこかったのだろう)、翌日劇場を再び訪れるとダンが以下の2つの未発表ドラフトのコピーをくれた。

Friedman, D. (January 1, 2009). Toward post-modern Marxism. Unpublished Manuscript.

Friedman, D. (August 12, 2010). A brief story of the All Stars Project. Unpublished Manuscript.

帰国後すぐ読んだのだったが、彼らの歴史と組織づくりの試行錯誤を理解する上で、大変役に立った。今読み返すと、この2つのドラフトが、本書の第3部のかなりの部分を構成していることがわかる。あの頃から書き進めていたものが、本書に実を結んだことに心からおめでとうと言いたい。

翻訳は、劇団黒テントの宗重博之氏と企画した、ほぼ1年がかりの研究会をやりながら完成させた。毎月の研究会開催という目標があるので、半ば強制的に翻訳を仕上げなければならないのは苦痛であったが、少しずつ積み上がっていく訳文は大いに励みになった。たぶん研究会がなければ、こんなに早く仕上がることはなかっただろう。宗重さんはじめ研究会に参加いただいた方々に感謝したい。

学術出版不況、翻訳権料の高騰、円安などの影響もあり、本書の出版には紆余曲折あったのだが、新曜社の塩浦暲さんのご理解とご尽力によって、著者フリードマンのことばを日本語で読んでいただけることになった。心より感謝申し上げる。また東京成徳大学からも出版への助成をいただいた。記して感謝申し上げる。

研究会を一緒に企画してくれた宗重さんは、本書で紹介されるさまざまな国や地域のパフォーマンス実践を読んで「勇気をもらえる」ということばを口にしていた。私も全く同感である。本書が、パフォーマンスを通して、いくらかでも現状を変えようとし、今とは違う場所を目指している、多くの人々を応援し鼓舞するものになると信じている。

茂呂雄二

新曜社

パフォーマンス・アクティヴィズム
先駆者たちと今日のパイオニアたち

初版第1刷発行　2025年4月10日

著　者　ダン・フリードマン
訳　者　茂呂雄二
発行者　堀江利香
発行所　株式会社　新曜社
101－0051　東京都千代田区神田神保町3－9
電話（03）3264－4973（代）・FAX（03）3239－2958
e-mail : info@shin-yo-sha.co.jp
URL : https://www.shin-yo-sha.co.jp

組　版　Katzen House
印　刷　新日本印刷
製　本　積信堂

ISBN978-4-7885-1877-3 C1037

著者紹介

ダン・フリードマン（Dan Friedman）

1950年生まれ。East Side Institute研究員、カスティリョ・シアター名誉芸術監督。ウィスコンシン大学で演劇史博士号を取得後、ニューヨーク市立大学やハーバード大学で教鞭をとる。ニューヨークのカスティリョ・シアターの劇作家・演出家として30年にわたり進歩的で地域に根ざした政治劇の上演に携わってきた。本書の他に The Cultural Politics of Heiner Müller.（編, Cambridge Scholars Publishing, 2007）などがある。

訳者紹介

茂呂雄二（もろ ゆうじ）

1956年生まれ。東京成徳大学応用心理学部教授・筑波大学名誉教授。専門はパフォーマンス心理学。国立国語研究所、筑波大学教授・副学長などを経て現職。編著に『パフォーマンス心理学入門 ― 共生と発達のアート』（新曜社、2019)、『新しい言語心理学』（ひつじ書房、2024）。訳書にホルツマン『遊ぶヴィゴツキー ― 生成の心理学へ』（新曜社、2014)、ニューマン／ホルツマン『パフォーマンス・アプローチ心理学 ― 自然科学から心のアートへ』（ひつじ書房、2022）などがある。

人名索引

■あ行

アリスティザバル, ヘクター（Aristizábal, Hector） 263, 269-276

アルトー, アントナン（Artaud, Antonin） 153-155, 158

ヴァイン, クリス（Vine, Chris） 200

ヴァーリンズ, ゴードン（Vallins, Gordon） 199

ヴァルデス, ルイス（Valdez, Luis） 169, 170

ヴィゴツキー, レフ（Vygotsky, Lev） 76, 205, 328, 331-335, 337, 347, 348, 351, 354, 355, 364, 374, 398, 399

ウィトゲンシュテイン, ルートウィッヒ（Wittgenstein, Ludwig） 334, 335

ヴィラヌエヴァ, エマ（Villanueva, Ema） 97, 98, 108

ウォード, コリン（Ward, Colin） 387

エイゼンシュテイン, セルゲイ（Eisenstein, Sergei） 33, 399

エイトキン, ヴィヴ（Aitkin, Viv） 203

エヴレイノフ, ニコラス（Evreinoff, Nicolas） 39, 44, 45, 47, 376

オノ, ヨーコ（Ono, Yoko） 92

オラム, ジョン（Oram, Jon） 285-292, 296

■か行

カー, デービッド（Kerr, David） 217

カスティリョ, オットー・ルネ（Castillo, Otto René） 343

カービー, マイケル（Kirby, Michael） 81-85, 100, 105

カプロー, アラン（Kaprow, Allan） 80, 84, 94, 133

キッド, ロス（Kidd, Ross） 209, 213, 218, 219, 224, 294

キンブレル, マルケタ（Kimbrell, Marketta） 172, 174, 175, 177, 179

グギ, ワ・ジオンゴ（Ngugi, wa Thiong'o） 285, 293, 295, 303, 306, 318

グギ, ワ・ミリ（Ngugi, wa Mirii） 209, 303

クマール, サンジャイ（Kumar, Sanjay） 263-268, 383

グラムシ, アントニオ（Gramsci, Antonio） 372, 373

グレーヴィー, ワヴィー（Gravy, Wavy） 181

グロトウスキー, イェジー（Grotowski, Jerzy） 49, 155, 156, 160, 270

ゲシャウ, キマニ（Gecau, Kimani） 294, 295, 297, 299, 303

ゴフマン, アーヴィン（Goffman, Erving） 69, 121

ゴメス=ペーニャ, ギレルモ（Gomez-Peña, Guillermo） 98, 271

コヨーテ, ピーター（Coyote, Peter） 185, 188-190, 321

ゴラット, ラッセル（Golatt, Russell） 231

コントレラス, マリア・ホセ（Contreras, Maria José） 88

■さ行

サザーランド, アレクサンドラ（Sutherland, Alexandra） 278-285

サラス, ジョー（Salas, Jo） 71
サリット, キャシー（Salit, Cathy） 357, 358
シェクナー, リチャード（Schechner, Richard） 19, 20, 82, 92, 99, 131-134, 136-141, 149, 156, 160, 168
ジェリコ, アン（Jellicoe, Ann） 286-288, 290, 291
シャーク, ボニー（Sherk, Bonny） 93, 94
シュニーマン, キャロリー（Schneemann, Carolee） 91, 96
シューマン, ピーター（Schumann, Peter） 144
スティルズ, ダイアン（Stiles, Diane） 248
スポーリン, ヴァイオラ（Spolin, Viola） 47, 50-60, 199, 204, 232, 355
ソウザー, マノエラ（Souza, Manoela） 315

■た行

ダイアモンド, デイヴィッド（Diamond, David） 194, 249, 252-254, 256, 260-262, 370
チードル, ハルトン（Cheadle, Halton） 228
デイヴィス, R. G.（Davis, R. G.） 162-168, 189
テイラー, バーバラ（Taylor, Barbara） 346-348, 350, 351, 354-356
トムソン, ジョージ（Thomson, George） 16, 18

■な行

ナックマン, デイヴィッド（Nachman, David） 356, 358
ニューマン, フレド（Newman, Fred） 77, 183, 243, 244, 322-328, 332, 334, 335, 337, 339, 341, 342, 344, 345, 348, 350, 356, 358, 363-367, 369-371, 374-377, 386, 388, 398
ヌジェーリ・ワ・アーモン（Njeeri wa Aamon） 294

■は行

バーカー, ハワード（Barker, Howard） 288, 290
バーダー, ヨハネス（Baader, Johannes） 106
ハミルトン, デイル（Hamilton, Dale） 291
ハリス, ピーター（Harris, Peter） 240-242, 383
ハルプリン, アンナ（Halprin, Anna） 132
バロン・コーエン, ダン（Baron Cohen, Dan） 285, 296, 305-313, 315-318, 356, 373, 383
ピスカトール, エルヴィン（Piscator, Erwin） 110-114, 116, 145, 150
ファント, ブライアン（Fant, Brian） 233
フォックス, ジョナサン（Fox, Jonathan） 70-72
フラニ, レノラ（Fulani, Lenora） 243-248
フレイレ, パウロ（Freire, Paulo） 123, 124, 126, 197, 207, 227, 262, 294, 312
ブレヒト, ベルトルト（Brecht, Bertolt） 102, 109, 112-124, 134, 146, 148, 264
ヘスカット, ドロシー（Heathcote, Dorothy） 201-205, 288, 289, 292
ベック, ジュリアン（Beck, Julian） 84, 102, 145-149, 151-153, 155-158
ボアール, アウグスト（Boal, Augusto）

73-75, 122-126, 167, 223, 254, 255, 257, 260, 272, 369
ホイジンガ, ヨハン（Huizinga, Johann） 51
ボイド, ネヴァ（Boyd, Neva） 50-54, 199, 204
ホフマン, アビー（Hoffman, Abbie） 106, 138, 168, 191
ホフマン, フリッツ（Hoffman, Fritz） 27, 43, 196
ボール, フーゴ（Ball, Hugo） 104, 105
ホルツマン, ロイス（Holzman, Lois） iii, 77, 325, 328-335, 337, 339, 348, 350, 351, 353, 355, 366, 369, 388, 392, 398
ボンド, エドワード（Bond, Edward） 305, 306, 308

■ま行

マポサ, ダニエル（Maposa, Daniel） 250-254, 256, 260, 262, 283
マヤコフスキー, ウラジミール（Mayakovsky, Vladimir） 32, 108, 109
マリナ, ジュディス（Malina, Judith） 102, 112, 113, 145-148, 152, 153, 156, 157, 160
マリネッティ, フィリポ・トンマーゾ（Marinetti, Fillippo Tammasco） 106, 107
マルクス, カール（Marx, Karl） 67, 326, 328, 329, 331, 333-336, 371-373, 379, 381
ムゴ, ミシェレ・ギザエ（Mugo, Micere Githae） 306
ムトゥンブカ, ジンガイ（Mutumbuka, Dzingai） 224
ムポフ, ジョセフ（Mpofu, Joshua） 225
モレノ, ヤコブ（Moreno, Jacob） 63-69, 71-74

■や行

ユンタ, ルブーヨ（Tanta, Luvuyo） 278-285

■ら行

ラシシ, バシル・アカンデ（Lasisi, Bashiur Akande） 210-215
ルビン, ジェリー（Rubin, Jerry） 168, 191, 192
ロード, マイケル（Rohd, Michael） 230-238, 383

■わ行

ワシック, ビル（Wasik, Bill） 87-89
ワシーム, モハメド（Waseem, Mohammed） 250-252, 254-257, 259, 260, 262, 383

事項索引

■あ行

青シャツ隊　35, 43
アジプロ　23, 29, 31, 33-40, 42-44, 99, 109-111, 113, 118-121, 123, 126, 132, 148, 157, 158, 161, 162, 170, 179, 190, 221, 224, 229, 250
アステカ国演劇連盟（El Teatro National de Aztlan Federation）　171
アナキズム／アナキスト　102, 104, 146, 177, 184, 387
アフマドゥ・ベロ大学演劇集団（Ahmadu Bello University Theatre Collective）　218, 219
アプライド・インプロ・ネットワーク（Applied Improv Network）　60
アフリカセンター（Africa Centre (London)）　306, 307
アフロムンディ・ダンスカンパニー（AfroMundi Dance Company）　316
アリーナ・シアター（Arena Theatre）　123
イエス・アンド（Yes/ And）　56, 57
異化効果（Verfremdungseffekt (making strange effect)）　115, 117
生きた新聞（Living Newspaper）　31, 32, 44, 123, 224
イーストサイド研究所（East Side Institute: ESI）　328, 347, 356, 360
命の希望（Hope Is Vital: HIV）　230-234
イメージ・シアター（Image Theatre）　272
インタラクティブな成長の遊び（Interactive growth play）　358
インプロブ・エブリウェア（Improv Everywhere）　89, 168
動くポスター（Animated Poster）　32
エデュテインメント　210, 211
エミー・ゲイとゲイグルズ（Emmy Gay and the Gayggles）　345, 356
エルドラド・ド・カラジャースの虐殺（Eldorado do Carajás Massacre）　312
応用インプロ（Applied improvisation）　60, 200
応用演劇（Applied Theatre）　60, 196, 211
オールスターズ・プロジェクト（All Stars Project）　243, 248, 365
オールスター・タレントショー・ネットワーク（All Stars Talent Show Network）　339, 341, 342

■か行

開発のための演劇（Theatre for Development: TFD）　196, 209-211, 214, 216-219, 225, 304
開発のための創造的俳優イニシアティブ（Creative Actors Initiative for Development: CRAID）　210
科学と文学のためのケララ・フォーラム（Kerala Forum for Science and Literature: KSSP）　206
カスティリョ・シアター（Castillo Theatre）　77, 243, 248, 305, 327, 343-345, 354, 356-358, 360, 363-365
『貨幣の塔』（The Money Tower）　138
カベロ・セコ（Cabelo Seco）　315, 317,

318, 324, 384, 385
カミリース教育文化センター（Kamiriithu Education and Culture Centre） 292, 294, 295, 297, 303
カムデンロード教育芸術演劇イベント（Camden Road Education, Arts Theatre Events: C.R.E.A.T.E.） 291
観客＝俳優（Spec-actor） 30, 40
環境演劇（Environmental Theatre） 82, 131-137, 143, 149, 154, 170, 290
儀式／儀礼 12, 14-21, 27, 39, 40, 42, 48, 64, 106, 137, 139, 140, 142, 144, 150-160, 275, 381
希望の虹（Rainbow of Desire） 73-75
『90分で貧困を終わらせる方法：あなたの知らない199人の人々とともに』（How to End Poverty in 90 Minutes: With 199 People You Don't Know） 235, 236
急進派芸術劇団（Radical Arts Troupes: RAT） 161
教育劇（Lehrstüke (learning play)） 121, 122, 126, 127, 239
共産主義／共産主義者 34, 42, 43, 122, 126, 221, 269
儀礼演劇（Ritualistic Theatre） 143, 149, 159, 160, 179, 182
クウォンタム劇団（Quantum Theatre Company） 309
クラック・シアター（Claque Theatre） 288
グローバル・プレイ・ブリゲード（Global Play Brigade） 393
警官とガキの会話大作戦（Operation Conversation: Cops & Kids） 242, 328
『結婚したいときに結婚するわ』（Ngaahika Ndeenda (I Will Marry When I Want)） 295, 297
ケニア国立劇場（Kenya National Theatre） 298, 300
ケニア土地自由軍（マウマウ団）（Kenyan Land and Freedom Army: KLFA (Mau Mau)） 293
ゲリラシアター（Guerrilla Theatre） 167, 168, 179
『限界点』（Threshold） 310
公開リハーサル（Open Rehearsal） 299, 300, 305, 308
コミュニティと教育ドラマとシアター（Community and Educational Drama and Theatre(Western Galilee College)） 240
コミュニティ・プレイ（Community Plays） 24, 31, 34, 39, 40, 42, 43, 102, 108, 110, 112, 184, 224
コメディア・デラルテ 48, 132, 162, 163, 166, 167
コールウェイ・シアター・トラスト（Colway Theatre Trust） 28, 29
『これがあなたのおバカな生活』（This is Your Ridiculous Life） 346
コロンビア革命軍（Fuerzas Armadas Revolucionari de Colombia: FARC） 273

■さ行

サイコドラマ 63-75, 123, 336
サイトスペシフィック・シアター（Site Specific Theatre） 82, 135
裁判劇（Staged trials） 30
サヴァンナ・トラスト（Savana Trust） 250-254
参加型コミュニティ・アセスメント（Participatory Community Assessment: PCA） 212, 214, 215

サンフランシスコ・アクターズワークショップ（San Francisco Actors Workshop） 162, 163
サンフランシスコマイム劇団（San Francisco Mime Troupe） 162, 164-170, 173, 184, 189
シアター・イン・エデュケーション（Theatre in Education） 196, 199, 200, 206, 209
シアター・フォー・リヴィング（Theatre for Living） 196, 260, 261
『シヴェリーの魂』（The Spirit of Shiveree） 291
自発性シアター（Spontaneity Theatre） 64, 72
市民文化フォーラム（People's Cultural Forum） 229
社会変革のための演劇（Theatre for Social Change） 196, 221-223, 302
自由概念枠（Free Frame of Reference） 188
自由南部シアター（Free Southern Theatre） 138
合宣誓劇（Collective declamation）
集団スペクタクル（Mass Spectacles） 38-41, 44, 287
シュプレヒコール 28, 29, 33, 34, 161, 386
叙事詩演劇（Epic Theatre） 104, 109, 110, 113, 114, 119, 126, 129, 150, 190
人生のパフォーマンス（Performance of a Lifetime: POAL） 356, 368
スパルタカス団蜂起／動乱（Spartacist revolt/uprising） 30
スマートモブ（Smart Mobs） 88, 89
寸劇（Actos） 163, 164
青年国際党（Youth International Party (Yippies)） 191, 192
世界をパフォーマンスする国際集会（Performing the World: PTW） 198, 392
全米農業労働者組合委員会（United Farm Workers Organizing Committee） 173
専門家のマント（Mantle of the Expert: MoE） 200-204, 206
ソヴィエト連邦 23, 25, 27, 31, 35, 37, 39, 43, 44, 63, 331
相互リソースセンター（Interactive Resource Center） 254, 255
ソシオドラマ 63, 68, 69
ソーシャルアクター（Social Actor） 290, 291
ソーシャルセラピー／ソーシャルセラピューティクス（Social therapy/social therapeutics） 8, 9, 51, 77, 243, 320, 322, 323, 327-333, 336, 337, 343, 356, 369, 371, 374, 384
ソージャーン・シアター（Sojourn Theatre） 234-237

■た行

『大地のダンス』（Dance of the Land） 15, 227-239, 256, 371
ダダイズム 104-106, 109, 110, 113
ダリット／ハリジャン（不可触民）（Dalit/Harijan (Untouchable)） 15, 227, 256, 371
地方貧困者協会（Association of the Rural Poor: ARP） 227, 228
ディオニソス 16, 139, 144, 145
『ディオニソス1969』（Dionysus in 69） 139
ディッガーズ（Diggers） 180, 184-191, 312, 321, 322
ディベート劇（Staged debates） 29

『デダン・キマジの裁判』(The Trial of Dedan Kimathi) 306, 309
『デモ：普通の女たちの普通でない生』(Demonstration: The Uncommon Lives of Common Women) 344
デリー・フロントライン文化教育劇団（Derry Frontline Culture and Education） 309-312
転換のドラマ（Transformational Drama） 218, 219
転換のパフォーマンス教授学（Transformative Pedagogy） 317
道具と結果の方法論（Tool and result methodology） 333
同時進行劇（Simultaneous Dramaturgy） 125, 126
土地無し農民運動（Movimento dos Trabalhadores Rurais Sem Terra: MST） 312
ドラマセラピー 70, 75
『ドラマ・レビュー誌』(The Drama Review: TDR) 99, 166
トルヒージョ・ヴァレ（Trujillo Valle） 273

■な行

ナイロビ大学 293, 295, 298
『ナチャシャストラ』(Natyashastra) 15
ニサリ（Nithari） 264, 266, 268, 363
ニューヨーク市警（New York Police Department: NYPD） 245, 248, 327
ニューヨーク市失業者福祉協議会（New York City Unemployed and Welfare Council） 339
ニューヨーク路上演劇キャラバン（New York Street Theatre Caravan: NYSTC） 162, 163, 172
農場労働者シアター（El Teatro Campesino） 168, 170, 171

■は行

ハウス・オブ・リヴァーズ（House of Rivers） 316, 317, 373
発達のコミュニティ（Development community） 359, 374, 386
『母よ、我がために歌え』(Maitu Njugiva (Mother Sing for Me)) 294, 298, 303, 306
バーバラ・テイラー学校（Barbara Taylor School） 346, 347, 351, 352, 354, 355
パフォーマンス・アート 81, 90, 92, 94, 95-100, 105, 182, 183, 190, 225
パフォーマンスグループ（Performance Group） 82, 133-136, 139, 141-143, 149, 152, 155, 164, 173, 228, 232, 252, 254, 281
パフォーマンス芸術誌（Performing Arts Journal） 99
パフォーマンス・スタディーズ 1, 8, 13, 44, 69, 81, 85, 99, 320
パフォーマンスと市民の実践センター（Center for Performance and Civic Practice: CPCP） 237
ハプニング 79-85, 87-89, 91, 92, 94, 99, 105, 107, 129, 132, 133, 148, 187, 190
ハルハウス（Hull House） 50, 52, 53, 55, 199
パワープレイ（Power Play） 261
『反撃』(Fightback) 291
パンディーズ（Pandees） 264-268
パンと人形劇団（Bread and Puppet Theatre） 143, 144, 162-164, 173
ビーイン 79, 85-87, 89, 91, 108, 137,

165
比較人間認知研究所（Laboratory for Comparative Human Cognition） 331
ピュングエ（Pungwe） 223-226, 250
被抑圧者の演劇（Theatre of the Oppressed: TO）8, 59, 74, 109, 122-124, 126, 127, 129, 136, 137, 179, 190, 194, 196, 254, 260, 261, 272, 275
フォーラム・シアター（Forum Theatre） 219
『冬宮殿の急襲』（Storming of the Winter Palace） 39
フラッシュモブ（Flash Mobs） 79, 87-90, 105
フリーシティーネットワーク（Free City Network） 187
プロレタリアの舞台（Prolet-Bühne） 36, 37, 43, 44
文化ヘゲモニー 372, 373, 383, 391
文化歴史的活動理論 76, 205, 332
米国連邦劇場計画（Federal Theatre Project） 44
『別の500年』（Other 500 Years） 313
ベルグレイド劇場（Belgrade Theatre） 199
ホグ・ファーム（Hog Farm） 181, 182

■ま行

『貧しい男の友達』（The Poor Man's Friend） 288, 290
『麻薬密売人』（The Connection） 147, 148
マルクス主義 16, 110, 113, 115, 151, 326, 373, 379, 380
未来主義 103, 104, 106-109, 132
黙示録の雌馬（Yeguas del Apocalipsis） 97
モンタージュ 32-34, 111, 267, 344

■や行

ユース・オン・ステージ！（Youth On Stage!） 367
陽気な養豚業者（Merry Pranksters） 180
『夜風』（Nightwind） 272

■ら行

ライフ・アクター（Life Actor） 189, 190, 321-323
ラエデザ・バタナーニ（Laedza Batanani） 213
『楽園の現在』（Paradise Now） 83, 150-152, 157, 159
リヴィング・シアター（Living Theatre） 83, 112, 143, 145-153, 157-160, 164, 174
リヴィング・ステージ（Living Stage） 232
労働者演劇連盟（League of Workers' Theatres: LOWT） 36
労働者実験演劇（Workers' Laboratory Theatre: WLT） 37, 44
『労働者のために陽は登る』（Ilanga lizophumela abasebenzi (The Sun Will Rise for the Workers)） 229
ロシア革命 23, 38, 108, 224, 378

■わ行

若者のための発達学校（Development School for Youth） 367

文献

日本語版への序文

Comrade Ishigaki (1932a). Revolutionary Theatres in Fascist Japan. Workers Theatre, 1, 12-13. https://www.marxists.org/history/usa/pubs/workers-theatre/v1n10-jan-1932-Workers-Theatre-NYPL-mfilm.pdf

Comrade Ishigaki (1932b). Proletarian Theatrical Association of Japan. Workers Theatre, 2, 12. https://www.marxists.org/history/usa/pubs/workers-theatre/v2n2-may-1932-Workers-Theatre-NYPL-mfilm.pdf

Kapur, N. (2018) *Japan at the Crossroads: Conflict and Compromise After ANPO*. Harvard University Press.

Lewis, D. (2016). Murayama Tomoyoshi (1901-1977) Routledge Encyclopedia of Modernism. Taylor and Francis. https://www.rem.routledge.com/articles/murayama-tomoyoshi-1901-1977

Terasaki, H. (1984). Trends in the Japanese Theatre World. (Translated by Goto Yukihiro) *Asian Theatre Journal, 1*(1), 104-108.

訳註：著者Dan Friedmanへの問い合わせで、Comrade Ishigaki (1932a)とするものは無署名記事だが、続編にあたるComrade Ishigaki (1932b)が著者名を明記していることから、著者をComrade Ishigakiとしたということであった。

第2章

Bharata-Muni. (1967). *The Natyashastra* (M. Ghosh, Trans.). Asiatic Society of Bengal.

Cornford, F. (1914). *The origin of the attic comedy*. Edward Arnold.

Harrison, J. E. (1912). *Themis: A study of the social origins of Greek religion*. Cambridge University Press.

Murray, G. (1912). *Four stages of Greek religion: Studies based on a course of lectures delivered in April 1912 at Columbia University*. Columbia University Press.［マレー, G.／藤田健治(訳)(1971).『ギリシア宗教発展の五段階』岩波書店(岩波文庫)］

Schechner, R. (1988). *Performance theory*. Routledge.

Schechner, R. (2002). *Performance studies: An introduction*. Routledge.

Schechner, R. (2009). A ritual seminar transcribed. *Interval (le)s*, 2009(4/5), pp.775-793. http://labos.ulg.ac.be/cipa/wp-content/uploads/sites/22/2015/07/71_schechner.pdf

Schechner, R. (2014). Can we be the (new) third world? In A. Citron, S. Aronson-Lehavi, & D. Zerbib (Eds.), *Performance studies in motion: International perspectives and practices in the twenty-first century* (pp.42-58). Bloomsbury.

Thomson, G. (1941). *Aeschylus and Athens: A study in the social origins of drama*. Lawrence & Wishart.

Zarrilli, P. B., McConachie, B. A., Williams, G. J., & Sorgenfrei, C. F. (2006). *Theatre histories: An introduction*. Routledge.

第3章

Blake, B. (1935). *The awakening of the American theatre*. Tomorrow.

Carlson, M. (2004). *Performance: A critical introduction* (2nd ed). Routledge.

Carter, H. (1925a). *New spirit in the Russian theatre, 1917-1928*. International Publishers.

Carter, H. (1925b). *The new theatre and cinema of Soviet Russia*. International Publishers.

Deák, F. (1973a). The AgitProp and Circus Plays of Vladimir Mayakovsky. *The Drama Review: TDR, 17*(1), 47-52. https://doi.org/10.2307/1144791

Deák, F. (1973b). Blue Blouse (1923-1928). *The Drama Review: TDR, 17*(1), 35-46. https://doi.org/10.2307/1144790

Diament, H. (1933). The struggle for the revolutionary theatre. *International Theatre*, Bulletin, No. 3, 4.

Eisenstein, S., Gerould, D.(1974). Montage of attractions: For "enough stupidity in every wiseman" (D. Gerould, Trans.). *The Drama Review: TDR, 18*(1), 77-85. https://doi.org/10.2307/1144865

Elion, H. (1933). The problems of repertory. *Workers Theatre, 3*, 6.

Engels, F. (1926). *The peasant war in Germany* (M. J. Olgin, Trans.). International Publishers.

Evans, A. (1934). W.L.T. of Chicago. *New Theatre, 3*(6), 22.

Evreinoff, N. (1927). *The theatre in life* (A. I. Nazaroff, Trans.). Brentano.

Fischer-Lichte, E. (2005). *Theatre, sacrifice, ritual: Exploring forms of political theatre*. Routledge.

Friedman, D. (1979). The Prolet-Bühne: America's first agit-pop theatre (Unpublished doctoral thesis). University of Wisconsin.

Friedman, D. (1985). A brief description of the workers theatre movement of the thirties. In B. A. McConachie & D. Friedman (Eds.), *Theatre for working-class*

audiences in the United States, 1830-1980(pp.111-120). Greenwood Press.

Gorchakov, N. (1957). *The theatre in Soviet Russia* (E. Lehrman, Trans.). Columbia University Press.

Hoffman, L., & Hoffmann-Ostwald, D. (1973). *Deutsches arbeitertheater, 1918-1933*. Roger und Bernhard.

Innes, C. D. (1972). *Erwin Piscator's political theatre: The development of modern German drama*. Cambridge University Press.

Kautsky, K. (1897). *Communism in Central Europe in the time of the reformation*. (L. & E. G. Mulliken, Trans.). Fisher & Unwin.

Knellessen, F. W. (1970). *Agitation auf der Bühne: Das politische Theatre der Weimarer Republik*. Verlag Lechte.

Markov, P. A. (1934). *The Soviet theatre*. Victor Gollancz. ［マルコフ, P. A.／堀川寛一(訳)(1941).『ソ聯の演劇』桃蹊書房］

Marvin, M. (1934). Workers theatre marches. *New Masses, 11*, 29.

McDermott, D. (1963). The living newspaper as a dramatic form (Unpublished doctoral dissertation). University of Iowa.

Orlovsky, S. (1954). Moscow theaters, 1917-1941. In M. Bradshaw (Ed.), *Soviet theaters, 1917-1941: A collection of articles*(pp.1-127). Edwards Brothers Inc.

Pfützner, K. (1960). *Die massenfestspiele der arbeiter Leipzig (1920-1924)*. F. Hofmeister.

Rosa, A., & Montero, I. (1990). The historical context of Vygotsky's work: A sociohistorical approach. In L. Moll (Ed.), *Vygotsky and education: Instructional implications and applications of sociohistorical psychology* (pp.59-88). Cambridge University Press. https://doi.org/10.1017/CBO9781139173674.004

Scherson, C. (1931). Letter from the Blue Blouse of Russia to the workerslaboratory theatre. *Workers Theatre, 1*(1), 8.

Slonim, M. (1961). *Russian theater: From the empire to the Soviets*. World Publishing Company.

Sutton-Smith, B. (1997). *The ambiguity of play*. Harvard University Press.

Williams, J. (1974). *Stage left*. Scribner.

第4章

Ayten, E. R. (2015). An improvised example in traditional Turkish theatre: Ortaoyunu. *International Journal of Social Sciences, 6*, 115-134.

Barber, K., Collins, J., & Ricard, A. (1997). *West African popular theatre*. Indiana

University Press.

Barbuto, D. M. (1999). *American settlement houses and progressive social reform: An encyclopedia of the American settlement movement.* Oryx Press.

Boyd, N. (n.d.). *The theory of play.* Viola Spolin. http://spolin.com/?page_id=1068

Coleman, J. (1991). *The compass: The improvisational theatre that revolutionized American comedy.* University of Chicago Press.

Drinko, C. D. (2013). *Theatrical improvisation, consciousness and cognition.* Palgrave Macmillan.

Frost, A., & Yarrow, R. (2016). *Improvisation in drama, theatre and performance: History, practice, theory* (3rd ed.). Red Globe Press.

Huizinga, J. (1949). *Homo ludens: A study of the play element in culture* (R. F. C. Hull, Trans.). Routledge and Kegan Paul, 1949 (Original work published 1939).［ホイジンガ, J.／里見元一郎(訳)(2018).『ホモ・ルーデンス ── 文化のもつ遊びの要素についてのある定義づけの試み』講談社(講談社学術文庫)］

Katritzky, M. A. (2006). *The art of commedia: A study in the commedia dell'arte 1560-1620 with special reference to the visual records.* Rodopi.

Leep, J. (2008). *Theatrical improvisation: Short form, long form and sketch-based improv.* Palgrave Macmillan.

Lobman, C., & O'Neill, B. E. (Eds.). (2011). *Play and performance: Play and culture studies, vol. 11.* University Press of America.

Lytle, D. E. (Ed.). (2003). *Play and educational theory and practice.* Praeger.

Schinko-Fischli, S. (2018). *Applied improvisation for coaches and leaders: A practical guide for creative collaboration.* Routledge.

Schwartz, G. [Gary Schwartz. (2008, January 1). *Viola Spolin interview* [Video]. YouTube. https://www.youtube.com/watch?v=Mil3d9oD_Uk&feature=emb_logo

Sills, A., & Sills, C. (n.d.). *Viola Spolin Biography.* Viola Spolin Official Website. https://www.violaspolin.org/bio

Smith, W. (1912). *The commedia dell'arte: A study in Italian popular comedy.* Columbia University Press.

Spolin, V. (1999). *Improvisation for the theatre: A handbook of teaching and directing techniques* (3rd ed.). Northwestern University Press.［スポーリン, V.／大野あきひこ(訳)(2005).『即興術 ── シアターゲームによる俳優トレーニング』未來社］

Sutton-Smith, B. (1997). *The ambiguity of play.* Harvard University Press.

Sweet, J. (2004). *Something wonderful right away: An oral history of the second city and the compass players* (5th ed.). Limelight Editions.

Sweet, J. (2010). Viola Spolin from Dramatics Magazine, Viola Spolin. http://spolin.com/?page_id=1384

Wasson, S. (2017). *Improv nation: How we made a great American art*. Houghton Mifflin Harcourt.

第5章

Blatner, A., & Cukier, R. (2007). Moreno's basic concepts. In C. Baim, J. Burmeister, & M. Maciel (Eds.), *Psychodrama: Advances in theory and practice* (pp.293-306). Routledge.

Boal, A. (1994). *The rainbow of desire: The Boal method of theatre and therapy*(A. Jackson, Trans.). Routledge.

Feldhendler, D. (1994). Augusto Boal and Jacob Moreno: Theatre and therapy. In M. Schutzman & J. Cohen-Cruz (Eds.), *Playing Boal: Theatre, therapy, activism* (pp.87-109). Routledge.

Foot, K. (2013). Cultural-historical activity theory: Exploring a theory to inform practice and research. *Journal of Human Behavior in the Social Environment, 24*(3), 329-347.

Fox, J. (2010). *Playback theatre compared to psychodrama and theatre of the oppressed.* Centre for Playback Theatre. https://www.playbacktheatre.org/wp-content/uploads/2010/05/PT_Compared.pdf

Jackson, A. (1994). Translator's introduction. In A. Boal (ed.), *The rainbow of desire: The Boal method of theatre and therapy* (pp.xviii-xxvi) (A. Jackson, Trans.). Routledge.

Johnson, D. R., & Emunah, R. (Eds.). (2009). *Current approaches in drama therapy.* Charles Thomas.

Jones, P.(2002). *Drama as therapy volume one: Theory, practice and research*(2nd ed). Routledge.

Landy, R. J., & Montgomery, D. T. (2012). *Theatre for change: Education, social action and therapy*. Palgrave Macmillan.

Levy, J. (1946). *Psychodrama, volume 1*. Beacon House.

Mackinnon, C. (2012). *Shamanism and spirituality in therapeutic practice: An introduction*. Singing Dragon.

Marineau, R. F. (1989). *Jacob Levy Moreno, 1889-1974: Father of psychodrama, sociometry, and group psychotherapy*. Tavistock/Routledge. ［マリノー，R. F.／増野肇・増野信子(訳)(1995).『神を演じつづけた男 ── 心理劇の父モレノの生涯と

その時代』白揚社]
Moreno, J. L. (2008). *The essential Moreno: Writings on psychodrama, group method and spontaneity* (J. Fox, Ed.). Tusital Publishing. [フォックス, J.／横山太範・磯田雄二郎(訳) (2000).『エッセンシャル・モレノ —— 自発性, サイコドラマ, そして集団精神療法へ』金剛出版]
Moreno, J. L. (2011). *The autobiography of J.L. Moreno, M.D. (Abridged)* (J.D. Moreno, Ed.). The North-West Psychodrama Association.
Moreno, Z. T. (2000). Forward. In P. Sternberg & A. Garcia (Eds.), *Sociodrama: Who's in your shoes?* (pp.xvii-xviii) (2nd ed). Praeger Publishers.
Needa, V. (2015). *An introduction to Playback Theatre.* http://staticl.squarespace.com/static/55c46f2be4b04feabf8160e/t/56811efaa976af5d46193808/1451302650077/INTRODUCING+PLAYBACK+THEATRE+-+ Dec+2015+ pdf
Newman, F., & Holzman, L. (2014). *Lev Vygotsky: Revolutionary scientist.* Taylor and Francis. [ニューマン, F.・ホルツマン, L.／伊藤崇・川俣智路(訳) (2020).『革命のヴィゴツキー —— もうひとつの「発達の最近接領域」理論』新曜社]
Pendzik, S. (1988). Drama therapy as a form of modern shamanism. *The Journal of Transpersonal Psychology, 20*(1), 81-91.
Salas, J. (2013). *Improvising real life (20th anniversary edition): Personal story in Playback Theatre.* Tusitala Publishing.
Vygotsky, L. (1978). *Mind in society: The development of higher psychological processes.* Harvard University Press.
Weiner, D. J. (1994). *Rehearsals for growth: Theatre improvisation for psychotherapists.* W. W. Norton & Company.
Yablonsky, L. (1981). *Psychodrama: Resolving emotional problems through role-playing.* Gardner Press.

第6章

Carlson, M. (2004). *Performance: A critical introduction* (2nd ed). Routledge.
Cohen, A. (n.d.). *About the human be-in.* Allen Cohen. http://591990482.onlinchome.us/allencohen/be-in.html
Flash Mob America. (n.d.). *Who we are.* http://www.flashmobamerica.com/who-we-are/
Kaprow, A. (1965). A statement. In M. Kirby (Ed.), *Happenings: An illustrated anthology* (pp.44-46). Dutton.
Kirby, M. (1965). *Happenings: An illustrated anthology.* Dutton.

Kirby, M. (1972). On acting and not acting. *The Drama Review: TDR, 6*(1), 3-15.

Ortega, T. (2010, February 5). The 1967 Central Park be-in: A medieval pageant. *Village Voice, XII* (24). https://www.villagevoice.com

Rosenberg, H. (1952). The American action painters. *Art News, 51*(8), 22-50.

Schechner, R. (1973). *Environmental theater.* Hawthorn Books.

Taylor, D. (2016). *Performance*(Levine, A. trans.). Duke University Press.

Wasik, B. (2006, March). My crowd or phase 5: A report from the inventor of the flash mob. *Harper's Magazine*. https://harpers.org

第7章

The Art Story. (n.d.). *Yoko Ono*. https://www.theartstory.org/artist/ono-yoko/

Breitwieser, S. (Ed.). (2016). *Carolee Schneemann: Kinetic painting*. Museum der Moderne.

Burnham, L. F. (1986). High performance, performance art and me. *The Drama Review: TDR, 30*(1), 15-51.

Carlson, M. (2004). *Performance: A critical introduction*(2nd ed). Routledge.

Concannon, K. (2008). *Yoko Ono's "CUT PIECE": From text to performance and back again*. Imagine Peace. http://imaginepeace.com/archives/2680

Kaprow, A. (2003). Performing life. In A. Kapow & J. Kelly (Eds.), *Essays on the blurring of art and life* (pp.195-200). University of California Press.

Loeffler, C. E., & Tong, D. (Eds.). (1989). *Performance anthology: Source book of California performance art*. Last Gasp Press and Contemporary Arts Press.

O'Dell, K. (1998). *Contract with the skin: Masochism, performance art, and the 1970s.* University of Minnesota Press.

React Feminism. (n.d.). *Bonnie Ora Sherk* (USA). http://www.reactfeminism.org/nrl/artists/sherk_en.html

Roth, M. (Ed.). (1983). *The amazing decade: Women and performance art in America, 1970-1980.* Astro Artz.

Salgado, G., & Gómez-peña, G. (2012, March 14). *The forbidden body: Notes on the Latin American live art scene*. Art Practical. https://www.artpractical.com/ feature/the_forbidden_body

Sandahl, C. (2000). Bob Flanagan: Taking it like a man. *Journal of Dramatic Theory and Criticism, XV* (1), 97-105.

Schechner, R. (2002). *Performance studies: An introduction*. Routledge.

Spolin, V. (1999). *Improvisation for the theater: A handbook of teaching and directing*

techniques (3rd ed.). Northwestern University Press. ［スポーリン, V.／大野あきひこ(訳)(2005).『即興術 ── シアターゲームによる俳優トレーニング』未來社］

Taylor, D., & Costantino, R. (Eds.). (2003). *Holy terrors: Latin American women perform*. Duke University Press.

Yeguas del Apocalipsis. (n.d.). *1989 / The Conquest of America*. http://english.yeguasdelapocalipsis.cl/1989-the-conquest-of-america/

第8章

Amundsen, J. R. (2013). *Performing ideology: Theatricality and ideology in mass performance* [Unpublished master's thesis]. University of Oslo.

Aronson, A. (2005). *American avant-garde theatre: A history*. Routledge.

Boal, A. (2000). *Theatre of the oppressed* (A. Charles, M. L. McBride, & E. Fryer, Trans.). Pluto Press. ［ボアール, A.／里見実・佐伯隆幸・三橋修(訳)(1984).『被抑圧者の演劇』晶文社］

Boal, A. (2001). *Hamlet and the baker's son: My life in theatre and politics* (A. Jackson, & C. Blaker, Trans.). Routledge.

Brecht, B., & Willet, J. (Ed.). (1964). *Brecht on theatre: The development of on aesthetic*(J. Willett, Trans.). Hill and Wang.

Carlson, M. (2004). *Performance: A critical introduction* (2nd ed). Routledge.

Deák, F. (1973). The agitprop and circus plays of Vladimir Mayakovsky. *The Drama Review: TDR, 17*(1), 47-52. https://doi.org/10.2307/1144791

Diderot, D. (1883). *The paradox of acting* (W. H. Pollock, Trans.). Chatto & Windus, Piccadilly.

Fischer-Lichte, E. (1997). *The show and the gaze of theatre: A European perspective*. University of Iowa Press.

Freire, P.(1970). *Pedagogy of the oppressed* (M. B. Ramos, Trans.). Herder and Herder. ［フレイレ, P.／三砂ちづる(訳)(2018).『被抑圧者の教育学』亜紀書房］

Goldberg, R. (2001). *Performance art: From futurism to the present*. Thames & Hudson.

Innes, C. D. (1972). *Erwin Piscator's political theatre: The development of modern German drama*. Cambridge University Press.

Innes, C. D. (1993). *Avant garde theatre, 1892-1992*. Routledge. ［イネス, C. D.／斎藤偕子ほか(訳)(1997).『アバンギャルド・シアター ── 1892-1992』カモミール社］

Kirby, M. (1965). *Happenings: An illustrated anthology*. Dutton.

Lawton, A. (1988). *Russian futurism through its manifestos, 1912-1928*. Cornell University Press.

Malina, J. (2012). *The Piscator notebooks*. Routledge.

Melzer, A. (1994). *Dada and surrealist performance*. The John Hopkins University Press.

Shklovsky, V. (1990). *Theory of prose* (B. Sher, Trans.). Dalkey Archive Press. (Original work published 1925). [シクロフスキー, V.／水野忠夫(訳)(1971).『散文の理論』せりか書房]

Slonim, M. (1961). *Russian theater, from the empire to the Soviets*. World Publishing Company.

Trachtman, P.(2006, May). A brief history of Dada: The irreverent, rowdy revolution that set the trajectory of 20th century art. *Smithsonian Magazine*. https://www.smithsonianmag.com

第9章

Aronson, A. (2000). *American avant-garde theatre: A history*. Routledge.

Aronson, A. (2018). *The history and theory of environmental scenography* (2nd ed.). Methuen Drama.

Artaud, A. (1958). *The theatre and its double* (M. Richard, Trans.). Grove Press. [アルトー, A.／鈴木創士(訳)(2019).『演劇とその分身』河出書房新社(河出文庫)]

Barshak, J. (n.d.). *San Francisco mime troupe arrested*. Shaping San Fran-cisco, Digital Archive. http://www.foundsf.org/index.php?title=San_Francisco_Mime_Troupe_Arrested

Beck, J. (1970). *We, the living theatre: A pictorial documentation by Gianfranco Mantegna of the life and the pilgrimage of the Living Theatre in Europe and in the U.S* (A. Rostagno, Ed.). Ballantine Books.

Beck, J., Malina, J., The Living Theatre Collective & House, L., Massengale B., Mary, M., Mary, W. T., & Silva, E., Schultz, J., Badyk, P., & Reznikov, H., Fanette, Altomare, C., Torch, C., Beck, I. M., & Westernik, C. (1975). Turning the earth: A ceremony for spring planting in five ritual acts: Collective creation of The Living Theatre. *The Drama Review: TDR, 19*(3), 94-105. https://doi.org/10.2307/1145000

Becks surrender and begin terms; Living Theatre owners start sentence in tax case. (1964, December 16). *New York Times*. https://www.nytimes.com

Berens, L.H. (2015). *The digger movement in the days of the commonwealth: As redealed in the writings of Gerrard Winstanley, the digger, mystic, and rationalist, communist and social reformer*. Andesite Press.

Bread and Puppet Theater. (n.d.). *Welcome*. https://breadandpuppet.org

Brooklyn Academy of Music. [BAM.org]. (2013, March 5). The Living Theatre in Amerika: Paradise now [Video]. YouTube. https://www.youtube.com/watch?v=3oyc]jTSgMA

Buck, S. (2017, February 26). The plan to levitate the Pentagon was the perfectly absurdly inspiring protest for the time: How many hippies does it take to make magic happen? *Timeline*. https:/timeline.com

Callaghan, D. (2000). The perpetual present: Life as art during the 1960s. *Theatre Symposium: A Publication of the Southeastern Theatre Conference, 8*, 86-94.

Cavallo, D. (1999). *A fiction of the past: The sixties in American history*. Martin's Press.

Chepesiuk, R. (1995). Peter Berg: From digger to environmental activist. In *Sixties radicals, then and now: Candid conversations with those who shaped an era*, 118-132. McFarland & Co.

Coyote, P. (1998). *Sleeping where I fall: A chronicle*. Counterpoint.

Davis, R. G. (1964). Radical, independent, chaotic, anarchic theatre vs. institu-tional, university, little, commercial, ford and stock theatres. *Studies on the Left, 4*(2), 130-113.

Davis, R. G. (1966). Guerilla theatre. *Tulane Drama Review, 10*(2), 30-136. https://doi.org/10.2307/1125214

Denisoff, R. S. (1971). *Great day coming: Folk music and the American left*. University of Illinois Press.

Doyle, M. W. (2002). Staging the revolution: Guerrilla theater as countercultural practice, 1965-1968. In P. Braunstein & M. W. Doyle (Eds.), *Imagine nation: The American counterculture of the 1960s and '70s* (pp.71-98). Routledge.

El Teatro Campesino. (1985, November 1). *El Teatro Campesino: The first twenty years* [Video]. Internet Archive. https://archive.org/details/cusb_000229

Grogan, E. (1990). *Ringolevio: A life played for keeps*. Citadel Press.

Grotowski, J. (n.d.). *Source material on Jerzy Grotowski: Statement of principles*. Owen Daly. http://owendaly.com/jeff/grotows2.htm

Halprin, A. (1995). *Moving toward life: Five decades of transformational dance*. Wesleyan University Press.

Hevesi, D. (2011, July 19). Marketta Kimbrell, 82, actress and producer. *New York Times*, p.Al6.

Heyward, C. (1985). El teatro campesino: An interview with Luis Valdez. *High Performance #32,* 8(4), https://web.archive.org/web/20051202092756/ http://www.communityarts.net/readingroom/archivefiles/2002/09/el_teatro_campe.

php..H
Howard, M., & Forcade, T. K. (Eds.) (1972). *The underground reader*. New American Library.
Huerta, J. (2015, December 5). The legacy of Luis Valdez and El Teatro Campesino. *Howlround Theatre Commons*. https://howround.com/legacy-luis-valdez-and-el-teatro-campesino
Innes, C. D. (1993). *Avant garde theatre, 1892-1992*. Routledge.［イネス, C. D.／斎藤偕子ほか(訳)(1997).『アバンギャルド・シアター ── 1892-1992』カモミール社］
Kott, J., & Czerwinski, E. J. (1969). The icon and the absurd. *The Drama Review: TDR, 14*(1), 17-24. https://doi.org/10.2307/1144502
Lahr, J. (1970). *Up against the fourth wall: Essays on modern theatre*. Gove Press.
The Living Theatre. (1969). "Paradise Now": Notes. *The Drama Review: TDR, 13*(3), 90-107. https://doi.org/10.2307/1144460
The Living Theatre. (1971). *Paradise now: Collective creation of the Living Theatre*. Random House.
Malina, J., Beck, J., & Schechner, R. (1969). Containment is the enemy. *The Drama Review: TDR, 13*(13), 24-44. https://doi.org/10.2307/1144455
Martin, B. D. (2004). *The theatre is in the street: Politics and performance in sixties America*. University of Massachusetts Press.
McDermott, P. (1969). Portrait of an actor, watching. Antiphonal feedback to the Living Theatre. *The Drama Review: TDR, 13*(3), 74-85. https://doi. org/10.2307/1144458
National Park Service. (n.d.). *Resurrection city*. https://www.nps.gov/articles/resurrection-city.htm
Nelson, S. (1989). Redecorating the fourth wall: Environmental theatre today. *The Drama Review: TDR, 33*(3), 72-94. https://doi.org/10.2307/1145988
The New York Public Library. (n.d.). *New York street theater caravan records*. The New York Public Library Archives and Manuscripts. http://archives.nypl.org/the/22678
Online Archive of California. (n.d.). *Inventory of the Ronald G. Davis Papers*. https://oac.cdlib.org/findaid/ark:/13030/tflp3002f2/entire_text/
Pearson, M. (2010). *Site-specific performance*. Palgrave Macmillan.
Performance Group. (1970). *Dionysus in 69* (R. Schechner, Ed.). Farrar, Straus & Giroux.
Reuss, R. A. (2000). *American folk music and left-wing politics, 1927-1957*. Scarecrow Press.

Rockwell, J. (1992, August 27). Theater; Behind the masks of a moralist. *The New York Times*. https:// www.nytimes.com
Rubin, J. (1971). *We are everywhere*. Harper and Row.
Ryan, P., Beck, J., & Malina, J. (1971). The living theatre in Brazil. *The Drama Review: TDR, 15*(3), 21-29. https://doi.org/10.2307/1144678
The San Francisco actor's workshop.(n.d.). *Herb Blau and Jules Irving*. http://www.sanfranciscoactorsworkshop.com/History.html
Schechner, R. (1968). 6 axioms for environmental theatre". *The Drama Review: TDR, 12*(3), 41-64. https://doi.org/10.2307/1144353
Schechner, R. (1970). Guerrilla theatre: May 1970. *The Drama Review: TDR, 14*(3), 163-168. https://doi.org/10.2307/1144567
Schechner, R. (1973). *Environmental theater*. Hawthorn Books.
Schechner, R. (2003). *Performance theory*. Routledge.
Schumann, p.(1970). Bread and Puppets. *The Drama Review: TDR, 14*(3), 35-35. https://doi.org/10.2307/1144551
Taylor, D. (1987). *It was twenty years ago today*. Bantam Press. [テイラー, D.／水上はるこ(訳)(1988).『サイケデリック・シンドローム ── それはビートルズから始まった』シンコー・ミュージック]
Taylor, K. M. (1972). *People's theatre in Amerika*. Drama Book Specialists.
Tranter, R. (2015, May 15). *San Quentin and Samuel Beckett: An interview with Rick Cluchey*. Rhys Tranter. https://rhystranter.com/2015/05/15/rick-cluchey-san-quentin-drama-workshop-beckett-interview/
Tytell, J. (1995). *The living theatre: Art, exile, and outrage*. Grove Press.
Valdez, L. (1971). *Actos El Teatro Campesino*. Cucaracha Press.
Van Gennep, A. (1960). *The rites of passage* (M. B. Vizedom & G. L. Caffee, Trans.). The University of Chicago Press. (Original work published 1908).[ファンヘネップ, A.／綾部恒雄・綾部裕子(訳)(2012).『通過儀礼』岩波書店(岩波文庫)]
Weisman, J. (1973). *Guerrilla theatre: Scenarios for revolution*. Anchor Press.
Wolf, T. (1968). *The electric kool-aid acid test*. Bantam. [ウルフ, T.／飯田隆昭(訳)(1971).『クール・クールLSD交感テスト』太陽社(太陽選書)]

第2部

Diamond, D. (2008). *Theatre for living: The art and science of community-based dialogue*. Trafford Publishing.

第10章

Ahmadu Bello Collective. (1982). Stage one: The Ahmadu Bello initiative. *Theatre International, 6*, 21-24.

Aitkin, V. (2013). Dorothy Heathcote's Mantle of Expert approach to teaching and learning: A brief introduction. In D. Fraser, V. Aitkin, & B. Whyte (Eds.), *Connecting curriculum, linking learning* (pp.34-57). New Zealand Council for Educational Research Press.

Bolton, G. (2003). *Dorothy Heathcote's story: The biography of a remarkable drama teacher*. Trentham Books.

The Borgen Project. (2017, July 21). *10 important facts about schools in Africa*. https://borgenproject.org/about-schools-in-africa/

Bowell, P., & Heap, B. S. (2013). *Planning process drama: Enriching teaching and learning*. Routledge.

Bowsland Green Primary School. (n.d.). https://www.bowsland.org.uk

Boyd, N. (n.d.). *The theory of play*. Viola Spolin. http://spolin.com//page_id=1068

Byram, M., & Kidd, R. (1978). The performing arts: Culture as a tool for development. *Botswana Notes and Records, 10*, 81-90.

Dandaura, E. S. (2011). Evolution of development theories and theatre for development interventions. *Abuja Journal of Theatre and Media Arts, 6*. https://www.researchgate.net/publication/258106998_Evolution_of_Development_Theories_and_Theatre_for_Development_interventions

Desai, G. (1990). Theater as praxis: Discursive strategies in African popular theater. *African Studies Review, 33*(1), 65-92. https://doi.org/10.2307/524628

Desai, G. (1991). Introduction: Theatre for development in Africa. *Research in African Literature, 22*(3), 7-10.

Dummett, C., Hagens, C., & Morel, D. (2013). *Guidance on participatory assessments*. Catholic Relief Services.

Heathcote, D. (n.d.). *Mantle of the Expert: Establishing procedures and implementing the style and possibilities for developing standards and progression*. Mantle of the Expert. https://www.mantleoftheexpert.com/wp-content/uploads/2018/01/DH-MoE-Establishing-Procedures.pdf

Heathcote, D., & Bolton, G. (1995). *Drama for learning: Dorothy Healthcote's mantle of the expert approach to education*. Heinemann.

Heston, S. (1971). *Teaching through drama*. Doctoral thesis, Manchester Metropolitan University. Heathcote Archive. File No. CD056.

Johns Hopkins Center for Communication Programs. (n.d.). *What is entertainment education?* http://ccp.jhu.edu/entertainment-education/

Kerr, D. (1991). Participatory popular theater: The highest stage of cultural under-development. *Research in African Literature, 22*(3), 55-75.

Kidd, R. (1979). Liberation or domestication: Popular theatre and non-formal education in Africa. *Educational Broadcasting International, 12*(1), 3-9.

Kidd, R. (1984). *From people's theatre for revolution to popular theatre for reconstruction: Diary of a Zimbabwean workshop*. International Council for Adult Education.

Kidd, R., & Byram, M. (1978). *Organizing popular theatre: The Laedza Batanani experiment, 1974-1977*. University of Botswana.

Lasisi, B. A. (2020). Applied drama: Reflection on the practice and the question. *Journal of Art & Humanities, 9*(1), 6-15.

Lindow Community Primary School. (n.d.). *Mantle of Expert*. https://sites.google.com/site/lindowschool/our-curriculum/mantle-of-the-expert

MacKenzie, R. J. (1978). *The national popular theatre workshop*. University of Botswana.

Mantle of the Expert. (n.d.). *Origins*. https://www.mantleoftheexpert.com/what-is-moe/origins-of-moe/

Mizoguchi, N., Luluquisen, M., Witt, S., & Maker, L. (2004). *A handbook for participatory assessments: Experiences from Alameda County*. Alameda County Public Health Department.

O'Neil, C. (1995a). *Drama worlds: A framework for process drama*. Heinemann.

O'Neil, C. (1995b). Forward. In D. Heathcote & G. Bolton (Eds.), *Drama for learning: Dorothy Heathcote's mantle of the expert approach to education*. Heinemann.

Redington, C. A. (1979). *Theatre in education: An historical and analytical study*. [Unpublished doctoral thesis.] University of Glasgow.

Redington, C. A. (1983). *Can theatre teach?: An historical and evaluative analysis of theatre in education*. Pergamon Press.

Sparhawk Infant and Nursery. (n.d.). *Welcome to our website*. http://www.sprowstonsparhawk.norfolk.sch.uk

Spolin, V. (1999). *Improvisation for the theatre: A handbook of teaching and directing techniques* (3rd ed.). Northwestern University Press. ［スポーリン, V.／大野あきひこ(訳)(2005).『即興術 ── シアターゲームによる俳優トレーニング』未來社］

St. Clair, J. P. (1991). *Dorothy Heathcote as philosopher, educator and dramatist*. [Unpublished master's thesis.] University of North Carolina, Greensboro.

Törnquist, O., & Tharakan, P. K. M.(1996). Democratisation and attempts to renew the radical political development project: Case of Kerala. *Economic and Political Weekly, 31*(29), 1953-1973.

Vallins, G.(1980). The beginnings of TIE. In T. Jackson(Ed.), *Learning through theatre: Essays and casebooks on theatre in education*(pp.2-15). Manchester University Press.

Van Erven, E.(1992). *The playful revolution: Theatre and liberation in Asia*. Indiana University Press.

Vygotsky, L. S.(1978). *Mind in society: The development of higher psychological processes*. Harvard University Press.

The World Bank.(n.d.). *Rural population-Sub-Saharan Africa*. https://data. worldbank. org/indicator/SP.RUR.TOTL.ZS?locations=ZG

第11章

Aya arts and media.(2015, March 10). *Living Stage Theatre Company promo* [Video]. YouTube. https://www.youtube.com/watch?v=TdpeSWlzfYo

BCHC.(n.d.). *Halton Cheadle*. https://www.bchc.co.za/staff-member/halton-cheadle/

Cliffe, L., Mpofu, J., & Munslow, B.(1980). Nationalist politics in Zimbabwe: The 1980 elections and beyond. *Review of African Political Economy, 7*(18), 44-67.

Ganguly, S.(2010). *Jana Sankriti: Forum theatre and democracy in India*. Routledge.

George Mason University Library.(n.d.). Guide to the *Living Stage records 1965-2001*. https://scrc.gmu.edu/finding_aids/livingstage.html#IDUGEZPTL5HCAKPGNIUHWA4IWB5CJPHZVGFTOKENHYYSPQOPFMP4FH

Guha, R.(2017, June 10). Naming the reality: The rise and fall of the term 'Harijan'. *The Telegraph India*. https://www.telegraphindia.com/opinion/naming-the-reality/cid/ 1459876

Gunner, L.(Ed.).(2001). *Politics and performance: Theatre, poetry and song in Southern Africa*. Witwaterstrand University Press.

Hutchinson, Y.(2004). South African theatre. In M. Banham(Ed.), *A history of theatre in Africa*(pp.312-379). Cambridge University Press.

Kidd, R.(1984). *From people's theatre for revolution to popular theatre for reconstruction: Diary of a Zimbabwean workshop*. International Council for Adult Education.

Richmond, F.(1971). The political role of theatre in India. *Educational Theatre Journal, 25*(3), 318-334.

Sircar, B.(1978). *The third theatre*. Naba Grantha Kutir.

Sugirtharaj, F.(1990). Organizing agricultural labourers in southern India: Association

of the rural poor. *Grassroots Approaches to Combating Poverty Through Adult Education, 34*, 169-195.

Taylor, D.(1991). *Theatre of crisis: Drama and politics in Latin America*. University Press of Kentucky.

Van Erven, E.(1992). *The playful revolution: Theatre and liberation in Asia*. Indiana University Press.

Waltz, M. L.(1977-1978). The Indian people's theatre association: Its development and influences. *Journal of South Asian Literature, 13*(1-4), 31-37.

第12章

Fulani, L. B.(2012, May 7). Speech presented at the 13th Annual National Gala of the All Stars Project, New York City.

Oryszczuk, S.(2016, October 31). Making a drama out of a crisis. *Jewish News*. https:// jewishnews.timesofisrael.com/making-a-drama-out-of-a-crisis/

第13章

Boal, A.(2008). *Theatre of the oppressed*(A. Charles, M. L. McBride, & E. Fryer, Trans.). Pluto Press. ［ボアール, A.／里見実・佐伯隆幸・三橋修(訳)(1984).『被抑圧者の演劇』晶文社］

Diamond, D.(1994). Out of the silence: Headlines theatre and power plays. In M. Schutzman & Jan Cohen-Cruz(Eds.), *Playing Boal: Theatre, therapy, activism*(pp.35-52). Routledge.

Diamond, D.(2008). *Theatre for living: The art and science of community-based dialogue*. Trafford Publishing.

Zimbabwe approves new constitution.(2013, March 19). *BBC News*. https:// www.bbc.com/news/world-africa-21845444

第14章

Aristizábal, H., & Lefer, D.(2010). *The blessing next to the wound: A story of art, activism, and transformation*. Lantern Books.

Kumar, S.(2012). Dramatising an evolving consciousness: Theatre with Nithari's children. In J. Daniel Meyer-Dinkegräfe(Ed.), *Consciousness, theatre, literature and the arts 2011*(pp.170-197). Cambridge Scholars Press.

Kumar, S.(2013). Performing on the platform: Creating theatre with India's platform children. *TDR: The Drama Review, 57*(4), 95-119.

Kumar, S.(2018, April 13). *Performance activism panel* [Conference panel]. 2018 Play, Perform, Learn, Grow Conference, Thessaloniki, Greece.

Macy, J.(2007). *World as lover, world as self: Courage for global justice and ecological renewal*. Parallax Press. ［メイシー，J.／星川淳(訳)(1993).『世界は恋人 世界はわたし』筑摩書房］

Sepinuck, T.(2013). *Theatre of witness: Finding the medicine in stories of suffering, transformation and peace*. Jessica Kingsley Publishers.

第16章

Baron Cohen, D.(2001). *Theatre of self-determination: The plays of Derry frontline culture and education*. Guildhouse Press.

Baron Cohen, D.(2019). Performing justice in the Amazon. In A. L. Østern & K. N. Knudsen(Eds.), *Performative approaches in arts education: Artful teaching, learning and research*(pp.136-167). Routledge.

Bond, E.(1972). *Lear*. Eyre Methuen.

Björkman, I.(1989). *Mother, sing for me: People's theatre in Kenya*. Zed Books.

Chesaina, C., & Mwangi, E.(2004). Kenya. In M. Banham(Ed.), *A history of theatre in Africa*(pp.206-232). Cambridge University Press.

Friends of the MST.(2009, July 7). *History of the MST*. https://www.mstbrazil.org/content/history-mst

Greenstein, G.(2017, September 14). Transformance: In search of Bem Viver, the 'good life' in the Amazon. *Latin American Bureau*. https://lab.org.uk/transformance-in-search-of-the-good-life-in-the-amazon/

Jellicoe, A.(1987). *Community plays: How to put them on*. Heinemann.

Kerr, D.(1991). Participator popular theater: The highest stage of cultural under-development. *Research in African Literature, 22*(3), 55-75.

Kidd, R.(1984). *From people's theatre for revolution to popular theatre for reconstruction: Diary of a Zimbabwean workshop*. International Council for Adult Education.

Mau Mau Revolution.(n.d.). *Kipande system*. https://sites.google.com/site/maumaurevolution/pre-revolution/govern/kipande-system

McCowen, T.(2014). Landless workers movement. In *Encyclopedia Britannica online*. https://www.britannica.com/event/Landless-Workers-Movement

Pilkington, L.(1994). Dan Baron Cohen: Resistance to liberation with Derry frontline culture and education. *TRD: The Drama Review, 38*(4), 17-47. https://doi.org/10.2307/1146423

Plummer, D. M.(2008). *Leadership development and formasao in Brazil's landless workers movement(MST)*. Unpublished master's dissertation. The City University of New York.

Rohter, L.(2000, April 25). 500 years later, Brazil looks its past in the face. *New York Times*. https://www.nytimes.com/2000/04/25/world/500-years-later-brazil-looks-its-past-in-the-face.html?mcubz=0

Southon, M.(2019, December 21). *Arena: A play for Bridport* [Video]. Vimeo. https://www.communityplays.com/blog/remembering-a-play-for-bridport

Thiong'o, N. W.(1981). *Detained: A prison writer's diary*. Heinemann.

Were, W.(1991). Forward. In K. N. Barnabas(Ed.), *An anthology of East African plays*(p.ix). Longman.

第17章

Callaghan, D.(2000). *The perpetual present: Life as art during the 1960s. Theatre Symposium: A Publication of the Southeastern Theatre Conference, 8*, 86-94.

Coyote, P.(1998). *Sleeping where I fall: A chronicle*. Counterpoint.

Friedman, D.(2009). *Toward a postmodern Marxism*. Dan Friedman NYC. https://www.danfriedmannyc.org/toward-a-postmodern-marxism

Holzman, L.(1999). Life as performance(Can you practice psychology if there's nothing that's 'really' going on?). In L. Holzman(Ed.), *Performing psychology: A postmodern culture of the mind*(pp.49-69). Routledge.

Holzman, L.(2006). Activating postmodernism. *Theory & Psychology, 16*(1), 109-123. https://doi.org/10.1177/0959354306060110

Holzman, L.(2011, October 22-23). Fred Newman and the practice of method [Conference presentation]. In *Third International Academic Conference on Contemporary Capitalism Studies, Hangzhou China.*

Holzman, L.(2017). *Vygotsky at work and play*(2nd ed.). Routledge. ［ホルツマン, L.／茂呂雄二(訳)(2014).『遊ぶヴィゴツキー ── 生成の心理学へ』新曜社］

Holzman, L.(2020). Constructing social therapeutics. In S. McNamee, M. Gergen, C. Camargo-Borges, & E. F. Rasera(Eds.), *The SAGE handbook of social constructionist practice*(pp.171-182). SAGE.

Marx, K.(1967). Economic and philosophical manuscripts. In E. Fromm(Ed.), *Marx's concept of man*(pp.90-196). Frederich Ungar Publishing Co. ［フロム, E.／樺俊雄・石川康子(訳)(1970).『マルクスの人間観』合同出版］

Newman, F.(1996, June 1). *Introductory remarks to performance of "Trouble"* [Speech

audio recording]. Castillo Theatre.

Newman, F., & Holzman, L.(1996). *Unscientific psychology: A cultural-performatory approach to understanding human life*. Praeger. [ニューマン, F.・ホルツマン, L.／岸磨貴子ほか(訳)(2022).『パフォーマンス・アプローチ心理学 ── 自然科学から心のアートへ』ひつじ書房]

Newman, F., & Holzman, L.(2014). *Lev Vygotsky: Revolutionary scientist*(2nd ed.). Taylor and Francis. [ニューマン, F.・ホルツマン, L.／伊藤崇・川俣智路(訳)(2020).『革命のヴィゴツキー ── もうひとつの「発達の最近接領域」理論』新曜社]

"Newman on Newman."(2005, June 12). *A public dialogue held with Dan Friedman* [Speech audio recording]. All Stars Project.

Vygotsky, L.(1978). *Mind in society: The development of higher psychological processes*. Harvard University Press.

Vygotsky, L. S./Rieber, R. W., Carton, A. S.(Eds.)(1987). *The collected works of L. S. Vygotsky: Problems of general psychology, including the volume thinking and speech*(Vol. 1). Plenum.

Wittgenstein, L.(1953). *Philosophical investigations*. Blackwell. [ウィトゲンシュタイン, L.／鬼界彰夫(訳)(2020).『哲学探究』講談社]

第18章

Castillo, O. R.(1971). *Let's go!*(M. Randall, Trans.). Curbstone Press.

Friedman, D.(1999). Twenty-two weeks of pointless conversation. In L. Holzman(Ed.), *Performing psychology: A postmodern culture of the mind*(pp.157-196). Routledge.

Holzman, L.(1997a, June/July). The developmental stage. *Special Children*, 32-35.

Holzman, L.(1997b). *Schools for growth: Radical alternatives to current educational models*. Lawrence Erlbaum Associates, Inc.

Holzman, L.(1999). Life as performance(Can you practice psychology if there's nothing that's really' going on?). In L. Holzman(Ed.), *Performing psychology: A postmodern culture of the mind*(pp.49-69). Routledge.

Holzman, L.(2017). *Vygotsky at work and play*(2nd ed.). Routledge. [ホルツマン, L.／茂呂雄二(訳)(2014).『遊ぶヴィゴツキー ── 生成の心理学へ』新曜社]

Newman, F.(1989). Seven theses on revolutionary art. *Stono, 1*(1), 6.

Newman, F.(1996). *Performance of a lifetime: A practical-philosophical guide to the joyous life*. Castillo International.

Salit, C.(2016). *Performance breakthrough: A radical approach to success at work.*

Hachette Books.［サリット, C.／門脇弘典(訳)(2016).『パフォーマンス・ブレークスルー —— 壁を破る力 今そこにある限界がみるみる消える！　驚異のメソッド』徳間書店］

Strickland, G., & Holzman, L.(1989). Developing poor and minority children as leaders with the Barbara Taylor School educational model. *Journal of Negro Education, 58*(3), 383-398. https://doi.org/10.2307/2295671

Vygotsky, L.(1978). *Mind in society: The development of higher psychological processes.* Harvard University Press.

第19章

East Side Institute.(2009, August 2). Spirito PTW video07 [Video]. *Vimeo.* https://vimeo.com/5891323

Evreinoff, N.(1927). *The theatre in life*(A. I. Nazaroff, Trans.). Brentano's.

Friedman, D., & Newman, F.(1987). What's possible?: A way to think about thinking. *Practice, 5*(2), 58-81.

Gramsci, A.(1971). *Selections from the prison notebooks of Antonio Gramsci*(Q. Hoare & G. N. Smith, Eds. & Trans.). International Publishers.［グラムシ, A.／石堂清倫(訳)(1978).『グラムシ獄中ノート』三一書房］

Holzman, L.(1997, June/July). The developmental stage. *Special Children*, 32-35.

Holzman, L.(2018). The development community and its activistic psychology. In R. House, D. Kallisch, & J. Maidman(Eds.), *The future of humanistic psychology*(pp.87-108). Routledge.

Holzman, L., & Newman, F.(2004). Power, authority and pointless activity. In T. Strong & D. Paré(Eds.), *Furthering talk: Advances in the discursive therapies*(pp.73-86). Kluwer Academic/Plenum.

Lukács, G.(1971). *History and class consciousness: Studies in Marxist dialectics.*(R. Livingstone, Trans.). Merlin Press.［ルカーチ, G.／平井俊彦(訳)(1998).『歴史と階級意識(新装版)』未來社］

Marx, K., & Engels, F.(1973). *Thesis on Feuerbach.* International Publishers.［マルクス, K.・エンゲルス, F.／渡邉憲正(訳)(2010).『フォイエルバッハ論』大月書店］

Newman, F.(1991). *The myth of psychology.* Castillo International.

Ward, C.(1966). *Anarchism as a theory organization.* https://www.panarchy.org/ward/organization.1966.html